UNE COMMUNE RURALE
AVANT LA RÉVOLUTION
OU HISTOIRE DE LA
BARONNIE DE MERVILLE

PAYS DE GUYENNE

SÉNÉCHAUSSÉE ET DIOCÈSE DE TOULOUSE

PAR

L'ABBÉ LARRONDO

CURÉ DE MERVILLE

« Il est impossible de devenir très instruit, si on ne lit que ce qui plaît. »
JOUBERT.

Ouvrage orné de nombreux dessins.

TOULOUSE | PARIS
E. PRIVAT, LIBRAIRE-ÉDITEUR | A. PICARD, LIBRAIRE-ÉDITEUR
RUE DES TOURNEURS, 47. | RUE BONAPARTE, 82.

TOUS DROITS RÉSERVÉS

UNE COMMUNE RURALE AVANT LA RÉVOLUTION

OU

HISTOIRE

DE LA

BARONNIE DE MERVILLE

PAYS DE GUYENNE

SÉNÉCHAUSSÉE ET DIOCÈSE DE TOULOUSE

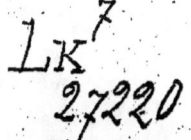

UNE COMMUNE RURALE

AVANT

LA RÉVOLUTION

OU

HISTOIRE

DE LA

BARONNIE DE MERVILLE

PAYS DE GUYENNE

SÉNÉCHAUSSÉE ET DIOCÈSE DE TOULOUSE

PAR

L'ABBÉ LARRONDO

CURÉ DE MERVILLE

« Il est impossible de devenir très instruit, si on ne lit que ce qui plaît. »
JOUBERT.

Ouvrage orné de nombreux dessins.

TOULOUSE	PARIS
E. PRIVAT, LIBRAIRE-ÉDITEUR	A. PICARD, LIBRAIRE-ÉDITEUR
RUE DES TOURNEURS, 47.	RUE BONAPARTE, 82.

TOUS DROITS RÉSERVÉS

AUX HABITANTS DE MERVILLE

Ce livre vous appartient. Il a été fait au milieu de vous et pour vous. Je suis heureux de vous l'offrir comme un gage de mon affection. Donnez-lui une place d'honneur dans vos demeures : vous y trouverez l'histoire de votre pays natal, de votre église, et les traditions chrétiennes de vos pères. Ecrit en l'honneur de vos aïeux, ce livre vous rappellera des noms et des faits dont, avec raison, vous pouvez être fiers ; il vous prouvera surtout que la religion, loin d'affaiblir dans les cœurs l'amour de la patrie et du foyer, le ranime, au contraire, l'élève et l'élargit. A l'exemple de nos ancêtres, ne séparons pas dans nos âmes Dieu et la France.

AVANT-PROPOS

Ce livre renferme l'histoire d'une commune rurale qui, grâce à des documents authentiques, a pu revivre devant nous avec ses coutumes, ses libertés, sa vie administrative, ses seigneurs, son église, ses pasteurs, ses établissements religieux.

Dans un siècle centralisateur comme le nôtre, où l'histoire de chaque commune se perd dans .'histoire générale de la nation, on n'a plus l'idée de l'indépendance dans laquelle vivaient les anciennes communautés. Petit Etat dans l'Etat, chaque commune avait sa vie propre, ses libertés, ses franchises, son pouvoir judiciaire, son gouvernement. Cette indépendance s'affaiblit, il est vrai, à mesure que grandit le pouvoir royal et que s'accomplit l'unité nationale; elle ne disparut néanmoins complètement que le jour où la grande Révolution, nivelant hommes et choses, donna à la France un nouvel état social qui ne ressemble en rien à l'ancien régime.

Nous avons eu donc plaisir à reconstituer la communauté de Merville. Nous avons pu en suivre les palpitations et la vie depuis l'an 1272 jusqu'à la révolution. Serrée autour d'un château seigneurial, dans une enceinte fortifiée depuis le sac de l'ancien village par les Anglais, son histoire offre, d'ailleurs, des faits qui ne sont pas sans intérêt pour l'histoire régionale ou même nationale.

Nous n'osons pas affirmer que notre travail soit complet; cependant, il a un mérite : celui de la sincérité. Comme, à l'ordinaire, les origines des communes s'entourent de légendes, nous avons réuni, dans un chapitre préliminaire, les traditions qui ont cours dans le pays, pour ne pas en perdre le souvenir. Mais nous avons écarté de notre travail les récits fantaisistes et tout fait ne portant pas avec lui un caractère suffisant d'authenticité.

Nous avons hâte de remercier Mme la comtesse de Villèle, qui nous a ouvert, avec bienveillance, les archives du château de Merville, arsenal véritable où se trouvent collectionnés les manuscrits, les cadastres, les contrats, les documents les plus riches. Nous n'oublierons pas, dans notre reconnaissance, M. l'abbé Douais, professeur à l'Institut catholique, dont le conseil nous a été si précieux. Enfin, grâce à l'obligeance de M. le maire de Merville, nous avons pu consulter, dans les archives de la commune, des registres qui ne sont pas dépourvus d'intérêt; ces registres, malheureusement, ne remontent pas bien haut. En 1807, en effet, un incendie dévora et l'église et une grande partie des archives de Merville. Or, si nous jugeons de la valeur de ces archives par les notes laissées par François de Chalvet, elles présentaient une grande richesse de documents. M. le marquis André de Chalvet, dernier seigneur de Merville, sur une réquisition du sieur Monestié, maire de la commune, avait remis, en 1792, à la municipalité, de nombreux registres dont il était détenteur. Or, la plupart de ces registres regardaient l'histoire de la commune. Est-ce le fait de l'incurie ou de l'incendie de 1807 ? Ils ont disparu. Nous avons pu cependant les reconstituer, grâce à deux inventaires précieux : l'un, de Marthe de Comenge, dame et seigneuresse de Merville; l'autre, de François de Chalvet-Rochemonteix, à cette époque coseigneur. Rédigés par deux auteurs différents, tous les deux affirment cependant les mêmes faits et racontent les mêmes événements.

Le premier inventaire porte la date de 1687 (registre : 31 cent. hauteur; 22 cent. larg.; 250 feuillets marqués au droit et au verso; couverture en parchemin, papier ordinaire, bien conservé). En voici le titre : « Inventaire général des titres et documents de la baronnie de Merville dans le duché de Guyenne, en Gascogne, diocèse, sénéchaussée de Tolose, dans l'élection de Rivière-Verdun, appartenant à dame Marthe de Comenge, fille de feu messire Jean Descodeca, marquis de Boisse et Mauvezin, seigneuresse avec toute justice haute, moyenne et basse, mère, mixte, impère et exercisse d'icelles de ladite baronnie de Merville, Montblanc, etc., faite du mandement de ladite dame. — A Merville, 1687, par le labeur et industrie de Jean et Jean-Baptiste Parayre, père et fils, natifs de Fontanes, près Caors et Monpezat.

« On remarquera qu'après l'intitulation de cest inventaire et faction d'iceluy ont été mis desuite comment la terre de Merville est advenue à Madame de Mauvezin, comtesse de Monblanc; plusieurs contrats de mariage des seigneurs et dames de Merville, ensemble une recognoissance du partie du dot de ladite dame, et, de plus, l'acquisition de la terre de Merville par Madame de Pégulian, tant pour son dot que pour raison du surplus à la deschange de messire Charles des Cars, son neveu. »

Le second inventaire, œuvre propre de François de Chalvet, forme un in-quarto de plus de cinq cents feuillets; il est encore plus complet que celui de Marthe de Comenge; il a pour titre : « Inventaire des titres, papiers et documents qui sont dans les archifs de moy, François de

Chalvet-Rochemonteix, conseiller au parlement de Tolose, commencé le 16 janvier 1691. »

Nous en parlerons en son temps. Ces deux inventaires nous ont aidé à mener notre travail à bonne fin.

La Monographie de Merville est en trois chapitres :

PREMIER CHAPITRE : *Communauté de Merville.*
DEUXIÈME CHAPITRE : *Seigneurs de Merville.*
TROISIÈME CHAPITRE : *Paroisse de Merville.*

UNE COMMUNE RURALE

AVANT LA RÉVOLUTION

ou

HISTOIRE DE LA BARONNIE

DE

MERVILLE

CHAPITRE PRÉLIMINAIRE

MERVILLE DANS LES TEMPS RECULÉS

« La communauté, dit Babeau, est la première forme de la société. » Pour se livrer plus facilement à l'agriculture et demander à la terre la nourriture dont ils avaient besoin, les hommes ont formé des groupes sur divers points de notre territoire. Des nécessités communes les avaient réunis; leur réunion donna naissance à des intérêts communs. Voilà pourquoi, en France, on appela communautés ces terres dont les groupes d'hommes recueillaient collectivement les fruits; les groupes s'appelèrent aussi communautés. Jusqu'à la fin du dernier siècle, chaque village porta le nom de communauté. On voit encore ces sortes de communautés dans les Indes. Dans les provinces centrales, dans le Pundjab et chez les Afghans du Bélouchistan, on retrouve ce type social et intéressant des communautés villageoises dans lesquelles toutes les familles d'ancienne souche sont propriétaires à titre collectif du territoire. Les pâturages restent en commun, et le pâtre du village y garde le troupeau formé par le bétail des divers villages; il en sera de même à Merville. Du reste, la plus grande variété des coutumes existe quant à la manière de jouir du territoire. Ces communautés villageoises étaient très répandues dans l'Europe primitive; Tacite les a décrites dans la *Germanie;* elles sont encore en vigueur chez les paysans de la grande Russie.

Il ne faut pas confondre la communauté avec la commune jurée, dont il est parlé dans le moyen âge. La différence, en effet, est grande entre la communauté d'habitants et la commune. La commune a pour base une charte, un contrat; elle est un privilège, une exception. Après avoir été établie d'un commun accord, la commune a pu disparaître; la communauté, au contraire, se fonde sur le droit naturel. La loi écrite n'est pour rien dans sa formation, ni dans son développement, qui sont le résultat de la force des choses; elle a donc fini par s'imposer, et son existence fut tellement reconnue comme nécessaire, que, sous l'ancien régime, elle n'avait besoin d'aucun titre pour se faire accepter.

Lieu enchanteur par sa position et le climat, le territoire de Merville offrait à une communauté des terres propices à l'agriculture. C'est un sol riche et fécond, arrosé, d'un côté, par une rivière, de l'autre côté, par un fleuve. Là, sur un vaste plateau, qui va se perdant dans la vallée de la Save et dont les pentes descendent vers la Garonne, on jouit d'un air salubre, qu'entretiennent de verdoyantes prairies et d'épais ramiers.

Trois communautés ne tardèrent pas à se former sur son étendue : HOMERVILLE, MAYRAS et FOURCLENS. Mayras et Fourclens se confondirent plus tard avec Merville, qui occupait, comme aujourd'hui, le centre du territoire.

A quelle époque eurent lieu, et la formation de ces trois communautés et leur fusion en une seule? Documents et traditions se taisent sur ces événements. Comme cependant, en dehors des traditions encore vivantes, on trouve à Mayras des preuves de la domination des Romains, nous croyons utile de ne pas passer sous silence ces indices d'une civilisation disparue. Sans doute, l'homme, abandonné à la tradition pendant un long cours de siècles, finit par ne plus bien discerner l'encadrement et le texte primitifs des événements. Le père raconte bien au fils ce qu'il a vu; le fils le redit à son petit-fils; mais à chaque degré le souvenir s'obscurcit. Voilà pourquoi, sans donner comme authentiques les traditions sur le passé reculé de Merville que nous réunissons dans ce chapitre préliminaire, comme ces traditions encore vivantes paraissent fondées, nous les exposerons telles que nous les avons reçues.

Le nom de Merville nous découvre déjà son origine gallo-romaine. Merville signifie *ville d'Omer,* du nom d'un propriétaire d'une de ces terres libres, indépendantes, comme il s'en forma au moment de la conquête des Gaules par les Romains, et qu'on appela plus tard *alleu.* L'origine des alleus, en effet, remonte à la conquête de la Gaule; ce furent des terres que s'approprièrent les vainqueurs, à l'époque de leur établissement, et qui devinrent des propriétés patrimoniales, héréditaires, s'appartenant à elles-mêmes, qu'on recevait de ses pères. Ce sentiment de M. Roschach, le savant archiviste de la ville de Toulouse, sur l'étymologie de Merville, trouve sa confirmation dans des ruines et des débris de poteries auxquelles on ne saurait donner d'autre origine qu'une origine romaine.

Et, en effet, lorsqu'on est sur le point de descendre la côte ardue du Roudier, qui conduit dans la vallée de la Save, si on se tourne vers la gauche, on pénètre dans un chemin qui se perd sur un plateau ravissant. On y aperçoit deux ou trois maisons, une terre noirâtre et couverte de débris; dans les temps reculés s'élevait en ce lieu le fort de MAYRAS. La situation est belle, le tableau grandiose. Du plateau le regard embrasse la vallée de la Save sur une étendue de plusieurs lieues. On voit Larra, Montaigut, Saint-Paul, le sanctuaire de Notre-Dame d'Alet; par dessus le versant opposé, Launac, Pelleport, Le Castéra, Thil, la plupart des communes du canton de Cadours, et dans le lointain, les campagnes et les collines du Gers. En face, le regard se repose sur les coteaux,

aux pieds desquels la Save roule ses flots précipités. Cette situation exceptionnelle sur la partie culminante du plateau qui surplombe la vallée de la Save avait fait de Mayras une défense naturelle, un véritable point stratégique.

La tradition est pour les ruines, dit un auteur, ce que la bonté est pour les vieux visages; elle en cache les laideurs, les rides. Les habitants que j'ai interrogés sur ces ruines et les constructions du fort m'ont toujours affirmé qu'entre Merville et Daux, selon la croyance de leurs pères, s'élevait une ville. Il est possible que cette tradition ne soit qu'une légende; des indices cependant existent, qui viennent à l'appui de la tradition, transmise de père en fils. Les champs de Mayras sont, en effet, couverts de poteries gauloises et gallo-romaines malheureusement brisées; çà et là on a trouvé des constructions enfouies dans la terre, du ciment et des briques d'une origine incontestablement romaine; quelques-unes de ces briques portent, selon l'usage ancien, le nom du fabricant; maintes fois, enfin, on a découvert des sépultures, des sarcophages la plupart d'une pierre tendre et peu résistante. Tous ces signes indiquent que ce plateau n'a pas toujours été un lieu inhabité; la main de l'homme est certainement passée par là.

Mayras était-il un oppidum comme il en existait du temps des Gaulois? C'est possible. Des fouilles donneraient peut-être des preuves décisives. On appelle encore aujourd'hui cette partie du plateau, si riche en débris de toutes sortes, le Champ de l'Eglise. Je me rappelle la surprise d'un savant religieux prémontré, qui était venu à Merville pour faire des recherches sur l'abbaye de Notre-Dame de La Capelle. Accompagné d'un de ses amis, architecte et archéologue distingué, il me pria de lui montrer le territoire de la commune ; je les conduisis sur le plateau de Mayras. Or, quel ne fut pas leur étonnement de fouler, sous leurs pieds, des débris de poteries dont le sol était plein ; ils en ramassèrent plusieurs pour les emporter. « Il serait bon, me dirent-ils, de faire ici des fouilles, car certainement dans les temps reculés il s'y trouvait un oppidum ou une cité romaine. »

Mayras embrassait plusieurs hameaux actuels ; les Montèzes, le Rouget en faisaient partie. On soulève avec la charrue des débris, des briques, des moellons sur toute cette partie du territoire, jusque dans les bois qui descendent dans la vallée de la Save. Le nom du fort de Mayras resté à ce point du plateau indique qu'il y avait en ce lieu une enceinte fortifiée. Le fort ne devait pas être sans importance, car il était signalé sur les cartes de l'état-major des Alliés, lors de l'invasion de 1814. Aussi, lorsque les Anglais traversèrent, à cette époque, la commune, dans le dessein de jeter un pont de bateaux sur la Garonne, aux environs de *La Dupine*[1], avant de s'engager sur le territoire de Merville, ils demandèrent aux habitants de Daux si le fort de Mayras était encore debout. Il n'y a, si l'on veut, dans ces dires que des traditions locales ; mais ces traditions sont tellement vivantes que c'eût été une faute de n'en pas conserver le souvenir.

1. Métairie de la commune de Merville, située sur la rive gauche de la Garonne.

Mayras appartenait, en 1143, à Bernard Jourdain de l'Isle, qui le laissa, comme apanage, aux religieux de Notre-Dame de La Capelle. Depuis cette époque, le fort ne donne plus signe de vie.

Avec la terre de Mayras, Bernard Jourdain de l'Isle concéda encore le territoire de Fourclens à l'abbaye récemment fondée de La Capelle. Comme Mayras, Fourclens fut dans le temps une communauté. Le village de Fourclens était situé sur les limites de la juridiction de Merville et d'Aussone, comme le hameau actuel qui porte ce nom. Sur le penchant du coteau qui regarde la vallée de la Garonne, sa situation, sans avoir les charmes de Mayras, en avait l'ampleur et le grandiose : de Fourclens l'œil aperçoit, d'un côté, Toulouse, ses tours, ses flèches, ses monuments ; de l'autre côté, la vue s'étend jusqu'à la forêt de Montech, dont les arbres couronnent l'horizon ; en face, sur le versant opposé et dans la plaine, se détachent de nombreux villages. Fourclens avait son église, dont les constructions existaient encore en 1292 ; elle était sous le vocable de *San-Salvadour*. Cette partie du territoire appartenait, en 1271, aux religieux du Mas-Grenier, monastère situé sur les bords de la Garonne, non loin de Verdun, département de Tarn-et-Garonne. Pour couvrir des dettes criardes qui menaçaient jusqu'à l'existence de l'abbaye, les religieux vendirent Fourclens et plusieurs autres terres, le 2 février 1271, à noble seigneur Jourdain de l'Isle. Voici l'analyse moderne du titre curieux de l'acte de vente : « Achat fait par noble Jourdain de l'Isle de certains biens temporels ci-dedans exprimés à vénérable Guillaume Alahon, abbé du

Mas-Grenier et à ses religieux, de tout ce qu'ils avoient de temporel au deçà de la Garonne, au château de Sinol, territoire et appartenances d'icelui, au territoire et lieu de Fourclens, et lieu de Slamnac, près Graulhet, et au château de Belpech, au château de Brunet-Castel, au terroir de Saint-Léonard, près du château Brunet, et en certains bois de Saint-Pierre, au château de Saint-Cézert et de tout ce qu'ils ont audit lieu, soit maisons, vignes, jardins, fours, moulins, prés, pacages, forêts, albarèdes, oblies, censives, arrière-captes, justices, pêches...; laquelle vente ledit seigneur abbé et sondit monastère furent obligés de faire à cause de grandes dettes, ce qui causoit de grands dommages et périls au grand monastère et en appréhendoit davantage à l'avenir; à la condition que ledit seigneur de l'Isle en rendra hommage audit abbé et aux abbés, ses successeurs, quand il sera requis [1], et payera un maraboutin d'or [2] ».

La maison de l'Isle acheta ces terres et les redevances qui en dépendaient au prix de 1,200 sols morlanes [3].

D'après un acte daté de 1254 [4], le Père abbé du monastère du Mas-Grenier avait le droit du

---

1. Archives du château de Merville.

2. *Maraboutin d'or*, pièce arabe introduite en France vers le onzième siècle. On croit qu'elle valait environ 26 francs de notre monnaie.

3. *Sol morlane*, pièce de monnaie qui pouvait valoir 25 fr.; la valeur a varié d'après les époques; on ne peut établir de valeur fixe.

4. Archives du château de Merville.

dixième sur l'église de *San-Salvadour* de Fourclens.

De Fourclens il ne reste aujourd'hui que le nom ; la domination romaine n'a pas laissé sur ce point du territoire de traces profondes, comme à Mayras. Sur l'emplacement de l'ancien village, on a parfois soulevé des ossements humains et découvert quelques sarcophages sans inscriptions et sans médailles ; ce sont là tous les vestiges d'une vie qui n'est plus depuis de longs siècles.

Les religieux de Notre-Dame de La Capelle, pour conserver à jamais le souvenir de la générosité des Jourdain de l'Isle, qui leur avaient donné en apanage Mayras et Fourclens, inscrivirent les noms de leurs insignes bienfaiteurs sur l'obituaire de l'abbaye. Tous les ans, les religieux en faisaient mémoire, comme le prouve l'extrait suivant du martyrologe du monastère, d'après une transcription du seizième siècle :

« Pour prouver la possession de la place de Merville par les Jourdain de l'Isle, il a été fait ledit extrait, en 1566.

« Du livre du martyrologe ou obituaire de l'abbaye de Notre-Dame de la Capelle, de l'ordre des Prémontrés, située dans la juridiction de Merville, sénéchaussée de Toulouse, lequel livre est couvert, relié, fait en forme de calendrier, sur le vingtième jour du mois de mai, en écriture bien ancienne, est contenu ce qui s'ensuit (le texte est en latin) : « Mémoire du seigneur Jourdain de
« l'Isle, fils de Bernard de l'Isle, qui nous a donné
« la terre dont il étoit possesseur à Fourclens, tous
« ses droits sur celle de Meyras, ces terres libres

« de toute censive¹, avec bois, prairies, sources,
« afin de participer à tous les biens spirituels
« de notre ordre. »

« En suivant, sur le vingt-deuxième jour du mois de mai, est contenu ce qui s'ensuit : « Mémoire de
« Bernard Jourdain de l'Isle et de ses fils Bertrand
« et Jean qui ont donné à notre Père abbé et à
« nous les ramiers, depuis le ruisseau de la Serp
« jusqu'à l'îlot situé dans la Garonne. Pour lesdites
« donations nous faisons mémoire d'eux, la veille
« de ce jour et pendant la messe. »

« Les terres sont situées dans la juridiction de Merville. En ces temps régnoit en France, Louis sixième, dit le Pieux². »

D'anciennes traditions, des débris de poteries romaines, des sarcophages, de vieilles constructions, les noms des Jourdain de l'Isle insérés dans la liste des bienfaiteurs insignes du monastère de La Capelle, ce sont les uniques vestiges qui nous restent de Mayras et de Fourcleus. Fallait-il laisser le temps achever son œuvre et effacer entièrement ces précieux souvenirs ? Telle n'a pas été notre pensée ; voilà pourquoi nous avons tenu à les présenter, dans ce chapitre préliminaire, pour les laisser à la postérité. Nos enfants sauront qu'aux deux extrémités de notre territoire, dans les temps reculés, nos pères se groupaient autour d'une église

---

1. *Censive*, redevance qui se payait annuellement au seigneur par les propriétaires et détenteurs d'héritages roturiers situés dans l'étendue de la seigneurie.

2. Archives du château de Merville.

avant de ne faire qu'une seule communauté avec celle de Merville. Les premiers ils ont reçu la divine semence de l'Evangile, les premiers ils ont travaillé notre sol riche et fécond. Leur souvenir mérite donc de rester dans nos cœurs et dans les cœurs de nos fils, parce que les caprices destructeurs des siècles ont fait de ces lieux, autrefois vivants, des solitudes aujourd'hui profondes.

CHAPITRE PREMIER

COMMUNAUTÉ DE MERVILLE

§ 1ᵉʳ. VILLAGE DE MERVILLE

Sortons du domaine de la tradition pour entrer dans celui de l'écriture ; aussi bien, nous n'avancerons aucun fait sans placer à côté son document et sa preuve écrite.

Mais auparavant il faut faire connaître la situation du village, dont cependant nous avons déjà dit un mot.

Merville est situé à 21 kilomètres ouest de Toulouse ; c'est aujourd'hui une commune de 1,200 habitants, du canton de Grenade, département de la Haute-Garonne. Le village actuel, assis à quatre kilomètres du fleuve, rive gauche, n'a pas l'importance que comporterait le nombre de ses habitants dispersés sur toute l'étendue de son territoire; de la route de Toulouse, le voyageur l'aperçoit à peine sur la hauteur, caché au milieu des grands arbres du château, qui seul le signale au loin.

Avant 1789, Merville appartenait au pays de Guyenne, et faisait partie de l'élection de Rivière-Verdun [1], de la généralité d'Auch [2], du diocèse et de la sénéchaussée de Toulouse [3]. Il est à croire, cependant, qu'avant l'avènement de Louis XI, la communauté de Merville appartenait au pays toulousain; elle en fut détachée à cette époque et réunie au pays de Guyenne. Pour donner, en effet, un digne apanage à son frère, Louis XI joignit au pays de Guyenne les judicatures du pays toulousain qui se trouvaient sur la rive gauche de la Garonne.

Jusqu'au onzième siècle, Merville porta le nom de Homerville ou Omerville, comme nous l'avons déjà vu; tel il est désigné dans les chartes, les transactions, les contrats divers; plus tard, on l'appela Merville, nom qu'il conserve aujourd'hui.

---

1. *Election de Rivière-Verdun.* On appelait *élection* au moyen âge un tribunal composé d'élus qui avaient le pouvoir de répartir les impôts dans chaque hôtel de ville. On nommait *pays d'élection* les pays qui faisaient partie de ces élections ou arrondissements.

2. *Généralité.* Plusieurs élections formaient une généralité; on payait l'impôt dans les généralités.

3. *Sénéchaussée*, ressort de la juridiction du sénéchal.

Les armes de Merville sont d'azur à une mer d'argent, sur laquelle est bâtie une ville de gueules, couronnée d'argent.

ARMES DE MERVILLE

(Armorial d'Hozier. — Bibliothèque nationale.)

La communauté de Merville faisait-elle partie du comté de Toulouse avant de passer, en 1272, sous la juridiction du roi de France? Telle est la première question que l'on se pose en étudiant son histoire. Un Mémoire, daté de 1578 et présenté par Jacques des Cars, seigneur de Merville, à l'occasion d'un procès intenté par les commissaires royaux, qui revendiquaient la terre de Merville comme terre domaniale, tend à prouver que la terre de Merville fut d'abord sous la puissance d'une famille du nom de Montuèse. Comme la maison de Montuèse avait embrassé la doctrine des Albigeois, pour cause d'hérésie elle aurait perdu cette terre, qui, après confiscation, aurait été réunie au comté de Toulouse.

Un second Mémoire composé dans le dix-septième siècle, contre Catherine des Cars, dame de Merville, par un avocat au Parlement de Toulouse, établit que la maison de l'Isle possédait une directe à Merville avant 1272. Par trois différents actes cités à l'appui de sa thèse par ce jurisconsulte, Jourdain de l'Isle donne, en 1143, en 1163 et en 1171, aux religieux de La Capelle la directe qu'il possède dans le lieu de Merville; il leur permet, en outre, de faire paître leurs bestiaux dans toute l'étendue de sa juridiction; il autorise, enfin, ses emphythéotes[1] et ses vassaux à léguer leurs immeubles à l'abbaye. Comme preuve nouvelle de la vérité de sa cause, le même auteur présente un quatrième acte daté de 1297; d'après ce document, Jourdain de l'Isle aurait demandé, en qualité de seigneur, quelques rentes de blé aux religieux de La Capelle. Comme conclusion, notre avocat affirme que la communauté de Merville n'appartenait pas au comté de Toulouse avant 1272, mais bien à la maison de l'Isle. D'après lui, c'est pour échapper à la juridiction des Jourdain de l'Isle et se placer sous

---

1. *Emphythéote*, celui qui avait un bail pour une terre pendant vingt-neuf ans, c'est-à-dire un temps indéfini, renouvelable cependant.

l'autorité plus libérale du roi, qu'en 1272 la communauté, par ses consuls et ses principaux habitants, se déclara vassale du roi.

Sans rechercher ce qu'il y a de vrai ou de faux dans ce dernier Mémoire, il est hors de doute, même d'après cet acte, qu'en 1271 le roi devint le seigneur juridictionnel de Merville. D'ailleurs, la maison de l'Isle pouvait posséder une directe[1] sur le territoire, et la communauté appartenir cependant au comté de Toulouse. Ce qui nous porte à nous ranger à cette opinion, c'est que, dans l'année 1271, la communauté fut réunie avec le comté de Toulouse à la couronne de France sous le règne de Philippe le Hardi, petit-neveu du dernier comte de Toulouse, mort sans postérité directe. Merville appartenait donc, à cette époque, au comté de Toulouse. Ce fait est, d'ailleurs, incontestable, d'après une pièce conservée dans les archives du château de Merville. Il est dit dans ce document que, pour crime d'hérésie, la terre de Merville fut confisquée, réunie au comté de Toulouse, et donnée comme celui-ci à Simon de Montfort par les barons d'abord, puis par le Pape et le Concile de Latran (1215).

A la mort d'Alphonse, comte de Poitiers, frère de saint Louis, le 3 novembre 1271, les quatre consuls de Merville et les notables parmi les habitants prêtèrent le serment de fidélité à Philippe le Hardi, avec les consuls des autres villes du pays,

---

1. *Directe*, seigneurie de laquelle dépend immédiatement un fief.

entre les mains de Georges de Cohardon, sénéchal de Carcassonne. Le serment, écrit en latin, fut déposé chez Pierre de Parisiis, notaire de Verdun. Plus tard, il fit partie des archives de Carcassonne. Lorsque, par décret du roi, la terre de Merville fut enlevée à dame Catherine des Cars et réunie au domaine, le procureur du roi de la commission du dénombrement ordonna d'en faire une copie, le 16 juin 1479 :

« Sachent tous [1] que Sancius de Valleriis, Raymond Barrat, Jean Peyronnet, Guillaume Carmes, consuls de la ville de Homerville, et les principaux notables, tant en leur nom qu'au nom de la communauté, ont reconnu devant noble Cohardon, chevalier, sénéchal [2] de Carcassonne et de Béziers, gouverneur pour le roi des comtés de Toulouse et de l'Agenais, assisté de maître Barthélemy de Podio, clerc du roi de France, juge de Carcassonne :

« 1° Que ladite ville de Homerville est la propriété du roi de France, avec ses droits et ses appartenances; 2° que ladite communauté doit excercitum [3] et 100 tolsats [4] tous les ans, à la

---

1. Archives du château de Merville.

2. *Sénéchal ;* il représentait le roi dans chaque province, avait la gestion des finances, le commandement des troupes ; il rendait la justice au nom du roi.

3. *Doit exercitum,* obligation de suivre le roi ou le seigneur à la guerre.

4. *Tolsat,* sou toulousain en or ou en argent; en argent il pouvait valoir 1 livre 7 sols 6 deniers.

Toussaint, pour l'albergue [1] ; 3° qu'à chaque changement du seigneur ledit roi a l'arrière-capte [2] pour les terres et les fiefs qui lui font l'oblie [3] et qui relèvent de lui ; ils promettent, en outre, et jurent, les mains levées sur les saints Evangiles, que, selon tout leur pouvoir, ils garderont, ils défendront, ils soutiendront l'illustrissime Philippe, par la grâce de Dieu, roi de France, ainsi que son autorité, ses biens, ses droits et ses peuples ; ils jurent de lui être fidèles et d'être fidèles aux rois ses successeurs ; par contre, ils demandent que leurs libertés, biens et coutumes soient approuvés et confirmés.

« Fait à Verdun, dans la chapelle du château, en présence de noble Geoffroy de Varagnes, chevalier ; du susdit maître Barthélemy de Podio, de noble Jean Sarraceni, chevalier, châtelain de Verdun, et en ma présence, Pierre de Parisiis, qui ai écrit ce serment, l'an du Seigneur 1271, le 9 novembre, sous le règne de Philippe, roi de France, et j'ai signé. »

Après la prestation de ce serment de fidélité, qui plaçait la communauté sous la suzeraineté royale, il fut nécessaire de fixer les limites de la seigneurie, dont les terres se confondaient avec celles de l'abbaye de La Capelle. On nomma des

---

1. *Albergue*, redevance.

2. *Arrière-capte ;* c'était le droit à payer au roi à la mort du seigneur.

3. *Oblie*, rente annuelle en argent ou en nature que payait le tenancier au seigneur.

arbitres de part et d'autre; les experts firent le partage, et, comme signe de démarcation, on creusa des trous ou clôtes. Les deux parties déposèrent dans les archives du monastère l'acte d'arbitrage, écrit en latin. Jacques de Bernuy ordonna d'en faire une copie en 1542; elle est aujourd'hui dans les archives du château de Merville. En voici un extrait :

« Sachent tous présents et futurs qu'entre Pierre de Prémario, viguier [1] de Carcassonne, lieutenant de noble seigneur de Beaumarchais, chevalier, sénéchal de Toulouse et de l'Albigeois, agissant au nom de notre excellent roi de France, d'une part, et vénérable Père en Notre-Seigneur, frère Jean, abbé du monastère de La Capelle, de l'ordre des Prémontrés, et les religieux de La Capelle, d'autre part; sachent tous présents et futurs que ledit acte d'arbitrage fut fait à l'occasion des limites et confins de la ville de Homerville, diocèse de Toulouse.

« Comme la ville appartient au roi, comme aussi les limites du territoire de La Capelle et de la directe du roi sont vagues et indéterminées, pour mettre fin à toute controverse sur cette question, une transaction a été passée entre ledit viguier, agissant au nom du roi et du sénéchal : le Père abbé, le frère Jean-François, prieur; frère Antoine de Vido, sacristain; frère Léonard, frère Pierre, cellerier; frère Jean de Sancti, frère Agerain, frère Pierre Vital, réfectorier, chanoi-

---

1. *Viguier*; le viguier était comme un prévôt, un juge dont la charge était élective, nullement héréditaire.

nes et principaux du monastère. — Pons de Rubès, Raymond de Villariis, Guillaume de Julianis, Jean de Peyronnet, Raymond Barrat, Guillaume Hicarcinus, Guillaume Vacquias, maître Vigarinus, ont été choisis comme arbitres par lesdites parties, ledit viguier au nom du roi et du sénéchal, lesdits abbés et religieux du monastère.

« De part et d'autre, lesdites parties ont promis d'obéir aux arbitres, hommes justes, sages et probes, d'accepter leurs décisions et de ne contredire à aucune des sentences qu'ils porteront sur les limites, fins et confins desdits territoires. La partie désobéissante payera une amende de 100 marcs à la partie acceptant les sentences, décisions, compromis portés par les arbitres sur les limites, fins et confins desdits territoires, tels qu'ils sont écrits dans ledit instrument de la main de Léonard Armat, notaire de Carcassonne, au **nom** du roi.

« Après avoir invoqué le nom de Notre-Seigneur Jésus-Christ, pour donner plus de poids à leur arbitrage, les arbitres affirment que ces limites sont bien celles de la ville et du territoire de Homerville. Ils ont tour à tour creusé des clôtes au lieu d'où sort le ruisseau de Labera; auprès du chemin qui conduit à Toulouse; au lieu dit de Solimeciriis, à la fontaine de Saint-Jean; près du chemin de Camanelle; sur la colline de Fourclens; au lieu dit de Mayras; auprès du chemin qui de Mayras conduit à Homerville; près du ruisseau de Ruicella; sur le monticule de Saint-Jean; puis, de clôte en clôte, en descendant ou en remontant, selon les accidents de terrain, ils ont délimité les territoires du roi et ceux du monastère de La Capelle.

« *Item,* les arbitres ou intermédiaires, hommes probes et sages, ont arrêté, dit et prononcé que les habitants de Homerville, qui sont et seront, peuvent, en retournant dans leurs maisons, faire paître leurs bestiaux dans les pâturages, prairies, terres cultes et incultes du monastère de La Capelle; nul dommage, cependant, ne sera causé ni aucune cabane construite sur les pâturages, prairies, terres cultes et incultes du monastère.

« Pareillement, le seigneur abbé de La Capelle et ses religieux, en rentrant dans leur monastère, pourront, tous les jours, faire paître leurs troupeaux dans les pacages, prairies et territoire de Homerville. Ils useront de ce droit sans porter aucun dommage ni construire de cabane sur lesdits pacages, terres et prairies.

« *Item,* lesdits arbitres, médiateurs faciles, hommes probes et sages, arrêtent et prononcent que ledit seigneur viguier agissant au nom du roi, que le roi lui-même agréent les limites arrêtées plus haut. Doivent aussi agréer les mêmes décisions le seigneur abbé et le chapitre du monastère de La Capelle.

« Cet acte a été passé, le 23 novembre, sous le règne de Philippe, roi de France, et l'épiscopat de Bertrand, évêque de Toulouse, l'an 1272 après l'Incarnation de Notre-Seigneur Jésus-Christ, en présence des témoins ci-dessus nommés. Frère Jean, prieur du monastère, Pons de Rubès de Homerville, Vital de Artiganiis, Raymond Vagerman, Jean de Locan, Léonard Réminus, habitants de Homerville ont suivi les arbitres sur toute l'étendue du territoire. Raymond de Gauderiis, notaire à Toulouse, présent à l'arbitrage, a pris la carte dressée par les arbitres, médiateurs faciles, hommes probes, justes et sages.

« Sachent pareillement tous présents et futurs que nous, Pierre de Prémario, viguier de Carcassonne, lieutenant de noble seigneur de Baumarchais, sénéchal de Toulouse et du pays d'Albigeois, agissant au nom du roi et du seigneur sénéchal; et que nous, seigneur abbé, agissant en notre nom et au nom du chapitre du monastère, après avoir lu l'arbitrage arrêté par Pons de Rubès, Sanctius de Villariis, Raymond et Guillaume de Julien, Jean de Peyronnet, Aymeric de Vernet, Raymond Barrat, Guillaume Garcia, Guillaume Vacquery, Martin de Morban, choisis par nous comme arbitres, à l'occasion du procès pendant entre le roi, seigneur de Homerville, et l'abbé de La Capelle, sur les limites de leurs territoires respectifs, approuvons, ratifions, confirmons ledit arbitrage arrêté par lesdits arbitres sur les limites desdits lieux de Homerville et du monastère de La Capelle, tel qu'il est écrit de la main de Raymond de Gauderiis, notaire public de Toulouse. Fait ce 29 novembre, sous le règne de Phillippe, roi de France, et sous l'épiscopat de Bertrand, évêque de Toulouse, l'an 1272 de l'Incarnation de Notre-Seigneur Jésus-Christ. »

Une discussion semblable s'éleva bientôt après celle-ci entre le roi, seigneur de Merville et le Père abbé du monastère de Grandselve. Lorsque Philippe le Hardi prit possession de la terre de Merville, celle-ci n'avait aucune limite fixe, ni déterminée; de là des discussions et des procès entre le roi et les possesseurs des autres directes. On dut encore faire un nouvel arbitrage pour fixer les possessions féodales du roi et de l'abbé de Grandselve, dont les biens étaient immenses. L'acte d'arbitrage est conservé dans les archives de Verdun, du département de Tarn-et-Garonne; il porte la date de 1278; en voici le titre : « De la discussion qui s'est élevée entre l'abbé et le couvent de Grandselve, d'une part, et les habitants et notre procureur, d'autre part, sur les limites de Homerville ». — Suivent les limites en discussion. L'affaire se termina à l'amiable; on passa une transaction, et les parties tombèrent d'accord.

Comme suzerain de Merville le roi perçoit la taille [1], les censives et les autres redevances.

La communauté, cependant, ne resta pas de longs jours sous le pouvoir royal; le 14 avril 1307, elle passa sous la juridiction d'un membre de la maison de l'Isle. A cette époque, en effet, le roi céda la seigneurie à Bertrand Jourdain de l'Isle, en échange d'une rente, sans toutefois abdiquer son titre et ses droits de seigneur direct.

---

1. *Taille,* nom donné autrefois à une espèce d'imposition royale mise par le souverain sur les sujets, et destinée à ses propres besoins et à ceux de l'Etat.

I

SAC ET DESTRUCTION DE MERVILLE PAR LES ANGLAIS

Merville aurait joui d'une destinée unique dans l'histoire des villes et des communautés du Midi, s'il avait pu échapper à la fièvre de haine et de sang des guerres anglaises. Charles le Bel, le dernier des fils de Philippe le Bel, venait de mourir sans laisser d'enfants mâles, comme ses deux frères qui l'avaient précédé sur le trône. La régence avait été confiée à son cousin Philippe VI, qui devait être le premier roi de la branche des Valois, lorsque la veuve du roi défunt mit au monde un enfant. Comme cet enfant était une fille, Philippe n'hésita pas ; il se fit reconnaître pour roi. C'était en 1328. Edouard III d'Angleterre, d'une ambition démesurée, petit-fils par sa mère de Philippe le Bel, avait disputé la régence à Philippe de Valois ; il voulut aussi lui disputer la couronne. De ce conflit devait naître la guerre de l'Angleterre et de la France, qui a répandu la mort et fait tant de ruines pendant une si longue période de notre histoire. Cette lutte est l'événement historique le plus saillant de cette époque.

Le roi d'Angleterre, paraissant accepter les faits accomplis, était venu rendre hommage au roi de France, en 1329, pour ses fiefs de France ; mais ce ne fut pas sans résistance. Edouard vint tout armé et la couronne sur la tête. On put à peine obtenir qu'il ôtât son épée et ses éperons. Cette soumission, faite à demi, aigrit davantage les esprits. De part et d'autre on comprenait que la lutte était imminente. La guerre n'éclata cependant que dix ans après.

L'ambition d'Edouard III cherchait une circonstance pour agir. Les embarras que la Flandre suscita à Philippe furent l'occasion qu'attendait le roi d'Angleterre ; il se mit du côté d'Artevelle, ce brasseur de Gand qui, à la faveur des troubles, devint le roi de son pays ; il acheta, en outre, l'alliance de tous les princes des Pays-Bas, ennemis de notre patrie, et, pour mettre le comble à son insolence, il prit le titre de roi de France, que pendant si longtemps ses successeurs ont gardé. Une première campagne ne réussit pas ; une seconde commença par le siège de Tournai et par la bataille navale de l'Ecluse (1340), où périt la flotte française presque tout entière.

Sur ces entrefaites, le comte de Montfort, duc de Bretagne, étant mort sans enfants, les deux rivaux saisirent cette circonstance pour en venir aux mains dans ce pays. Le choc menaçait d'être terrible ; le Souverain Pontife s'interposa, comme il le fera encore dans la suite. Deux légats, Pierre de Clermont, cardinal-archevêque de Préneste, et Anibaldi de Naples, cardinal-archevêque de Tusculum, se rendirent l'un au camp de Philippe, l'autre à celui d'Edouard, au mois de janvier 1343 ; ils réussirent à faire signer aux deux princes une suspension d'armes de trois ans. La trêve fut très mal observée en Gascogne et en Bretagne. En 1345, les négociations furent ouvertement rompues par les Anglais ; la guerre se ralluma, furieuse, implacable. Edouard lança trois armées sur les côtes de France ; il l'attaquait, à la fois, en Aquitaine, en Normandie, en Flandre. La Guyenne, la Normandie furent saccagées. Alors eurent lieu, et la malheureuse bataille de Crécy (1346), où tant de valeureux Français trouvèrent la mort, et la défaite, et la prise de Calais, célèbre par l'héroïque résistance de ses habitants et le courage d'Eustache de Saint-Pierre. Il y eut tant de sang répandu par le fait de l'ambition d'Edouard III, qu'on a pu dire : « Le roi d'Angleterre s'était teint un manteau de pourpre pour régner sur la France ; à quoi pourtant il ne put parvenir. » La campagne coûtait 50,000 hommes à l'Angleterre.

La prise de Calais termine cette première phase des guerres anglaises. Edouard, pressé de retourner en Angleterre, après une absence de deux ans, consentit facilement à une trêve, qui laissait les deux partis en présence ; elle dura jusqu'à la mort de Philippe de Valois, en 1350.

C'est durant cette première période de la guerre de Cent-Ans que Merville fut pillé et incendié. Il est dit dans un mémoire du seizième siècle, qui, dans son laconisme, n'indique que trop le malheureux sort du vieux village : « Alors était suzerain Jean Jourdain de l'Isle ; le village fut mis à sac et pillé, ses maisons brûlées et ses habitants dispersés [1]. » Ceci prouve que les Anglais pénétrèrent

---

1. Archives du château de Merville.

bien avant dans notre pays. Ils n'entrèrent cependant jamais dans Toulouse.

Dans un autre Mémoire de la même époque, écrit en faveur de Jacques des Cars, qui revendiquait la terre de Merville, que les commissaires royaux avaient injustement confisquée, nous lisons cette seconde preuve du sac de Merville : « Il fauldra remonstrer au roi que du temps des Engloys, laditte place de Merville auroit esté brulée et conséquemment tous les tittres dudit feu Jordain de l'Isle ; il fauldra, encore, porter un acte bien anscien qui faict mention de la ruine faicte audit lieu par les Engloys, retenu par maître Ramond Suau, notaire à Grenade, duquel de Marca, nothaire dudit Grenade, est collationnaire, en datte de l'an 1349[1]. »

Un inventaire, daté du 5 janvier 1350, relate le même fait : « Inventaire fait par Ramond Suau, notaire à Grenade, en vertu des lettres émanées d'autorité de mettre Michel Fournier, juge de la terre de Merville, pour Messire Jean Jourdain de l'Isle, seigneur de Merville et d'Aucenville, et ce à la requeste de Soard de Causmes, en qualité de tuteur des enfants de Barthélemy de Berri, du lieu de Merville touchant les biens meubles des enfants pupilles dont la plus part avoient dépéri, à cause de la venue des Anglais en ce pays de Guienne : pour raison de quoy ledit tuteur et sa famille s'étoient réfugiés à Tholose. Au marge de cet inventaire, est écrit que c'est un acte expédié à M. le

---

1. Archives du château de Merville.

président Lauret, sur un ordre du Parlement de Paris [1]. »

Le doute n'est plus possible au sujet de l'immense désastre du vieux village. Voudrions-nous en douter encore, que l'accord suivant passé entre Jean Jourdain de l'Isle et ses vassaux à l'occasion de la construction du fort, rendrait ce doute impossible.

II

RECONSTRUCTION DU VILLAGE

Devant les ruines encore fumantes de l'ancien village, les habitants résolurent de construire une enceinte fortifiée. Dans ce but, ils proposèrent à Jean Jourdain de l'Isle d'établir le village sur une forte position et de l'entourer de murailles ; le seigneur accepta. On choisit, d'un commun accord, un emplacement qui appartenait à la directe d'un certain Aymeric de Lagarrigue. On lui accorda en échange le terrain du village détruit. La nouvelle position sur les limites du plateau qui domine la plaine de la Garonne était excellente.

Avant de jeter les fondations de la nouvelle en-

---

1. Archives du château de Merville ; inventaire de dame de Comenge.

ceinte par les consuls et ses principaux habitants, la communauté passa un contract avec Jean Jourdain de l'Isle, que l'on pourra lire aux pièces justificatives [1].

La communauté et le seigneur construisirent, d'après les clauses de ce contrat, une enceinte carrée aux murailles hautes et épaisses. Un fossé profond entourait l'enceinte, l'eau y était si abondante que le droit de pêcher dans les fossés fut toujours regardé comme un des principaux articles des Coutumes. Quelques années après, on construisit dans le fort la nouvelle église dédiée, comme l'ancienne à saint Saturnin. On l'éleva le long des remparts, sur le midi, vers le milieu de la muraille. On jugera du caractère de cette enceinte fortifiée par le plan que nous en donnons [2].

La ville de Merville, c'est le langage du temps, avait quatre rues. Trois rues la partageaient dans le sens de sa longueur, du levant au couchant; on les appelait rue du Four, la Grande-Rue et la rue de l'Eglise. La rue traversière la partageait dans le sens de sa largeur. Il y avait dans l'enceinte, communément appelée le Fort, cinquante maisons environ appartenant à divers propriétaires. La maison seigneuriale occupait une partie de l'enceinte située au levant. Elle n'offrait rien de remarquable, si nous en croyons les entrepreneurs qui, en 1734, sur l'ordre du marquis Henri-Auguste de Chalvet-Rochemonteix, en firent l'expertise. A part deux salles qui mesuraient chacune 6 mètres carrés, les

---

1. *Pièces justificatives*, I.
2. Dessin hors texte, n° 1.

autres chambres n'avaient aucun cachet de grandeur. Le château se composait de deux étages, ornés chacun d'une galerie. Dans la maison seigneuriale se trouvait une prison (elle avait six pans de largeur, est-il dit dans l'expertise, et de hauteur 13 pans). Elle était entourée de murailles et le plancher était en bois [1].

La maison du coseigneur, M. de Chalvet-Rochemonteix, dont la directe était plus importante que celle du seigneur, s'élevait sur le même plan et non loin du château seigneurial. Les deux maisons touchaient presque aux fortifications dont elles n'étaient séparées que par un chemin étroit. Devant le château il y avait une petite place, dont plus tard le seigneur fit un jardin. Sur cette place on creusa un puits commun, que le seigneur essaya bien de combler; mais la communauté le fit ouvrir à nouveau, à cause de son utilité.

Se trouvaient encore dans l'enceinte le four banal et la forge banale, qui était affermée à l'ouvrier, moyennant une certaine redevance [2].

---

[1]. Archives du château.
[2]. « Bail à nouveau fief fait par messire Bernard Laureti, président au Parlement de Tolose, à Ramond de la Jonca, habitant de Merville, de demi-place de maison sis dans le Fort. — *Item*, ledit de Jonca recognoit tenir dudit seigneur une enclume et les soufflets. — *Item*, pourra ledit feudataire tenir une forge en ladite maison pour y travailler de son métier. Oblies, 5 sols, avec acaptes et arrière-acaptes, tant pour les décès du seigneur que du feudataire et de leurs successeurs, la moitié desdites oblies et pour les justices (1479, penultiemme d'aoust). » (Archives du château; inventaire de dame Marthe de Comenge.)

A propos du four banal, disons que tous les habitants de Merville n'étaient nullement contraints d'y faire cuire le pain. Les banalités du four, du pressoir et de la forge s'expliquaient au moyen âge, où le seigneur pouvait seul disposer des ressources nécessaires pour construire des établissements dont tous profitaient. Il paraissait donc naturel que le seigneur fît payer une redevance à ceux qui en usaient. Lorsque plus tard les paysans devinrent propriétaires, l'impôt parut odieux, et beaucoup cherchèrent à s'en libérer. A Merville, un certain nombre d'habitants étaient exempts de cette obligation. Nous verrons plus loin qu'à l'occasion de la prise de possession de la seigneurie, Jourdain de l'Isle autorisa les emphythéotes de La Capelle et plusieurs autres familles à construire des fours sur toute l'étendue du territoire. Vers la fin du quinzième siècle, des reconnaissances consenties au seigneur portent cette clause expresse : « Il sera permis audit feudataire de faire un four dans les possessions pour y faire cuire le pain de sa dépance et de ses successeurs seulement [1]. »

Le Père abbé du monastère de La Capelle possédait dans le Fort une maison et plusieurs dépendances. Dans la même rue, non loin de la maison des Prémontrés, on en remarquait une autre qui appartenait au collège de Saint-Girons déjà propriétaire de la métairie des Quints et de plusieurs autres

---

1. Archives du château ; inventaire de dame Marthe de Comenge.

terres. Ce collège avait reçu cette maison et ces terres des consuls de Saint-Girons [1].

On pénétrait dans l'enceinte fortifiée par une porte unique. Située au couchant, elle s'ouvrait sur une large place, la même qui s'appelle encore aujourd'hui la Place du Château. Au milieu de la place s'élevait une halle couverte, où se tenait un marché le mercredi de chaque semaine. Non loin du marché, la communauté avait planté une croix, objet pour tous de vénération et d'amour.

---

1. Le Collège de Saint-Girons était dans la grande rue Saint-Antoine, près le Salin (rue Pharaon), et donnait sur la rue Saint-Remésy. Il fut fondé par Jean de Balaguier, docteur en droit, régent de l'Université de Toulouse. D'après l'acte de fondation de ce Collège, les consuls de la ville de Saint-Girons avaient la faculté d'y envoyer six étudiants de cette ville ou des lieux circonvoisins, « pour y estre entretenus à l'estude du « droit civil et canon », et ils devaient être « aptes et dociles « pour les lettres, nommés et institués pour le temps et espace « de cinq années, aux despens du revenu du Collège, sans « estres tenu de donner auscune chose pour les aliments, « logis, institutions ». Après le terme de cinq années, ces enfants étaient remplacés par d'autres du même lieu. A l'instar des autres collèges des boursiers de Toulouse, celui de Saint-Girons avait son prieur. Ce Collège fut compris dans le nombre de ceux que supprima l'édit de 1551 (*Collèges de Vital, Montlezun, Saint-Girons*, etc., par H. Saint-Charles, pp. 27, 28). Plus tard, le 16 octobre 1579, les places collégiales de Saint-Girons furent mises au Collège de l'Esquile. Nous n'avons pu lire dans aucune pièce ce que devinrent, et la maison du Fort, et les terres qui étaient la propriété du Collège après sa suppression ; tout nous porte à croire qu'elles furent données à celui de l'Esquile. « Chaque année, les écoliers originaires de « Saint-Girons assistaient à une messe célébrée en l'église de « Notre-Dame des Carmes, messe payée aux religieux la somme « de 4 livres 10 sous (Saint-Charles). »

Le village avait ses faubourgs qui sont signalés dans les actes. Ils étaient composés de rues construites en dehors de l'enceinte, et qui aboutissaient à la grande place. De ce côté, l'aspect du village était, à peu de chose près, celui d'aujourd'hui ; les mêmes moulons existaient, et les maisons y occupaient le même emplacement. On y remarquait même, comme aujourd'hui, sur la petite place où s'arrête la procession dominicale, la croix, instrument de notre salut.

Des hameaux nombreux étaient disséminés çà et là sur le périmètre du territoire. On appelait ces hameaux, dans le langage du temps, massages. La plupart tenaient leurs noms de leur situation topographique ou de divers propriétaires. Ainsi, Jean Péfault, dit *Teulet,* a laissé son nom aux *Teoulets ;* le sieur Bouillac, à Bouillac ; le sieur Casevielle, à Casevielle ; le sieur d'el Garric, un des grands bienfaiteurs de La Capelle, à Garric. Les communautés disparues de Mayras et de Fourclens revivent dans les massages de Mayras et de Fourclens ; celui de Labera a emprunté son nom au ruisseau de Labera. A propos des familles dont le nom se perpétue dans les hameaux qu'elles habitaient, remarquons que le seigneur, le coseigneur et le Père abbé de La Capelle n'étaient pas les seuls à posséder des terres sur le territoire de la communauté. C'est, en effet, une erreur grossière de prétendre que la petite propriété date du Code Napoléon, et qu'avant 1789 la propriété du sol était le privilège à peu près exclusif de la noblesse et du clergé. Jamais mensonge plus audacieux n'a été jeté en pâture à la crédulité des simples. Dans les actes que nous avons lus, nous avons relevé les noms d'un grand nombre de propriétaires. Ceux-ci vendent, échangent, afferment, transmettent leurs biens comme ils l'entendent. La plupart des maisons du Fort appartenaient même à des particuliers dont on peut lire les noms dans le plan de l'ancien village. Le cadastre de 1495, dont il sera question plus bas à propos des consuls, ne relève que les biens des propriétaires, sans parler de ceux du seigneur, ni des terres du coseigneur et de La Capelle, et ces propriétaires se comptent par centaines. Il est donc incontestable qu'avant 1789 les paysans étaient devenus propriétaires fonciers, et cela dans une mesure qui n'a pas été dépassée depuis lors. Car, tandis qu'aujourd'hui les petits propriétaires ne possèdent que le neuvième ou le huitième des terres cultivées, avant la Révolution la moitié du territoire leur appartenait en propre, comme le prouve admirablement Mgr Freppel, dans sa brochure : *la Révolution française, à propos du Centenaire de 1789*, pp. 88 et 89, etc. La grande propriété absorbait si peu tout le reste que, au témoignage de Necker, « il y avait en France une immensité de propriétés rurales ». Les économistes eux-mêmes étaient affligés de cette division de la propriété. « La division des héritages, écrivait Turgot, est telle que celui qui suffisait pour une seule famille se partage entre cinq ou six enfants. Ces enfants et leurs familles ne peuvent plus, dès lors, subsister uniquement de la terre. » Il est donc évident que la division de la propriété foncière existait sous l'ancien régime; la thèse contraire ne peut être aujourd'hui soutenue par un homme sérieux.

Ceux-là mêmes qu'on appelait autrefois emphythéotes, feudataires, vassaux, avaient moins de charges que nos fermiers, nos métayers et nos maîtres-valets. Quelques livres, quelques sols, quelques deniers, si les redevances se payaient en argent ; quelques poules, quelques journées, quelques mesures de froment ou de farine, si elles se payaient en nature : c'est tout ce que le seigneur demandait à ses vassaux. Certes il y a loin des censives que nous relevons dans les actes de reconnaissance aux charges des paysans de nos jours. L'emphythéote dont le bail était de vingt-neuf ans, pouvait même se considérer comme un véritable propriétaire ; il disposait du fonds qu'il tenait en fermage selon ses besoins, à la seule condition de payer sa redevance annuelle, d'ordinaire peu onéreuse.

Ainsi s'établissait entre le seigneur et le feudataire une entente mutuelle ; toute méfiance, toute haine, toute basse jalousie étaient écartées ; la confiance, l'union régnaient entre le maître et le serviteur. Il y avait encore, dira-t-on, la taille, la dîme, la corvée. Les impôts directs et indirects, les prestations, les droits d'enregistrement et les autres impôts auxquels nous sommes soumis aujourd'hui, sont autrement forts que la taille, la dîme et la corvée dont la répartition, faite souvent par les consuls eux-mêmes, restait dans les limites d'une sage et humaine justice. On revient aussi sur les mensonges que des hommes ignorants ou sans bonne foi ont écrit sur la France avant 1789. Grâce à l'étude des vieilles archives, la vérité se dégage, et si tout n'est pas à louer dans les institutions de l'ancien régime, tout non plus n'est pas digne de blâme.

III

SIÈGE DE MERVILLE

1594.

Merville eut encore sa part dans les guerres meurtrières qui désolèrent l'occident de l'Europe pendant le seizième siècle. Les guerres de religion lui furent aussi funestes que les guerres anglaises; et si, dans ces temps de trouble profond, le village ne fut pas saccagé et détruit comme en 1359, son enceinte fortifiée n'en subit pas moins un siège dont il ne se releva jamais complètement.

Pour l'intelligence de notre récit, le lecteur nous permettra de faire quelques considérations sur les causes qui amenèrent cet événement mémorable. La Ligue ou la sainte Ligue, selon le langage du temps, fut l'occasion dans le nord, et surtout dans le midi de la France d'une lutte acharnée. Cette vaste association était née d'une simple pensée de foi et ne poursuivit d'autre but que celui de maintenir la monarchie dans les traditions religieuses qui avaient fait sa force. En général, dans le cours de sa durée, l'énergie de la Ligue fut proportionnelle au péril qui semblait menacer la religion; si le danger augmentait, elle s'accroissait; elle s'apaisait, au contraire, s'il disparaissait. Toute la Ligue est dans cette pensée. Comme dans tous les troubles politiques, les ambitions particulières ont pu essayer de s'en servir, mais cela ne change pas son caractère général ; la Ligue fut un grand mouvement catholique. Au point de vue du droit, elle fut une association de défense. Quoi qu'en aient dit certains historiens, elle ne se montra ni plus intolérante, ni plus passionnée que le parti protestant lui-même. D'ailleurs il ne faut pas juger de cette époque par la nôtre. Alors, sortir de l'Eglise catholique, c'était renier la patrie et briser toutes les traditions nationales ; embrasser la Réforme, c'était, par conséquent, cesser d'appartenir à la France. En fait, si ce grand mouvement catholique n'avait pas eu lieu, l'unité nationale en aurait souffert longtemps ; le pays aurait été divisé par les croyances et même par les gouvernements. N'était-ce pas, en effet, le rêve caressé par les chefs huguenots, de faire de la France un ensemble féodal pareil à celui qui existait en Allemagne ? Heureusement la Ligue fut là ; elle contribua à faire échouer ces projets. Elle a donc rendu un immense service, non seulement à la France, mais encore à la civilisation.

On sait les événements qui précédèrent le siège de Merville, un des moindres et des derniers épisodes de cette terrible guerre civile. François II venait de mourir d'un abcès à l'oreille, à l'âge de dix-sept ans dix mois et quinze jours, après un an et demi de règne (5 décembre 1560). Dans l'espérance de gagner tous les partis, Catherine de Médicis rappela à la cour le connétable de Montmorency et se réconcilia avec le roi de Navarre, Antoine de Bourbon. Quant à Condé, un arrêt du Conseil le déclara innocent et le remit en liberté. Catherine attendait de ces mesures de modération l'apaisement des esprits; elle ne fit que les irriter. Montmorency se rapprocha des Guise ; Jacques d'Albon, maréchal de Saint-André, se chargea de négocier cet accommodement, et se fit comprendre dans le traité qui fut conclu entre Guise et Montmorency. A eux trois, le connétable, le duc et le maréchal formèrent ce qu'on appela le Triumvirat, dont le but était la défense des intérêts catholiques sous l'autorité de la reine. Les triumvirs attachèrent à leur cause le roi de Navarre, qui n'était repoussé ni des protestants, ni des catholiques. Son concours pouvait, en effet, leur être utile.

Le jeune Condé se remuait de son côté. C'est d'un mauvais œil qu'il se vit mis à l'écart; il embrassa avec chaleur le parti des huguenots. Résolu d'entrer en lutte contre le duc de Guise et son frère, Antoine de Bourbon, il se prépara au combat. La guerre civile allait commencer.

Le 24 mars, Condé quitta Paris; six jours après, le 30, il revint sous les murs de la capitale, à la tête de mille gentilshommes et de trois cents argoulets. Le signal était donné; sur tous les points de la France, dans le nord et surtout dans le midi, les protestants s'organisèrent et prirent les armes. Par violence ou par trahison, ils occupèrent Dieppe, Le Havre, Rouen, Le Mans, Angers, Blois, Poitiers, Tours, Lyon; Orléans fut le centre de leurs opérations.

Ces premiers succès ne furent pas de longue durée; les catholiques eurent bientôt l'avantage. Cette année 1562, l'armée royale reprit la Touraine, l'Anjou et le Poitou. Les huguenots restèrent, il est vrai, les maîtres du Dauphiné, où ils étaient plus nombreux, mais ils échouèrent devant Toulouse.

Toulouse s'était, depuis longtemps, ralliée à la Ligue; la lutte fut vive dans ses murs; elle dura surtout longtemps. Elle devint plus acharnée à l'occasion de l'assassinat du duc de Guise. Je laisse ici la parole à François de Chalvet, le fils du célèbre Mathieu de Chalvet, qui a laissé sur le mouvement de la Ligue à Toulouse des mémoires inédits, qui appartiennent aujourd'hui à la Bibliothèque nationale :

« En 1588, dit-il, la peste estoit à Toloze, et la mesme année, le xxiiie décembre, le roi Henri III, à Blois, où il faisoit tenir les Etats-Généraux, fist tuer messieurs les duc et cardinal de Guise, ce qui exita dans le royaume tous ces terribles troubles que nous y avons vus despuis, particulièrement dans Tolose. La mauvaise graine de la conspiration de la Ligue, par avant subtilement semée dans les esprits qu'on remarquoit propres et disposés à la recevoir, avoit tellement pris pied que, tout à coup, sur l'occasion de ces meurtres, elle produisit un nombre infini faulses herbes de rébellion et de nouveauté, ambitions et convoitises. L'Evêque de Comminges[1], environ ce temps-là, revint des Etats de Blois et trouva moyen d'entrer et de s'arrester à Tolose. Ce fut lors, que les plus hardis et violents conjurèrent d'assassiner Monsieur le premier président Duranty. Comme de fait, le vendredi,

---

1. Urbain de Saint-Gelais (1580-1613).

xxvii° jour de 1589, au sortir du Palais, ils le firent assaillir dans son coche ; mais Dieu le garantit pour ce coup-là.....

« Le fondement et suget de ces remuements de Tolose estoit de se conserver la sainte religion catholique, et parce que le roi avoit fait mourir les premiers catholiques et favorisoit, comme ils disoient, les hérétiques, qu'il falloit se soustraire à son obéissance, et, pour y parvenir, qu'il estoit nécessaire d'abattre l'authorité de la Cour de Parlement et des autres officiers royaux, lesquels, sans nul doute, voudroient soutenir le roy... C'estoit, en somme, la manière de procéder et les prétextes des méchants en ces affaires qui furent cause que plusieurs des moins entendus se jettèrent, à bonne intention, dans le parti de la Ligue, pour le seul zèle de la foi... Je dirai donc que le vendredi, x de febvrier, audit an 1589, on lascha quelque populace pratique qui alla tuer M. Duranty, dans le couvent des Jacobins, où on l'avoit renfermé, et M. Daffis, advocat général du roy, dans la conciergerie du Palais, et un misérable valet innocent dudit sieur Duranty, aux prisons de l'Archevesque. Et leurs maisons furent soudain pillées, et possible que si le jour eût plus longtemps duré, il y eût plus de mal. Mais ceux qui n'avoient d'autre but que de procurer la seule mort de M. Duranty, interposèrent le crédit et firent cesser le massacre[1]. »

Toulouse ne fut pas l'unique champ de bataille ; ligueurs et huguenots s'étaient répandus dans la

---

1. Bibliothèque nationale, fonds latin, n° 13,115.

campagne et mettaient tout à feu et à sang. Je n'ai pas à raconter les phases cruelles de cette lutte fratricide; j'ai hâte d'arriver au siège de Merville, qui est pour nous le fait intéressant de cette guerre. « Cependant, dit le Père Lombart, le duc de Joyeuse, maître de la campagne, effrayait les villes huguenotes et les villes royalistes du haut Languedoc. Cette prospérité ne fut pas de longue durée : les ligueurs furent battus devant Villemur, et cette petite place devint le tombeau d'Antoine Scipion de Joyeuse et de sa maison. A la fleur de l'âge, et digne de la haute fortune qui l'attendait, il se noya dans la rivière du Tarn[1]. »

Cette mort fut le signal de nouveaux désordres. « L'an 1592, dit M. de Chalvet, je passé chez nous, à Merville, où je demeuré quelques jours, et jusqu'à tant que les consuls du lieu me viendrent trouver dans ma chambre, estant bien affligé de mon accès, pour me donner advis d'un bruit qui vint tout d'un coup, que M. le duc de Joyeuse estoit mort au siège de Villemur, et que les sieurs de Rassignac, Grémiar, Chambaud et autres s'estoient fait maistres de la campagne avec M. de Thémines, après avoir levé le siège et rompu l'armée dudit seigneur duc, et qu'ils craignoient que cela n'alterast davantage tout le pays. Je fis semblant de n'en vouloir rien croire, et leur dis qu'ils envoyassent à Grenade pour en estre mieux informés; mais je le tenois pour assez vraisemblable, à cause qu'estant

---

1. *Histoire du Parlement de Toulouse,* par le Père Lombart. Biblioth. de la Cour d'appel.

à Saint-Jory, j'avois appris le peu de soing et de prévoyance qu'on apportoit à bien faire la garde en cette armée. La nouvelle ne fut que trop véritable, car, mesme soudain, j'en receus l'advertissement certain de M. de Saint-Jory, qui avoit alors la propre compagnie de M. de Joyeuse logée à son village, avec prière de me rendre à lui le lendemain, et qu'il m'attendoit jusques à midy, pour nous en retourner ensemble à Tolose; ce que je fis; c'étoit le xix d'octobre, si je ne me trompe [1]. »

Il est regrettable que dans ses Mémoires M. de Chalvet ne donne pas le récit du siège de Merville, qui eut lieu un an et quelques mois après la mort tragique du duc de Joyeuse. En effet, M. de Thémines, comme les consuls l'avaient appréhendé, mit le siège devant l'enceinte fortifiée, en 1594. Jacques des Cars, grand sénéchal de Guyenne, était alors seigneur; mais nous n'avons vu nulle part qu'il ait pris part à la défense du village. Les habitants se rendirent, et M. de Thémines entra dans le Fort. Pour s'assurer de sa soumission, il laissa une garnison dans l'enceinte, sous le commandement du capitaine du Bourg; il donna pareillement l'ordre au capitaine de Puiminet de garder, avec ses hommes, l'abbaye de Notre-Dame de La Capelle. Les garnisons restèrent à la charge de la communauté. Le capitaine du Bourg prit ses sûretés contre de nouvelles attaques; il fit de grands terrassements entre les murailles du Fort

---

[1]. Mémoires de M. François de Chalvet sur la Ligue. Bibliothèque nationale.

et les maisons, en particulier devant le château du premier président aux enquêtes du Parlement de Toulouse, le célèbre Mathieu de Chalvet, alors coseigneur de Merville.

Plusieurs délibérations des assemblées générales de la communauté, dont voici les résumés écrits de la main de M. François de Chalvet, dans son inventaire, consacrent ce fait intéressant du passé de Merville :

« Délibération de la communauté de Merville, du 23 octobre 1594, par laquelle les habitants veulent employer la somme de 60 livres, que messire Mathieu de Chalvet leur a donné, pour l'acquisition par lui faite de ladite communauté d'un petit chemin appelé de la Palotte, à payer la garnison qui est à La Capelle, sous le capitaine de Puiminet, par ordre du sieur du Bourg, leur gouverneur [1]. »

« Délibération de la communauté de Merville, du 23 août 1598, où messire Mathieu de Chalvet fait exposer qu'en l'année 1594, M. de Thémines aurait assiégé le lieu de Merville et contraint iceluy à recevoir garnison. Il y aurait mis dedans le sieur du Bourg, lequel craignant d'être assiégé, aurait voulu se fortifier. Pour cet effet, il aurait fait porter quantité de terre dans le couroir qui sépare la maison de la muraille de la ville, en telle sorte qu'on pourrait entrer par les fenêtres dans ladite maison qui a été corrompue par ladite terre, dont il voulait demander des dommages à la com-

---

1. Archives du château; inventaire des titres.

munauté, offrant néanmoins de les en tenir quitte, à condition qu'il lui fut permis de bâtir sans laisser passage, lequel même ne pourrait être laissé à cause de ladite terre, auquel cas le dit sieur sera tenu en bâtissant sur la muraille de laisser passage. Retenue par Pierrefite, notaire [1].

« Délibération de la communauté de Merville où il est exposé que, par délibération du 24 août 1598, ladite communauté avait permis à messire Mathieu de Chalvet, de bâtir sur les parois de la ville tant que dure sa maison, à la condition de laisser un passage à la communauté ; s'obligeant à tirer, à ses dépens, la terre qui a été portée dans ledit passage, et, si la communauté ne l'a pas fait tirer dans huit jours, il sera loisible audit sieur de la faire tirer. Audit cas, il pourra bâtir sans laisser passage ; ce qui a été ainsi fait, et ladite communauté a approuvé et confirmé la dite délibération [2].

« Relation par Antoine Goudal et Martial Sauzet sur la vérification de la maison de messire Mathieu de Chalvet corrompue et gâtée à cause de deux cents charretées de terre que le sieur du Bourg y avait fait apporter entre ladite maison et la muraille de la ville pour s'y fortifier, y étant mis garnison sous le commandement du sieur du Bourg, gouverneur, après que M. de Thémines y eut assiégé Merville et se fut saisi de la place, en l'année 1594, 7 novembre 1608 [3].

« Attendu la dépense que ledit sieur de Chal-

---

1. Archives du château ; inventaire des titres.
2. *Ibid.*
3. *Ibid.*

vet a faite pour tirer ladite terre et bâtir la muraille de la ville, et dommage que ladite terre lui avait causée, la communauté a consenti que ledit sieur prît ledit passage pour les autres habitants qui voudront bâtir sur la muraille. Délibération du 6 novembre 1605, retenue par Pierrefite, notaire de Merville [1]. »

La communauté cependant reprit sa liberté, nous ne savons après quels événements. Mais le siège et la guerre civile l'avaient épuisée et laissée sans ressources. Ce qui le prouve, c'est que M. de Chalvet fut autorisé à fermer le passage qui séparait les maisons du Fort de la muraille. On ne s'explique pas encore autrement la vente faite par la communauté du chemin de la Palotte à M. de Chalvet. Elle était épuisée à ce point qu'elle ne pouvait pas même entretenir les garnisons que M. de Thémines avait laissées dans l'enceinte et à La Capelle après la prise du village.

Le siège de Merville précéda de bien peu la fin de la Ligue dans le pays toulousain : « La ville de Tolose, dit M. de Chalvet, reconnut le roi le 14 mars 1596, jour remarqué pour estre heureux au roi, même en l'année 1590 par le gain de la bataille d'Yvry, en Normandie, contre M. du Maine, par la défaite du sieur Randan en Auvergne et par le lèvement du siège de Lauraguet, en Languedoc.

« Le premier avril en suivant audit an 1596, la Cour du Parlement partit de Castelsarrasin, assistée du sieur de Mirepoix et de Rochemore, commissaires du roy, conduite par M. du Faur, sei-

---

1. Archives du château ; inventaire des titres.

gneur de Saint-Jory et aux environs. Mon père et moi et tout le corps des bureaux des trésoriers de France allasmes coucher à Merville chez nous et fusmes le lendemain, à midy, à Saint-Jory d'où la Court du Parlement partit à une heure sur le chemin et dans la terre de Fenouillet. M. de Joyeuse vint saluer la Cour; sur les quatre heures elle entra dans Tolose. L'ordre en était tel : les mulets des coffres portant les registres passaient devant couverts de fleurs de lys, avec un huissier qui les conduisoit aiant l'écharpe blanche. Après marchoient plusieurs gentilshommes qui estoient venus accompagner la Court. Immédiatement venoit la Court du Parlement en corps avec les huissiers à tout leurs verges au devant d'elle. Nous étions en nombre trois présidents, cinquante-un conseillers, l'advocat général du roi et deux évangélistes de la Court. Après venoit le bureau des trésoriers qui n'estoient que trois; après suivoient les officiers de la chancellerie, après les officiers de la sénéchaussée, et, en dernier lieu, les advocats et autres de la suite. Ensemble ceux de la ville de Tolose, qui estoient venus au devant. On alla en cet équipage descendre chez M. le président de Saint-Jory. Et le lendemain la Court alla se reprendre son ancien siège au palais où nous trouvasmes partie de ceux qui estoient restés de notre compagnie à Tolose. Ainsi nous fusmes retour dans nos maisons durant que l'année entière de l'honorable exil de la justice souveraine fût accomplie[1]. »

1. Mémoires de François de Chalvet sur la Ligue à Toulouse. Bibliothèque nationale.

Ces terribles épreuves laissèrent dans les esprits une vague terreur encore sensible dans certaines délibérations des habitants réunis en assemblée générale. Par exemple, lorsque des propriétaires du Fort demandèrent plus tard la permission de construire sur les remparts, la communauté n'accorda l'autorisation qu'à la condition de ménager, aux frais du demandeur, une porte de sortie en cas de guerre.

« Délibération de la communauté de Merville du 12 juin 1672 par laquelle il est permis à M. de Chalvet de faire une porte à sa maison qui sorte aux fossés de la ville à ses dépens, à la charge de la tenir ouverte ou fermée pour la communauté en temps de guerre. Reçue chez Marhiac, notaire dudit lieu, ce 12 juin 1672 [1].

« Délibération de la communauté de Merville par laquelle il est permis à M. Jacques de Chalvet de bâtir sur le courroir qui est entre les parois du lieu de la maison dite de Clausa, appartenant à M. de Junius, à condition qu'il s'oblige de reconnaître à la communauté de tenir le tel endroit séparé et de laisser courroir pour aller et venir dans icelle, et permet de bâtir à condition que garde soit faite en temps de guerre; pareille permission est faite à Géraud Laffont, acquéreur d'une maison ayant été de Jean Casemajou. Reçue par Pierrefite, notaire, le 3 mai 1637. [2] »

---

1. Archives du château; inventaire des titres de François de Chalvet.

2. *Ibid.*

IV

DESTRUCTION DE L'ENCEINTE FORTIFIÉE

Ces précautions étaient inutiles, car l'enceinte fortifiée devait bientôt disparaître. Mais avant de raconter cette dernière transformation du village, disons un mot de l'indemnité qu'eût à payer la communauté pour avoir participé, sans le savoir, aux querelles de la Fronde.

A la mort de Richelieu, la noblesse espéra pouvoir ressaisir ses anciens privilèges, et elle accueillit la régence d'Anne d'Autriche comme une ère de restauration pour sa puissance déchue. Aussi son désappointement fut extrême, lorsqu'elle vit cette reine conserver à la tête des affaires Mazarin l'élève et le successeur de Richelieu, et lui donner toute sa confiance. Il se forma alors contre le ministre une coalition formidable, qui n'était au fond que le dernier effort d'une aristocratie dépossédée. A la noblesse se joignirent les Parlements, qui, après avoir aidé la royauté à amoindrir l'autorité de la noblesse, entendaient imposer des limites au pouvoir royal et l'empêcher, par des remontrances respectueuses mais sévères, de tendre au despotisme.

De cette opposition de la noblesse et des Parlements à Mazarin naquirent les guerres de la Fronde, qu'envenimèrent les intrigues et les ambitions, qu'il ne sera pas utile de raconter ici. Gondi, coadjuteur de l'archevêque de Paris, plus tard cardinal de Retz, joua le rôle le plus actif dans cette révolte. Homme habile, il devint bientôt tout-puissant. Gondi essaya d'entraîner une partie de la noblesse contre Mazarin. Il songea d'abord au prince de Condé; à son défaut, il s'adressa à son frère, le prince de Conti, auquel on voulait imposer malgré lui la dignité de cardinal. La duchesse de Longueville, sœur des deux frères, avait un grand crédit sur l'esprit du prince de Conti; elle accepta les propositions du cardinal de Retz. Sur les conseils de de sa sœur, le prince de Conti entra dans le parti de la Fronde (1648-1651). Or, comme ce prince était abbé de Grandselve, il entraîna tout le pays dans sa propre révolte en qualité de seigneur de Beaumont et de Grenade. Voilà comment notre contrée se réveilla un jour partisan de la Fronde, sans le savoir. Sa bonne foi ne la sauva pas des vengeances royales : la Fronde vaincue, le pays eut à payer l'indemnité d'un million. Chaque communauté apporta sa part, qui 2,000 livres, qui 400 livres; Merville y fut pour 1,000 livres.

Après cette participation, très involontaire comme on le voit, de la communauté à la guerre de la Fronde, nous ne relevons aucun fait saillant jusqu'en 1734. A cette époque, le village subit une transformation nouvelle qui, à notre avis, lui fut funeste au point de vue des souvenirs. Par suite d'arrangements de la communauté avec le seigneur, disparurent et le village construit dans l'enceinte, et l'enceinte fortifiée, et les fossés, et les deux anciens châteaux. Merville y a-t-il gagné? Il a pu sortir de cette transformation plus embelli ; mais d'un autre côté, il a perdu sa physionomie propre et son aspect pittoresque.

Le marquis Henri-Auguste de Chalvet-Rochemonteix acquit, en 1734, la seigneurie et haute-justice de Merville, du marquis d'Escodeca de Boisse, héritier des des Cars et des Jourdain de l'Isle. Maître déjà d'une directe importante dans la juridiction, en achetant au marquis de Boisse ses droits et ses privilèges, Henri-Auguste de Chalvet faisait de la seigneurie une directe de grande valeur. Grand sénéchal de Toulouse et de l'Albigeois et dans une situation des plus brillantes, le marquis de Chalvet se trouva à l'étroit dans la maison de ses ancêtres; il conçut alors le projet de faire tomber les deux châteaux et de construire sur leur emplacement une somptueuse demeure. Pour exécuter ce plan, l'espace était nécessaire. Or, l'enceinte fortifiée, avec ses moulons, ses rues étroites, ses murailles, n'en offrait pas. De sérieuses difficultés se présentaient; il s'agissait de raser l'enceinte, de racheter les maisons et de porter ailleurs le village. Le grand sénéchal fit, dans ce but, des ouvertures à la communauté et aux propriétaires des maisons du Fort; il acheta, il fit des échanges; finalement il acquit l'enceinte fortifiée. Il donna aux habitants des maisons et des terrains nouveaux; alors s'éleva le quartier qui, depuis, s'appelle quartier de Villeneuve. Le bouleversement fut complet. Cette transformation fut la dernière que subit le village; elle lui donna sa physionomie actuelle qui n'offre ni l'intérêt, ni le caractère de l'ancien Fort[1].

1. Voyez dessin hors texte, n° 3 : Vue du Merville actuel.

§ 2. PRIVILÈGES ET COUTUMES DE MERVILLE

Nous ouvrons ici un des chapitres les plus intéressants de notre récit, celui des coutumes, des privilèges, des libertés de la communauté et des luttes intestines dont ils ont été la source. Les coutumes furent les garanties contre le despotisme des seigneurs; les communautés les réclamèrent avec force.

Les rois favorisèrent l'affranchissement des communes. Louis VI, d'abord, Louis VII et Philippe-Auguste ensuite provoquèrent ce mouvement vers un régime plus libéral. En confirmant les chartes, ils obtinrent la reconnaissance de la suprématie royale et une certaine autorité sur les villes des domaines seigneuriaux. Nous avons vu plus haut comment le représentant du roi qui reçut, en 1272, le serment de fidélité des consuls et des principaux habitants de Merville, s'empressa d'affirmer et de reconnaître les franchises déjà existantes.

L'affranchissement des communes avait été rendu nécessaire, surtout dans le nord et dans le centre de la France. Comme les Normands et les Germains avaient principalement envahi cette partie, la féodalité régnait en souveraine maîtresse; les coutumes des barbares y avaient remplacé la loi romaine. Dans le Midi, c'était essentiellement différent; les communes, en dépit des conquêtes barbares étaient restées romaines. La féodalité y était moins oppressive, et les villes y avaient conservé leurs institutions communales. Voilà pourquoi, sur les monnaies du Comte de Toulouse, nous trouvons d'un côté le nom du Comte, de l'autre le nom de la cité. La maison de ville y avait conservé son nom romain du Capitole ; ses magistrats suprêmes s'appelaient capitouls. Narbonne, Nîmes, Marseille, Arles, Périgueux et les autres villes méridionales avaient aussi leurs franchises. De même la communauté de Merville, d'origine gallo-romaine, avait déjà des coutumes lorsque, par ses consuls et ses habitants, elle reconnut Philippe le Hardi comme seigneur. Alors le roi n'accorda pas les franchises ; il les reconnut simplement et les confirma.

Les signes matériels de la liberté communale étaient : 1° un sceau particulier à la ville, qui marquait tous les actes écrits intéressant la communauté. Voilà comment nous lisons dans le contrat cité plus haut, au sujet de la construction du Fort : « Cy-après scellé du scel du Seigneur et du scel authentique desdits consuls, dont ils se servent en toutes causes » ; 2° un coffre commun où se versaient les sommes perçues sur les citoyens et destinées à payer, soit la redevance seigneuriale, soit les dépenses de la communauté ; 3° une maison commune où siégeaient les juges de la commune et les magistrats chargés de délibérer sur les affaires. Dans la maison commune se tiendront les assemblées générales et celles des consuls, comme nous le verrons plus loin ; 4° le beffroi ou la cloche qui appelait les gens de la communauté aux assemblées générales ou au vote. A Merville, la cloche de l'église sera le beffroi.

Ces indices signalaient, d'une manière évidente,

l'existence d'une charte des anciennes coutumes de la communauté de Merville. Aussi lorsque nous conçûmes le projet de réunir les documents qui pouvaient être utiles à notre étude, notre première pensée fut de rechercher la charte des anciennes coutumes. Tout d'abord, nos efforts n'aboutirent pas; après une nouvelle tentative, nous trouvâmes enfin, dans les archives du château, le recueil précieux des chartes de Merville. Nous disons le recueil, car le manuscrit contient plusieurs chartes octroyées par divers seigneurs. Le trésor désiré était renfermé dans un carton, au milieu de vieux papiers.

Le cartulaire mesure 24 centimètres de hauteur sur 17 de largeur; le registre, relié en bois et couvert d'une peau de chamois, est dans un état parfait de conservation. Les feuillets sont en parchemin. Les coutumes sont précédées d'un calendrier avec les douze mois de l'année; on lit, comme introduction aux lois locales, des textes tirés des quatre Evangiles, en particulier le dernier Evangile de la sainte Messe : *In principio erat verbum...* Les feuillets sont écrits au verso et au recto; l'encre est noire; seuls, les majuscules et les titres sont écrits en encre rouge; l'écriture est gothique, grosse, nette, de la même main; les caractères sont très bien formés. D'ailleurs, il sera facile de juger du manuscrit par le fac-similé que nous en donnons [1].

Dans ses notes, François de Chalvet appelle ce

---

1. Voyez dessin hors texte, n° 2.

recueil de chartes, un « manuscrit très ancien et très curieux ». Il remonte, en effet, au quatorzième siècle. Tout fait croire qu'il est l'œuvre d'un notaire qui a voulu réunir, dans un même registre, les chartes accordées à la communauté par Bertrand Jourdain de l'Isle, sa veuve, dame Sainte-Eugendo ou de Saint-Eugend, et Jean Jourdain de l'Isle, leur fils [1].

Pour avoir une idée de la haute valeur de ce document, nous énumérons les pièces qu'il renferme : Chartes générales, privilèges obtenus par transaction, requêtes des consuls pour la défense de leurs prérogatives et des coutumes locales, serments de fidélité des seigneurs et des vassaux. Rarement il est donné de posséder un fonds si riche, surtout de suivre de siècle en siècle les changements, les revendications, les luttes occasionnées par l'interprétation de ces lois locales. Ce n'est plus une charte isolée que nous présentons, mais un ensemble de plusieurs chartes, qui forment le code des lois libérales auxquelles nos pères obéirent.

Nous avons sous nos yeux, à côté de ce cartulaire, la charte des anciennes coutumes d'Aucanville, octroyée, en 1299, aux habitants de cette communauté, par Bertrand Jourdain de l'Isle, le même qui reçut, en 1307, des mains de Philippe le Bel, la haute justice et seigneurie de Merville. Nous n'affirmons pas que les coutumes d'Aucanville ont servi de modèle à celles de Merville; le

---

[1]. Les dernières lignes du manuscrit renferment le nom du notaire, dont il est l'œuvre : *Scripsi grossavi*, dit-il, *et signo meo consueto signavi*.

même esprit y domine cependant, et la plupart des articles se ressemblent. On dirait copiées, dans les deux documents, les lois qui règlent le service de la voirie, la blessure légale, l'obligation de suivre le seigneur à la guerre, les cas où les viandes sont réputées malsaines, la spécification des détails de chasse, la nomination des consuls, la punition de l'adultère, le devoir de fournir au seigneur et à ses gens les aliments; j'omets les autres, car, à part quelques détails, plus de vingt articles sont semblables.

Où les anciennes coutumes de Merville offrent un plus grand intérêt, c'est dans la rédaction, les préliminaires, le nombre des lois. La charte d'Aucanville est une charte isolée; le manuscrit de Merville contient, avec la charte primitive de 1307, cinq autres chartes qui en expliquent le sens. La charte d'Aucanville débute d'une manière brusque; des considérations d'un esprit éminemment chrétien précèdent le recueil des lois locales de Merville. Bien des particularités, dont il n'est pas question dans les coutumes d'Aucanville, sont le sujet de nouveaux articles dans notre cartulaire, par exemple, ce qui regarde la nomination du baile, le notaire, le géomètre, les assemblées des consuls, le marché, les fausses mesures, le four banal, les biens vacants, les dots, les testaments, les taxes des actes, et bien d'autres points.

Les chartes contenues dans notre manuscrit portent successivement les dates de 1307, 1317, 1320, 1335, 1352, 1355. Lorsque Bertrand Jourdain de l'Isle prit possession de la seigneurie de Merville, il reconnut tous les privilèges de la communauté. Mais comme la rédaction des franchises déjà existantes pèchaient du côté de la netteté et de la précision, Bertrand Jourdain de l'Isle rédigea une nouvelle charte des coutumes, c'est la charte de 1307. Elle contient trente-sept articles. A ces coutumes, octroyées par le premier seigneur, reviendront toujours les habitants dans les discussions qui s'élèveront, à l'avenir, entre eux et le seigneur. Un véritable esprit de liberté anime cette première charte. Le bon sens et l'amour de la paix ont visiblement dicté ces lois locales; rien n'est laissé à l'arbitraire; tout est ordonné en vue du bien public. Mais on n'écouta pas la voix d'une sage expérience. En 1317, Bertrand Jourdain de l'Isle accorda de nouvelles franchises; ces franchises constituent la charte de 1317; celle-ci se compose de quatorze articles.

Après la mort de Bertrand Jourdain de l'Isle, sa veuve, dame de Sainte-Eugendo, renouvela tous les privilèges octroyés par son mari en 1307 et 1317; elle en consentit plusieurs autres, d'où la charte de 1320, qui contient huit articles.

La charte consentie par Bertrand Jourdain de l'Isle et confirmée par sa veuve, dame de Sainte-Eugendo, consacrait des libertés précieuses; les habitants le savent, ils veilleront sur ces privilèges avec un soin jaloux; jamais ils ne permettront au seigneur de les violer sans protester avec force. Bertrand Jourdain de l'Isle avait octroyé les franchises dans un esprit de paix; contre la volonté de leur auteur, elles seront un principe de guerre.

La paix ne fut pas en effet de longue durée. Bertrand Jourdain de l'Isle et sa veuve venaient à peine de se coucher dans la tombe, que les habitants se plaignaient d'être moins libres qu'à l'époque où le roi était leur suzerain. Des actes arbitraires de Jean Jourdain de l'Isle, héritier de Bertrand et de dame Sainte-Eugendo, soulevèrent la communauté. Jean Jourdain comprit qu'il valait mieux entrer en composition avec ses vassaux que de les opprimer et de prendre contre eux des mesures répressives. Il passa, dans ce but, une transaction avec eux pour régler les points de litige et ajouter de nouveaux articles aux coutumes consenties par son propre père; c'est la charte de 1335.

L'accord ne fut complet qu'après la transaction de 1355. Déjà, en 1352, à l'occasion du baile et de ses officiers dont l'ingérence intempestive dans les affaires de justice nuisait à la liberté des inculpés, les consuls avaient porté plainte devant le juge seigneurial. Celui-ci accepta la demande et se prononça en leur faveur.

« Sachent tous que dans une audience publique tenue à Homerville, devant vénérable et discret homme, maître Bernard Saurini, bachelier ès-lois, juge de noble et puissant seigneur Jean Jourdain de l'Isle, chevalier, seigneur de Homerville et Aucanville, Bernard de Julien et Arnaud de Cortines, consuls, ont porté plainte contre le baile du dit lieu et le procureur du seigneur, s'ingérant, contre leur droit, dans les affaires qui se traitent devant la justice dudit lieu. Par cette conduite ils intimident les parties contre lesquelles ils se déclarent, ce qui enlève aux décisions de la justice la liberté qui est leur caractère ; cela au détriment de la chose publique. Les consuls supplient donc le juge de rémédier à cet abus, autant que son autorité lui permettra de le faire.

« Le juge, après avoir interrogé les hommes probes dudit lieu qui ont juré les mains levées sur les saints Evangiles que la plainte des consuls était fondée, déclare et arrête qu'à l'avenir le baile, son lieutenant, le procureur du seigneur, ne s'ingéreront plus dans les causes portées devant le tribunal du lieu et ne prendront parti ni pour les uns ni pour les autres.

« Sur la réquisition des consuls, moi, notaire, ai écrit la sentence sur cet instrument public. Fait à Homerville, en audience publique, le samedi avant la fête du Corpus, le 2 mai de l'année 1352, de l'Incarnation de Notre-Seigneur, sous le règne de Jean, roi de France, l'épiscopat du seigneur Etienne, archevêque de Toulouse ; ont été témoins : Jean Novelli, notaire de Grenade, de Sancto-Larra de Grenade, Jean de Pujol de Homerville ; et moi, par autorité royale, notaire public de Grenade et dudit lieu, requis, ai reçu, écrit et signé le présent instrument [1]. »

Ce différend préluda aux discussions qui divisèrent Jean Jourdain de l'Isle et la communauté, au sujet des chartes octroyées par ses auteurs. Noble Jean mit en doute la réalité des privilèges que lui-même avait jurés : la chasse, la pêche, la prison, tous les articles des chartes de 1307, 1317 et 1320. Les consuls, au nom des habitants, défendirent point par point les Coutumes. De guerre lasse et pour

1. Coutumes de Merville. Archives du château.

mettre fin à des discussions aussi inutiles que pénibles, Jean Jourdain consentit la charte de 1355, la dernière et une des plus importantes du cartulaire. C'est une transaction qui contient vingt-deux articles.

D'ailleurs, une analyse sommaire des coutumes nous en dira le caractère libéral. Pour bien montrer l'esprit chrétien qui, dans ces temps, inspirait les actes de nos pères, nous croyons utile de reproduire *in-extenso* les considérations qui servent comme d'introduction à ces franchises. Nous renvoyons à la savante étude de M. Douais sur les chartes de Merville, l'érudit qui voudrait faire de ces vieilles coutumes une étude plus approfondie [1].

« Sachent tous présents et futurs qu'il y avait controverse et discussion entre noble et puissant seigneur Bertrand Jourdain, chevalier du roi, seigneur de Launac et de la ville de Homerville près Grenade d'une part; et maître Raymond de Julien, Pierre Jean Pujol, Bernard de Lauraguest, Arnaud de Rives, consuls dudit lieu de Homerville, et toute la communauté dudit lieu d'autre part ; au sujet des libertés, coutumes, franchises, statuts déjà accordés et confirmés, ou à donner encore par le même seigneur aux consuls et à la communauté présente et future, desquelles déjà accordées maître Bernard Cadenac, notaire à Toulouse, tient l'instrument public.

« Comme lesdites parties discutaient au sujet desdites coutumes et franchises, sur la réquisition des consuls susdits et la demande des habitants du-

---

1. M. Douais se propose d'en publier prochainement le texte.

dit lieu, noble seigneur Bertrand voulut effacer les articles douteux dudit instrument, les corriger, en ajouter d'autres, et donner des libertés nouvelles. Avec le consentement dudit seigneur et des consuls, on fit des instruments publics entièrement semblables, avec les mêmes articles, les mêmes divisions que ceux de la charte corrigée et augmentée. L'un fut écrit par Arnaud Rubey, notaire public de Toulouse, au nom du noble seigneur Bertrand Jourdain de l'Isle, l'autre par Guillaume de Fossat, notaire dudit lieu de Homerville, au nom desdits consuls et de la communauté. Pour en assurer l'exécution présente et future, les notaires conservèrent le protocole des deux instruments, comme on a coutume de le faire à Toulouse. Après avoir détruit l'instrument retenu par maître Bernard Cadenac, notaire à Toulouse, la nouvelle charte dont le texte est de maître Bernard Julien, sera écrite sur deux cédules en parchemin ; l'une sera remise à maître Arnaud Rubey, l'autre à Guillaume Arnaud de Fossat ; la dite cédule reproduira mot à mot, en deux chapitres, les concessions faites par le seigneur.

« Comme la désobéissance au précepte de Dieu a porté notre premier père et ses descendants au mal plutôt qu'au bien, pour protéger contre la malice des méchants les hommes bons et soutenus par la grâce divine, ainsi que leurs biens et la chose publique, la justice du roi du ciel et du souverain seigneur de l'univers fait en sorte que les chefs, les juges et les consuls qui s'occupent de la chose publique soient des hommes craignant Dieu, sages, discrets, amis du bien et de la patrie, des hommes qui, la verge de l'équité et de la justice à la main, répriment les mauvaises passions des malfaiteurs, donnent à chacun selon ses œuvres : aux bons des privilèges et des grâces, aux méchants la peine et la punition qu'ils méritent. De cette manière, sont assurés aux habitants de la terre la sécurité et la paix qui produisent des fleurs et des fruits d'une richesse délectable. C'est pourquoi :

« Sachent tous que noble homme Bertrand Jourdain de l'Isle, chevalier du roi, seigneur de Launac et dudit lieu et ville de Homerville, près Grenade, désirant assurer le bien de ses vassaux, et, à la faveur de la paix, porter les bons à mieux faire par la pensée des récompenses, comme éloigner les méchants du mal par la crainte des peines, ledit seigneur, après un mûr examen et sur le conseil des hommes sages, donne, accorde les immunités, coutumes, lois ici écrites aux habitants présents et futurs qui se trouvent dans le lieu et ville de Homerville ou dans ses appartenances[1]. »

Les coutumes dont nous faisons un résumé succinct suivent ces préliminaires. Pour donner plus de relief à notre analyse et montrer ce qu'il y a d'unité dans ces lois locales, nous réunissons, sous un même numéro, les privilèges accordés à différentes époques concernant la même matière.

---

1. Coutumes de Merville. Archives du château.

1° *Personnel de la communauté.*

« Le baile ne pourra jamais être choisi parmi les habitants. » (Privil. de 1307-1317, art. 1.) « Il est présenté par le seigneur, et devant les consuls, entre les mains du juge, il jure fidélité aux coutumes. » (Privil. de 1307-1317, art. 2.)

« Les consuls modernes[1] et ceux qui l'ont été dans le passé, tous les ans, le troisième jour après la fête de Noël, présentent au seigneur ou à son juge, huit hommes de leur choix et capables. Sur ces huit candidats le seigneur ou son juge en choisit quatre, auxquels il est tenu de donner la charge du consulat. Leur consulat dure un an. Celui qui a été consul ne peut être nommé à nouveau que deux ans après sa sortie du consulat. » (Privil. de 1307-1317, art. 4.)

2° *Pouvoir des consuls.*

« Les consuls afferment la pêche ; ils peuvent, à leur gré, augmenter ou diminuer le fermage. » (Privil. de 1307-1317, art. 5.)

« Ils ont le droit avec le baile de créer des chemins, de les réparer, de les niveler, et, dans ce but, d'im-

---

1. *Consuls modernes.* On appelle *consuls modernes* ceux qui exercent la charge du consulat.

poser à discrétion de nouvelles tailles. » (Privil. de 1307-1317, art. 6.)

« Ils s'assemblent selon leur volonté, pour traiter des affaires. Ils peuvent s'adjoindre dans ce but quinze habitants. » (Privil. de 1307-1317, art. 9.)

« Ils sont juges dans toutes les affaires criminelles en présence du baile. » (Privil. de 1307-1317, art. 40.)

« Le baile et ses officiers sont tenus de faire exécuter leurs sentences. » (Privil. de 1307-1327, art. 40.)

« Ils jugent les dommages causés par les animaux dans toute la juridiction. » (Privil. de 1320, art. 4.)

« Si l'un des consuls ne remplit pas dignement sa charge, ses collègues doivent être avertis de son infidélité. » (Privil. de 1355, art. 2.)

3° *Justice et Prison.*

« Le seigneur ou son juge ou son lieutenant tient audience, certains jours et à certaines heures. Les habitants doivent porter les affaires devant son tribunal. » (Privil. de 1307-1317, art. 9.)

« Le juge du seigneur est assisté de deux consuls, dans les affaires criminelles. » (Privil. de 1307-1317, art. 45.)

« Dans les jugements des procès deux habitants d'une moralité reconnue siègent à côté du juge et des consuls. » (Privil. de 1355, art. 10.)

« Pour laisser à la justice sa liberté entière, le baile, ni son lieutenant, ni ses officiers, ni aucun des gens du seigneur ne s'ingèreront dans les affaires de la justice. » (Privil. de 1352.)

« La prison et la garde de la prison appartiennent au seigneur ; jusqu'au moment où les consuls s'informent de l'affaire, les prisonniers pour délit ou pour crime, restent sous la responsabilité du geolier. » (Privil. de 1307-1317, art. 18.)

« Tout habitant arrêté pour délit reste en liberté s'il donne une caution et s'il jure, sous peine de mort ou la perte de ses biens, de comparaître au moment voulu. » (Privil. de 1307-1317, art. 20.)

« Les affaires qui regardent les familiers du seigneur, son juge, son lieutenant, ses serviteurs, ses laboureurs, ne sont réglées que par lui. » (Privil. de 1307-1317, art. 40.)

4° *Punitions et Amendes.*

« Si un habitant blesse quelqu'un sans effusion de sang, il paye au seigneur une amende de vingt sous toulousains ; s'il y a effusion de sang, l'amende est de soixante sous toulousains ; si la blessure occasionne la mort ou la perte d'un membre, les consuls jugent le coupable en présence du baile, et le coupable est puni selon leur sentence. Le blessé a toujours une indemnité suffisante. » (Privil. de 1307-1317, art. 21.)

« Ceux qui sont surpris en flagrant délit d'adultère, sont condamnés, après jugement, à soixante sous toulousains payables au seigneur, ou promenés dans la ville [1]. » (Privil. de 1307-1317, art. 21.)

---

1. Chez les Germains, la femme adultère, nue et les cheveux rasés, était chassée de la maison par le mari, qui la promenait, en la frappant, à travers le village. (Tacite, 19.)

« Toute viande malsaine est confisquée et le boucher est condamné à restituer l'argent aux acheteurs. » (Privil. de 1307-1317, art. 23.)

« Ceux qui usent de faux poids ou de fausses mesures payent au seigneur une amende de trente sous toulousains. » (Privil. de 1307-1317, art. 26.)

« Celui qui déchire un ban paye au seigneur une amende de trente sous toulousains.[1] » (Privil. de 1307-1317, art. 10.)

« Sur chaque personne arrêtée, l'officier du seigneur a trois deniers toulousains.[2] » (Privil. de 1335.)

« Si un domestique ou un serviteur, ou un officier du seigneur met les scellés sur la porte d'une maison, le maître de la maison ne peut y entrer s'il ne paye une pigale. » (Privil. de 1355, art. 7.)

« Le seigneur ni ses officiers ne peuvent mettre en liberté les prisonniers arrêtés sur l'ordre des consuls, sans la volonté de ces derniers; ils ne peuvent de même les transporter ailleurs ni les changer de lieu. » (Privil. de 1355, art. 7.)

5° *Impôts et Redevances.*

« Le seigneur a droit au tiers de la pêche. » (Privil. de 1307-1317, art. 5.)

« Tout étranger qui, le jour du marché, achète

---

1. Le sou toulousain valait moins que le sou tournois, qui valait 12 deniers.

2. Très petite monnaie, valant le tiers d'un liard.

une barrique de vin, donne au seigneur, comme droit, trois pictes[1]. » (Privil. de 1307-1317, art. 12.)

« Tout étranger, pour la place qu'il occupe, est redevable au seigneur d'une picte. » (Privil. de 1307-1317, art. 14.)

« Quiconque achète à un étranger un bœuf ou un cochon, paye au seigneur un droit d'un denier tournois. Les habitants qui achètent un animal pour leur usage particulier n'ont aucun droit à payer. » (Privil. de 1307-1317, art. 15.)

« Pour chaque charge[2] de sel acheté par un étranger, celui-ci paye au seigneur une paumée[3]. » (Privil. de 1307-1317, art. 13.)

« Sur chaque pourceau vendu, le seigneur a une picte; sur chaque bœuf, il a deux deniers toulousains. Pour chaque bœuf vendu la veille de Noël, il a quatre deniers toulousains ou la tête de l'animal, au choix du baile. » (Privil. de 1307-1317, art. 25.)

« La leude est de douze deniers toulousains[4]. » (Privil. de 1307-1317, art. 47.)

« Les habitants doivent suivre le seigneur à la guerre un seul jour, après lequel ils sont libres de regagner leurs demeures. » (Privil. de 1307-1317, art. 48.)

« Si toutefois ils offrent des garanties convenables,

---

1. Très petite monnaie, valant le quart d'un liard.
2. *Saumata*, charge de sel, quantité, somme de sel qu'une bête de charge, âne, mulet, cheval, peut porter.
3. *Palmata*, paumée de sel, mesure de sel, une paumée de sel, c'est-à-dire une pleine poignée.
4. *Leude;* la leude, c'est le nom générique de l'impôt.

les habitants doivent vendre aux gens du seigneur ce qui leur est nécessaire pour la nourriture, et, dans ce but, leur faire un crédit de quinze jours. » (Privil. de 1307-1317, art. 39.)

« Quant aux biens inféodés ou emphythéotiques qui rentreront dans le domaine du seigneur par suite d'un délit ou d'une confiscation, si le seigneur les donne ou les transfère à une autre personne, celle-ci est tenue de payer la taille comme la payaient les anciens possesseurs. » (Priv. de 1307-1317, art. 30.)

6° *Taxes.*

« On ne paye au seigneur la clameur[1] que dans les affaires d'une certaine importance. » (Privil. de 1307-1317, art. 3.)

« Les parties compétentes payent au notaire tous les actes passés devant les consuls et en présence du baile ou de son lieutenant. Si les honoraires ne sont pas donnés au notaire, le baile et les consuls condamnent. » (Privil. de 1307-1317, art. 38.)

« Le juge reçoit six deniers toulousains pour chaque sentence. Il ne peut élever la taxe au-dessus de ce chiffre. » (Privil. de 1307-1317, art. 50.)

« Pour chaque clameur, le notaire a un denier toulousain ; il en a deux, si le coupable fait l'aveu ; si le coupable ne fait pas l'aveu, celui qui cite et l'accusé doivent au notaire, chacun, deux deniers toulousains. » (Priv. de 1307-1317, art. 51.)

---

1. *Clameur,* citation ou saisie.

7° *Transaction des affaires.*

« Les consuls ont un notaire qu'ils peuvent choisir en dehors de Merville. Ils déposent tous chez lui les papiers d'affaires. » (Priv. de 1307-1317, art. 7.)

« Le seigneur est tenu d'avoir un baile qui, pendant son absence, pourra approuver les ventes et autres contrats. » (Privil. de 1307-1317, art. 45; Privil. de 1355, art. 5.)

« Il y aura toujours dans la juridiction un arpenteur officiel en permanence. Les mesures dont il usera pour arpenter seront celles de Toulouse. » (Privil. de 1307-1317, art. 19.)

« Il se tiendra un marché tous les mercredis de chaque semaine. » (Privil. de 1307-1317, art 11.)

« Le seigneur ordonne, dans son intérêt et l'intérêt de tous, aux habitants de respecter et de conserver toutes les conventions contenues dans les contrats emphytéotiques, telles que le roi ou le sénéchal de Toulouse les ont reconnues. » (Privil. de 1307-1317, art. 29.)

« Il entend que ni lui, ni ses gens, ni son baile ne divisent les gerbes et les gerbières des emphythéotes sans une réquisition expresse de leur part. » (Privil. de 1307-1317, art. 28.)

« Dans les confiscations, l'épouse du condamné et ses créanciers sont toujours indemnisés; ce qui reste appartient au seigneur. » (Privil. de 1307-1317, art. 31.)

« Celui qui reçoit de sa femme mille sous toulousains, lui constitue sur ces biens la moitié de la somme, si toutefois le contrat de mariage ne contient pas d'autres conventions (Privil. de 1307-1317, art. 32). A l'ordinaire, quelle que soit l'importance, la moitié de la dot est inaliénable.

« Si quelqu'un meurt sans enfants ou intestat, le baile et les consuls font l'inventaire de ses biens et veillent sur eux un an et un jour. Si, durant ce temps, un héritier se présente, il prend possession de l'héritage, sinon le seigneur s'empare des biens abandonnés. » (Privil. de 1307-1317, art. 34.)

« Les testaments faits par les habitants en présence de témoins dignes de foi, font autorité même dans le cas où la solennité des lois n'aura pas été observée. Il faut cependant que le testateur ait agi en pleine liberté et selon ses droits. » (Privil. de 1307-1317, art. 35.)

« Lorsqu'un habitant doit diviser les gerbes avec le seigneur, ou avec ses gens, ou avec ses fermiers, il appelle le seigneur ou ses officiers, et les divise devant lui ou devant eux. » (Privil. de 1320, art. 7.)

« Lorsqu'un bien emphythéotique est vendu dans la juridiction, le seigneur ni ses successeurs n'opposent aucun obstacle, s'ils n'en réservent pas l'usage; ils approuvent donc ladite vente telle qu'elle est stipulée dans le contrat. » (Privil. de 1320, art. 2.)

8° *Franchises particulières.*

« Les habitants, les jours de marché, ne payent aucune redevance. » (Privil. de 1307-1317, art. 16.)

« Ils ont le droit de faire paître les animaux dans les bois du seigneur, comme de ramasser le bois mort. » (Privil. de 1307-1317, art. 44.)

« Les feudataires de La Capelle, les héritiers d'Aymeric de La Treille, celui de Bertrand de Bellopodio peuvent faire construire des fours sur leurs biens dans toute l'étendue du territoire. » (Privil. de 1307-1317, art. 27.)

« Les consuls et leurs mandataires ne payent pas les citations faites à l'occasion des dettes et obligations contractées au nom et pour la communauté. » (Privil. de 1320, art. 5.)

« Le seigneur autorise la chasse des lièvres, des loups, des renards et de tous les animaux sauvages ; il autorise pareillement la chasse aux perdrix, aux cailles, à tous les oiseaux sauvages ; la chasse aux perdrix avec chien, appât et filet est réservée. » (Privil. de 1355, art. 1er).

« Il cède aux consuls de Merville tous ses droits sur l'hôpital. L'hôpital reste la propriété des consuls pour le service des pauvres de Dieu. »

§ 3. LUTTES INTESTINES DONT LES COUTUMES SONT LA SOURCE.

Ce qui rend particulièrement intéressantes les coutumes de Merville, ce sont les luttes qu'elles ont engendrées depuis l'an 1307 jusqu'en 1734. Nous avons eu la rare fortune de lire des pièces qui nous ont permis de suivre ces combats séculaires pour maintenir les franchises communales. Il y a dans ce fait d'une communauté rurale qui, jusqu'à la veille de la révolution, entend jouir de ses privilèges et rester maîtresse d'elle-même, une preuve incontestable que, dans l'ancien régime, toute administration n'était pas livrée à l'arbitraire et que, sur certains points, nos aïeux étaient plus libres que nous. Nous laissons, d'ailleurs, aux documents que nous allons produire, le soin d'établir cette vérité historique.

Après la transaction signée par Jean Jourdain de l'Isle, en 1355, la communauté vécut en paix avec le seigneur pour un certain temps. Jalouse de ses droits, comme cela se comprend, elle ne laissera jamais prescrire contre eux. Tout acte arbitraire de la part du seigneur la trouvera ferme, inébranlable. Les seigneurs feront bien des tentatives pour se délivrer des franchises qui les gênent; ils essayeront de secouer cette tutelle dont ils supportent le joug malgré eux; la communauté, par sa sage fermeté, rendra tous leurs efforts inutiles. Parfois, la situation sera très tendue; on ira même jusqu'à la guerre ouverte. Voilà pourquoi, lésée dans ses droits, elle ne craindra pas, en 1415, de concert avec la marquise de Varagnes, coseigneuresse, de faire enlever, par ses consuls, tout le bétail du seigneur. Pour reprendre ses bestiaux, dame Marguerite de l'Isle, alors châtelaine, intentera une action contre les consuls devant le grand sénéchal de Toulouse; mais toute justice sera gardée et la communauté sortira victorieuse de la lutte. C'est donc méconnaître l'histoire que de prétendre qu'avant la révolution, les communautés n'obéissaient qu'à l'arbitraire. Alors presque toutes avaient leurs coutumes. Le pouvoir central pouvait souffrir de ces libertés locales ; par contre chaque village avait sa vie propre, son gouvernement, son histoire, ce qui n'est plus aujourd'hui, depuis que les communes ont perdu leur autonomie.

I

TRANSACTION DE 1416

Les luttes engagées par les vassaux contre le seigneur pour le maintien des coutumes, n'empêchaient pas ceux-ci de rester les sujets soumis de celui auquel ils avaient juré fidélité. A l'ordinaire, les différends se terminaient par une transaction qui sauvegardait à la fois et l'autorité du seigneur et les privilèges des vassaux. On voit dans ces compromis une volonté sincère, de part et d'autre, d'assurer la paix. On mit fin, de cette manière, à la discussion qui s'était élevée, en 1415, entre Marguerite de l'Isle, dame de Merville, et la communauté ; les deux parties signèrent la transaction dont voici le résumé écrit de la main de M. François de Chalvet sur un des feuillets de l'original rédigé en latin.

« En 1416, entre le syndic de La Capelle, les consuls de Merville et noble Marguerite de l'Isle, dame dudit lieu, en toute justice, haute, moyenne et basse, a été passée une transaction sur quelques différends. Au commencement duquel lesdits consuls et syndic protestent qu'ils n'ont jamais eu, qu'ils n'ont pas l'intention d'empêcher ni troubler ladite dame de ce lieu, sur les droits et juridiction haute, moyenne et basse.

« Transaction passée entre le syndic du monastère de Notre-Dame de La Capelle, de l'ordre des Prémontrés, au diocèse de Toulouse, appelant, d'une part, et les consuls du lieu de Homerville appelés, d'autre part. Entre lesdites parties il y aurait procès devant nous, Messire Jean de Marnhac, juge des appellations tant civiles que criminelles, en la Cour de Messire le sénéchal de Toulouse et de l'Albigeois, contre noble Marguerite de l'Isle, dame de Merville, avec haute justice, moyenne et basse dudit lieu aussi d'autre part.

« Pour raison d'arrantement [1] des pacages et herbages dudit lieu de Merville, lequel procès fut assoupi par l'entremise de Jean Vanlameric, docteur ès-droits, et Jean de Terremelle, licencié ès-droits, sur ce sujet fut passée la présente transaction en la forme et de la manière qui s'ensuit :

« 1° Là est accordé que les contrats ci-devant passés entre les parties ainsi que les autres instruments restent et demeurent en leur force et vigueur.

« 2° Les consuls dudit lieu de Merville et le syndic du monastère de La Capelle déclarent et protestent qu'ils n'ont été ni ne sont dans l'inten-

---

1. *Arrantement,* fermage.

tion d'empêcher ladite dame Marguerite de l'Isle, seigneuresse dudit lieu de Merville, en ses droits et jurisdiction haute, moyenne et basse.

« 3° Il est accordé que les pacages et les herbages dudit lieu seront arrantés ensemble par les susdites parties pour quatre années prochainement venant sans préjudice du droit desdites parties. L'émolument provenant dudit arrantement sera employé aux réparations de la fermure et de la clôture dudit lieu de Merville et non ailleurs, ainsi qu'au payement des dépens faits par lesdites parties pour raison dudit procès.

« 4° Tout procès entre lesdites parties reste pendant ces quatre années. Après ces quatre années, les droits prétendus par chacune des parties seront consacrés selon les conventions faites entre Jean Novelli, procureur de ladite dame, frère Arnaud Demont, chanoine et syndic de La Capelle, Jean de Libenton et Jean de Marceillac, consuls de Merville.

« Dans laquelle transaction est inséré tout au long l'acte du syndicat fait par vénérable Etienne, abbé dudit monastère de La Capelle, et par les chanoines de ladite abbaye capitulairement assemblés à ce sujet, audit syndic, en date du 29 janvier 1416, retenu par Jean de Canheto, notaire de Toulouse.

« Comme aussi est insérée tout au long la procuration de ladite dame de Merville, épouse de haut et puissant seigneur messire François Algaloys Issalguier, seigneur de Clermont, faite audit Novelli, pour traiter de ce dessus, au nom de ladite dame, datée du 19 novembre 1416.

« Laquelle transaction lesdits consuls tant pour eux que pour la communauté dudit Merville, ont promis de tenir et d'observer selon la forme et teneur.[1] »

« Pierre-Jean de Garrigues, notaire de Toulouse, reçut ladite transaction et l'expédia en parchemin. Le texte est en latin. »

II

TRANSACTION DE 1603

A part le différend soulevé en 1416, la communauté vécut en paix avec la maison des Jourdain de l'Isle.

Il n'en fut pas de même avec les Peyrusse des Cars, qui prirent possession de la seigneurie et haute justice de Merville, par le mariage de Jacques de Peyrusse des Cars avec Anne de l'Isle, l'unique héritière de Jourdain de l'Isle. Mécontents du nouveau seigneur, les habitants lui contestèrent ses droits; plusieurs procès eurent lieu. La discussion aurait été interminable, si le grand sénéchal de Toulouse ne fût intervenu. Grâce à ce puissant médiateur, le seigneur et les consuls signèrent la transaction de 1603.

---

1. Archives du château.

« L'an 1603 et le dix du mois d'octobre, devant nous Jean-Jacques Berty, docteur ès-droits, lieutenant principal de la juridiction de Verdun, juge de Grenade dans sa maison dudit Grenade.

« A comparu ledit Fontin, procureur et représentant de messire Jacques des Cars, chevalier de l'ordre du roi, capitaine de cinquante hommes d'armes et de ses ordonnances, grand sénéchal de Guyenne, baron et seigneur de Homerville et autres places ; lequel a dit et représenté que ledit seigneur aurait requis ses juges et emphythéotes de le venir reconnaître, et bailler le dénombrement de leurs fiefs ; et que n'ayant pas voulu y satisfaire, ledit seigneur aurait impétré pour les y contraindre une lettre de la chancellerie de Toulouse, qui aurait donné ordre à un magistrat de nommer une commission afin de terminer le différend.

« Henri, par la grâce de Dieu, roi de France, l'an 1603 ; nous, Jean de la Valette, d'après les ordres reçus de faire assigner les consuls, manans, habitants et bientenants de Merville ; nous, lieutenant principal, le dimanche, vingt-sixième dudit mois, en la compagnie de Jean Verdhale, notre clerc, nous nous sommes transportés au lieu de Merville et dans le château dudit seigneur des Cars, seigneur dudit lieu.

« Auquel jour, et environ vers midi dudit jour, dans la grande salle du château dudit seigneur,

« Ont comparu devant Nous, lieutenant principal et commissaire, noble Tosolt, gentilhomme des ordinaires dudit seigneur ; lequel, narration faite, a dit qu'en vertu des lettres obtenues, ont été assignés tant lesdits consuls que lesdits habitants et bientenants de Merville en ce jour ; et Jean de Berty, secrétaire, requérant le dénombrement des fiefs qui sont mouvants de la directe de noble Jean des Cars, de reconnaître à Jacques des Cars tous ses droits, de le reconnaître aussi comme vrai et légitime seigneur, haut justicier, moyen et bas ; à ces titres, de lui prêter serment comme bons et fidèles sujets ; de son côté le seigneur offre, dès à présent, de jurer et de promettre de leur être bon seigneur, de les maintenir en leurs privilèges et de les garder.

« Du contraire ont comparu : Bernard Marceillac, Gaillard, Jean Bru et Jean Saint-Pauly, consuls modernes ; Jean Mallot, syndic, assistés de Pirand, licencié ès-lois ; Jean Cassaigne, marchand de Toulouse, Jean Fontanié, Bernard Cazassus, Dugues Amouroux, Bernard Bru, Louis Monicolle, Etienne Barrat, Gabriel Darand, Pierre Tilhet, Mathieu Garouch, Antoine Péfault, Jean Barrat, Pierre Viguier, Bernard Peyronnet, Bernard Picot, Jean Monicolle, Jean Caussat, Etienne Albus, Jean Lartigue, Jean Fraissinet, Etienne Gaubert, François Pinet, Jean Peyronnet, Guillaume Puy, Pierre Saint-Sauby, Jean Tourq, Guillaume Guichard, François Gaubert, Dominique Fontane, tous ensemble composant la meilleure et la plus saine partie des habitants et bientenants ; lesquels par la bouche dudit Marceillac, premier consul, ont dit tant pour les présents que pour les absents, qu'en ce qui concerne le dénombrement de leurs fiefs, ils offrent, selon la volonté du seigneur, de lui reconnaître ceux qui sont mouvants de sa directe et de lui payer les rentes qui en découlent.

« Ils offrent, en outre, de le reconnaître comme vrai et légitime seigneur, justicier haut, moyen et bas ; comme tel de lui prêter serment de fidélité, à la charge que ledit seigneur de son côté jurera et promettra d'être bon seigneur et de les maintenir en leurs libertés, franchises et privilèges, de ne pas les opprimer par ses charges, de les protéger et de les défendre contre toute oppression.

« Alors, Nous, lieutenant et commissaire susdit, avons ordonné que les offres et déclarations faites de part et d'autre seront couchées et arrêtées dans ledit procès-verbal pour servir aux parties susdites autant qu'il appartiendra.

« Cependant ledit noble Tosolt, au nom du seigneur, requiert qu'avant de passer outre à la prestation du serment, lesdits consuls et syndic déclarent que ledit seigneur a la faculté, comme haut justicier, moyen et bas, de créer et d'instituer : 1° un juge et son lieutenant, un procureur d'office et son greffier, lesquels rendront la justice sur le lieu, connaissant les causes tant civiles que criminelles en première instance ; 2° qu'à eux tous les vassaux doivent adresser leurs actions tant civiles que criminelles, sans recourir à un juge médiat ; 3° que ledit greffier fera les expéditions moyennant le salaire qui lui sera assigné ; 4° que ledit seigneur a la faculté de créer et d'instituer un baile et son lieutenant pour exécuter les mandements de sa justice, auxquels tous les habitants doivent obéir ; 5° que ledit seigneur justicier haut, moyen et bas, aura une prison dans le présent château, où seront conduits les délinquants dont ils seront les gardiens.

« Lesquels répondant par la bouche du premier

consul disent qu'ils reconnaissent ledit seigneur de Merville, seigneur direct, haut justicier, moyen et bas, comme tel avoir la faculté d'établir son juge, son lieutenant, son greffier ; dès à présent, il a pour juge maître Palmat, docteur ès-droits et avocat ; pour lieutenant, Dominique Guy, bachelier ès-droits ; pour procureur d'office, François de Pierrefitte ; pour greffier, Jean Buy ; lesquels juge et lieutenant jugent en première instance toutes les causes tant civiles que criminelles.

« Ils promettent, de plus, de payer au greffier ce qui lui revient pour l'expédition des actes judiciaires. Ils reconnaissent le baile et son lieutenant qui doivent faire exécuter les mandements de la justice. Ils déclarent enfin que ceux-ci pourront constituer prisonniers tous les délinquants sur l'ordonnance dudit juge et de son lieutenant, et s'obligent à payer les gardiens et l'entretien des prisonniers, partant de donner cinq sols pour chaque jour de garde, dix sols et dix deniers pour l'arrestation.

« Ledit noble Tosolt accepte la déclaration et requiert de l'écrire dans ledit procès-verbal.

« Nous, lieutenant principal et commissaire, avons ordonné que ladite déclaration, faite par lesdits habitants, soit écrite dans ledit procès-verbal, et qu'il soit procédé à la prestation du serment tant dudit seigneur que desdits sujets.

« Et tout incontinent, ayant fait porter le missel et fait ouverture d'y-celui à l'endroit du *Te igitur* et du saint canon et la croix sur le livre, ledit Messire Jacques des Cars, seigneur de Merville, la tête nue et les deux mains posées sur lesdits canon et croix, a juré être bon seigneur envers ses sujets, de ne pas les opprimer et surcharger, de les protéger et défendre, de les maintenir en leurs libertés, franchises, privilèges et immunités, tels qu'ils ont été accordés par ses prédécesseurs.

« Et ensuite Marceillac, Jean Bru, Saint-Pauly, Gaillard, consuls, à genoux, les deux mains posées sur les saints canon et croix, du consentement et de l'autorisation de Mallot, syndic, assistés de tous les habitants susnommés, ont promis et juré d'être bons et fidèles sujets dudit seigneur de Merville, et comme tels lui prêter serment d'obéissance[1]. »

III

TRANSACTION DE 1605

Loin d'apaiser la lutte engagée entre Jacques Peyrusse des Cars et la communauté, la transaction de 1603 ne fit que l'envenimer. Les chartes consenties par les premiers seigneurs de Merville étaient trop entamées pour que la paix pût être de longue durée. Le syndic de la communauté et les consuls eurent alors recours au Parlement de Toulouse pour échapper à un compromis qui paraissait blesser leurs libertés. Le procès menaçait de traîner en longueur. Engagée d'abord devant le Parlement de Toulouse, l'affaire fut ensuite portée devant celui de Paris. Mathieu de Chalvet, coseigneur, prési-

---

1. Archives du château.

dent aux enquêtes au Parlement de Toulouse, et deux autres notables de Merville, conseillers au même Parlement, messires Jean de Lagos et Jean de Gargas, s'interposèrent au plus fort du démêlé entre le seigneur Jacques des Cars et la communauté. Cette médiation mit fin à ces pénibles débats ; on signa l'accord suivant, celui-ci plus durable.

« Comme suit ainsi le procès intenté devant Messieurs les conseillers aux enquêtes du palais de Toulouse et depuis invoqué au Parlement de Paris entre le syndic, consuls, manans et habitants de Merville, suppliants et demandants, pour être maintenus aux privilèges concédés auxdits habitants par messire Jean Jourdain de l'Isle, chevalier et seigneur de Merville, d'une part, et haut et puissant seigneur messire Jacques des Cars, seigneur de Merville et autres places, chevalier de l'ordre du roi, grand sénéchal de Guienne, d'autre part ; procès dans lequel le syndic et les consuls de Merville demandent d'être confirmés dans les privilèges et coutumes desdits habitants, suivant la transaction du pénultième jour de mars 1355, retenue par Raymond de Aula et Bernard de Toto, notaire. (Suivent tous les privilèges accordés à la communauté par Jean Jourdain de l'Isle, en 1355, qu'il est inutile de redire.)

« Lequel procès venant à détruire la paix, et desdites instances ne pouvant sortir que désordre et désunion entre ledit seigneur et ses vassaux et justiciables, par la médiation des honorables Mathieu de Chalvet, conseiller du roi, en son conseil d'Etat et premier président au Parlement de Toulouse, messire Jean de Lagos Junius, messire Jean de Gargas, conseillers du roi en sa cour du Parlement de Toulouse, suppliés d'être intermédiaires par les parties contendantes, ont terminé les différends par la susdite déclaration, consentie par le seigneur, les consuls et les habitants en ce jour, retenue par moi, notaire ; ont transigé et accordé comme s'ensuit :

« Aujourd'hui, vingt-sixième jour du mois de juillet mil six cent cinq, après midi, dans le château dudit seigneur de Merville, devant moi, notaire et témoin, ont été établis en leurs droits : ledit seigneur d'une part, Helie Buisson, apothicaire de Toulouse, Etienne Barrat, Arnaud Aragon et Antoine Garric, consuls dudit Merville en la présente année ; Bernard Laffont ; Jean Fauré, notaire royal ; Bernard Cazassus et Jean Lafage, consuls de l'année précédente (1604) ; Pierre Caussat, Dominique Cassaigne, Bernard Serres, Raymond Marceillac, Arnaud Navarre, Auguste Campadieu, Pierre Aragon, Etienne Monicole, Jean Bru, François Gaubert, Antoine Pujol, etc., et autres habitants dudit Merville composant la meilleure et la plus saine partie de la communauté, lesquels ont convenu, transigé, arrêté que tous les procès et différends prendront fin et qu'il n'en sera fait aucune poursuite.

« 1º En ce qui regarde la justice criminelle, elle sera faite comme ci-devant par maître Salvant Dagubio, docteur ès-droits et avocat de la Cour, juge dudit lieu, ou par Dominique Guy, son lieutenant, bachelier ès-droits, durant leur vie, sans que lesdits consuls et autres puissent les troubler.

« 2º A la mort de Salvant Dagubio et de Dominique Guy, les consuls à l'avenir et lesdits habitants pourront continuer l'exercice de la justice; ils auront aussi la juridiction de la police. Après avoir quitté leurs chaperons, insignes et privilèges consulaires, ils exerceront la justice criminelle pour, au nom et sous l'autorité du seigneur, avec un assesseur de qualité requise, lequel assesseur sera tenu de prêter serment entre les mains du seigneur et de son juge en son absence. Si lesdits consuls et les habitants n'acceptent pas ces conditions, ces droits ne leur seront pas rendus. Alors, ils se borneront aux jugements de simple police et à la justice criminelle jusqu'à soixante sols.

« 3° Il est accordé auxdits habitants et bientenants le pouvoir de chasser aux bêtes et aux oiseaux, selon la transaction faite par Jean Jourdain de l'Isle, la pénultième de mars 1355.

« 4° Il est convenu et arrêté que sur le payement des tailles des terres et possessions pour raison desquelles le seigneur prétend exemption et immunité, qu'il fera valoir ses titres dans un an.

« 5° Quant à la prise du poisson contenu dans les fossés, les habitants auront le droit de pêcher sans la permission du seigneur.

« 6° Il est reconnu que lorsque lesdits consuls assembleront la communauté, ils seront tenus d'appeler le juge, ou en son absence le lieutenant ou un procureur d'office. Si le juge, le lieutenant et le procureur d'office sont absents, les consuls pourront procéder ; mais ils rendront compte de la dite administration consulaire devant le juge ou son lieutenant. — Pierrefitte, notaire, signé [1]. »

---

[1]. Archives du château.

Cette déclaration prouve évidemment que, grâce à la vigilance des consuls, en 1655 comme en 1305, à part quelques articles, les mêmes coutumes étaient en vigueur. Toute liberté n'était donc pas étouffée, comme on veut bien le dire. D'ailleurs, il y eut toujours des juges pour rendre à chacun ses droits, et empêcher l'injustice et l'arbitraire, comme on va le voir.

IV

DÉCLARATION DE 1609

La revendication officielle, publique, faite devant l'autorité compétente par les consuls au sujet des coutumes et des privilèges de Merville, appelés par le grand sénéchal pour rendre les hommages à la reine Marguerite, duchesse de Valois, démontre surabondamment ce fait. Les consuls firent cette déclaration, dont M. François de Chalvet a conservé les articles dans son inventaire.

« Déclaration des consuls de Merville devant le sénéchal de Toulouse, commissaire député par la reine Marguerite, duchesse de Valois, comtesse du Rouergue, dame des quatre jugeries [1] de Rivière-Verdun, Albigeois et Comminges pour procéder à la réception des hommages auxdites quatre jugeries.

---

1. *Jugerie*, ressort, juridiction d'un juge ; terrain sur lequel s'étend cette juridiction.

« 1° Les consuls déclarent que la communauté de Merville appartient à la jugerie de Rivière-Verdun.

« 2° Ils revendiquent le droit d'exercer la justice criminelle au nom du seigneur actuel François des Cars, selon les transactions passées, en 1355, avec Jean Jourdain de l'Isle, et confirmées par Jacques des Cars, le 15 juillet 1605.

« 3° Ils reconnaissent que les émoluments du greffier, du baile, du sceau, comme la nomination du juge, appartiennent au seigneur.

« 4° Ils donnent à Merville trois seigneurs censiers, ledit seigneur actuel, François des Cars, Mathieu de Chalvet et le saint abbé de La Capelle.

« 5° Ils déclarent que ledit seigneur des Cars a droit d'attache d'un moulin, et Mathieu de Chalvet de deux moulins, pour lesquels ils payent l'albergue au roi sans l'obligation toutefois pour les habitants d'y moudre.

« 6° Ils affirment que les biens desdits seigneurs sont tous taillables comme ceux des habitants.

« 7° Qu'en dehors des chemins et des carrefours, la communauté ne jouit d'aucun bien vacant.

« 8° Enfin, ils revendiquent leur droit de chasser toutes sortes de bêtes, d'animaux, d'oiseaux, et, comme celui de faire paître les bestiaux dans tous les bois, par tous les taillis à haute futaie et vacants, d'après les privilèges accordés par le roi et le vénérable abbé de La Capelle, le mois de novembre 1272[1]. »

---

1. Archives du château.

V

TRANSACTION DE 1734.

Nous touchons à la dernière phase des luttes soutenues par la communauté pour la défense de ses privilèges. Nous sommes en 1734. A cette époque, la seigneurie de Merville change une dernière fois de seigneur : elle passe entre les mains du marquis Auguste-Henri de Chalvet-Rochemonteix. Lorsqu'on faisait l'acquisition d'une seigneurie, la loi ordonnait à l'acheteur de publier le dénombrement des biens, droits et privilèges acquis, pour permettre aux intéressés de faire leurs réclamations. Cette formalité était sage, comme le prouvera ce récit. On lisait le dénombrement au peuple, puis on l'affichait pour ne surprendre la foi de personne.

Voilà pourquoi, lorsqu'en 1734 le marquis d'Escodeca de Boisse vendit la haute justice de Merville au marquis Henri-Auguste de Chalvet, lecture du dénombrement des biens et des droits acquis fut faite à tous les habitants assemblés, puis on l'afficha sur la porte de l'église.

« L'an mil sept cent trente-cinq et le cinquième jour du mois de juin, par nous Antoine Leval soussigné, sergent, résidant à Merville, à la requête de messire Henri-Auguste de Chalvet, sénéchal, gouverneur de Tolose, et dans le présent lieu de Merville, dans son chasteau, autorisé par la Cour des Comptes de Montpellier, avons fait lecture du dénombrement rendu par ledit seigneur au peuple, sortant de la messe paroissiale ; et nous avons affiché le placard à la porte de l'église paroissiale dudit lieu. — Leval, *signé*¹ ».

Voici le texte du dénombrement qui souleva d'indignation la communauté. On y lit, en effet, des articles conçus dans un esprit d'arbitraire auquel les habitants de Merville n'étaient pas accoutumés. Le marquis d'Escodeca de Boisse, pour faire valoir sans doute la seigneurie, avait glissé, dans le contrat de vente, des conditions onéreuses pour les habitants.

« C'est l'aveu du dénombrement que messire Henri-Auguste de Chalvet-Rochemonteix, chevalier, sénéchal, gouverneur de Toulouse et pays d'Albigeois, capitaine au régiment de la Couronne, seigneur de la terre, seigneurie et baronnie de Merville, par le don de retrait féodal qui lui a été fait par le roi, par ses lettres patentes du vingt-quatrième juin mil sept cent trente-quatre, baillé devant nous seigneurs de la Cour des Comptes, aides et finances de Montpellier.

« Premièrement déclare ledit seigneur de Chalvet tenir à foi et hommage de Sa Majesté, ladite terre, seigneurie et baronnie de Merville, située dans le pays de Rivière-Verdun en toute justice haute, moyenne et basse, avec faculté de créer les juges, bailes et autres officiers nécessaires pour exercer la justice, avec pouvoir de les destituer quand bon lui semble.

---

1. Archives du château.

« Plus lui appartient audit lieu un château ruiné, plus un jardin et verger joignant l'extrémité du fossé au-devant du château, entouré de parois de la contenance de deux arpents environ.

« Plus une garenne, pré et vigne joignant ledit fossé, de contenance de quatre arpents environ, auquel était jadis un pigeonnier qui est croulé par vétusté.

« Tient de plus et possède audit lieu une métairie appelée la Grand-Borde, du labourage de trois paires de bœufs, avec ses bâtiments et prés servant pour l'usage de ladite métairie, bois et vignes joignant.

« Plus une autre métairie audit lieu appelé de Mayras, contenant le labourage d'une paire de bœufs avec ses bâtiments, prés et quelque peu de vigne.

« Plus lui appartient audit lieu un moulin sur la rivière de Garonne, à présent ruiné et dont il ne reste que des masures, dont ses prédécesseurs jouissaient par indivis avec l'abbé de La Capelle. Plus un droit qu'il a de construire un autre moulin sur la rivière de Save; plus en la forge banale dans toute l'étendue de la terre de Merville.

« Plus un droit de péage sur tout ce qui passe sur ladite terre, qui donne actuellement trente-six livres et qui en donnera davantage quand les titres seront donnés par le seigneur marquis de Boisse, ancien possesseur de cette terre.

« Plus un droit de sang qui se prend de toutes les personnes qui se battent, deux livres dix sols un denier.

« Plus en tous les fossés et arbres qui sont autour du village dudit Merville et un droit qu'a ledit seigneur de prohiber la pêche en iceux.

« Plus un droit de prohiber la chasse en ladite terre.

« Plus un droit qu'on ne bâtisse et construise de pigeonnier dans ladite terre sans la permission du seigneur.

« Plus un droit et faculté d'ériger un pont sur la rivière de Garonne, qui pourra donner cent cinquante livres environ.

« Plus en l'hommage et redevance que les religieux de La Capelle et autres vassaux font audit seigneur dans ladite terre de Merville.

« Plus déclare ledit seigneur de Chalvet posséder de son chef plusieurs fiefs dans ladite terre qui lui sont venus du chef de ses pères et aïeuls et dont ils ont joui de toute ancienneté, sous les foi et hommage dus au roi. Tous lesquels biens et héritages ci-dessus dénommés, ledit seigneur de Chalvet jouit et possède noblement; et pour iceux, doit le service à Sa Majesté, comme son fidèle vassal et sujet.

« C'est le dénombrement de tout ce qui est venu jusqu'à présent à la connaissance dudit seigneur de Chalvet que je, François Clauzet, procureur en la Cour, reconnais véritable en conséquence de la procuration dudit seigneur de Chalvet, du vingt-quatre juillet mil sept cent trente-quatre, sans néanmoins entendre préjudicier aux autres droits et privilèges dudit seigneur de Chalvet, sauf à augmenter ou diminuer. Fait à Montpellier [1]. »

---

1. Archives du château.

Il est évident qu'après la lecture et l'affichage de ce dénombrement, les habitants ne purent que protester. Ces conventions, en effet, détruisaient leurs coutumes et leurs privilèges. Accoutumée à une liberté plus large, la communauté se leva donc contre ces prétentions nouvelles ; et, par l'organe du syndic, elle exprima ses justes réclamations dans une protestation indignée qu'elle adressa à la Cour des Comptes de Montpellier. Nous en donnons le texte :

« Inventaire de production que met et baille devant vous, Messeigneurs de la Cour des comptes, aides et finances de Montpellier, Jean Rivière, syndic des habitants et lieutenant de la communauté de Merville, suppliant par requête en opposition contre messire Henri-Auguste de Chalvet-Rochemonteix, chevalier, sénéchal de la ville de Toulouse et païs d'Albigeois, capitaine de régiment de la Couronne, seigneur de la terre et baronnie de Merville, défendeur et demandeur en réception de dénombrement.

« Dit le produisant que le premier mai de l'année dernière, messire Gilbert Bonaventure d'Escodeca de Boisse, baron de Merville, fit une vente à noble Baptiste de Lasserre, visiteur au département de Toulouse et ancien capitoul, de la terre, seigneurie et baronnie de Merville.

« Sur le contrat, le seigneur marquis de Boisse fait un détail de tous ses droits et possessions qu'il veut pour, par le sieur Lasserre, jouir noblement ou roturièrement; c'est ainsi que ce contrat l'explique dans la sixième ligne de la cinquième page.

« Immédiatement après ce contrat, par lettres

patentes du 24 juin 1734, le roi fit don au sieur partie adverse du droit de prélation ou retrait féodal[1] qui lui était dû par la vente de ladite seigneurie, s'abroger le sieur partie adverse à son lieu, droit et place, à condition de rendre foi et hommage à Sa Majesté dans trois mois, et de fournir dénombrement, qu'il augmenta par une addition du 20 mai suivant.

« A la publication de ce premier dénombrement, les habitants domiciliés et forains dudit Merville, qui virent que le sieur partie adverse dénombrait des droits dont ses auteurs n'avaient jamais joui, formèrent un syndicat, le 5 mai 1735, et nommèrent le produisant pour leur syndic, auquel fut donné pouvoir de former opposition audit dénombrement concernant la banalité de la forge, le droit de prohiber la chasse de certains biens dits nobles sans l'être, la défense de bâtir des pigeonniers et autres droits.

« En conséquence de ce syndicat, le produisant en qualité de syndic fit, le 30 mai, un acte d'opposition dudit dénombrement concernant la mobilité de biens encadastrés, se réservant seulement de faire débouter le produisant du surplus des oppositions par lui formées.

« Le sieur partie adverse se méfiant, avec juste raison, de son prétendu droit, a mis en cause le sieur de Boisse, vendeur de ladite terre, au droit

---

1. *Droit de prélation* ou *retrait féodal*. C'était un droit qu'avait le roi, en plusieurs endroits du royaume, de retirer une terre seigneuriale, en en remboursant la valeur à l'acquéreur, pourvu qu'il n'eût pas fait foi et hommage.

duquel le sieur de Chalvet est subrogé pour assister à l'instance, défendre et soutenir, faire cesser le trouble du produisant et remettre ses titres justificatifs.

« C'est l'état de la cause. La justice de l'opposition du produisant ne sera pas difficile à établir. En premier lieu, à l'égard des biens que le sieur partie adverse aurait dénombré nobles, il s'est désisté sur ce point par l'acte du 31 mai, avec la restriction des biens encadastrés seulement.

« 2° Il a déclaré qu'il était mal fondé à dénombrer la banalité de la forge. Ainsi, pour ce qui est de ces deux articles, il ne saurait y avoir de difficultés à recevoir de désistement et à rejeter les deux articles du dénombrement de la partie adverse, concernant la banalité de la forge et les biens dénombrés nobles.

« Reste à examiner les autres articles sur lesquels la partie adverse insiste.

« 1° A l'égard du péage, il est vrai que dans le dénombrement de 1733 ce droit est dénombré pour être perçu dans le lieu seulement, et non dans toute la terre de Merville. Il est vrai encore que dans le dénombrement de 1613 il n'en est pas fait mention. Le produisant se soumet à cet égard à la justice de la Cour et à ce qu'il lui plaira d'ordonner.

« 2° L'article 12 du dénombrement comprend un droit de sang de 2 livres 10 sols, qu'il prétend imposer sur toutes les personnes qui se battent. Il est vrai que ce prétendu droit est énoncé dans le contrat de vente. Mais on ne saurait s'empêcher de dire que ce n'est pas un droit légitime, d'autant qu'il ne paraît pas qu'il ait été jamais dénombré. A cet égard, le produisant se remet aux.....

« 3° Pour ce qui est de l'article 14, prohibant la chasse aux habitants sur l'étendue de ladite terre, cet article ne saurait éviter d'être rejeté du dénombrement.

« On convient que les seigneurs ont le droit de prohiber la chasse dans l'étendue de leurs terres, mais ils cessent de l'avoir du moment où ils s'en sont départis. Le sieur partie adverse est dans ce cas. Les habitants de Merville ont la faculté de chasser; ils ont pour cela des titres très authentiques. Pour justifier ce droit, le produisant remet la transaction passée, le 22 juillet 1605, entre messire Jacques des Cars, seigneur et baron de Merville, et les consuls et habitants du même lieu. Par cette transaction, les habitants, tant domiciliés que forains, sont maintenus dans leur droit de chasse comme un de leurs privilèges; aussi, n'a-t-on jamais vu que cette prohibition ait été dénombrée. C'est donc avec raison que le produisant demande la rejection de cet article.

« 4° Il faut encore rejeter l'article 15, concernant le droit qu'il prétend avoir de prohiber la construction des pigeonniers. Les seigneurs, pour avoir droit que leurs sujets ou vassaux ne possèdent dans leur terre aucun pigeonnier, doivent justifier d'un titre ou d'une convention expresse. C'est ainsi que nous l'enseigne Larroche, au *Traité des droits seigneuriaux* (pigeonnier 22, art. 1). Mais lorsqu'il n'y a aucun titre, ni convention, ni coutume pour cela, il ne saurait être fondé à demander la réception de son dénombrement quant à cet article. Or, la partie adverse est dans ce cas; jamais même ses auteurs n'ont dénombré un pareil droit. Il n'en est pas dit un seul mot, ni dans le dénombrement de 1603, ni dans celui de 1613. Ainsi, la Cour ne saurait éviter de rejeter cet article.

« L'article 1er de la continuation du sieur partie adverse, concernant le droit d'affermer la boucherie, doit être modifié.

« La communauté, quant à cet article, n'a pas moins de droit que le sieur partie adverse; c'est un droit commun entre le seigneur et la communauté. Ainsi ce privilège ne saurait être contesté, et la communauté doit y être maintenue [1]. »

La Cour des Comptes de Montpellier reconnut les justes réclamations de la communauté, qui fut maintenue dans tous ses privilèges. Ces revendications sont les dernières. Elles ferment victorieusement les luttes des habitants de Merville pour leurs franchises et leurs libertés locales. Les documents ont parlé; ils établissent d'une manière irréfutable que, jusqu'à la Révolution, la force, comme certains l'insinuent, ne prima pas le droit, et que la justice eut toujours le dernier mot lorsque les droits des vassaux étaient lésés par le seigneur. Ils prouvent encore que la royauté prit la défense des communautés, et qu'elle tint une balance égale dans tous les conflits entre le seigneur et les vassaux. Si, dans les cas douteux, il fallait prononcer une sentence, elle était en faveur du plus faible, les seigneurs eussent-ils, comme les des Cars et les de Chalvet, la haute charge du sénéchalat.

1. Archives du château.

§ 4. ADMINISTRATION DE MERVILLE.

Après l'exposé des anciennes coutumes de Merville, nous devons pénétrer dans le gouvernement local de la communauté elle-même. Par quels moyens nos pères ont-ils assuré l'observation de nos coutumes, qui avaient toute la valeur des lois ?

Pour le dire, il suffit simplement de faire revivre la physionomie de notre commune sous l'ancien régime, d'étudier le rôle d'un chacun, depuis celui du seigneur jusqu'à celui du plus humble fonctionnaire.

I

LE SEIGNEUR

A la tête de la communauté on trouve le seigneur. Tous lui doivent foi et hommage. Le seigneur exerce la haute, moyenne et basse justice sur tout le territoire de Merville. Merville, en effet, était une justice, c'est-à-dire un lieu ou territoire sur les habitants duquel le seigneur avait le droit d'exercer la justice. Quoique les auteurs ne soient pas d'accord sur l'origine des justices seigneuriales : que les uns les fassent remonter aux Romains, que les autres se contentent de les rapporter à l'établissement des fiefs, c'est-à-dire à la fin de la seconde race, il est certain que l'on admit une triple distinction dans les justices : la haute, la moyenne et la basse justice.

De tous les attributs de la souveraineté du seigneur, le droit de justice était le premier et le plus important. Le droit de justice n'était pas partout le même ; il variait selon l'importance des fiefs.

Les signes distinctifs de la haute justice étaient les fourches patibulaires et le pilori.

C'est sur la place publique que se dressait le pilori. Un poteau aux armes du seigneur, un carcan où on passait la tête et les mains du condamné, tel était le pilori. Les fourches patibulaires se dressaient à l'entrée de la localité où siégeait le grand justicier. C'étaient des colonnes qui supportaient des traverses de bois où l'on pendait les criminels.

A part les affaires réservées à la justice royale, le haut justicier connaissait de toutes les causes réelles, personnelles et mixtes. Sauf les cas royaux, il jugeait les affaires criminelles, tous les délits commis dans sa juridiction. Il avait pouvoir de prononcer toutes sortes de peines, la confiscation et même la mort.

La moyenne justice surveillait les poids et les mesures, faisait l'instruction des crimes commis sur le territoire et ne pouvait frapper les coupables d'une amende supérieure à soixante sols parisis [1].

---

1. *Sol parisis*, sou de quinze deniers. Le denier valait la douzième partie d'un sou ou le tiers d'un liard. Il y avait des

La basse justice était plus restreinte.

Les attributions de ces deux dernières justices variaient tellement, selon les coutumes et les droits particuliers, qu'il est difficile d'en donner les limites. A Merville, les coutumes mutuellement consenties par le seigneur et la communauté en délimitaient les compétences.

Le seigneur de Merville certainement était grand justicier : tel est le droit qu'il revendique dans les chartes et les transactions. Philippe le Bel, en effet, avait donné aux Jourdain de l'Isle, avec la terre de Merville, la justice haute, moyenne et basse. D'après les coutumes, le seigneur ou son juge n'étaient pas seuls à siéger ; ils étaient assistés de deux consuls et de deux habitants. Les seigneurs tentèrent de détruire ce privilège, mais inutilement. En 1605, nous avons entendu les consuls revendiquer ce droit devant le grand sénéchal de Toulouse, car ce privilège était un grand obstacle à l'arbitraire.

Nous citerons plusieurs arrêts qui prouvent bien que le seigneur de Merville avait la justice haute, moyenne et basse. Sur la requête de Guillaume Carrié, métayer à Lafage, propriété de M. de Chalvet, le juge seigneurial porte un arrêt de condamnation au carcan et au bannissement contre un certain François Arbus, pour avoir mis le feu à la métairie. Cet acte de haute justice est de 1610. Le 16 novembre 1676, le juge seigneurial porte encore

---

deniers parisis, tournois, toulousains... Les deniers parisis, frappés sur l'ordre du roi, valaient un quart de plus que les deniers tournois frappés par l'archevêque de Tours.

une sentence qui condamne, par défaut, les consuls de Merville à construire les murs qui séparaient le cimetière d'un jardin appartenant à M. de Chalvet[1]. Le seigneur n'exerçait pas par lui-même la justice, si nous nous en rapportons aux documents. Il nommait un juge chargé de rendre la justice à sa place, et encore, cette nomination devait-elle être agréée par l'autorité royale, qui voulait le juge probe et instruit. Toute garantie était donc assurée.

II

COSEIGNEURS

A côté du seigneur, avec des attributions moins grandes cependant, marchaient, en qualité de coseigneurs, le saint abbé du monastère de La Capelle, comme l'appellent les documents, et le possesseur d'une directe importante dont les de Chalvet-Rochemonteix devaient hériter et héritèrent, en effet, dans le seizième siècle. Les coseigneurs rendaient foi et hommage au seigneur. En vain ceux-ci voulurent-ils contester ce droit dans certaines circonstances, cette obligation n'en existait pas moins encore en 1734.

---

1. Archives du château ; inventaire des titres de M. de Chalvet.

III

CONSULS

Pour se défendre contre les empiètements du seigneur et des autres seigneurs censiers [1], la communauté avait ses consuls et son syndic.

D'après la charte, les consuls étaient au nombre de quatre. Le seigneur les choisissait sur une liste de huit habitants présentée par les consuls qui sortaient de charge. Leur pouvoir était renouvelable tous les ans. Les mêmes consuls n'étaient jamais nommés. Deux ans devaient toujours s'écouler entre la sortie de charge d'un consul et sa réélection, disposition très sage et qui assurait une bonne administration. Les consuls portaient, comme insigne, le chaperon, espèce de manteau surmonté d'un capuchon qui tombait sur les épaules. C'est en 1507 que les consuls obtinrent le privilège du chaperon ; mais ils payèrent cher la vanité d'avoir cet insigne :

« Les consuls de Merville, assistés de leurs conseillers, prient Bernard Jourdain de l'Isle, seigneur de Merville en 1507, de leur vouloir permettre de porter les capuchons mi-partie à la façon des consuls de Grenade, lui déclarant que moyennant,

---

1. *Seigneur censier*, seigneur qui percevait les censives.

ils n'entendront avoir, à l'avenir, aucune sorte de juridiction dans ledit lieu de Merville ni ses dépendances, excepté en fait de dommages et de réparations de chemins ; ce que ledit seigneur leur accorde sur les réservations qui s'ensuivent.

« Primo où les consuls, à l'advenir, sous prétexte desdits capuchons voudraient usurper la juridiction ou faire quelque chose contre l'obéissance audit seigneur, ou à son juge, ou à son baile, ou à un de ses officiers, ledit seigneur ou ses officiers pour cette raison, de son autorité privée, puissent leur oster les capuchons et les priver de ne jamais plus les porter à l'advenir.

« 2° Ont promis lesdits consuls d'obéir audit seigneur, comme aussi à ses procureurs, bailes, officiers et mandataires établis. »

Pour obtenir des consuls, qui, sans doute, avaient un trop grand laisser aller dans leurs costumes, une tenue plus digne et plus convenable :

« 3° Il a été adjoint que lesdits consuls, pendant le temps qu'ils porteront lesdits capuchons, ne se serviront pas de capes, de sabots, ni de gamaches, mais qu'ils porteront des habits assez honnêtes. Contrat reçu par Jean Martelli, notaire[1]. »

Les consuls prenaient les intérêts des habitants, veillaient à la conservation des privilèges et des coutumes, protestaient contre les empiètements du seigneur sur les droits de la communauté, établissaient la taille, tenaient les comptes, dressaient les cadastres, assistaient le juge seigneurial dans

---

1. Archives du château.

l'exercice de la justice. Nous avons vu ces fonctions consulaires en exercice dans les différends et les procès soulevés au sujet des coutumes et des privilèges. Dans les contrats, dans les transactions et les chartes, les quatre consuls sont toujours nommés ; rien, en un mot, ne se fait sans leur intervention. La plupart des cadastres sont dressés par leurs soins. Entre autres, voici le titre très curieux d'un cadastre de 1495, écrit en langue patoise, dont l'original fut prêté par M. de Chalvet à Mgr de Berthier, évêque de Rieux et abbé de La Capelle :

« A qui oui la taulo del noumbre des personnatges que soun en lou libre del loc de Merville, l'an 1495 et lou 28 des mes de may. Estant counsuls : Guilhem Andrieu, alias de Roude, Peyre Gaubert, Guiraud Faure et Jehan de Senac, cosuls de l'an present, en fait lou libro de las estimos commo s'en siei, an consantimen del tout le poble deldit loc[1]. »

Il ne reste que la copie de ce cadastre en langue romane, qui, d'après François de Chalvet, était incomplet :

« Cet extrait du cadastre du lieu de Merville a esté tiré sur l'original, écrit François de Chalvet sur le dernier feuillet du cadastre, qui est aux archifs de l'abbäye de La Capelle et appartient à la maison de Chalvet ; car M. Jacques de Chalvet le presta à feu Monseigneur de Berthier, évesque de Rieux et abbé de La Capelle, ainsy qu'il se justifie du reçu que luy en fit ledit saint évesque avec pro-

---

1. Archives du château ; cadastre de 1495.

messe de le rendre; ce qu'il ne fit point, et le bailla aux religieux de La Capelle, qui le gardent et le retiennent bien. Qu'ils sachent qu'il ne leur appartient pas. Nota que dans ce terrier il ne paraît pas que les biens du seigneur de Merville et de l'abbé de La Capelle y soient compris.

« Il y a aussi des articles qui sont répétés plusieurs fois à cause des nouveaux changements. Il fallait qu'il y eût bien des vacans, car ce terrier ne contient pas de beaucoup tant d'arpents que celuy d'aujourd'huy 18 octobre 1690 [1]. »

Le cadastre dressé par les consuls en 1495, malgré cette critique de François de Chalvet, contient des particularités utiles à signaler. Il donne d'abord toutes les terres que possédait le collège de Saint-Girons dans la juridiction de Merville :

« Los collegials de San-Girons per un plassa boucida [2] en la carriero del fort, confinant en la carriero publiquo del four.

« *Item,* may uno borda ac quatorze arpens, un casal [3] de terro as Quints [4], confrontant lo cami que part de Merville et sen ba à Grenado, et le cami de la foun de San-Jean.

« *Item,* mai tres casals de vigno.

---

1. Archives du château; cadastre de 1495.

2. *Place*, mesure agraire; la place vaut 2 ares 27 centiares.

3. *Casal*, mesure agraire; le casal valait un quart d'arpent 14 ares 22 centiares.

4. *Quints*, métairie ainsi appelée parce que le seigneur de cette terre, car c'était une directe, avait le droit sur le cinquième de ses revenus.

« *Item*, mai sept arpens de bosc al pe de la borda.

« *Item*, mai un arpent de vigno, confrontant al Larrieu des Rabats et André de Lonussa.

« *Item*, mai un arpent de vigna et quatre arpens de terra appelat à la Punto.

« *Item*, mai un arpent et un casal de vigna appelat as Quints, confrontant al Peyre de Senac ac lo cami que part de Merville et s'en ba à la Bouta.

« *Item*, mai des arpens de terra à Saint-Jean.

« *Item*, mai quarante dos arpens de terra as Quints.

« *Item*, mai seize arpens de terra à la Bordassa, confrontant le cami que part de Merville et s'en ba al flubi de Sava.

« *Item*, mai cinq arpens de terra à la Bordassa.

« *Item*, mai dixonau arpens de braniero à Ruchés, confrontant le cami que part des Quints et s'en ba à la Bouta. »

En ces temps, l'église de Daux, nous ne savons à quels titres, avait certaines possessions à Mayras :

« La gleizo de Daux per un arpen tres casaux de prat à Mayras, confroun lo cami que part de Grenada et sen ba à Montagut, la limito de Daux et las heretes de Moussen Joan Ulsonne. »

Le cadastre relève une dette que n'a pas encore payée le Père abbé de La Capelle : « Aisso dieu pagua Moussen de La Capella lou cami que es de Romagnac. *Item*, mai per sies arpens de terra a Canibals. *Item*, mai per quatorze arpens de terra apelat à Pelacap. »

Il est encore parlé dans ce terrier d'un Mgr Félix et d'un certain frère Cortines, ce dernier parent du coseigneur :

« La possesieu de Monseigneur Félix a arrentat à la capella de Grenada als fuste per onze arpens, confrontant lo cami que part de Granada et s'en ba à Merville.

« Fray Guilhem Cortinas un houstal ou un ostau dedins la fortatisso del loc, confrontant la carrière publica. *Item,* mai miei arpen et miei casau de vigna à la Pecadessa. *Item,* mai un arpen de vigna à la Pecadessa. *Item,* tres arpens de terra et miei arpen à l'Aiguillo[1]. »

Sous les yeux des consuls, deux géomètres de Toulouse dressaient un autre terrier que les magistrats municipaux signèrent avec eux. En voici les dernières lignes :

« *Verbal du terrier de Merville du dix-huitième février mil six cent trente-sept.*

« L'agrimensation du lieu de Merville, faubourg et entière juridiction faite par nous, Raymond et Estienne Durieu, père et fils, maîtres agrimentateurs jurés de la ville de Tolose, suivant le contrat passé par Géraud Lafont, Jean Cazassus, consuls dudit lieu, faisant tant pour eux que pour leurs collègues, retenu par Jean Falquet, notaire royal dudit lieu, le dix-sept du mois de février, l'an de grâce mil six cent trente-sept ; à laquelle agrimensation avons procédé au préalablement presté le

1. Archives du château.

serment entre les mains de M. Pierre Dugabé, docteur et avocat en la Cour, lieutenant du juge audit Merville, commissaire député par l'arrest obtenеu en la souveraine Cour des comptes, aides et finances à Montpellier, le dernier octobre dernier, par Jammes Carrier, Marquès Pierre, Mauléon Antoine, Mijal, consuls de ladite année, le mercredi dudit mois de février, régnant notre souverain prince Louis, par la grâce de Dieu roi de France et de Navarre. En foi de ce nous sommes soulsignés.

« Le présent livre terrier et agrimensation dudit lieu de Merville, faubourg et entière juridiction, a été parachevé par nous Raymond et Estienne Durieu, maistres agrimentateurs jurés de la ville de Tolose, le samedi neufvième du mois de may mil six cent trente-sept, escrit en deux cent vingt cinq feuillets ; le présent contenant la quantité de quatre mille neuf cent dix arpens un casal, sauf erreur de calcul si point en y a. En foy de quoy nous sommes soulsignés avec ledit Géraud Lafont, Cazassus, consuls, Pierre Balaresque et Jean Bru leurs collègues, et aussy ledit Falquet, notaire qui ai reçu le présent livre[1]. »

Nous omettons de parler des autres cadastres ; ces deux citations suffisent pour montrer le rôle actif que jouaient les consuls dans l'administration de la communauté. D'après une pièce conservée dans les archives départementales de la Haute-Garonne, les consuls de Merville recevaient comme honoraires 60 livres[2].

---

1. Archives du château.
2. G. Merville, n° 636.

IV

CONSEIL GÉNÉRAL

Les consuls tenaient leurs assemblées comme ils l'entendaient. Les coutumes leur accordaient le droit de se faire assister dans leurs délibérations de douze conseillers choisis, à l'ordinaire, parmi les notables. Ils traitaient ensemble les affaires importantes de la communauté. Cette coutume permettait aux consuls de s'entourer de lumières et de résister aux entraînements. Elle était la sûre garantie d'une bonne administration. Ces douze conseillers formaient ce qu'on appelait le conseil général de la communauté.

V

LE SYNDIC

Les consuls s'appuyaient encore, pour administrer, sur le syndic. Le syndic était le grand secours des consuls. Il était nommé par les habitants. Je ne saurais mieux comparer sa charge qu'à celle d'un procureur-fondé. La fonction du syndic, comme celle des consuls, durait un an, à la différence qu'elle était renouvelable. Il appartenait au syndic de convoquer les assemblées générales, de les présider en l'absence du juge, de soutenir les procès devant les parlements et les justices, de surveiller les finances : en un mot, sa mission était de défendre les intérêts de la communauté dont il était comme l'avocat, l'avoué et l'homme d'affaires. Tel le syndic nous est apparu dans les luttes soutenues par les habitants pour la défense de leurs privilèges. Lorsque le marquis Auguste de Chalvet afficha le dénombrement de la seigneurie dont il venait de faire l'acquisition, ce fut le syndic qui soutint les réclamations de la communauté devant la Cour des Comptes de Montpellier. Il agit de même dans tous les procès.

S'il s'agissait des biens de la communauté et des contrats passés à leur occasion, sa présence était encore nécessaire. En voici une preuve dans cette transaction passée en 1466, entre le Père abbé de Notre-Dame de La Capelle et les habitants, au sujet de certains ramiers de la Garonne.

« Transaction passée entre vénérable Bernard de Dojal, abbé du monastère de Notre-Dame de La Capelle, de l'ordre des Prémontrés, les prieur, syndic et religieux dudit monastère, d'une part, et Bertrand Saint-Aymond, Bertrand de Campo, Guillaume Mas et Gaillard de Casemaille, consuls, assistés du syndic et des habitants dudit lieu, d'autre part; entre lesquelles parties il y avait un ci-devant différend touchant certain ramier situé dans les appartenances dudit lieu de Merville que les habitants disaient s'étendre depuis un certain chemin appelé de la Blandine vers Garonne jusqu'audit fleuve de Garonne. A quoi lesdits seigneur et religieux répondaient que ledit ramier n'avait pas une si grande étendue ainsi que lesdits consuls le soutenaient. D'où s'en était suivie certaine autre transaction passée entre l'abbé et le syndic de La Cappelle et le syndic des habitants, en date de l'an 1382, 7 février, retenue par Dominique Canheto, notaire de Grenade. D'après laquelle dite transaction, ledit fleuve de Garonne, venant à changer de cours en se transportant vers la juridiction et appartenances de Saint-Jory, et en quittant ledit ramier et augmentant icelui, en telle sorte que par ce moyen les limites et bornes de ce ramier ne pouvaient être connues parfaitement. Sur quoi, pour éviter procès et dépens, ledit seigneur abbé et son monastère, et lesdits consuls et habitants passèrent la présente transaction en la forme et en la manière qui s'ensuit. *(Viennent les articles de la transaction, qui n'offrent aucun intérêt.)* Michel Cabassi, notaire de Toulouse, reçut la transaction le 9 février 1466[1]. »

Ce n'est qu'un exemple entre plusieurs autres, qui nous montre que le rôle du syndic était prépondérant. Par lui la communauté poursuivait plus facilement ses procès et conduisait plus rapidement à bonne fin ses affaires.

---

1. Archives du château.

VI

ASSEMBLÉES PUBLIQUES

Ce qui donnait à la communauté une physionomie originale et un caractère qui lui était propre, c'étaient les assemblées. Car la communauté, pour la défense de ses privilèges et la gestion de ses intérêts, n'avait pas seulement ses consuls et le syndic; elle avait encore ses réunions plénières où les habitants discutaient ensemble toutes les affaires. Ces assemblées se tenaient selon les besoins de l'heure et les événements soulevés par les circonstances. Le lieu de l'assemblée n'était pas toujours le même; les habitants se réunissaient tantôt sur la place publique, tantôt sous le marché couvert, tantôt dans la grande salle du château, parfois dans l'église. Sur l'invitation du syndic ou des consuls, le curé souvent faisait la convocation du haut de la chaire. Tous les habitants avaient droit de délibération dans les assemblées générales; la voix des chefs de famille était prépondérante. Le premier consul, ou le syndic, ou un officier du seigneur présidait l'assemblée. Les assemblées décidaient les rentes, les achats, les échanges, les locations des biens communaux, la réparation des églises, des presbytères, des édifices publics, des routes, des ponts, de l'horloge, en un mot tout ce qui pouvait intéresser la communauté. Elles nommaient encore le syndic, le maître d'école, les pâtres communs, les collecteurs de la taille, tous les agents. Elles fixaient même les honoraires des prédicateurs qui venaient évangéliser la paroisse. Elles descendaient jusque dans les détails les plus petits de l'administration. Devant ce tableau, ne se croirait-on pas transporté au fond d'un petit canton de la Suisse où se discutent encore aujourd'hui, comme en famille et sans éclat extérieur, toutes les affaires communes? On serait tout d'abord tenté de dire que ce tableau est fait à plaisir. Ces libertés locales étonnent, en effet, avec le système centralisateur qui étouffe, de nos jours, toute initiative dans les communes ; rien n'est plus authentique cependant et le tableau que nous venons de faire est bien une réalité. Quelques délibérations que nous prenons çà et là dans les archives du château prouvent que nous ne sommes pas la dupe de notre imagination :

« Délibération de la communauté de Merville pour faire un nouveau cadastre et en demander permission au Parlement, reçue par Jérôme Pierrefite, notaire dudit lieu, 1596, 19 novembre. Suit la requête présentée au sénéchal de Toulouse par les habitants, pour avoir la permission de faire le nouveau cadastre; suit l'ordonnance du sénéchal, qui permet la faction du nouveau cadastre, du 14 janvier 1498. Suit la requête présentée par les lieutenants, à l'effet de perfectionner le nouveau cadastre, attendu que l'on y avait omis plus de trois cents arpents de terre [1].

1. Archives du château ; inventaire des titres de François de Chalvet.

« Déclaration de la communauté concernant les frais du nouveau cadastre, délibération de la communauté par laquelle il est porté que la communauté ayant besoin d'argent, elle n'a pas de voie plus prompte pour en trouver que de vendre un lopin de terre et taillis que ladite communauté possède joignant le cimetière; et parce qu'il se pourrait faire que je voudrais l'acheter, ils délibèrent qu'on me la fera proposer, ladite vente étant même nécessaire à la communauté ; d'autant que les parois qui séparent mon enclos d'avec ladite terre et taillis sont ruineuses, et que la communauté ne saurait éviter de les refaire, ce qui lui coûterait plus que lesdits lopins de terre et taillis ne valent. Au cas où ladite proposition me plaise, la communauté nomme François Marceillac pour son expert, pour, avec l'expert que je nommerai de ma part, procéder à l'estimation de ladite terre et taillis. Reçu par Martial, notaire dudit lieu, le 11 janvier 1688 [1].

« Délibération de la communauté de Merville, par laquelle il est porté que, suivant leur précédente délibération, les habitants m'ont proposé si je voulais acheter ledit lopin de terre et taillis, et qu'ayant agréé et nommé pour mon expert Jean Dordet, icelui et François Marceillac, expert de la communauté, se sont transportés sur les lieux. Et par la relation du 23 janvier 1688, que ledit Monjossieu a lue, est demeuré d'accord que la pièce

---

1. Archives du château; inventaire des titres de François de Chalvet.

était d'une valeur de soixante livres en argent. La communauté délibère d'en passer le contrat à la charge que je serai tenu de refaire les parois qui nous séparent et de les entretenir à mes dépens. Elle nomme, pour faire ladite vente et recevoir le prix, Jean Monjossieu, premier consul, et Martin Brunet, consul. Reçue par ledit Martial, 25 janvier 1688[1]. »

Comme nous le constatons dans la suite de ce récit, les procès-verbaux des assemblées générales, conservés soit dans les archives du château, soit dans celles de la mairie, rapportent des faits analogues. Pas le plus petit détail de l'administration n'échappa aux assemblées générales. Aucune affaire ne se décidait ni ne s'exécutait sans leur consentement. Par ces réunions plénières de la communauté, tout abus devenait impossible, et tout arbitraire était arrêté.

Les assemblées générales se réunissaient au son de la cloche de l'église.

VII

JUGE SEIGNEURIAL

Le juge seigneurial était, après le seigneur, le personnage le plus important de la communauté. Il avait pouvoir sur les consuls, sur le syndic et sur

---

1. Archives du château.

les assemblées générales, dont il était, à l'ordinaire, président. Il prit différents noms : tantôt on l'appela juge châtelain, tantôt viguier, tantôt prévôt. Plus tard, lorsque la séparation fut nettement établie entre le pouvoir administratif et le pouvoir judiciaire, le juge seigneurial fut réduit à ses fonctions judiciaires. Sous ce rapport, ses pouvoirs étaient très étendus; comme nous l'avons vu plus haut, il punissait les crimes des peines les plus graves. C'est le seigneur qui nommait le juge. La nomination avait cependant besoin de la sanction royale. Le pouvoir royal demanda même aux juges des garanties, qui devinrent plus étroites à mesure que s'étendit la puissance du souverain.

VIII

LIEUTENANT JURIDICTIONNEL

Le juge avait un lieutenant juridictionnel chargé de le remplacer. Le lieutenant juridictionnel était comme un juge suppléant. En 1609, il s'appelait Jean Posolet. Dans les affaires les plus importantes il assistait le juge.

IX

BAILE, GREFFIER, SERGENTS

Le juge disposait encore, dans l'exercice de la justice, du greffier, du baile et de plusieurs autres officiers, nommés sergents.

Le bailli ou baile n'a pas eu, dans les divers siècles, la même autorité. Au douzième et au treizième siècle, le baile se confondit avec le juge seigneurial. Au quatorzième siècle, le baile devint un lieutenant du juge, un homme chargé de faire la levée des amendes, des péages. On affermait alors cette charge. « Afferme faite par messire Jean Jourdain de l'Isle, seigneur de Merville et d'Oquenville, à Jean-Guillaume de la Tour, bourgeois de Toulouse, de la baylie et émolluments d'icelle, à commencer du 8 août an présent jusqu'à la feste de saint Pierre et saint Paul, prochainement venant, pour la somme de trente livres tournoyses petites. Luy sera permis de prendre les clameurs [1] qui se feront en la cour de Merville, jusqu'à dix sols, et toutes mesuganites, pesches, et toute la leude [2], jusques à la fin dudit terme, tant des boucheries dudit lieu et autres, ainsi qui est

---

1. *Clameur;* c'est une citation devant le juge ou une saisie.
2. *Leude,* nom générique de l'impôt.

porté par les coutumes dudit lieu, 1347, 8 août[1]. »
Au dix-septième siècle et au dix-huitième siècle, l'autorité du baile fut réduite à rien ; il ne fut plus qu'un crieur public.

Le sergent était un simple valet de ville correspondant à nos sergents de ville.

Les officiers étaient nommés par le seigneur, entre les mains duquel ils prêtaient serment.

Les honoraires du sergent étaient de dix-huit livres, ceux de ses assesseurs de seize livres.

X

NOTAIRE

Merville possédait une étude de notaire, au ministère duquel on recourait si souvent sous l'ancien régime. D'après les coutumes, la présence du notaire était regardée comme nécessaire. On déposait chez les notaires les reconnaissances, les lausimes[2], les ventes, les achats, les transactions, tous les contrats publics passés entre le seigneur et la communauté, en un mot toutes les pièces importantes..

---

1. Archives du château ; inventaire des titres de dame Marthe de Comenge.

2. *Lausime*, approbation faite par le seigneur d'un bail ou d'une reconnaissance.

Arnaud de Fossat, en 1307; Raymond de Saint-Julien, en 1317; Antoine de Mans, en 1447; Pierrefite, en 1607; Jean Dordet, en 1614, sont des noms de notaire que nous relevons dans les différents actes. Au dix-huitième siècle, le notariat de Merville devint la propriété de la famille Pouvillon. L'étude possédait des manuscrits précieux et très anciens; elle a été vendue, dans les premières années de ce siècle, à M. Balard, notaire à Grenade, qui en possède aujourd'hui le fonds.

XI

RÉGENT OU INSTITUTEUR

Peut-être certains lecteurs, à la vue de ce titre, seront surpris et se diront : Il y avait donc des écoles primaires avant la Révolution? — Oui, l'enseignement était largement distribué au peuple sous l'ancien régime. On a répété maintes fois, je le sais, que l'instruction primaire datait de 1789. Mais on est revenu de ce mensonge historique depuis que d'infatigables chercheurs ont prouvé, les pièces en main, que, dans presque toutes les paroisses, il y avait une école à l'ordinaire dirigée par le clergé. Merville avait son école, comme la plupart des paroisses.

L'Eglise, en effet, entoura toujours les écoles de sa sollicitude; dès le sixième siècle, chaque monastère avait son école ; Guizot, dans son *Histoire de la civilisation en France*, dit « qu'on peut citer dans la seule Neustrie, sous la première race, plus de vingt écoles monastiques ou épiscopales ».

Vers la fin du huitième siècle, Théodulphe, évêque d'Orléans, pouvait écrire dans une ordonnance ces paroles : « Que les prêtres établissent des écoles dans les bourgs et dans les villages ; si quelques fidèles leur amènent leurs enfants pour leur apprendre les lettres, qu'ils ne les refusent pas, mais qu'ils accomplissent leur tâche avec une grande assiduité. En retour de cette éducation ils n'exigeront aucune rétribution, hormis celles que les parents voudront bien leur offrir à titre de don. »

On a retrouvé les traces des écoles primaires dans toutes les provinces. Dès le onzième et le douzième siècle, on en voit dans presque toutes les villes et tous les diocèses.

Des documents nombreux, incontestables, établissent surabondamment combien les écoles rurales étaient multipliées au treizième siècle. « On a cru longtemps, dit M. Siméon Luce, le savant historien de Duguesclin, couronné par l'Institut, que le moyen âge n'avait connu rien qui ressemblât à ce que nous appelons l'instruction primaire. C'est une grave erreur. Il est fait, à chaque instant, mention des écoles rurales dans des documents où on s'attendait le moins à trouver des renseignements de ce genre, et l'on ne peut guère douter que, pendant les années les plus agitées du quatorzième siècle, la plupart des villages n'aient eu des maîtres enseignant aux enfants la lecture, l'écriture et un peu de calcul. »

Un professeur au Collège de France a écrit : « L'enseignement primaire, partout où il s'est établi avant notre siècle, est fils du protestantisme. » C'est tout le contraire qu'il faudrait dire. Les guerres de religion, en divisant le pays et en allumant une guerre fratricide, arrêtèrent le progrès de l'instruction. Heureusement, le clergé reprit la grande œuvre de l'enseignement; après les troubles occasionnés par l'hérésie, il rouvrit les écoles, il appela autour de lui les enfants. Aussi dans les procès-verbaux des visites pastorales faites au nom des évêques, dans le seizième et le dix-septième siècle, il est toujours question du maître d'école.

Au dix-huitième siècle, presque tous les villages avaient un régent. Nous renvoyons ceux qui voudraient approfondir cette vérité historique à l'opuscule de M. Allain, archiviste de l'archevêché de Bordeaux : L'*Instruction primaire avant la Révolution*. Dans quelques pages courtes mais solides, ce savant réduit à néant ce mensonge voulu qui prétend que, sous l'ancien régime, l'enseignement du peuple était méprisé.

Sans doute, alors comme aujourd'hui, il restait beaucoup à faire. Au moment où éclata la grande Révolution, les maîtres n'étaient pas parfaits, comme le prouve cet état de la paroisse de Merville du commencement du dix huitième siècle : « La jeunesse est assez mal élevée par le peu d'application du régent des écoles, qui, par son peu d'assiduité, a trouvé le moyen de n'avoir presque plus des écoliers. Cet homme, avancé en âge, fréquente les cabarets, ce qui scandalise véritablement la paroisse ; il est d'ailleurs, par bien d'autres raisons, hors d'état de remplir un emploi si important[1]. »

Mais un progrès constant s'accomplissait, et si la grande tourmente révolutionnaire ne l'avait empêché, l'Eglise l'aurait conduit à bonne fin.

Les évêques veillaient avec un soin jaloux sur les écoles. Dans tous les procès-verbaux des visites pastorales de l'époque, il est question du régent. On s'informait de son savoir et de sa conduite, comme le prouve cet extrait du procès-verbal de la visite pastorale de Merville par Mgr Crillon, archevêque de Toulouse : « Enquis s'il y a un régent et quelle est sa conduite, a répondu qu'il y a seulement un régent aux gages de la communauté qui, soit à raison de son grand âge et autres défauts, néglige entièrement l'éducation de la jeunesse, ou ne peut leur donner que de très mauvais documents. Ce qu'entendu, nous avons ordonné que, dans quinze jours, ledit régent comparaîtra devant MM. de Marasson et nos grands vicaires, pour rendre compte de sa conduite et lui exhiber ses pouvoirs ; et qu'en défaut il demeure interdit de ses pouvoirs. »

C'est donc évident : des écoles rurales existaient avant 1789. On y apprenait, avec l'instruction religieuse qui tenait le premier rang, à lire, à écrire, à compter. L'éducation de l'âme y primait l'éducation de l'esprit ; certes, c'était un grand bien, car seule une forte éducation fait les hommes.

---

1. Archives de la Haute-Garonne, G. 558.

A lire les délibérations de la communauté de Merville, il est facile de constater que la question des écoles préoccupait nos pères. On les fréquentait avec assiduité, et, si nous en jugeons par les signatures que nous avons lues au bas des transactions et des contrats, dans les registres et dans les délibérations, le nombre de ceux qui savaient écrire était grand. Si nos pères, nés pendant la Terreur ou au commencement de ce siècle, ne savaient pas signer, n'en cherchons la cause que dans les agitations qui suivirent 1789. Alors furent détruites toutes les institutions de l'ancien régime; les écoles, pour la plupart, furent fermées, et le bouleversement fut si grand qu'il a fallu de longs jours pour remettre les choses à leur place.

A Merville, le curé, de concert avec les consuls et la communauté, nommait le régent. Il devait faire part de cette nomination à l'archevêque, si nous voulons en croire les procès-verbaux des visites pastorales détenus dans les archives départementales.

Le maître d'école se recrutait un peu partout; souvent il n'était ni de la région ni du diocèse. En 1781, l'instituteur de Merville venait de Villefranche-du-Périgord, diocèse du Sarlat.

Les communautés se disputaient parfois le maître d'école qui remplissait bien ses fonctions. Voilà pourquoi la communauté d'Aucanville chercha, en 1747, à gagner le régent de Merville, renommé par ses aptitudes.

Le taux et le mode de la rétribution scolaire variaient beaucoup selon les pays. On la payait tantôt en argent, tantôt en nature. Merville donnaît 250 livres, plus cinq sols par enfant qui savait lire, cinq sols par enfant qui savait écrire.

D'ailleurs laissons la parole aux documents, dont personne n'osera récuser le témoignage. « Bientôt, est-il dit dans une délibération de la communauté d'Aucanville du 8 octobre 1747, va avoir lieu la rentrée des écoles. Pour l'enseignement de la jeunesse et l'entretenir dans la religion catholique, apostolique et romaine, et pour les enseigner à lire, à écrire et à compter, les consuls, malgré leurs recherches et les recherches de M. le Curé, ne trouvent pas de régent, vu la modicité des honoraires. On prie donc M. Moreau, qui connaît M. Pimbert, maître d'école très capable, qui, depuis dix ans, enseigne à Merville, de s'entendre avec lui sur les honoraires[1]. » Or, M. Pimbert demandait 150 livres, sans avoir sur lui la charge de l'école. Les consuls d'Aucanville acceptèrent.

Merville était plus large au sujet des honoraires de l'instituteur, car il donnait à son maître d'école 250 livres, « et cinq sols pour chaque enfant qui savait lire, cinq sols pour chaque enfant qui savait écrire. Sur la quatrième question, Messieurs les Consuls se pourvoient devant Monseigneur l'Intendant, pour le supplier de permettre à cette communauté de rétablir un régent résident qui sera tenu d'enseigner les enfants à lire, à écrire et à compter. En outre, ledit régent sera tenu d'enseigner les premiers éléments de la religion chrétienne, catholique, apostolique et romaine, de conduire les

---

[1]. Archives d'Aucanville (Tarn-et-Garonne).

enfants à la messe, aux offices divins, aux catéchismes et aux instructions qui se font dans la paroisse et veiller qu'ils s'y comportent avec la décence et le respect requis, et permettre à la communauté d'imposer annuellement la somme de 250 livres [1]. »

« Pouvillon, premier consul, présente à l'Assemblée le sieur Antoine Cabaret, natif de la ville de Villefranche du Périgord, diocèse de Sarlat, comme maître d'école, pour apprendre à élever les enfants aux conditions suivantes : qu'il lui sera donné la somme de 200 livres par an payable de trois en trois mois et d'avance, de lui donner de plus cinq sols pour chaque écolier qui lira, cinq sols de plus lorsqu'il écrira. Il lui donne, en outre, un logement pour lui, soit pour recevoir chez lui les enfants tous les jours de la semaine, à l'exception du mardi qui sera un jour de vacances, 20 octobre 1781 [2]. »

La question est vidée; on ne pourra plus dire qu'il n'y avait pas d'écoles avant 1789.

XII

HOPITAL, BUREAU DE CHARITÉ ET BOUILLON DES PAUVRES

Les pauvres de la communauté n'étaient pas plus abandonnés que les enfants, dans ces temps où la

---

1. Archives de la mairie de Merville; délibération de la communauté de Merville, du 20 novembre 1773.
2. Archives de la mairie de Merville; délibération de la communauté.

société était pénétrée d'un esprit fortement chrétien ; chaque communauté avait un soin particulier des malheureux. Nous avons vu plus haut, au sujet des coutumes, que Jean Jourdain de l'Isle avait abandonné aux consuls, en 1355, tous ses droits sur l'hôpital. Cet hôpital était de fondation récente : un acte de réquisition cité dans l'inventaire des titres des dames de Comenge nous en donnera l'époque [1].

Soit par incurie, soit par défaut de ressources, l'hôpital disparut dans la suite ; « par défaut de soin, ajoute l'auteur de l'inventaire des titres des dames de Comenge, l'hospital dudit lieu tomba en ruines. »

L'Etat s'occupait des pauvres comme des communautés. Nous lisons dans une ordonnance royale de 1566 que les paroisses durent s'imposer pour venir au secours des mendiants et des malheureux. Le roi députait de plus des commissaires pour visiter les grains dans les diverses jugeries ; ceux-ci imposaient les grands propriétaires, et les obligeaient, par une taxe, de venir au secours des pauvres. C'est ce que nous dit la requête suivante : « Requête présentée au Parlement par Jacques de Bernuy, pour se plaindre de ce que François d'Ariac, conseiller à la Cour, commissaire-député, pour la visite des grains dans la jugerie de Rivière-Verdun, passant à Merville, avait ordonné qu'il baillerait chaque semaine 13 cestiers de blé pour la nourriture des pauvres [2]. »

Nous ne connaissons pas les causes qui amenè-

---

1. Voir *Pièces justificatives*, II.
2. Archives du château.

rent la disparition de l'hôpital, ni l'époque où les pauvres n'y furent plus reçus. L'hôpital fut remplacé par un bureau de charité, appelé aussi bouillon des pauvres, semblable à nos bureaux de bienfaisance. Nous lisons dans un état de la paroisse écrit dans les commencements du dix-huitième siècle : « Il n'y a point d'hôpital, mais on a établi depuis 1709, dans le cours d'une mission, un bureau de charité pour les malades de la paroisse, lequel bureau de charité est administré par le curé et les confréresses de cette bonne œuvre, suivant les statuts [1]. »

Quelques années après la fondation du bureau de charité, son existence devint officielle. Alors en firent partie, avec le curé, le juge, le procureur fiscal et l'un des consuls. Cette œuvre de bienfaisance avait certains revenus qui ont disparu pendant la Révolution, entre autres une rente, que, tous les ans, lui faisait le diocèse de Lavaur. « Je soussigné, en qualité de syndic et trésorier du bureau de charité de Merville..... reconnais avoir reçu de M. Jean-Joseph Glanouze, procureur fondé des tailles du diocèse de Lavaur en exercice, l'année 1772, la somme de 116 livres, 13 sols et 4 deniers, pour ladite année due par le diocèse de Lavaur...; laquelle dite rente et capital, ledit bureau de charité dudit Merville a acquis des filles du Bon-Pasteur, par contrat du 16 janvier 1771, retenu par maître Capmas, notaire de Toulouse.... Signé, Pouvillon, secrétaire [2]. »

1. Archives départementales, G. 558.
2. Archives de la mairie de Merville.

Pour donner une idée plus exacte des revenus du bureau de charité, nous transcrivons un état dressé par son secrétaire, M. Pouvillon, le 20 février 1779 :

« Etat des sommes reçues par mon père, trésorier du bureau des pauvres, depuis l'année 1765 jusques en 1774.

1º De M. de Chalvet, sénéchal de Toulouse....................	27 livres.
2º Pour trois années de rente, sur le diocèse de Lavaur............	350 livres.
3º Pour sept années, par moi reçu du même diocèse................	816 livres, 13 sols, 4 deniers.
4º Reçu de M. de Chalvet, pour le legs de Mme sa tante..........	50 livres.
	1.243 13 sols, 4 deniers. »

A ces revenus s'ajoutèrent d'autres legs vers la fin du dix-huitième siècle : un legs de 30 livres de M. Jean Pouvillon, un legs de 80 livres d'un nommé Jean Daram, enfin la donation de 3,000 livres de Mgr Tristan de Cambon. Mgr Tristan de Cambon, évêque de Mirepoix et dernier abbé de La Capelle, offrit ce don d'une générosité que tous appréciaient, dans l'année 1790. Le bureau des pauvres accepta avec empressement cet important secours.

« L'an mil sept cent quatre-vingt-dix et le vingt-troisième jour du mois de février, dans la maison commune de Merville, par devant M. Capmartin Cornac, juge du présent lieu, ont été assemblés, en corps de direction du bureau de charité et du bouillon des pauvres, les sieurs Jean-Jacques Pouvillon, procureur juridictionnel; Jean-Barthélemy Pradalé, consul; Jean-Pierre Albert, prêtre et curé du présent lieu; les sieurs Pierre-François Pouvillon et Louis Alga, directeur; M. Jean Pouvillon, notaire, trésorier dudit bureau de charité, tous composant la direction dudit bureau de charité et bouillon des pauvres dudit Merville.

« Auxquels a été dit par M. Pouvillon, trésorier dudit bureau de charité, que Monseigneur l'évêque de Mirepoix, abbé de La Capelle, lui a remis une somme de 3,000 livres pour être placée, du consentement du bureau, le 19 septembre 1788, sur les dames religieuses ursulines de Grenade...; de quoi M. Pouvillon fait part à l'assemblée, afin qu'elle délibère que le bureau accepte avec reconnaissance la remise qu'a faite Monseigneur l'évêque de Mirepoix, abbé de La Capelle, de ladite somme de 3,000 livres; a approuvé le placement qui a été fait de ladite somme sur les dames ursulines de Grenade... Signé, Pouvillon, secrétaire greffier [1]. »

Après cet exposé du mécanisme administratif de Merville sous l'ancien régime, le lecteur jugera s'il doit croire à tout ce qui a été écrit sur les droits du seigneur et la triste condition de nos pères. Sans doute, l'autorité du seigneur était réelle, sa prépondérance véritable; elle était la récompense des services qu'il avait pu rendre à l'Etat et à la communauté; mais son pouvoir avait des limites

---

1. Archives de la mairie de Merville.

qui empêchaient l'arbitraire et la tyrannie. Restreint, d'un côté, par les chartes jurées, il était corrigé, d'un autre côté, par la puissance royale, qui, dans les différends entre le seigneur et les vassaux, donnait toujours raison aux vassaux. Ce qui frappe surtout dans les rouages de la communauté, c'est un véritable caractère de liberté et d'indépendance. Il y a dans ces pouvoirs divers et ces différents services une originalité, une physionomie particulière, un cachet local qui depuis ont disparu. Cette organisation politique présentait de nombreux avantages : elle fournissait le meilleur moyen de varier les lois suivant les besoins respectifs des diverses époques; elle empêchait le pouvoir du seigneur de devenir despotique ; elle maintenait la vie politique locale ; elle formait les citoyens en les associant à la gestion de leurs intérêts directs et en leur permettant un contrôle incessant et efficace sur la conduite des fonctionnaires. Pour ne parler que des assemblées générales, sans en discuter les inconvénients ni les avantages, qui pourrait nier leur évidente utilité? Avec les réunions plénières, aucun abus ne pouvait prescrire et tout pouvoir personnel était conjuré. Certains aujourd'hui admirent notre pouvoir centralisateur ; sans poser la thèse contraire, il est cependant permis de regretter ces libertés locales d'autrefois, dont la disparition a enlevé aux communes tout cachet original. Autrefois les communes avaient une histoire; aujourd'hui elles n'en ont plus; elles sont tellement absorbées par le pouvoir central qu'elles ont perdu toute autonomie. De nos jours les communes n'ont plus d'initiative : elles sont assimilées à des enfants qui ne savent ni se gouverner, ni se conduire ; autrefois elles jouissaient de la plus entière indépendance et s'administraient selon leur bon vouloir ; en un mot, elles n'étaient pas en tutelle.

CHAPITRE II

SEIGNEURS DE MERVILLE

---

§ Ier. MAISON JOURDAIN DE L'ISLE

La seigneurie et la haute justice de Merville appartenaient au roi vers la fin du treizième siècle. Nous connaissons le serment prêté par les consuls et quarante-sept notables, entre les mains de Jean de Cohardon, grand sénéchal de Carcassonne, lorsque la communauté passa sous la suzeraineté royale. A cette époque, le roi représentait les droits du comte de Toulouse sur Merville. En 1306, Philippe le Bel donna la seigneurie à un membre de la puissante maison Jourdain de l'Isle, Bertrand Jourdain de l'Isle. « De ce temps, est-il dit dans un mémoire du seizième siècle, ayant Bertrand Jourdain de l'Isle, seigneur de Launac et d'autres lieux, fait service au roi, Philippe le Bel, quatrième de ce nom, lequel aux fins de ses guerres, tant en Picardie qu'ailleurs, en récompense de ses héroïques et recommandables services, ledit seigneur roi lui donne la place de Merville, avec ses appartenances, seigneurie directe et justice[1] haute, moyenne et basse, laquelle, depuis, a été tant pour lui que pour ses successeurs, jusqu'à dame Anne de l'Isle, mariée au seigneur des Cars, laquelle, comme héritière universelle de ladite maison de la Motte[2], de Merville et autres lieux, a eu icelle et icelle a transmise à ses enfants[3] » La maison de l'Isle avait déjà possédé de grands biens dans la juridiction de Merville, peut-être en possédait-elle encore lorsque Bertrand reçut la seigneurie des mains du roi. Bien avant même la réunion du comté de Toulouse à la couronne royale, Bernard Jourdain de l'Isle, celui qui octroya à ses bourgeois de l'Isle-Jourdain leurs droits et leurs privilèges, avait d'immenses propriétés sur les bords de la Garonne, de la Save et de l'Hers.

---

1. *Justice*, marque, signe de la souveraineté.

2. *Maison de la Motte.* Le château de la Motte existe encore près d'Aucanville (Tarn-et-Garonne); la construction est de facture moderne, et ne remonte pas plus haut que le dix-huitième siècle.

3. Archives du château.

Mayras et Fourclens lui appartenaient. En 1143, Bernard donna la plupart de ses possessions à l'ordre des Prémontrés, en la personne de Bernard, abbé de la Chaise-Dieu, au diocèse d'Auch, à la condition d'y envoyer une colonie de religieux et d'y fonder le monastère de La Capelle. L'auteur de l'inventaire des titres de dame de Comenge parle encore d'un hommage rendu à la maison de l'Isle, en 1288, par les habitants de Saint-Cézert et de Merville : « Hommage de la terre et lieu de Saint-Cézert rendu à messire Jourdain de l'Isle, en 1288, le jeudy avant la feste de saint Nicolas, ou à ses procureurs nommés dudit hommage, par les habitants du château et ville de Saint-Cézert, lequel fit procuration à sesdits procureurs, pour, et au nom dudit seigneur, conserver en la possession d'un grand nombre de terres exprimées audit hommage, entr'autres dudit lieu de Saint-Cézert et de Merville, et leur confirmer leurs privilèges, coutumes et libertés. »

I

BERTRAND JOURDAIN DE L'ISLE

Bertrand Jourdain de l'Isle, premier seigneur de Merville, était le fils cadet de Jourdain IV du nom, baron de l'Isle-Jourdain. Les armes de la maison de l'Isle étaient de gueules à la croix clichée et pomelée d'or.

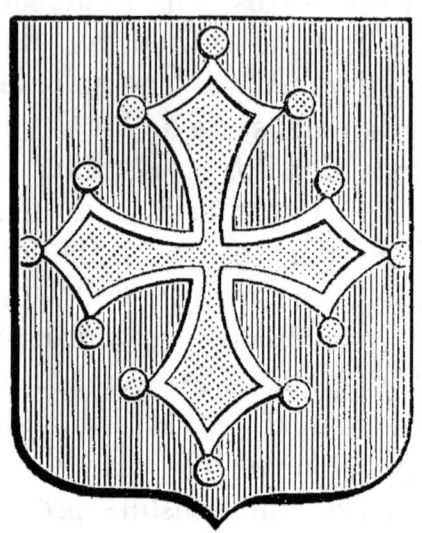

ARMES DES JOURDAIN DE L'ISLE

Plus tard, on dut ajouter à ces armes celles de la maison de Toulouse, car François de Chalvet, dans l'inventaire de ses titres, décrivant les armes des seigneurs de Merville, dit que « le sceau du seigneur de Merville portait les armes de Tolose en soal. Cela fait voir que la maison de l'Isle était une branche de la maison de Tolose. » Elle était, en effet, entrée dans cette maison par alliance. Otto Raymond, premier seigneur de l'Isle, épousa, vers l'an 1100, noble dame Emme, fille de Guillaume III, comte de Toulouse, surnommé Taillefer. De ce mariage naquit notre célèbre saint Bertrand de Comminges, qui, après avoir été chanoine et archidiacre de Toulouse, mourut évêque de Comminges, dans l'éclat des plus hautes vertus.

Avant de recevoir la seigneurie de la libéralité

de Philippe le Bel, Bertrand avait été sénéchal de Gascogne, de Beaucaire et de Nîmes. Le roi lui avait donné, sur la trésorerie de Toulouse, une rente de 300 livres, par lettres signées à Montargis, en 1299, comme première récompense de ses loyaux services. En 1300, il était gouverneur de Bayonne pour le roi. En 1301, nous le retrouvons sénéchal de Beaucaire et de Nîmes. Il occupait cette dernière charge lorsque, par lettres données à Vernon, en 1306, Philippe le Bel lui fit don de la terre de Merville avec toutes ses dépendances, en échange des 300 livres de rente qu'il lui avait assignées sur la trésorerie de Toulouse.

Bertrand Jourdain de l'Isle épousa dame de Sainte-Eugendo, dont il eut plusieurs enfants, entre autres Jean, Bernard et Izarn. En prenant possession de la justice de Merville, Bertrand reçut le serment de fidélité des habitants, qui le reconnurent lui et ses successeurs comme légitimes seigneurs. Il sanctionna, de son côté, les privilèges, les coutumes et les libertés de la communauté. Cet acte solennel se passa en 1307 : « Lesdits consuls, au nom de leur consulat et de la communauté dudit lieu de Homerville, lesdits habitants, en leur nom et au nom de leurs successeurs de tous les habitants présents et futurs dudit lieu, promettent et jurent, les mains sur les saints Evangiles, fidélité au seigneur dudit lieu, Bertrand Jourdain de l'Isle, stipulant pour lui et ses successeurs ; ils jurent encore d'observer et de faire observer les franchises, privilèges, coutumes stipulés. Pareillement, Bertrand Jourdain de l'Isle, seigneur dudit lieu de Homerville et de ses appartenances, en son nom et au nom de ses successeurs, promet et jure, la main posée sur les saints Evangiles, devant les consuls et notables agissant en leur nom et au nom de tous les habitants, de respecter, de conserver, de garder et de faire observer lesdits privilèges et coutumes, aujourd'hui et dans l'avenir, en sorte que les habitants présents et futurs ne sont tenus de rendre au seigneur que les devoirs arrêtés par lui et ne peuvent encourir que les peines consenties. Fait à Homerville, le 27 avril, sous le règne de Philippe, roi des Français, sous l'épiscopat de Gaillard, évêque de Toulouse, l'an 1307 de l'Incarnation de N.-S. J., en présence de messire Etienne de Gardolle, curé de l'église d'Aucanville; de messire Guillaume Ballenis, curé de Saint-Cézert; de messire Bertrand de Moério, Aymeric de Tours, Arnaud Balans, damoiseaux [1]; de Arnaud et de Bertrand Rousio, frères de Jean Pradeni, marchant; de Bertrand Viguier, tous de Toulouse; de maîtres Louques de Bellopodie et de Bernard Cadenac, notaires de Toulouse [2]. »

L'an 1317, Bertrand sanctionnait avec la même solennité les coutumes auxquelles, dans son amour du bien public, il avait ajouté de nouveaux privilèges.

Lorsque Bertrand devint seigneur de Merville, la seigneurie ne comprenait aucun domaine, mais

---

1. *Damoiseau*, titre inférieur à celui de chevalier que portait un jeune homme de race noble, mais pas encore institué chevalier.

2. Archives du château; coutumes de Merville de 1307.

seulement des droits de justice sur deux cent quarante feux[1], estimés à 5 sols par feu, ce qui donne à Merville, à cette époque, au moins 1,200 habitants. Ce chiffre de population s'est maintenu, à peu de chose près, jusqu'à nos jours. Les procès-verbaux des visites pastorales que les archevêques de Toulouse ou leurs vicaires généraux ont faites dans les seizième, dix-septième et dix-huitième siècles, portent le même nombre d'habitants ; de même les autres documents, si nous exceptons un état du seizième siècle, qui donne à Merville 3,000 habitants, ce qui nous paraît être une erreur de copiste.

Bertrand Jourdain de l'Isle mourut en 1320, instituant comme son héritière universelle sa veuve, noble dame de Sainte-Eugendo.

II

DAME DE SAINTE-EUGENDO

Devenue seigneuresse de Merville par la mort de son mari, noble dame de Sainte-Eugendo se fit

---

1. *Feu.* Dans le moyen âge on n'appelait pas *feu* une maison faisant feu, mais une maison, une famille ou un groupe de maisons et de familles donnant l'impôt de 5 sols par feu. Le feu servait donc à la répartition de l'impôt. Il y avait beaucoup plus de feux dans une communauté qu'il n'en était compté pour l'impôt, attendu que ceux-là payaient seuls l'impôt qui avaient 10 livres de rente.

prêter le serment de fidélité par les consuls et les principaux habitants ; de son côté, elle reconnut les privilèges consentis par son mari, et en octroya plusieurs autres. La cérémonie du serment se fit dans l'église de Merville.

« Sachent tous présents et futurs que, dans l'église de Saint-Saturnin de Homerville, noble dame de Sainte-Eugendo, épouse autrefois de noble et puissant seigneur Bertrand Jourdain de l'Isle, chevalier, a fait appeler Arnaud de Fossat, Arnaud de Narbonne, Dominique Vacquerie, Jean Etienne, consuls de ladite ville ; Guillaume Artigammo, Raymond Vernet, Arnaud de Villiis, Raymonde de Santo-Lona, Arnaud et Amélie Gaillard, leurs conseillers, ainsi que plusieurs autres notables représentant la portion la plus sage et la meilleure de la communauté, pour recevoir d'eux les hommages et le serment de fidélité. Les consuls et les habitants susdits reconnaissent les droits de ladite dame. En présence de ses fils Raymond, Jean et Izarn Jourdain de l'Isle, les mains sur les saints Evangiles, de leur consentement plein et entier, ils jurent d'être bons et fidèles sujets de ladite dame, de la servir, de défendre ses terres, sa famille, son château, en un mot d'observer tous les devoirs qu'entraîne avec lui ce serment.

« A son tour, noble dame de Sainte-Eugendo, dame dudit lieu, de son plein gré, jure, sur les saints Evangiles, en présence des nobles susdits et de leur consentement, de respecter, d'observer et de suivre les coutumes accordées, de son vivant, par son époux, noble Bertrand Jourdain de l'Isle. Elle promet, en outre, auxdits consuls, à leurs conseillers et aux susdits hommes probes[1], que leur serment ne leur sera en rien préjudiciable à l'avenir.

« Fait à Homerville, dans l'église dudit lieu, le 9 du mois de septembre, sous le règne de Philippe, roi de France et de Navarre, sous le pontificat de Jean, archevêque de Toulouse, l'an 1320 de l'Incarnation de Notre-Seigneur Jésus-Christ. Etaient présents : Guillaume Barreli, curé de l'église de Saint-Cézert ; Arnaud de Surino, curé de l'église de Homerville ; maître et homme discret, Dominique de Gilède, juge dudit lieu ; maître Vital de Bona, notaire d'Aucanville ; Bertrand Silard, teinturier de Toulouse ; Emilie Gaillard, Pierre de la Regia et Raymond de Julien, par autorité royale notaire de Verdun et de Homerville[2]. »

Par le ministère du juge de Merville, alors Bernard André, la seigneurie multiplia ses fiefs dans la juridiction. Ces contrats se trouvent dans un ancien terrier qui porte ce titre : « Traduction sommaire d'un terrier contenant plusieurs contrats en matière féodale consentis par divers seigneurs et dames de Merville en divers temps, retenus partie par Guillaume Tourade, notaire de Tolose, partie par Raymond Suavi, et partie par Michel Cabassi, notaire de Grenade ; lesquels ont été extraits par maître Jacques du Marc, bachillier ès-droits, collationnaires desdits notaires et commis à faire lesdits extraits, en vertu des commande-

---

1. *Hommes probes*, qu'on appelait *prud'hommes* ; c'étaient les notables du lieu.
2. Archives du château ; coutumes de 1320.

ments qui lui en furent faits d'autorité de justice, l'an 1590, 9 avril, à la réquisition de messire Jacques des Cars, chevalier de l'ordre du Roy, capitaine de cinquante hommes d'armes, grand sénéchal de Guyenne, seigneur et baron de Merville et plusieurs autres places [1]. » La plupart des baux à fiefs consentis par la veuve de Jourdain de l'Isle sont datés de l'année 1335. A part ces faits de pure administration, rien de saillant ne se passa du temps de cette noble dame, qui mourut vers l'an 1340.

III

JEAN I JOURDAIN DE L'ISLE

Jean Jourdain de l'Isle souleva le premier différend sérieux avec les habitants. Remuante et foncièrement guerrière, la maison de l'Isle se trouvait engagée, depuis de longues années, dans toutes les guerres. La Gascogne était en ce moment son champ de bataille. Jean Jourdain voulut prendre part à la campagne avec les membres de sa famille. Il ordonna, par conséquent, aux habitants de Merville de le suivre en Gascogne. C'était en 1342. Ceux-ci opposèrent aux

---

1. Archives du château; inventaire de Marthe de Comenge.

ordres de Jean la charte consentie par son père, et refusèrent formellement d'entrer en campagne. Furieux de cette résistance, Jean fit enlever par ses officiers tous les bestiaux de la communauté. L'attentat était d'autant plus facile que les habitants nommaient des pâtres communs auxquels ils confiaient la garde de tout le bétail. Froissés, avec raison, par cet acte purement arbitraire, les habitants en appelèrent au sénéchal de Toulouse. Barthélemy de Jayo, conseiller au Parlement, et maître Frafède, notaire de Toulouse, conduisaient l'affaire. Le grand sénéchal donna tort à Jean Jourdain de l'Isle. Celui-ci dut rendre le bétail enlevé et reconnaître les privilèges et les coutumes de la communauté. Deux sentences furent portées, l'une en 1342, l'autre en 1343; dans les deux jugements, le sénéchal concluait contre le seigneur. Maître Silvestre, notaire de Toulouse, retint la procédure.

Cette double sentence donna une nouvelle force aux coutumes de Merville, que Jean s'empressa, d'ailleurs, de reconnaître, le 29 mars 1355.

Jean Ier était seigneur lorsque les Anglais passèrent comme un torrent dévastateur sur notre pays. Impuissant à défendre le village, il eut la douleur d'être témoin de sa ruine et de sa destruction. Ce fut son fils qui eut le bonheur de signer la curieuse transaction que nous avons donnée plus haut, au sujet de l'enceinte fortifiée. Jean Ier Jourdain de l'Isle mourut en 1363, laissant deux enfants : Jean Jourdain de l'Isle, qui lui succéda, et Marguerite de l'Isle, mariée à noble Jean Isalguier, chevalier, habitant de Toulouse.

IV

JEAN II JOURDAIN DE L'ISLE

Jean II avait l'esprit de son père. A peine en possession de la seigneurie, il voulut empiéter sur les droits de la communauté. Il la trouva invincible, et le 1ᵉʳ août 1363, il dut passer un accord avec ses vassaux : « Accord passé entre haut et puissant seigneur messire Jean Jourdain de l'Isle, seigneur de Merville, d'une part, et Messieurs les consuls et habitants du lieu de Merville, d'autre, touchant certains règlements exprimés audit accord ; Bernard de Ceco, habitant de Saint-Cézert, et Pierre Vésian, de Grenade, notaire de Tolose, receurent ledit accord [1]. »

Jean II fit construire l'enceinte fortifiée de concert avec les habitants ; puis il se jeta dans les hasards de la guerre où il fut plus heureux que dans sa lutte avec la communauté. En ces temps, de grandes bandes, ramassis de soldats congédiés, de déserteurs et de gens sans aveu, connues sous le nom de roturiers, cottereaux, égorgeurs, brabançons, grandes compagnies, parcouraient les provinces et mettaient au pillage tous les lieux où

---

[1]. Archives du château ; inventaire de dame Marthe de Comenge.

ordres de Jean la charte consentie par son père, et refusèrent formellement d'entrer en campagne. Furieux de cette résistance, Jean fit enlever par ses officiers tous les bestiaux de la communauté. L'attentat était d'autant plus facile que les habitants nommaient des pâtres communs auxquels ils confiaient la garde de tout le bétail. Froissés, avec raison, par cet acte purement arbitraire, les habitants en appelèrent au sénéchal de Toulouse. Barthélemy de Jayo, conseiller au Parlement, et maître Frafède, notaire de Toulouse, conduisaient l'affaire. Le grand sénéchal donna tort à Jean Jourdain de l'Isle. Celui-ci dut rendre le bétail enlevé et reconnaître les privilèges et les coutumes de la communauté. Deux sentences furent portées, l'une en 1342, l'autre en 1343; dans les deux jugements, le sénéchal concluait contre le seigneur. Maître Silvestre, notaire de Toulouse, retint la procédure.

Cette double sentence donna une nouvelle force aux coutumes de Merville, que Jean s'empressa, d'ailleurs, de reconnaître, le 29 mars 1355.

Jean Ier était seigneur lorsque les Anglais passèrent comme un torrent dévastateur sur notre pays. Impuissant à défendre le village, il eut la douleur d'être témoin de sa ruine et de sa destruction. Ce fut son fils qui eut le bonheur de signer la curieuse transaction que nous avons donnée plus haut, au sujet de l'enceinte fortifiée. Jean Ier Jourdain de l'Isle mourut en 1363, laissant deux enfants : Jean Jourdain de l'Isle, qui lui succéda, et Marguerite de l'Isle, mariée à noble Jean Isalguier, chevalier, habitant de Toulouse.

IV

JEAN II JOURDAIN DE L'ISLE

Jean II avait l'esprit de son père. A peine en possession de la seigneurie, il voulut empiéter sur les droits de la communauté. Il la trouva invincible, et le 1ᵉʳ août 1363, il dut passer un accord avec ses vassaux : « Accord passé entre haut et puissant seigneur messire Jean Jourdain de l'Isle, seigneur de Merville, d'une part, et Messieurs les consuls et habitants du lieu de Merville, d'autre, touchant certains règlements exprimés audit accord ; Bernard de Ceco, habitant de Saint-Cézert, et Pierre Vésian, de Grenade, notaire de Tolose, receurent ledit accord [1]. »

Jean II fit construire l'enceinte fortifiée de concert avec les habitants ; puis il se jeta dans les hasards de la guerre où il fut plus heureux que dans sa lutte avec la communauté. En ces temps, de grandes bandes, ramassis de soldats congédiés, de déserteurs et de gens sans aveu, connues sous le nom de roturiers, cottereaux, égorgeurs, brabançons, grandes compagnies, parcouraient les provinces et mettaient au pillage tous les lieux où

---

1. Archives du château ; inventaire de dame Marthe de Comenge.

l'on ne pouvait leur opposer une vigoureuse résistance. La noblesse du Languedoc, à la tête de nombreuses troupes, vint à leur rencontre ; Jean II faisait partie de l'expédition. On engagea le combat devant Villedieu, localité située près de Montech, (Tarn-et-Garonne) ; les routiers furent vaincus, mais s'étant retirés sur Montauban, la garnison de cette ville, qui leur appartenait, rétablit la bataille et mit en fuite les vainqueurs. Un grand nombre de chevaliers furent faits prisonniers, entre autres Héliot Renouard, châtelain de Verdun. A force de bravoure et de courage, Jean, non seulement échappa aux routiers, mais parvint encore à délivrer le vicomte de Narbonne [1]. C'était en 1366.

Pour s'attacher les habitants, il renouvela, en 1387, le serment solennel de rester fidèle à toutes les coutumes : « Ratification faite par noble Jean Jourdain, seigneur de Merville et d'Auquenville, en faveur des consuls et des habitants de Merville, au nom de la communauté, de leurs franchises et libertés que cy-devant Jean Jourdain, son père, avait octroyé aux consuls et communauté de Merville, leurs prédécesseurs ; lequel seigneur de Merville étant dans l'église de Merville, bastie de nouveau, devant l'autel de Saint-Sernin, le samedy de la feste de la Chaire de saint Pierre, jura sur le missel, *Te igitur*, et croix de leur être bon seigneur et défenseur, et lesdits habitants nommés en ladite ratification promirent être fidèles audit seigneur réciproquement (1381) [2]. »

---

1. *Annales de la ville de Toulouse*, par Derosoy.
2. Archives du château.

En 1389, Jean rendit hommage au roi pour sa terre de Merville : « Hommage en bonne et deue forme rendeu au roy, en l'an 1389 ce décembre, par messire Jourdain de l'Isle de plusieurs terres, entr'autres du lieu de Merville [1]. »

Ruiné sans doute par ses diverses campagnes ou pour d'autres motifs que nous ne connaissons pas, Jean II se trouva à court d'argent. Contraint de payer une somme importante à sa belle-fille, dame Rose d'Albrecht, il ne put satisfaire à ses engagements. Pour se tirer de ce pas difficile, il donna en payement la place de Launac, et vendit, avec faculté de la racheter cependant, la terre de Merville à un certain Raymond Volta, apothicaire de Toulouse.

Jean II Jourdain de l'Isle mourut en 1412, instituant son héritier Gaspard de l'Isle.

V

MARGUERITE DE L'ISLE

Marguerite de l'Isle, sœur de Jean II et épouse de Jean Daloys Isalguier, chevalier, habitant de Toulouse, protesta contre la vente de la seigneurie de Merville, faite par son frère, à Raymond

---

1. Archives du château.

Volta. Elle s'opposa à ce marché qu'elle trouvait odieux et ne craignit pas d'engager un procès devant le Parlement pour le faire annuler. A tout perdre, elle voulait reprendre la terre de ses aïeux. Elle obtint gain de cause, et, par un arrêt du Parlement, les droits de son frère passèrent à elle. Aussi, après la mort de Jean II, qui n'avait pas eu les moyens de racheter la seigneurie, elle proposa à Raymond Volta de se substituer au défunt. Forte de son droit, elle eut raison de l'apothicaire de Toulouse; celui-ci lui céda la directe, le 13 avril 1414. Voici l'acte d'achat, qui contient la curieuse cérémonie à laquelle l'investiture donna lieu :

« Achat fait par Marguerite de l'Isle, épouse de messire Jean Daloys Isalguier, habitant de Tolose, savoir : et du lieu de Merville avec ses droits et appartenances, justice haute, moyenne et basse, vendu ci-devant à Raymond de Volta, apothicaire de Tolose, par messire Jean Jourdain de l'Isle, seigneur de Launac, à pacte de rachat pendant onze mois quinze jours; et dans le cas où il ne pourrait la racheter dans ledit temps, ledit Volta vendrait ledit lieu à ladite de l'Isle; ce que n'ayant pu faire ledit de Volta vendit ledit lieu de Merville à ladite de l'Isle par la teneur du présent achat pour la somme de 326 livres.

« En l'an 1414, Raymond de Volta ayant vendu et transporté à dame Marguerite de l'Isle le lieu de Merville avec les rentes et revenus et avec toute justice haute, moyenne et basse, il fut acquis par ladite Marguerite de la vouloir mettre en possession ; ce que ledit de Volta fit. En signe de ce, il la prit par la main et la conduisit dedans, la mena dans tous les lieux, et lui délivra les clés d'ycelui, ou à tout le moins les lui fit délivrer par les consuls dudit lieu, consentant qu'elle y demeure et vive paisiblement avec toute justice haute, moyenne et basse. Ladite Marguerite, en signe de ladite possession, prit lesdites clés des mains dudit Raymond, vendeur, et les bailla auxdits consuls comme vraie seigneuresse du lieu, et leur commanda de tenir, conserver, gouverner ledit lieu en son nom, et de la façon qu'ils sont accoutumés de le tenir, aux noms des autres seigneurs, ses prédécesseurs.

« Cela fait ledit vendeur notifia ladite vente auxdits consuls, à la plupart des habitants et au lieutenant du baile qui étaient présents, leur disant que ladite Marguerite était la vraie seigneuresse. Et lesdits consuls, au nom de toute la communauté et des autres habitants dudit lieu, ont promis de la reconnaître, de lui obéir et d'obéir à ses officiers, et en témoignage lui ont rendu le serment de fidélité sur les saints Evangiles, à genoux à terre et entre les mains de ladite dame seigneuresse. Acte reçu par Jean Aunac, notaire de Toulouse [1]. »

Marguerite de l'Isle mourut sans enfants dans l'année 1443. Contrairement aux dernières volontés de son frère, elle ne laissa pas son héritage à son neveu Gaspard, mais au fils de ce dernier, Bernard Jourdain de l'Isle, d'après une clause de son testament daté de 1404. « Noble et puissante

---

[1] Archives du château.

dame Marguerite de l'Isle fut ensevelie dans Agen, dans le tombeau où étaient déjà ensevelis Jean Daloys Isalguier son mari et son fils unique[1]. »

VI

BERNARD JOURDAIN DE L'ISLE

Bernard Jourdain de l'Isle n'avait que quatre ans à la mort de Marguerite, sa tante, qui le fit son héritier universel. Son âge si tendre l'empêcha de prendre possession de la seigneurie. Nous le verrons même, une fois parvenu à l'âge d'homme, contraint d'engager d'interminables procès contre ceux qui, à la faveur de sa minorité, deviendront les maîtres plus ou moins légitimes de la haute justice de Merville. Gaspard de l'Isle, son père, fut la cause première des troubles dont nous allons faire le récit. Gaspard, père de Bernard de l'Isle, rendu furieux par le testament de Marguerite, qui le mettait de côté, et abusant de son double titre de père et d'administrateur des biens de son fils, se hâta, par dépit, de vendre la seigneurie et haute justice de Merville, pour la somme de 236 livres, à noble Laurens Englis, Ecossais de nation, chevalier et homme d'armes au service du roi de France.

---

1. Archives du château.

Détenteurs de la seigneurie de Merville pendant la minorité de Bernard de l'Isle. — Laurens Englis fut surpris par la mort peu de temps après avoir fait l'acquisition de la seigneurie. Par un testament déposé chez Sarrante, notaire de Toulouse, le 18 mars 1449, il avait fait son héritier un de ses amis, Ecossais de nation comme lui et homme d'armes au service du roi, Guillaume Gray. D'après une des clauses du testament, Laurens Englis fut enterré dans l'église de Grenade, devant l'autel de Saint-Jean. Deux de ses compagnons d'armes, Guillaume Craffort et Robin Verson, furent ses exécuteurs testamentaires.

Nous ne savons pour quelles raisons Guillaume Gray céda la seigneurie de Merville, dont Laurens Englis l'avait fait héritier, à un troisième compagnon d'armes, Ecossais aussi, Guillaume Banglan. Le 26 mars 1463, Guillaume Banglan reçut le serment de fidélité des consuls et des principaux habitants :

« 26 mars 1463. — Prestation du serment de fidélité fait par MM. les consuls de Merville, assistés de plusieurs habitants de la terre et juridiction nommés dans l'acte, à noble Guillaume Banglan, seigneur dudit Merville, et ce sur le livre missel, *Te igitur*, et croix ; par laquelle prestation ils advouent être subjets dudit seigneur, et lui promirent fidélité et de le garder et servir ensemble, sa femme, ses fils, filles et successeurs[1]. » Banglan se dégoûta de la directe et

---

1. Archives du château ; inventaire de dame de Comenge.

chercha à s'en défaire. Il demanda dans ce but une procuration à sa femme Isabelle, qui avait, comme lui, des droits sur la terre de Merville. Sur son consentement, il vendit la seigneurie à « Bernard Lauret, avec toutes justices, censives et autres possessions. »

Avec l'argent de cette vente, Guillaume Banglan acheta, en 1476, de sa sœur utérine Ayton, mariée à noble Guillaume Camy, tous les biens qu'elle et son mari possédaient sur le territoire de Grisolles. Il donna plus tard ces mêmes biens, comme dot, à sa fille. Jeanne Banglan se maria, en effet, dans l'année 1479, avec noble Thomas Vammas, homme d'armes au service du roi. Dans l'acte de mariage, « donne ledit Banglan à sa fille absente, son mari stipulant pour elle, tout ce qu'il possède dans le lieu de Grisolles en tous les meubles, *videlicet, tonnellos, tinas, tabulas, bancos, scabellas, buffetos* [1]. »

Banglan avait deux fils, dont il va être parlé, hommes d'armes et écuyers [2] au service du roi. Antoine et Gilles reçurent de leur père la seigneurie de Courtinals que celui-ci avait achetée à Jean de Borillon, seigneur de Castelsarrasin et de Saint-Porquier.

Bernard Lauret. — Bernard Lauret et Isabelle de Saint-Félix, sa femme, acquirent de Guillaume Banglan la seigneurie et haute justice de Merville.

---

1. Archives du château; inventaire de François de Chalvet.
2. *Ecuyer*, primitivement celui qui portait les armes; depuis le dix-septième siècle, titre de noblesse.

Bernard Lauret était professeur ès-droits, conseiller du roi et son président au Parlement de Toulouse. Dans son temps, il fut un homme remarquable. « Bernard Lauret, premier président au Parlement, dit M. Dubédat dans son histoire récente du Parlement de Toulouse, était le successeur de la Vermade à la présidence. Le premier président Lauret mourut au mois d'août 1495. Il est l'auteur de divers traités sur les questions du droit. La plupart ont été perdus, et on ne connaît que le texte d'un seul : « Des cas auxquels le juge « séculier peut mettre la main sur un prêtre, sans « craindre d'encourir l'excommunication. »

Maître de la seigneurie, il se proposa d'en faire une riche et belle directe, sans se demander si l'héritier évincé de noble Marguerite de l'Isle ne revendiquerait pas un jour tous ses droits sur la seigneurie. Il renouvela tous les fiefs[1]; il fit de nouvelles acquisitions, donnant l'exemple à son fils qui marcha sur ses traces. Tous ces contrats se lisent dans l'inventaire des titres de dame Marthe de Comenge, sous cette rubrique : « Les titres qui s'ensuivent sont, en matière féodale, consentis par messire Bernard Laureti, président au Parlement de Toulouse, et dame Ysabeau de Saint-Félix, son épouse, seigneur et dame de Merville, et quelques-uns par messire Jean Laureti, advocat audit Parlement, son fils et seigneur aussi de Merville..., retenus en note par maître Michel

---

1. *Fief-terre*, qu'on tenait à charge de foi et hommage et de certaines redevances.

Cabassi, notaire de Grenade, lesquels ont été collationnés par Jacques du Marc, bachillier ès-droits, collationnaire des papiers dudit Cabassi [1]. » Ces actes embrassent une période de dix ans, depuis l'année 1476 jusqu'en 1486.

Les armes du premier président étaient un laurier ou un autre arbre avec trois étoiles, deux en chef et une en pointe. Au-dessous de l'arbre, celles de Saint-Félix, sa femme, représentaient un levrier passant.

Homme ambitieux et vain, pour s'agrandir il écouta la voix de l'orgueil plutôt que celle de la justice. Il s'empara d'une façon arbitraire de plusieurs maisons de l'enceinte fortifiée pour faire construire un nouveau château, qui était debout en 1734. Sur les pierres qui regardent les fossés il fit graver ses armes.

Il fut surtout injuste envers le coseigneur et le Père abbé de La Capelle. Alors vivait dame Borassière, qui possédait une riche directe. Or, abusant du sexe et du grand âge de la coseigneuresse, il ne craignit pas de donner, en emphythéote, une partie de ses terres et de garder pour lui les meilleures, qu'il convertit en terres labourables, en garennes et en jardins. La coseigneuresse revendiqua les possessions usurpées. On engagea le procès « devant le magnifique et puissant seigneur Gaston de Léon, seigneur de Besaudan, des baronnie, terre et seigneurie de la vallée d'Aure, de la Barousse, de Manhoat, vicomte de l'Isle-Caret, conseiller et cham-

---

1. Archives du château.

bellan du roi, sénéchal de Toulouse et de l'Albigeois [1]. » C'était en 1479.

Bernard Lauret empiéta encore sur les terres de l'abbaye de La Capelle. Dans ces temps, où les limites des seigneuries et des monastères étaient souvent indécises, de pareilles usurpations avaient lieu. Le Père abbé, alors le célèbre Dojal, protesta, comme de raison, contre ces empiètements. On porta l'affaire devant le Parlement de Toulouse. Comme le procès menaçait de traîner en longueur, on signa, le 27 janvier 1479, une transaction. En voici le titre : « 1479, 26 janvier. Le vénérable Bernard Dojali, abbé du monastère de Nostre-Dame de La Capelle, de l'ordre des Prémontrés, le syndic et religieux dudit monastère, et messire Bernard de Laureti, premier président au Parlement de Toloze, et dame Ysabeau de Saint-Félix, dame de Merville, touchant certains territoires et oblies et plantements de bornes ou clotes pour, par le moyen d'icelles, savoir les portions, endroits, espaces de dites parties, comme terres cy-après, où on remarquera que ledit seigneur, président, se réserve la justice [2]. » Dans cet acte, où sont indiqués dans tous les détails les limites de la seigneurie et les biens du monastère, on lit le nom de Guillaume Banglan.

Au milieu des ramiers était un moulin indivis entre le seigneur et l'abbé de La Capelle ; il était construit en briques. Une chaussée jetée dans le lit du fleuve, et dont les ruines ont subsisté longtemps,

---

1. Archives du château.
2. *Ibid.*

lui fournissait l'eau qui s'écoulait jusqu'aux meules par un canal creusé de main d'homme. Ce canal formait comme un port où les bateaux venaient se réfugier ou faire escale. Alors la Garonne devait être plus navigable que de nos jours, car, d'après une lettre signée Garry [1], des bateaux-poste, qui portaient jusqu'à cinquante personnes, naviguaient sur le fleuve. D'ailleurs, Louis XIV visita toutes nos contrées, voyageant par bateau depuis Toulouse jusqu'à Bordeaux.

A côté du moulin dont le seigneur et l'abbé de La Capelle étaient propriétaires, il y avait des moulins-nefs [2]. En 1790, le sieur Sarrebeyrouse, le père de Mgr Sarrebeyrouse, mort chanoine de Saint-Denis, en exploitait encore trois : l'un à la Dupine, l'autre à Planet, le troisième à la Muraillasse [3].

Bernard Lauret avait l'esprit trop utilitaire pour ne pas faire tourner au profit de sa fortune, et ce port et ces moulins. Il adressa donc une requête au roi, dans laquelle il lui demandait l'autorisation de tenir des bateaux sur la Garonne pour le service de sa maison et d'utiliser un moulin sur l'un des bras de la rivière. Le roi accorda ces permissions « à son premier président de la Cour de Toulouse ». L'autorisation porte la signature de « Jean du Château-Verdun, chevalier seigneur de Calmont, maître des eaux et forêts du Languedoc [4] ».

---

1. Archives du château.
2. *Ibid.*
3. Archives départementales.
4. *Ibid.*

Grâce à ces revenus considérables, le premier président étala un luxe extraordinaire. Il se paya même l'honneur d'avoir un écuyer, auquel il octroya, le 14 mars 1482, un fief de cinquante arpents avec obligation de quatre sols tournois. Une des clauses du contrat ordonne que « ledit écuyer ne transmette pas le fief à d'autres qu'à ses descendants, sous peine de voir augmenter la censive [1] ».

Bernard Lauret ne devait pas rester de longs jours possesseur de la seigneurie dont il paraissait si jaloux. Bernard Jourdain de l'Isle, en effet, parvenu à l'âge d'homme, réclama contre la vente de la haute justice de Merville faite par son père, à son préjudice, pendant sa minorité. Seigneur de La Motte, d'Aucanville et de Saint-Cézert, Bernard voulait l'être aussi de Merville. Il avait déjà obtenu des lettres de Mgr le duc de Guyenne contre le chevalier Guillaume Banglan. Par ces lettres, il sommait ce dernier de se désister de la seigneurie et de le laisser jouir des droits qu'il tenait du chef de sa tante Marguerite de l'Isle. Le chevalier écossais répondit à la sommation en intentant un procès à Bernard devant le sénéchal de la province. L'affaire en resta là jusqu'à la mort du duc de Guyenne. Lorsque le premier président acheta la seigneurie, il ne devait pas, sans doute, ignorer l'opposition faite par Bernard Jourdain de l'Isle à Guillaume Banglan ; il passa outre cependant, au point d'enrichir la directe, comme s'il devait éternellement la posséder. Il eut tort de penser ainsi.

1. Archives du château.

Après la mort du duc de Guyenne, Bernard Jourdain de l'Isle avait porté sa demande devant le Parlement de Toulouse. Comme le procès traînait en longueur, il n'eut pas la patience d'attendre la sentence des juges, et, en 1485, il s'empara par la force de la seigneurie, la revendiquant comme sa légitime propriété. Bernard Lauret eut alors recours aux fils de Guillaume Banglan, Antoine et Gilles Banglan, seigneurs de Courtinals, tous les deux hommes d'armes au service du roi et en ce moment en campagne. Ceux-ci, comme héritiers de leur père, prirent fait et cause pour le premier président, et appelèrent Bernard Jourdain de l'Isle comme détenteur injuste de la terre de Merville, devant le Parlement de Paris. L'acte de procuration porte la date du 14 mars 1485 : « Procuration de noble Antoine et Gilles Banglan, seigneurs de Courtinals, pour la poursuite du procès qu'ils ont au Parlement de Paris, contre noble Bernard de l'Isle, chevalier, seigneur de La Motte, où il est exposé que noble Guillaume Banglan, homme d'armes du roi, seigneur de Homerville et de Courtinals, étant à l'armée au service du roi, ledit de l'Isle se serait emparé de la terre de Merville ; et parce que ledit Banglan avait vendu ladite terre à noble Bernard Lauret, premier président du Parlement de Tolose, et à noble Isabelle de Saint-Félix, sa femme, lesquels étant troublés par ledit de l'Isle, ledit Banglan étant mort, les susdits Antoine et Gilles, ses fils et héritiers, prennent fait et cause pour ledit Lauret[1]. » Antoine et Gilles

1. Archives du château.

mirent l'affaire entre les mains des plus célèbres jurisconsultes du pays toulousain, à cette époque : « Jacques Benedicti et Jean Sarrati, professeurs ès-droits ; Michel Lauret, docteur ès-droits et fils du premier président ; Jean de Mérillon, Pierre Aurand de Villemur, avocat au Parlement de Toulouse ; enfin Pierre Tomassi, Mathieu Vital de Anglata, Pierre Beaufort, procureurs au même Parlement [1]. »

Reprise de possession de la terre de Merville par Bernard Jourdain de l'Isle. — Bernard Jourdain de l'Isle ne se découragea pas devant les efforts réunis de Bernard Lauret et des fils du chevalier écossais. Il était certain d'aboutir, car le droit était de son côté. Il demanda, à son tour, dans l'année 1486, une procuration en faveur de sa cause, à son oncle noble Jean de l'Isle, prêtre et curé d'Aucanville. Le Parlement de Paris ordonna de faire une enquête : « Accord entre messire Bernard de l'Isle et de La Motte, d'une part, et noble Michel Laureti, tant pour soy que au nom de messire Bernard Laureti, premier président au Parlement de Tholose, son père, que aussi comme auteurs et procureurs des tuteurs et curateurs des droits de Guillaume Banglan, seigneur de Courtinals, d'autre part ; lesquelles parties estaient en procès au Parlement de Paris, touchant

---

[1]. Inventaire des titres de dame de Comenge. — La véritable orthographe du nom *de Comenge* est de Comminges. Mais pour respecter, tel qu'il est écrit, le titre de l'inventaire de dame de Comminges, nous écrivons ici *de Comenge*.

le lieu et appartenances de Merville, tant procédé que dans la suite dudit procès lesdites parties furent appointées à faire leurs enquestes. — Et à ces fins, fut commis M. Augerand Ra, conseiller du roy au Parlement de Paris, auquel fut donné un adjoint neutre non suspect. A ces fins, ledit sieur commissaire joint pour son adjoint maître Raymond de Ramond, official à Montauban, du consentement de toutes parties, pour faire leurs enquestes tant en la ville de Grenade que au lieu de Merville, pour la fin et accomplissement de ceste affaire, si bien qu'il ne restoit que d'en passer contract pour éviter plus grand frez, considérant que ledit adjoint ne pouvoit aller à Paris pour signer lesdites enquestes. Enfin, feut arresté et conclud entre parties que lesdites enquestes étant faites par l'une et par l'autre partie, s'envinrent expédiées à Paris et signées de la main dudit sieur Ra, commissaire, et dudit adjoint[1]. »

Bernard de l'Isle obtint gain de cause contre le premier président. Un arrêt du Parlement de l'année 1490 le mit en possession de la seigneurie dont son père Gaspard l'avait dépouillé. Il dut, cependant, indemniser Bernard Lauret, qui avait dépensé de fortes sommes dans l'établissement de la directe. Il signa une transaction à cet effet : « Transaction entre messire Bernard Jourdain de l'Isle, seigneur de La Motte, d'une part, et noble Bernard Laureti, conseiller du roy et son premier président en sa cour du Parlement de Tholose, et les héritiers ou

1. Inventaire des titres de dame de Comenge.

tuteurs de feu noble Guillaume Banglan, seigneurs de Cortinals, deffendeurs, d'autre ; par laquelle il est dit que ledit seigneur président fait délayssement de la place de Merville en faveur dudit seigneur de l'Isle, moyennant certaine somme. Appert de ladite transaction en parchemin, reçue par Michel Cabassi, notaire. — Avec laquelle transaction est la copie d'un arrest donné au Parlement de Paris, au profit de noble Bernard de l'Isle contre ledit Laureti, président au Parlement de Tholose, par lequel ledit de l'Isle est maintenu en la possession et joyssance de la terre de Merville[1]. »

Cinq ans avant sa mort, Bernard renouvela les baux de ses tenanciers. Les reconnaissances consenties par lui se lisent dans un terrier, dont l'inventaire des titres de dame Marthe de Comenge contient le sommaire sous la rubrique :

« Sommaire d'un terrier contenant les reconnaissances faites à messire Jordain de l'Isle, seigneur de La Motte et de Merville, par ses tenanciers, de la terre et juridiction de Merville, retenues en note par Jean Martelli, notaire de Saint-Cézert, pris sur l'original d'icelles, en vertu du commandement qui lui en feut fait d'autorité de justice à la réquisition de messire Jacques des Cars, seigneur de Merville ; et lesquelles recognoissances sont de l'an 1515, en février et en mars[2]. »

Dans les dernières lignes du terrier, le copiste se plaint de la difficulté de lire les actes, la plupart

---

1. Inventaire des titres de dame de Comenge.
2. *Ibid.*

déchirés et d'une écriture très ancienne. « Ici, dit-il, finit l'extrait des dites recognoissances expédiées et collationnées par ledit Goy, finissant à la page 158 desdits extraits, où on remarquera que ledit Goy, notaire, dit en son verbail que la lecture desdites recognoissances sur l'original est malaisée à cause de l'ancienneté de la lettre, et que les subscriptions et commencements des noms et surnoms sont corrompus et déchirés. »

Bernard Jourdain de l'Isle, déjà avancé en âge, avait épousé Rose de Montesquieu ; il eut d'elle une fille unique, Anne Jourdain de l'Isle. Il fit de cette fille son héritière universelle par un testament daté de 1513. Bernard mourut en 1520. Avec lui s'éteignait la branche des Jourdain de l'Isle, qui avaient reçu de la munificence de Philippe le Bel la seigneurie et la haute justice de Merville.

§ 2. MAISON PÉRUSSE DES CARS

Anne Jourdain de l'Isle, l'héritière de noble Bernard, commença par se montrer fille reconnaissante et dévouée. Elle a laissé de son amour filial un monument que nous nous garderons de passer sous silence. Par un acte public, dont nous citons un extrait, elle abandonna la jouissance de la terre de Merville à sa mère, Rose de Montesquieu, qui, en convolant à de secondes noces, en avait été cependant à jamais bannie :

« Sachent tous présents, passés et futurs, ce présent instrument avait été examiné, vu, lu et entendu l'an 1522 après l'Incarnation de Notre-Seigneur et le 14 du mois de mars, dans le château de La Motte et dans la chambre basse dudit château, sous le règne de François, roi de France par la grâce de Dieu, par moi, notaire, et les témoins ci-dessus nommés. Voici ce qui y est rapporté :

« Noble et puissant Jourdain de l'Isle, seigneur de La Motte, dans son testament universel et dernier, laissa noble dame de Montesquieu, sa femme, directrice et tutrice de noble Anne Jourdain de l'Isle, sa fille naturelle et légitime ; et dans le cas où elle ne pourrait s'accorder avec Anne, son héritière, et ses tuteurs, il lui assigna comme résidence et refuge le lieu de Homerville, avec tous ses cens, ses revenus, les acaptes, les réacaptes, haute, basse et moyenne justice, bois, jardins, terres et toutes les autres appartenances, posant comme condition qu'elle restât veuve. Comme noble dame Rose de Montesquieu avait convolé à de secondes noces, elle avait perdu tous ses droits à elle cédés par son mari.

« Mais noble Anne Jourdain de l'Isle, dame de La Motte, de Saint-Cézert, d'Aucanville et autres places, habitant le diocèse et la sénéchaussée de Tolose, rétablie dans ses droits de majeure, à cause de ses vingt-trois ans, sur la permission, l'autorité et le consentement de son époux, ici présent, a donné, cédé et remis, laissé pour la vie seulement, par acte de donation entre-vifs, à noble Rose de Montesquieu, sa mère, ledit lieu de Homerville, que, de son vivant, noble Bernard de l'Isle, son père, lui avait laissé par testament, à condition qu'elle resterait veuve; et cela, en payement et en récompense de son mariage, de son éducation et des autres services rendus par Rose, sa mère; ladite donation est faite à condition que Rose, mère de la donatrice, ne puisse vendre ni aliéner ledit lieu, dont elle ne doit jouir que de son vivant.

« Ladite Anne, voulant que ladite fondation obtienne force entière et perpétuelle, cède à Rose, sa mère, ici présente, pleine et libre puissance, rémission et autorité, faculté et ordre général de prendre, avoir, examiner, retenir la vraie et corporelle possession des biens susdits de sa propre autorité, sans la réquisition du juge, préteur ou de toute autre personne supérieure. Jusqu'au jour où Rose de Montesquieu prendra possession desdits biens, Anne Jourdain de l'Isle entend les posséder d'une manière précaire. La donatrice déclare par le présent instrument investir sa mère de tous les biens qu'elle lui cède, et s'engage à la défendre contre tous ceux qui voudraient troubler ses possessions ou la poursuivre en justice.

« La main levée et étendue sur les saints Evangiles, Anne Jourdain de l'Isle a promis d'observer toutes les clauses de cet instrument aujourd'hui et toujours; de toutes et de chacune de ces promesses, Rose de Montesquieu a demandé et requis un acte écrit par moi, notaire public; ce que j'ai fait [1]. »

1 .Archives du château.

Anne ne pouvait être ni plus généreuse dans le don, ni plus grande dans la manière de l'offrir.

Anne Jourdain de l'Isle épousa Jacques de Pérusse des Cars. Par ce mariage, la seigneurie avec la haute justice de Merville devint l'apanage de cette illustre maison.

I

JACQUES DE PÉRUSSE DES CARS

Jacques de Pérusse d'Escars ou des Cars, selon l'orthographe moderne que nous adoptons, appartenait à une noble famille, qui comptait des croisés parmi ses ancêtres. La maison de Pérusse tirait son nom d'un bourg de la Marche, situé à huit lieues de Limoges. Les Pérusse acquirent, vers l'an 1300, par un mariage, la seigneurie des Cars, dans le Limousin. Ils ajoutèrent, depuis, ce nom à celui de Pérusse. La seigneurie des Cars resta la propriété de la famille jusqu'en 1790. Alors les lois révolutionnaires la dépossédèrent, et dans la tourmente les archives de la maison disparurent.

Gérault, le troisième des Pérusse des Cars, participa à la première croisade ; on le surnomma le Jérosolomitain. Un autre de Pérusse des Cars, Arnault, resta au service de l'Eglise et occupa une des premières charges auprès du Souverain Pontife. Le Pape le chargea de reconstruire les murs d'Avignon, vers l'an 1359. Cette illustre race est loin d'être éteinte ; elle est aujourd'hui représentée par le duc des Cars, qui nous a donné ces premiers renseignements, et par son frère cadet, le comte des Cars, bien connu du Paris charitable comme vice-président de la belle œuvre de l'hospitalité de nuit. A l'époque du premier Empire, une duchesse des Cars encourut la disgrâce de Napoléon Ier d'une façon singulière. Assise au coin de son feu avec quelques amis, elle roulait dans ses mains le bulletin d'une grande victoire remportée par l'empereur ; tout à coup, d'un air rêveur et comme dans un mouvement d'humeur, elle jeta le papier au feu. Le soir même un des invités raconta le fait à Desmarets, le trop célèbre maître de la police impériale avec Savary. La punition ne se fit pas longtemps attendre, et le 3 février 1806, à sept heures du matin, subitement et sans être annoncés, des Messieurs entrent dans la chambre de la comtesse : « Levez-vous ; vos clés. » On lit, on brise ; Pasque, le chef des bandits, ajoute bientôt : « Allons, venez à la police. Il y a un fiacre en bas ; montez avec nous. » Desmarets vient au devant de Mme des Cars d'un air gai et poli ; il lui avance un fauteuil près du feu : « Madame, c'est un ordre de l'empereur ; il est arrivé ce matin à six heures, et vous a condamné à aller aux îles Sainte-Marguerite ; on va vous y conduire à l'instant ; les gendarmes vous attendent. » Aussitôt on s'empare d'elle, sans lui permettre de prendre ni ses malles, ni son argent ; on la jette d'abord dans les prisons d'Aix, puis dans celles de Sainte-Marguerite ; finalement on l'exile à Nice. Sa grande faute était d'avoir attiré sur elle les faveurs de Marie-Antoinette et d'aimer passionnément la famille royale, ce qui était bien naturel dans une femme de sa race[1]. »

En 1825, le comte des Cars fut élevé à la pairie et reçut le titre de duc; c'est le père du duc des Cars actuel, qui recueille, avec un soin jaloux, les documents épars qui regardent ses nobles ancêtres.

Les armes de la maison de Pérusse des Cars sont de gueules au pal de vair. Son cri : *Super usum fulget*; sa devise : *Fais que dois, advienne que pourra*.

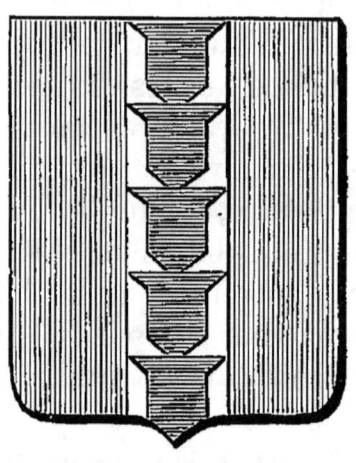

ARMES DE LA MAISON PÉRUSSE DES CARS

Anne de l'Isle eut quatre enfants de son mariage avec Jacques de Pérusse des Cars : François comte des Cars, Charles, Jacques et Françoise des Cars, épouse d'Aymery, baron de Montaud; celui-ci mourut sans enfants.

1. Forneron, *Correspondant*, 10 novembre 1887; *la Société française sous le règne de Napoléon Ier*, p. 393.

Charles des Cars, le fils cadet d'Anne de l'Isle, se recommanda par sa vertu et sa haute éloquence [1]. Commandeur de l'ordre du Saint-Esprit, abbé de Gaillac, de Fontaine-Bèze et de la Breste, il fut nommé évêque de Poitiers en 1569; puis, il fut transféré sur le siège de Langres et reçut le titre de duc. Au nom du roi, Charles, évêque et duc de Langres reçut, en 1573, dans la ville de Metz, les ambassadeurs de la Pologne qui venaient offrir la couronne au duc d'Anjou et les harangua avec une grande éloquence. Lorsque le duc d'Anjou, devenu Henri III, monta sur le trône de France, il le reçut dans sa ville épiscopale et l'accompagna à Reims, où il remplit ses fonctions de pair à la cérémonie du sacre, en février 1575. Il assista, l'année suivante, aux Etats généraux de Blois. Doué de hautes et solides vertus, il fit un grand bien dans son diocèse, et mourut, en 1614, dans son abbaye de Fontaine-Bèze, où il s'était retiré.

Nous ne connaissons pas l'heure de la mort d'Anne de Jourdain de l'Isle, en qui s'éteignait la noble lignée des premiers seigneurs de Merville.

Ce qui est certain, c'est le second mariage de Jacques de Pérusse des Cars avec Françoise de Longvy, dame de Pagny et de Mirebeau, veuve elle-même, depuis 1543, de Philippe Chabot, comte de Charny et seigneur de Brion, amiral de France. De cette nouvelle union naquit le cardinal de Givry, célèbre dans les fastes de l'Eglise, comme son frère

---

1. *Histoire généalogique et chronologique de la maison royale de France*, par le P. Anselme.

Charles des Cars, évêque de Langres. Anne des Cars, cardinal de Givry, entra, dès sa plus tendre jeunesse, dans l'ordre de Saint-Benoît, au monastère de Saint-Bénigne de Dijon ; son zèle ardent pour la religion lui fit embrasser le parti de la Ligue : il en fut même un des derniers partisans et refusa de reconnaître l'autorité d'Henri IV. Devenu roi, Henri le disgracia et le priva de ses revenus. L'abbé de Saint-Bénigne, sous le coup de cette disgrâce, se retira à Rome. Il attira sur lui, par ses hautes vertus, l'estime et l'affection des papes saint Pie V et Clément VIII. Ce dernier le nomma cardinal prêtre, sans le faire agréer du roi et contre l'opposition de M. d'Ossat, le représentant d'Henri IV à Rome. En homme sage et plein de sens, comprenant les services qu'un caractère de cette trempe pouvait rendre au pays, le roi le rappela en France et le nomma coadjuteur de son frère, Charles des Cars, évêque de Langres. Plus tard, le 13 mai 1608, évêque de Metz, il mourut dans le château de Vic, le 19 avril 1612. Il fut enterré dans son église cathédrale, où, à l'époque de la Révolution, on voyait encore son tombeau. André Valladier, abbé de Saint-Arnoult de Metz, prononça son oraison funèbre.

II

FRANÇOIS I DE PÉRUSSE DES CARS

François I des Cars n'attendit pas la mort de son père pour prendre possession de la seigneurie de Merville. A la mort de sa mère, Anne Jourdain de l'Isle, qui dut avoir lieu vers 1540, il présentait le dénombrement de cette terre au roi en la personne de Messire Antoine de Rochechouart, seigneur de Saint-Amans, sénéchal de Toulouse et du pays de l'Albigeois. Cet acte donne l'importance de la seigneurie à cette époque : « Dénombrement de noble François des Cars, seigneur dudit lieu et de La Motte, des biens nobles qu'il tient dans la sénéchaussée de Tolose et après La Motte, Saint-Cézert, Aucanville, Belleserre et autres lieux. *Item,* ledit des Cars est seigneur de Homerville, duquel jouit noble dame de Montesquieu, sa grand'mère, de laquelle place il a justice haute, moyenne et basse. Il s'y lève deniers d'oblies 100 livres ; plus cent cestiers de blé. *Item,* en agriers cent cestiers[1] de blé ; *Item,* cent poules d'oblies ; plus une borde-noble de trois paires de labourage où il lève quatre-vingts cestiers de blé ; plus il y a une vigne où il se lève dix pipes de vin ; plus une petite métairie

---

1. *Cestier de blé*, sac de blé.

qui donne douze cestiers plus une pipe de vin[1]. Ledit dénombrement rendu en 1540[2]. »

François ne conserva pas longtemps la terre de Merville. A la mort de son père, devenu comte des Cars et chef de la maison comme fils aîné, il donna à Jacques des Cars, son frère, la seigneurie avec toutes ses appartenances.

François était chevalier de l'ordre du roi et conseiller de Sa Majesté en son conseil privé.

III

JACQUES II DE PÉRUSSE DES CARS

Jacques II des Cars est la véritable souche des des Cars, barons de Merville. Grand sénéchal de Guyenne, chevalier de l'ordre du roi et conseiller de Sa Majesté en son conseil privé, il fut un homme de valeur et de capacité. Le grand sénéchal représentait, en effet, le roi dans chaque province. Il avait la gestion des finances, le commandement des troupes et rendait la justice au nom du roi. Cette charge demandait l'intelligence des affaires et les qualités du véritable administrateur : Jac-

---

1. *Pipe de vin*, grande futaille de vin; elle contenait un muid et demi; le muid valait 272 litres. La mesure variait selon les régions.
2. Archives du château.

ques II ne fut pas indigne de ces hautes fonctions. Il montra même, à l'occasion du massacre de la Saint-Barthélemy, un courage que Bordeaux relate dans ses Annales. L'histoire de cette ville rapporte qu'en 1572, à l'époque de la Saint-Barthélemy, le baron de Merville commandait le fort du Ha[1] au nom du roi. Pour échapper au massacre, plusieurs protestants de marque vinrent s'y réfugier. Le sénéchal les reçut et refusa de les livrer aux bourgeois de Bordeaux qui voulaient s'en emparer. Ceux-ci, furieux, adressèrent au roi une supplique pour réclamer les réfugiés, accusant le baron de Merville de félonie. Le roi se contenta de répondre qu'il approuvait la conduite de son gouverneur et qu'il n'avait rien à blâmer en lui.

Jacques des Cars avait fait partie, comme chevalier de l'ordre du roi, du brillant cortège de ducs et de chevaliers qui accompagna le roi Charles IX lorsqu'il visita Toulouse, le 1er février 1565. On lit tout au long dans l'*Histoire du Parlement de Toulouse*, par M. Dubédat, la magnifique réception faite par la cité toulousaine à son souverain. Après une harangue du capitoul Etienne Duranti, prononcée à l'entrée de Toulouse en présence de toutes les compagnies, le roi prêta serment sur le missel de conserver les privilèges de la ville : il se plaça sous le dais porté par les huit capitouls, et s'avança à cheval, vers la métropole, à travers les rues couvertes de

---

1. *Fort du Ha*. On le voit encore dans la ville de Bordeaux il sert de prison.

fleurs, de branches vertes et ornées de nombreux arcs de triomphe. Le 5 février, le roi tint un lit de justice. Sa suite fut des plus brillantes ; on y voyait la reine mère, le duc d'Anjou, le prince de Navarre, le cardinal de Bourbon, les cardinaux de Guise et d'Armagnac, le connétable de Montmorency et d'autres grands personnages. Jacques des Cars, baron de Merville, avec les seigneurs de Crussol, de Lansac, de Villars, de Lagarde y figurèrent comme chevaliers de l'ordre du roi et membres du conseil privé.

Jacques II des Cars eut la seigneurie et haute justice en apanage. « Dame Anne de l'Isle comme héritière universelle de ladite maison de La Mothe, de Merville et autres lieux, aurait possédé tout le temps de sa vie, et icelle transmise à ses enfants qui sont le seigneur des Cars moderne et ledit seigneur sénéchal. Et parce que ledit seigneur des Cars est héritier universel, il aurait baillé ladite place de Merville audit seigneur sénéchal, son frère, pour son apanage et addition de sa légitime [1]. »

A peine Jacques II des Cars eut-il reçu de son frère la terre de Merville qu'il dut soutenir un procès dont la perte devait le déposséder de la baronnie. Comme dans un grand nombre de provinces le domaine royal avait été usurpé, le roi Charles IX établit des commissaires pour recevoir les dénombrements et les aveux. Or, les commissaires royaux chargés d'examiner les titres prétendirent que la

---

1. Archives du château.

terre de Merville était domaniale[1], et formèrent instance contre Jacques des Cars possesseur de cette terre par le décès de son père, marié à Anne de l'Isle. Ils obtinrent même une ordonnance, en l'année 1566, de Montluc, évêque et comte de Valence, commissaire du roi, qui ordonna la saisie de cette terre au profit de la Couronne.

Si on s'en rapporte au Mémoire écrit sur les ordres du sénéchal de Bordeaux, Jacques de Bernuy, coseigneur et abbé de La Capelle, pour se venger d'avoir été obligé par Rose de Montesquieu et Anne de l'Isle, sa fille, de payer certains droits seigneuriaux malgré lui, ne fut pas étranger à cette sentence. Il s'y prit de toutes les manières pour la provoquer et la faire exécuter. Il inspira d'abord à messire de Cumyes, son beau-frère, trésorier de France en la province du Languedoc, de saisir la place de Merville comme appartenant au roi. Puis, en qualité de président de la seconde Chambre des enquêtes au Parlement de Toulouse, il circonvint si habilement l'évêque de Valencé et les conseillers de la Cour, que ceux-ci ordonnèrent la saisie de la terre au profit du roi. Non content d'avoir obtenu cette sentence, il sollicita le procureur général de la faire exécuter. Et, en effet, « le 20 octobre 1566, aurait procédé à l'exécution dudit jugement et arrêt, Guangac, huissier de ladite Cour ; lequel, un jour de dimanche, à son de trompe, aurait fait ladite exécution, de bon matin, au lieu dudit seigneur sénéchal. Il aurait mis et affigé les armes du

---

1. *Terre domaniale*, terre qui appartenait au roi.

roy à la porte dudit seigneur et fait commandement audit seigneur sénéchal de vider icelle dans la quinzaine. Au surplus, il aurait fait crier et proclamer audit lieu et à son de trompe et par affictions de placards aux portes et église dudit lieu, aux consuls habitants et sujets de ne respecter en rien ledit seigneur sénéchal, comme seigneur dudit lieu de Merville, de ne lui payer aucun droit ni exercer la justice en son nom[1]. »

Jacques II ne s'épouvanta ni de l'ordonnance de Montluc, ni des exploits de l'huissier du Parlement de Toulouse; il fit appel de cette sentence au conseil privé du roi. Le roi rendit un arrêt, le 10 janvier 1572, qui donna, par provision[2], au seigneur des Cars, la main-levée de la saisie, et renvoya pour le principal la cause au Parlement de Paris : « Lettres patentes du roi octroyées au profit de messire Jacques des Cars, seigneur de Merville, touchant la maintenue en main-levée de la justice haute et moyenne. Procès-verbal de maître Vidal Doussouno, conseiller et commissaire exécuteur des lettres de main-levée données par le roi Charles au profit de messire Jacques des Cars de la place et seigneurie de Merville[3]. »

Le procureur du roi soutint que Merville était une dépendance du comté de Toulouse, et par conséquent une terre domaniale. Il produisit en faveur de sa thèse la sentence arbitrale de 1272,

---

1. Archives du château.
2. *Provision*, décret.
3. Archives du château.

la division du territoire entre le Père abbé de La Capelle et le domaine, le don de 1306 fait par Philippe le Bel à Bertrand Jourdain de l'Isle. De son côté, le sénéchal de Guyenne prouva que ces pièces n'infirmaient en rien les titres de possession qu'il tenait de la maison de l'Isle, maîtresse, dès le onzième siècle, d'une riche directe dans la juridiction. Le Parlement de Paris donna gain de cause à Jacques des Cars, et, par un arrêt contradictoire du 15 mai 1578, le sénéchal fut définitivement maintenu dans la terre de Merville : « Copie collationnée de l'arrest donné au Parlement de Paris sur le procès intervenu entre M. le Procureur général, demandeur en saisie et réunion du domaine de Sa Majesté de la terre de Merville, assise près Tholose, d'une part, et Messire Jacques des Cars, sénéchal de Guyenne, chevalier de l'ordre du roi et conseiller en son conseil privé, deffendeur, d'autre; par lequel la Cour a levé et ôté ladite saisie et donné pleine main-levée audit seigneur de Merville pour les fruits, revenus, émoluments d'icelle, en jouir par ledit deffendeur comme lui appartenant; avec laquelle copie est attaché le procès-verbal pour raison de l'expédition dudit arrest, 21 juin 1278 [1]. »

Cet arrêt semblerait confirmer le sentiment de ceux qui prétendent que la terre de Merville n'appartenait pas au comté de Toulouse, ou que, si elle en faisait partie, c'était depuis très peu de temps avant la réunion de ce comté à la Couronne, qui eut lieu à l'occasion de la mort du dernier comte de Tou-

---

[1]. Archives du château.

louse. Il établit, au moins, comme une certitude, que ni le serment de fidélité du 30 novembre 1271, ni l'arbitrage de 1272, ne pourraient prouver que la terre de Merville fût domaniale ; le seigneur en était donc, de plein droit, le propriétaire.

Jacques II soutint un autre procès contre les moines de La Capelle, au sujet de certains biens laissés dans l'abbaye par Jean del Garric, le même qui a laissé son nom au hameau actuel. On passa une transaction. Le Père abbé et le chapitre du monastère abandonnèrent l'héritage à Jacques II, à titre de biens de main-morte, « à la charge de payer annuellement auxdits religieux, à la Saint-Barthélemy, quatre cartons de blé[1] rendus à La Capelle ; une barrique de vin blanc à la Saint-Michel, au mois de septembre ; quatre poules, à la Noël, rendues à La Capelle ; et pour les dépens que lesdits ont exposé audit procès, ledit seigneur leur donna 600 livres, promettant garantie. 7 janvier 1466[2]. »

Les guerres de religion avaient jeté un trouble profond surtout dans notre pays du Midi, où les esprits s'exaltent si facilement. La haine contre les calvinistes avait pris des proportions énormes, et se maintint longtemps dans les cœurs. La province du Languedoc ne fut plus qu'un immense champ de bataille inondé du sang des protestants et des catholiques. De part et d'autre, l'acharnement fut terrible et les cruautés atroces. L'armée des protestants ravageait les campagnes, massacrait les

---

1. *Carton de blé*, boisseau de blé.
2. Archives du château.

paysans, les prêtres, les moines; saccageait les couvents; les provinces étaient bouleversées. Quel fut le rôle de Jacques II des Cars au milieu de cette conflagration générale? Défendit-il le fort de Merville contre l'attaque victorieuse du capitaine de Thémines? On appelait alors capitaines des chefs de bande qui se détachaient du gros de l'armée et qui portaient partout le pillage et la mort. Les documents gardent le plus grand silence sur le rôle du seigneur de Merville pendant cette terrible tempête. Il est probable que, retenu à Bordeaux par sa charge de sénéchal de Guyenne, il ne se mêla pas aux mouvements qui agitèrent si violemment le pays toulousain. Il essaya cependant de profiter de la confusion qu'avaient jetée ces guerres malheureuses dans l'administration locale, pour empiéter sur les privilèges et les franchises consignées dans les chartes. Sa tentative fut inutile; le désarroi de la communauté n'alla pas jusqu'à l'abandon de ses lois locales, et le seigneur dut signer la transaction de 1605. Alors, « dans le château, les consuls, revêtus de leurs chaperons [1] et livrées consulaires, tête nue et à genoux, jurèrent, les mains mises sur les saints Évangiles, de reconnaître pour leur vrai et légitime seigneur direct, justice haute, basse et moyenne, Jacques des Cars, seigneur de Merville [2]. »

Cinq enfants naquirent du mariage de Jacques II des Cars avec Catherine de Béraut, fille de Fronton de Béraut et d'Anne de la Barie : François des

---

1. *Chaperon*, c'était l'habit ordinaire des consuls.
2. Archives du château.

Cars, son successeur; Henri des Cars, seigneur de Castelnau; Jacques des Cars, baron d'Availles; François des Cars, baron de Cambon; Catherine des Cars, femme d'Honorat de Montpezat, baron de Laugnac.

François, l'aîné, était marié, depuis l'année 1593, à noble Rose de Montal. « Sachent tous présents et futurs, est-il dit dans le contrat de mariage, que pardevant Pierre Dusault, notaire et tabellion royal en la ville et citée de Bordeaux et sénéchaussée de Guyenne, les actes et pactes de mariage qui suivent ont été accordés entre haut et puissant seigneur messire Jacques des Cars, seigneur de Merville et autres lieux, conseiller du roi en son conseil privé et d'Etat, grand sénéchal de Guyenne et gouverneur du château de Ha, et demoiselle Rose de Montal, fille de feu messire Gilles de Montal, chevalier de l'ordre du roi, lieutenant pour Sa Majesté au haut pays d'Auvergne, et sous l'autorité de dame d'Ormesson, femme à présent du haut et puissant seigneur messire Antoine de Roquelaure, chevalier de l'ordre du roi, capitaine de cinquante hommes d'armes de ses ordonnances, conseiller en son conseil privé et maître de sa garde robe[1]. »

---

1. Archives du château.

IV

FRANÇOIS II DE PÉRUSSE DES CARS

Jacques II des Cars laissa après sa mort à François II, son fils aîné, et la seigneurie de Merville et le sénéchalat de Guyenne; c'était en 1606. Un dénombrement fait aux commissaires royaux, dans l'année 1613, par l'écuyer de François, nous donnera une idée de l'importance de la seigneurie à cette époque :

« Dénombrement de Antoine de Tolose-Lautrec, écuyer, comme procureur de François des Cars, chevalier, baron de Merville et autres places, grand sénéchal de Guyenne, aux commissaires députés par le roi et la reine Marguerite pour la jugerie de Rivière-Verdun ; et ce, en suite de l'hommage rendu le jour d'hier, pour ladite baronnie de Merville mouvant dudit seigneur et dame, à cause du pays de Verdun :

« 1° Ladite baronnie a la faculté de créer juges, consuls et tous officiers avec justice haute, moyenne et basse;

« 2° Plus un château dans l'enclos dudit lieu et à l'extrémité dudit lieu avec les fossés où est prohibé la pêche;

« 3° Plus un jardin entouré de parois près et devant ledit château, contenant deux arpents et demi, confrontant des deux côtés les chemins de Merville à Grenade, pré et Garonne dudit seigneur ;

« 4° Plus un jardin, appelé le jardin bas contenant trois arpents, confrontant le grand chemin de Toulouse, la vigne du président de Chalvet, le jardin de M. de Junius ;

« 5° Plus quatre arpents, pré et garenne joignant le fossé dans lesquels il y a des granges et des pigeonniers ;

« 6° Plus une métairie appelée la Grande Borde et trois paires de bœufs ;

« 7° Plus une métairie au terroir de Mayras, du labourage d'une paire ;

« 8° Plus la tierce partie d'un moulin par indivis avec l'abbé de La Capelle, qui est à présent inutile ;

« 9° Plus la grande partie des fiefs agriers, lots et ventes consistant en 120 livres d'argent, 30 charges de blé, 50 paires de gélines et les agniers ou 3 charges de blé, outre les lots et autres droits, suivant les reconnaissances de ses emphythéotes, déclare qu'il lui appartient certains arrière-fiefs; entr'autres, l'abbé de La Capelle et ses religieux jouissent de plusieurs ramiers, censives, bocages et métairies de la dite juridiction mouvant de lui et sous sa justice.

« Tout aussi noblement le président de Chalvet possède audit lieu certaines maisons, prés, vignes et métairies, et environ vingt-cinq livres de censives, sous foi et hommage et vasselage du seigneur de Merville, avec charge et devoirs qui lui sont dûs ;

« Tous lesquels biens et héritages susnommés le

seigneur de Merville jouit noblement et doit le service personnel à Sa Majesté[1]. »

Le 27 janvier de l'année 1620, François II mariait son fils cadet, Jacques des Cars, à Madeleine de Bourbon, fille aînée de Henri de Bourbon II, marquis de Malause : « Mariage entre messire Jacques des Cars et de Montal, seigneur marquis de Merville et de Montal, baron de Taille, Cabat, Castelnau et Cambon, d'une part, et dame Madeleine de Bourbon, fille de Henri de Bourbon, marquis de Malause et Lavedan, en date de 1620, 27 janvier. Adrien Bruniquel, notaire de la Case, l'a reçu[2]. »

Cinq années après, sa fille Françoise s'alliait à la noble maison d'Hautefort de Saint-Chamans : « Mariage entre François d'Hautefort de Saint-Chamans, d'une part, et demoiselle Françoise des Cars et de Montal, fille légitime et naturelle de feu messire François des Cars, chevalier de l'ordre du roi et capitaine de cent hommes d'armes de ses ordonnances, grand sénéchal de Guyenne, et de dame de Montal, d'autre part, en date de l'an 1625, 23 mai[3]. »

François II des Cars mourut quelques jours après le mariage de son fils cadet. Il avait eu de sa femme, noble Rose de Montal : Jacques et Françoise, dont il est parlé plus haut, puis un autre fils, François des Cars, mort à la fleur de l'âge, et deux autres

---

1. Archives du château.
2. *Ibid.*
3. *Ibid.*

filles, Catherine, mariée à Bernard de Montlezun, seigneur de Tayen, et Catherine, dite la Jeune, qui devait épouser Roger de Comminges. Les événements feront de cette dernière la seigneuresse de Merville.

V

JACQUES III DE PÉRUSSE DES CARS

Jacques III des Cars, fils cadet de François II, marquis de Roquebrou, puis de Merville, hérita de la terre de Merville par la mort prématurée de son frère aîné François. Nous ne relevons aucun fait intéressant sur ce dernier descendant mâle de la noble famille des Cars.

A peine François II s'était-il couché dans la tombe, que Jacques III rendit le dernier soupir. Il laissait deux enfants mineurs : Charles et Rose des Cars. Sa veuve, Madeleine de Bourbon, se remaria, le 13 juillet 1636, à Jean de Mourlon, comte de Caylus. Avec Jacques III s'éteignait la branche des de Pérusse des Cars, barons de Merville.

VI

CATHERINE DES CARS, FEMME DE ROGER DE COMMINGES

Les tuteurs de Charles des Cars, marquis de Merville, fils mineur de Jacques III, cédèrent la seigneurie à Catherine des Cars, sa tante, en payement d'une somme de 45,000 livres qui lui était due. Catherine avait épousé Roger de Comminges, comte de Pégulian et de Montfaucon, veuf en premières noces de Catherine Bourbon Malause. Le nom de Roger de Comminges est écrit de trois manières dans les actes où il est question de lui; tantôt on lit Comenge, tantôt Cominges, tantôt Comminges; nous adoptons cette dernière orthographe comme plus conforme à la vérité. Elle est, d'ailleurs, celle que préfère le P. Anselme dans son *Histoire généalogique et chronologique de la maison royale de France*. Le comte Roger était capitaine de cinquante hommes d'armes et gouverneur de Saint-Béat. D'après le P. Anselme, auquel nous empruntons ce récit, la jeunesse de Roger avait été très orageuse; il avait été même condamné, par contumace, à être décapité et à cinquante mille livres de réparation pour avoir fait tuer, le Vendredi Saint de l'année 1621, Paul de Basourdan, frère du mari de sa sœur. Il se lava sans doute de ce crime, ou reçut sa grâce du roi, puisque nous le voyons convoler, en 1630, à de secondes noces avec Catherine des Cars : « Pacte de mariage entre messire Roger de Comenge, comte de Pégulian et de Montfaucon, baron de Comenge, d'une part, et dame Catherine des Cars et de Montal, d'autre, en date de 1630, 25 novembre [1]. »

C'est avec l'approbation et peut-être sur le conseil du comte Roger que Catherine des Cars reçut la seigneurie des mains des tuteurs de son neveu. L'acte d'acquisition porte la date du 25 avril 1637 : « Sont alors venus en accord de la manière qui s'ensuit. Ce jour, 25 avril 1637, après-midi, devant Pierre Dugaly, avocat en la Cour et Parlement de Toulouse, régnant Louis, par la grâce de Dieu roi de France et de Navarre, ont été établis en leur personne, ledit messire Roger de Comminges, comte de Pégulian, vicomte de Montfaucon, Saux et Molins, premier baron du pays de Comminges, conseiller du roi en son conseil privé, capitaine de cinquante hommes et officier de ses ordonnances, et Catherine des Cars, mariés, d'une part ; ledit seigneur comte de Caylus, seigneur et baron de Pastols et autres places, en la qualité de tuteur et administrateur légitime de la personne et des biens dudit messire Charles des Cars, d'autre part.

« Lesquels ont volontairement convenu et accordé que, moyennant la somme de 45,000 livres, qui était due à la dame Catherine des Cars sur la succession de messire François des Cars et Rose de Montal, son père et sa mère..., en payement de

---

1. Archives du château.

ladite somme de 45,000 livres, ledit seigneur comte de Caylus, en qualité de tuteur, a baillé auxdits seigneur comte Roger de Comminges et dame Catherine des Cars, sa femme, mariés, à faculté de rachat, la terre et baronnie de Merville, concernant en la maison seigneuriale, les maisons de Daux, les maisons du fort, four, forge, justice haute, moyenne et basse, les autres droits seigneuriaux et autres possessions et appartenances, pour par lesdits seigneur et dame de Pégulian jouir et posséder en la forme dont en jouissaient ledit seigneur de Merville et dame de Bourbon, et avaient le droit d'en jouir [1]. »

Catherine des Cars maria, dans l'année 1654, Marthe de Comminges, sa fille unique, à messire Descodeca, marquis de Boisse, seigneur-marquis de Mauvezin-Aucastels : « Pactes de mariage entre messire Jean-Henri Descodeca, marquis de Boisse, seigneur-marquis de Mauvoisin-Aucastels, d'une part, et dame Marthe de Comenge, fille à messire Roger de Comenge, comte de Pégulian, et de Catherine des Cars de Montal, d'autre, en date de l'an 1654, 8 juillet ; Troy, notaire de Sainte-Foy, proche Saint-Lys, au diocèse de Lombez, sénéchaussée de Tolose. Sachent tous présents et futurs que aujourd'hui, huitième du mois de juillet mil six cent cinquante-quatre, dans le château seigneurial de Montblanc, après midi, en Comminges, diocèse de Lombez, sénéchaussée de Toulouse, régnant Louis, par la grâce de Dieu

---

1. Archives du château.

roi de France et de Navarre, pardevant moi notaire royal, soussigné :

« Messire Henri de Mauvoisin, maître de camp d'un régiment d'infanterie [1], assisté de messire Blaise de Verdusan, seigneur dudit lieu, comme procureur ayant charge de dame Marguerite de Faisand, dame de Mauvoisin, mère dudit seigneur de Mauvoisin, d'une part, et de dame Catherine des Cars, veuve de messire Roger de Comminges, comte de Pégulian, et mère de Marthe de Comminges, sa fille, et du sieur comte de Pégulian. » Suivent les articles du contrat qui assurent à Marthe de Comminges la possession de la seigneurie et haute justice de Merville [2].

Après sa mort, Catherine des Cars, la veuve du comte Roger, fut ensevelie dans l'église de Merville.

VII

MARTHE DE COMMINGES, ÉPOUSE DE JEAN-HENRI DESCODECA DE BOISSE

A lire le document qui suit, c'est dans l'année 1666 que Marthe de Comminges devint seigneuresse de Merville :

« Inventaire pour servir à l'advenir comment la terre et baronnie de Merville est advenue à dame Marthe de Comenge, comtesse de Montblanc. La

1. Archives du château.
2. *Ibid.*

terre et baronnie de Merville, au diocèse et sénéchaussée de Toulouse, a été baillée à dame Catherine des Cars et de Montal, épouze de messire Roger de Comenge, comte de Pégulian, fille de messire Jacques des Cars, seigneur de Merville, Taille-Cabat, Castel et Cambon et Saint-Avrit, grand sénéschal de Guyenne, chevalier des ordres du roi, gouverneur du château du Ha, et de demoiselle Rose de Montal, fille à messire Gilles de Montal, lieutenant de Sa Majesté du haut Auvergne, et de dame Catherine d'Ormezon, des premières nopces, et en secondes nopces mariée avec messire Antoine de Roquelaure, maistre de la garde royale du roy.

« Laquelle susdite terre de Merville est advenue à ladite des Cars, partie pour son droit légitime et partie achetée de messire Charles des Cars et de Montal, son neveu, fils dudit Jacques, ledit Jacques seigneur de Roquebrou et de Carbonières, l'an 1617, 23 mars, et depuis advenue à la dame dite de Comenge, fille de feu Roger de Comminges, marquis de Pégulian, et de ladite Catherine des Cars et de Montal, espouze de messire Jean-Henri Descodeca, marquis de Boisse-Mauvezin, par le décès de ladite dame de Pégulian, sa feue mère, que Dieu absolve, comme estant sa fille unique. Cela est advenu l'an 1666, le 15 août. Appert de tout ce dessus dans les archives du château de Merville et papiers qui sont dans un sac cotté : Merville advenu à dame Marthe de Comenge, dame de la baronnie de Merville[1]. »

1. Archives du château.

Il ne se passa aucun fait remarquable sous l'administration de Marthe de Comminges. Liés, l'un et l'autre, par un amour très étroit, Marthe et le marquis de Boisse laissèrent des testaments où cette amitié conjugale est manifestée. Ces dernières dispositions ne sont pas sans offrir un réel intérêt. Elles jettent même une certaine lumière sur les mœurs de l'époque. On est dans les premiers jours du dix-huitième siècle; l'esprit chrétien règne encore profondément dans les âmes ; le scepticisme philosophique dans lequel viendront bientôt s'effondrer les grands principes de la foi, n'a pas encore pénétré bien avant dans les cœurs. C'est bien ce qui ressort des deux testaments de Marthe de Comminges et de son époux : « Au nom de Dieu soit, j'ai, Marthe de Comminges, épouse de Jean-Marie Descodeca de Boisse-Mauvaisin, soussigné, étant dans mon lit, fait mon testament en la manière qui s'ensuit. Premièrement, me munissant du signe de la croix, je recommande mon âme à Dieu le Père, le Fils et le Saint-Esprit, suppliant la divine Majesté me pardonner mes péchés, et, après mon décès, recevoir mon âme au nombre des bienheureux ; et ordonne la sépulture de mon corps dans l'église de Merville, le tout proche où a été ensevelie ma mère; à la réparation de laquelle église je donne la somme de 60 livres, une fois payée, l'an de mon décès; et pour être prié Dieu pour moi, je donne aux Capucins de Grenade 25 écus aussi payables l'an de mon décès. Je dis que de mon mariage avec ledit seigneur Descodeca de Boisse sont provenus Bonaventure, Catherine et Anne Descodeca de Boisse, mon fils et filles; laquelle Catherine nous avons mariée avec messire le marquis de la Gorée ; et par son contrat de mariage je lui ai constitué 25,000 livres, avec laquelle constitution et la somme de 10,000 livres payable dans l'année de mon décès, je l'institue mon héritière particulière et veux que autre chose elle ne puisse demander de mes biens. Je donne et lègue à ladite Anne Descodeca de Boisse, mon autre fille, pareille somme de 25,000 livres payable lorsqu'elle se mariera. A seigneur Descodeca de Boisse, mon mari, je donne la moitié de la jouissance de la terre de Merville, pour en jouir pendant sa vie, en considération de l'amitié qu'il n'a cessé de me porter. Pour mes honneurs funèbres, je m'en remets à la discrétion dudit seigneur de Boisse-Mauvaisin, mon mari. Ensemble pour l'aumône à faire aux pauvres mendiants..... Fait à Mauvaisin, en Bazadous, le vingt-septième octobre mil six cent nonante[1]. »

Personne n'est oublié dans ce testament, dont nous ne reproduisons que les premières lignes : jusqu'au moindre des serviteurs, tous ont un souvenir. Le notaire du lieu reçut ces dernières dispositions, selon les formes prescrites, en présence de messire Forestier, docteur en théologie et curé de Beyssac ; messire Dupuy, docteur en médecine ; André de Féron, écuyer ; Pierre Degan, homme d'armes ; Pierre Boué, chirurgien, et des autres témoins nécessaires.

Le marquis de Boisse dicta ses dernières volontés, un peu plus tard, dans l'année 1713. Surpris

---

1. Archives du château.

par la maladie dans un voyage à Paris, il s'empressa, de son côté, de régler toutes choses. Il fait preuve dans cet acte solennel du même esprit chrétien : « Par devant les notaires à Paris soussignés, messire Jean Descodeca de Boisse, marquis de Pardaillan, demeurant ordinairement en son château de Merville, sénéchaussée de Toulouse, étant de présent à Paris, logé rue de l'Hirondelle, en l'hôtellerie appelée la Salamandre, trouvé dans son lit malade, en une chambre, au deuxième étage du corps de logis, en l'aile de ladite maison, sain d'esprit, de mémoire et d'entendement, ainsi qu'il est apparu aux notaires soussignés par ses paroles et actions, lequel dans la vue de la mort, a fait son testament. » Le marquis de Pardaillan fait son fils aîné Gilbert-Bonaventure d'Escodeca de Boisse son héritier universel, puis il ajoute : « Je donne et lègue à la paroisse de Mauvaisin la somme de 60 livres pour être employée à la réparation de l'église, à la charge de faire un service pour le repos de mon âme ; à la paroisse de Merville, la somme de 120 livres, à la charge de faire un même service ; aux Capucins de Grenade, la somme de 100 livres, pour qu'il y soit fait un annuel de messes. En cas où ledit testateur décède en cette ville de Paris, je désire être enterré dans la paroisse Saint-André-des-Arts, et s'en rapporte à M. le marquis de Vaucancourt pour les cérémonies de son enterrement, et le prie de faire le tout avec modestie et simplicité. Entend qu'aussitôt après mon décès et que la nouvelle en sera arrivée dans ses terres, il soit dit, dans chaque paroisse d'icelles, un service pour le repos de mon âme, outre ceux-ci dessus ordonnés et qu'il soit fait une aumône en ses dites terres à la discrétion et prudence de madame son épouse.....; le fait ainsi fait dicté et nommé par ledit seigneur testateur aux notaires soussignés, et à lui lu par l'un et l'autre présent en la chambre, sur les neuf heures du matin, l'an 1713, le vingtième jour du mois de juin [1]. »

VIII

GILBERT-BONAVENTURE DESCODECA DE BOISSE

Gilbert-Bonaventure Descodeca de Boisse est le dernier héritier des des Cars. Il prit possession de la seigneurie après la mort de ses parents. Pressé par une situation difficile et à court d'argent, il ne tarda pas à vendre la terre de Merville à M. de Lasserre d'Haumont, ancien capitoul de Toulouse. C'était en 1734. Un décret du roi, comme nous le verrons dans la suite de ce récit, cassa cet acte de vente en faveur du marquis Auguste de Chalvet-Rochemonteix, à la mère duquel le marquis de Boisse avait quasi-promis de céder la seigneurie. La terre avait, à cette époque, 398 arpents. Déjà possesseur d'une directe de 498 arpents dans la juridiction, Henri-Auguste de Chalvet se voyait,

1. Archives du château.

par cette nouvelle acquisition, à la tête d'une propriété magnifique. Avant d'exposer le procès dont cette vente fut l'occasion, disons comment la maison de Chalvet avait, depuis plusieurs siècles, une directe à Merville. Ce sera l'objet d'un troisième paragraphe, non le moins intéressant de ce chapitre.

§ 3. MAISON DE CHALVET-ROCHEMONTEIX

ARMES DE LA MAISON DE CHALVET-ROCHEMONTEIX

Il est nécessaire de remonter jusqu'au quatorzième siècle pour connaître les ancêtres dont le marquis Henri-Auguste de Chalvet-Rochemonteix, le dernier acquéreur de la seigneurie et haute justice de Merville, tenait déjà une riche directe dans la juridiction.

I

AYMERIC ET FRANÇOIS DE LAGARRIGUE

Lorsque Bernard Jourdain de l'Isle reçut des mains de Philippe le Bel la haute justice de Merville, il trouva déjà fortement assise, dans cette communauté, une maison d'une réelle importance, celle d'Aymeric de Lagarrigue. Comment cette noble famille était-elle en possession d'immenses propriétés dans la juridiction? Nous n'avons pu le lire dans aucun document. La maison existait au moment où Bertrand de l'Isle devint seigneur; c'est tout ce que nous savons. Aymeric était chevalier. A Aymeric s'adressèrent, en 1359, Jean de l'Isle et les habitants lorsque, de concert, ils entreprirent la construction de l'enceinte fortifiée. En homme dévoué aux intérêts de tous, il s'empressa de céder le terrain sur lequel on jeta les fondements du fort.

Après la mort d'Aymeric, la directe passa à son fils François. François de Lagarrigue était allié à noble dame de Varagnes, d'une famille connue à Toulouse. Un des membres de la famille de Varagnes, Sobiran de Varagnes, était prieur du monastère de Saint-Martin de Fenouillet, de l'ordre de Saint-Benoît; un autre de Varagnes, Bernard, était archidiacre de l'église cathédrale Saint-

Etienne. Lorsqu'on donna un successeur au prieur de Saint-Martin de Fenouillet, qui mourut le 14 juin 1418, l'archidiacre de Saint-Etienne réclama les meubles de son parent : « Collation du prioré de Saint-Martin de Fenouillet, vacant par le décès de M. Sobiran de Varagnes, religieux de l'ordre de Saint-Benoît, faite par messire Géraud Bru, abbé de la Grasse, dudit ordre, le 6 juin 1418. Le lendemain, Bernard de Varagnes, chanoine et archidiacre de Saint-Etienne, demanda à retirer les meubles qui étaient dans la maison où était ledit prieur dans Fenouillet[1]. » Cette revendication nous paraît d'autant plus étrange de la part de l'archidiacre, que les religieux de Saint-Benoît étaient liés par le vœu de pauvreté. Il y a dans cet acte un mystère dont nous n'avons pu trouver la clé.

II

DAME MARQUISE DE VARAGNES

Il est souvent question de noble dame de Varagnes dans les papiers qui sont tombés entre nos mains. Nous ne parlons pas de ces documents qui sont, pour la plupart, des contrats de vente, des reconnaissances et des baux à fief. François de

---

1. Archives du château.

Lagarrigue mourut sans postérité. La marquise de Varagnes convola à de secondes noces. Elle épousa Pierre Embrun, licencié ès-droits, propriétaire de plusieurs fiefs dans la juridiction. Devenue à nouveau veuve par la mort de son second mari, qui la laissa son héritière universelle, dame de Varagnes se trouva à la tête d'une brillante directe. Elle ajouta à ses terres d'autres acquisitions, faites tant à Merville que dans Toulouse et dans d'autres lieux. La marquise de Varagnes mourut sans enfants dans l'année 1442.

III

CHARLES DE VARAGNES

Noble dame de Varagnes légua, par testament, ses terres à un de ses neveux, Charles de Varagnes, damoiseau, fils de Jean de Varagnes, damoiseau et viguier de Toulouse. D'après M. François de Chalvet, le quartier dit *de la Croix-Baragnon*, à Toulouse, tient son nom de la famille des Varagnes. Le savant magistrat émet ce sentiment à l'occasion de l'acte suivant : « Transaction entre noble Bernard de Varagnes, seigneur de Coupens, comme substitué de noble Jean de Varagnes, viguier de Tolose, seigneur de Gardouch, et nobles Jean et Bernard de Villeneuve frères, neveux dudit Jean de Villeneuve, du 20 mai 1444, pour la maison de Belesta du nom de Varagnes. C'est de là qu'est venu la Croix-Baragnon, qui est un carrefour de Tolose, en langue vulgaire [1]. » M. l'abbé Douais, le savant professeur de l'Institut catholique de Toulouse, auquel j'ai communiqué cette note de M. François de Chalvet, admet une origine plus ancienne. D'après lui, et je me range de son côté, du temps des Albigeois, le carrefour de la Croix-Baragnon portait déjà ce nom. C'est même dans une maison de ce quartier que les hérétiques tenaient en secret leurs assemblées [2].

Charles de Varagnes épousa noble Jeanne de Borassière dont la longue vie sera agitée par de nombreux procès. Charles mourut un an après son mariage; il laissait ses biens à sa femme comme témoignage de son affection.

IV

JEANNE DE BORASSIÈRE

Jeanne de Borassière, encore jeune et de plus sans enfants, se remaria avec Guillaume Pageza, seigneur d'Azas, « homme et puissant seigneur et soldat de Toulouse, *nobilis et potens vir dominus*

---

1. Archives du château.
2. Bibl. de la ville de Toulouse, ms. 609.

Guillelmus Petrus, miles Toloscæ. » Le seigneur d'Azas avait des fiefs dans Vieille-Toulouse, Castanet, Rouffiac et Saint-Sulpice.

Guillaume Pageza était un des syndics de la célèbre confrérie de Saint-Sernin de Toulouse : tel est le titre qui lui est donné dans un contrat de vente : « Vente faite par noble Guillaume Pageza et autres syndics de la confrérie de Saint-Sernin à M. Arnaud Refrigerio, licencier ès-lois, de certains biens entre Belloc et Buisseron, ayant appartenu à Jean de Molinier, bourgeois, sous l'hommage à l'archevêque, le 10 octobre 1455 [1]. » De ce temps était encore propriétaire de fiefs importants, dans la juridiction, la noble famille de Cortines. Guillaume Pageza les acquit au nom de sa femme, « le tout sous l'oblie de douze sols toulousains, bonne et forte monnoye, du 9 décembre 1462, en présence de l'abbé de La Capelle ». D'un autre de ses oncles, du frère de Cortines, religieux de La Capelle, Jeanne reçut encore tous les biens qu'il possédait sur le territoire. Ces acquisitions nouvelles arrondissaient passablement une directe déjà riche.

Du second mariage de Jeanne naquirent cinq enfants, quatre fils et une fille qui épousa le seigneur de Ségreville, noble Roux. Veuve à nouveau et âgée, elle comprit que seule elle ne pouvait pas administrer ses propriétés. Elle appela donc à son secours son fils, Roger Pageza, qui, dans l'intérêt commun, fut nommé administrateur des biens de sa mère.

1. Archives du château.

Maîtres d'une directe autrement importante que celle du seigneur, Jeanne de Borassière et ses fils voulurent se soustraire au vasselage et refuser au seigneur de Merville foi et hommage. Mal les en prit, car le Parlement de Toulouse, sur la plainte de Bernard de l'Isle, les condamna et détruisit leurs prétentions : « Arrest du Parlement de Tolose entre messire Bernard de l'Isle, seigneur de La Motte, de Homerville, appelant du sénéchal, d'une part, et Jeanne Borassière, demoiselle, et Nicolas et Raymond Pageza, écuyers, sans enfants, appelés, d'autre part. La Cour admet l'appellation et ce sans dépens et ordonne que lesdits Borassière et Pageza feront en forme de droit audit de l'Isle, comme seigneur de Homerville, dans ledit lieu, le serment de fidélité ; et ce fait répondra ledit de l'Isle aux articles desdits Borassière et Pageza qui jouiront des oblies et autres biens qu'ils ont dans le lieu de Merville. Donné le 8 juillet et prononcé le 24 mai 1495. M. de Nicolas, rapporteur [1]. »

Roger Pageza, seigneur d'Azas et autres lieux, mourut avant sa mère, à Lacourtensourt, en 1514. Comme personne libre, il laissa ses biens et tous ses titres à sa sœur Jeanne Pageza, veuve de Jean Roux, seigneur de Ségreville, et au fils de cette dernière, Guillaume Roux. Ses exécuteurs testamentaires furent « le célèbre et respectable seigneur Gran de Bartas, conseiller au Parlement de Toulouse ; Etienne de Paulo, licencier, et noble Michel de Daux, seigneur d'Ondes, son cousin [2]. »

1. Archives du château.
2. *Ibid.*

Jeanne de Borassière, âgée de quatre-vingt-seize ans, à l'époque de la mort de son fils Roger, ajouta à son nom celui de dame d'Azas. Guillaume Roux, seigneur de Ségreville, de Lacourtensourt et d'Azas, fut chargé de l'administration des biens de son aïeule, à la place de son oncle. Comme tel, il vendit une métairie, plusieurs terres et une maison à une certaine dame Ulsone, femme d'un conseiller au Parlement de Toulouse. Cet acte est du mois de mars de l'année 1516.

Jeanne de Borassière parvint à un âge très avancé. Avant de mourir, elle donna tous les biens qu'elle tenait de son mari à sa fille Jeanne Roux et à son petit-fils Guillaume : « Donation de Jeanne de Borassière à Jeanne de Pageza, veuve de noble Roux, seigneur de Ségreville, sa fille, et à noble Guillaume Roux, seigneur de Ségreville et de Villèle, son petit-fils, de tout ce qui leur était dû sur l'hérédité de Guillaume Pageza, son mari. Reçue par Jean Gipalon jeune, notaire de Tolose, le 20 août 1517 [1]. »

Deux ans après cette donation, Jeanne de Borassière en faisait une nouvelle en faveur des mêmes enfants : « Donation par Jeanne Borassière à Jeanne Pageza, sa fille, demoiselle de Ségreville, et ladite Borassière, dame d'Azas, étant couchée dans son lit, dans la chambre de sa maison d'Omerville, ladite chambre appelée la Chambre de Madame, de tous ses biens présents et à venir, se réserve sa vie durant, étant âgée de cent ans, se réserve en-

---

1. Archives du château.

core de tester lesdits biens modérément et suivant la faculté d'iceux ; réserve aussi 100 livres pour Robert Pageza, son fils, chevalier de Rhodes; pareille somme de 100 livres pour Raymond Pageza, seigneur d'Azas; autres 100 livres pour Peyronnette Pageza, fille de Nicolas Pageza, son fils. Reçue par Pierre de Ruto, notaire de Grenade, le 15 novembre 1519[1]. »

V

JEAN DE BERNUY

Jeanne Pageza, la veuve de Jean Roux, seigneur de Ségreville, avait encore une fille, Marguerite Roux, qu'elle avait mariée au célèbre Jean de Bernuy. Guillaume Roux vendit, peu de temps après la mort de sa grand'mère, tous ses droits sur la terre de Merville à son beau-frère : « Vente par noble Guillaume Roux, écuyer et seigneur de Ségreville, à noble Jean de Bernuy, seigneur de Villeneuve, Pelficat et Lasbordes, des biens et seigneurie directe qu'il possède dans la juridiction de Merville, pretio 4,700 livres. Reçue par Adhémar Martinelli, notaire de Tholose, le 15 mai 1531. Suit la ratification de ladite vente par noble de-

---

1. Archives du château.

moiselle de Lambre, femme dudit Roux, reçue par Martinelli, le 18 juin 1531[1]. »

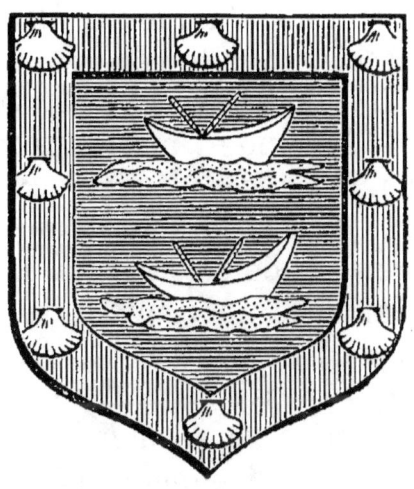

ARMES DE JEAN DE BERNUY

Jean de Bernuy, originaire de Burgos, en Espagne, demanda au roi de France des lettres de naturalisation. Il appartenait à une des plus illustres maisons de Burgos dont les membres occupaient des postes élevés. Nous voyons, en Hollande, un de Bernuy à la tête des armées. Jean de Bernuy s'illustra surtout dans la gestion des affaires ; il fut un des plus célèbres financiers de son temps. Sa grande fortune lui permit de se porter garant de la rançon de François Ier, à la délivrance duquel il contribua pour la plus large part. Homme de goût et ami des arts, il confia, en 1530, à Bachelier, la construction de l'hôtel connu encore au-

---

1. Archives du château.

jourd'hui à Toulouse sous le nom d'hôtel de Bernuy.

Il ne devait pas rester longtemps la propriété de sa famille. Son fils, Jacques de Bernuy, le vendit à trois associés, qui le cédèrent aux Jésuites. Aujourd'hui, il sert de Lycée. « La porte principale, dit M. de Lahondès, marie les courbes tourmentées de l'ogive, à son déclin, aux ornementations animées de l'art de la Renaissance, qui se lève. La cour est revêtue de colonnes, d'arceaux et de voûtes où la fantaisie tient autant de place que les formes classiques, et dont la richesse et la grâce n'ont plus été surpassées[1]. » Cette porte remarquable et cette cour, qui s'ouvrent sur l'ancienne rue des Balances, viennent d'être récemment l'objet d'une intelligente réparation. Vraisemblablement, le célèbre financier avait importé ce genre de construction de Burgos, sa ville natale, car la première cour de l'hôtel, si délicate, a ses analogues en Espagne[2].

Lorsque François Ier visita, en 1532, Toulouse, qu'avaient ravagée la peste et les dissensions intestines, Jean de Bernuy lui fit une réception magnifique dans son hôtel. Le roi, reconnaissant de la générosité avec laquelle il avait contribué à sa rançon, accepta l'invitation du célèbre

---

1. *Toulouse, son histoire, ses monuments*, par M. de Lahondès, p. 84 (septembre 1887).

2. Les portes de la Dalbade et de Saint-Sernin, plus délicates encore que cette cour, dont on trouve les analogues en Espagne, présentent de merveilleux enroulements pleins de finesse et de caprice.

financier, et vint s'asseoir à sa table. Jean de Bernuy est une des gloires de la maison de Chalvet-Rochemonteix. Son petit-fils, François de Chalvet, fit restaurer son portrait pour permettre à ses descendants de n'en jamais perdre la mémoire. Objet d'un véritable culte dans la famille, on le voit encore aujourd'hui dans la Salle des Tableaux du château actuel, dont il est un des plus précieux souvenirs [1].

Lorsque le célèbre financier acquit de son beau-frère la terre de Merville, il la trouva grevée de nombreuses charges et très amoindrie. Plusieurs, en effet, avaient abusé de l'âge avancé de Jeanne de Borassière, pour usurper ses biens et s'exonérer des redevances auxquelles elle avait droit. Maître de la directe, Jean de Bernuy revendiqua tous les droits de l'aïeule de sa femme. Il se hâta de faire renouveler aux habitants un grand nombre de reconnaissances, et, grâce à une habile administration, il parvint à reconstituer les possessions de Merville, fortement compromises dans les dernières années de dame d'Azas. Il protesta, même devant le roi, contre les injustes prétentions du seigneur, qui allait jusqu'à lui défendre la construction d'un pigeonnier : « Lettres royales impétrées par Jean de Bernuy en inhibition à Rose de Montesquieu, Jacques des Cars et Anne de l'Isle, mariés, seigneur de Merville, de le troubler dans la bâtisse d'un pigeonnier dans son claus duquel il est seigneur direct et utile. Il y a avec ces lettres un

---

1. Voir dessin hors texte, n° 4.

appel du juge de Merville et du sceau du seigneur aux armes de Tolose, 19 août 1534[1]. » De ce jour, la maison du coseigneur de Merville devient une maison importante.

VI

JACQUES DE BERNUY

Jean de Bernuy laissa la terre de Merville à son fils, Jacques de Bernuy. Jacques était abbé commendataire de l'abbaye de La Capelle, président aux enquêtes au Parlement de Toulouse et protonotaire apostolique. Je laisse la parole à François de Chalvet qui, dans l'inventaire des titres et des charges de sa famille, énumère les diverses missions de son grand-oncle : « Arrest de réception de Jacques de Bernuy en la charge de conseiller aux requestes du palais de Tolose, du nombre des six qui ont été nouvellement créés, avec dispense à lui accordée par le roy de ce qu'il n'a pas de postérité, de ce qu'il a des parents et qu'il est homme d'église, ledit office étant laïc. Il est dit : ouï le rapport des commissaires députés pour examiner ledit de Bernuy, et après la déclaration faite par les autres conseillers plus anciens, de ne vouloir aller servir

---

1. Archives du château.

dans ladite Chambre des requestes, il n'est pas dit les Chambres réunies, il preste le serment comme il n'a rien promis ni donné ni directement ni indirectement pour avoir ledit office, hormis le prest fait au roy. Ensuite on ordonne qu'il sera reçu, et après il a presté un nouveau serment de garder les ordonnances et de porter honneur et révérence aux présidents et aux autres anciens conseillers, et de ne révéler les secrets; du 12 août 1544[1]. »

François Ier, dit M. Dubédat dans son *Histoire du Parlement,* « pour donner au Parlement de Toulouse un trait de ressemblance de plus avec celui de Paris, avait créé une seconde Chambre aux enquêtes, avec un président spécial. Les procès par écrit, concernant les domaines étaient à peu près toutes les causes jugées par cette Chambre. Les présidents ne recevaient pas les honneurs des présidents à mortier, et, en dehors de leurs Chambres, ils étaient regardés comme de simples conseillers. » Jacques de Bernuy fut un des premiers titulaires de cette nouvelle charge : « Provisions accordées par François Ier à Jacques de Bernuy, conseiller aux requestes et abbé de La Capelle, de l'office de conseiller au Parlement vacant par le décès de Jean de Garrente, ensemble de l'office de président aux requestes naguère créé et auquel il n'a pas été pourvu depuis sa création, du 3 juillet 1545. Avec la réception de cedit de Bernuy de conseiller et de président en la seconde Chambre des enquestes, du 27 novembre 1545.

---

1. Archives du château.

« Provisions de François I*er* en faveur dudit de Bernuy pour conserver le rang de sa première réception aux requestes, du 13 novembre 1546.

« Provisions de Henri II où il est dit que le roi François I*er*, ayant créé une seconde Chambre d'enquestes, au Parlement de Tolose, à l'instar de celle de Paris, François Bernard aurait été pourvu de l'office de président en icelle ; et depuis ayant été créé un office de second président en chacune desdites Chambres, Hugues Azalbert fut pourvu de celui de deuxième président en la première Chambre, et ensuite Jacques de Bernuy de celui de deuxième président en la seconde Chambre. Et parce que, par un état postérieur, lesdits présidents ont été privés de la faculté de rapporter, il leur avait été accordé 300 livres de gages à chacun pour indemnité desquels ledit Bertrand se serait emparé au préjudice dudit de Bernuy. Le roi commet la Cour des Comptes pour examiner ; ce fait du 8 novembre 1547 [1]. »

Le P. Lombard, dans son *Histoire du Parlement de Toulouse* [2], parle d'un curieux procès de Jacques de Bernuy. Dans ce temps, il y avait dans le Parlement un tribunal qui veillait à la réputation du corps. Composé de membres nommés par la Cour, sa mission était de condamner tout conseiller ou tout officier qui, pour des raisons fondées, méritait un blâme ou une punition. Jacques de Bernuy que,

---

1. Archives du château.

2. Manuscrit de la Bibliothèque nationale, dont la Cour d'appel de Toulouse possède une copie.

par erreur, le P. Lombard appelle Jean, le confondant, sans doute, avec son frère, qui n'était pas magistrat, « Jacques de Bernuy, l'un des présidents aux enquêtes, fut cité devant le tribunal domestique qui veillait à la réputation du corps, et il y fut suspendu de sa charge à l'occasion de ce que je vais dire. Ce président et son frère, secrétaire du roy, étaient fils de ce respectable négociant, originaire d'Espagne et établi à Toulouse, dont l'opulence contribua à la rançon de François Ier pour les sommes qu'il avait prêtées à l'Etat. Les Bernuy trouvèrent que leurs grandes richesses devenaient un fonds où les Capitouls puisaient sans ménagement lorsqu'il s'agissait d'impositions. Ils obtinrent une évocation générale de leurs intérêts devant le conseil, et par là ils en ôtèrent la connaissance au Parlement, qui était en possession de connaître par appel de toutes les impositions faites dans Toulouse. Quand le moment de signer ces lettres fut arrivé, les pièces attachées sous le contre-scel disparurent, ce que le Parlement prit pour un attentat sur le sceau, et vengea la foy publique par la suspension du président. Cette affaire fut portée devant le roy : Sa Majesté rendit le président aux fonctions de sa charge, mais elle le priva de ses gages depuis le moment qu'il avait été suspendu, et renvoya les contestations présentes entre les deux Bernuy et l'Hôtel-de-Ville à l'équité du Parlement [1]. »

Nous ne saurions contester la vérité de ce procès des Bernuy ; mais où nous sommes en désaccord

---

[1]. *Histoire du Parlement de Toulouse*, par le P. Lombard, t. II, pp. 129 et 130 ; Bibliothèque de la Cour d'appel.

avec les deux historiens du Parlement de Toulouse, c'est dans l'accusation d'hérésie que tous les deux portent contre la mémoire de Jacques de Bernuy. A l'occasion du pillage de l'hôtel de Bernuy par les protestants, le P. Lombard appelle Jacques de Bernuy huguenot de cœur. M. Dubédat renchérit sur le premier historien du Parlement, et affirme de l'abbé de La Capelle « qu'il était le plus riche protestant de Toulouse. Il y avait peu de particuliers dans le royaume, écrit le P. Lombard, aussi riches que l'était Jacques de Bernuy, président aux enquêtes et huguenot dans le cœur. Ayant été assuré par les religionnaires et comptant sur une garde de 25 à 30 soldats de la compagnie de Clermont, il se tint renfermé durant le tumulte. Ses précautions furent un danger, et ses richesses le livrèrent aux brigands des deux partis : les gardes de sa maison commencèrent le pillage, et un corps de religionnaires, envoyé pour l'arrêter, l'acheva. Les pertes immenses que fit M. de Bernuy n'empêchèrent pas que sa fille unique et son héritière ne portât près d'un million dans la maison de Clermont-Lodève, où elle se maria. »

« Mathieu de Chalvet, conseiller en la Cour et beau-frère de Bernuy, ne l'avait point abandonné, et ce magistrat, dont nous parlerons avec éloge pour en parler avec équité, fut indignement traité par ces brigands, des mains desquels il ne se tira qu'après avoir donné une forte rançon [1]. »

---

1. *Histoire du Parlement de Toulouse*, par le P. Lombard, t. II, pp. 129 et 130. Copie de la bibliothèque de la Cour d'appel.

M. Dubédat reproduit, à peu de chose près, le même texte; il accentue cependant l'accusation d'hérésie portée par le savant jésuite contre le fils du grand financier, et commence le récit par ces mots : « Jacques de Bernuy, le plus riche des protestants [1]. »

Etablissons d'abord qu'Aldonce de Bernuy ne fut jamais la fille du président aux enquêtes. Homme d'Eglise, protonotaire apostolique, Jacques de Bernuy garda le célibat. Il laissa seulement une partie de la directe de Merville à sa sœur Jeanne de Bernuy, mariée à Mathieu de Chalvet; il donna l'autre partie à sa nièce Aldonce, comtesse de Clermont-Lodève. Aldonce de Bernuy était la fille unique de Jean de Bernuy, vicomte de Menès, chevalier des ordres du roi, qui n'entra jamais dans la magistrature. Le célèbre financier eut, en effet, quatre enfants : le président aux enquêtes, le vicomte de Menès et deux filles : Jeanne, l'épouse de Mathieu de Chalvet, et Eléonore, mariée à Michel Dufaur de Saint-Jory, premier président au Parlement de Toulouse [2].

François de Chalvet, dans ses Mémoires inédits sur la Ligue à Toulouse, a raconté avec une grande simplicité le pillage de l'hôtel de sa famille. Rien ne fait comprendre, dans son récit, que son oncle ait eu des intelligences avec les protestants. Il affirme bel et bien que les huguenots ont saccagé

---

1. *Histoire du Parlement de Toulouse*, par M. Dubédat, t. I, p. 391.

2. Archives du château de Merville.

sa maison paternelle, et ne parle nullement des soldats catholiques qui, de concert avec les religionnaires, auraient commencé le pillage.

« En l'an 1562, écrit François de Chalvet, les huguenots attentés de se rendre maistres de Tolose, le combat dura longuement dans la ville dont ils furent chassés. Ils prindrent entr'autres notre maison qui est maintenant aux Jésuites, tellement que sur cest effroi, ma nourrice fut contrainte de me sauver entre ses bras, par-dessus les créneaux, chez un voisin, et mon père fut celui qui, par le même endroit, sortit le dernier de la maison, après avoir sauvé tous ses enfants de cette sorte. De là je fus transporté à la trésorerie, chez mon parrain [1]. »

Les Mémoires passent même sous silence la prétendue rançon imposée par les pillards à Mathieu de Chalvet, dont parlent les deux historiens cités plus haut.

Non seulement François de Chalvet ne semble pas soupçonner dans ses écrits les tendances hérétiques du président aux enquêtes, mais il raconte, dans la suite de son récit, des faits qui prouvent, d'une manière péremptoire, les sentiments catholiques de toute sa famille. Comme preuve nous citons celui-ci :

« L'an 1579, au mois de febvrier, mon père alla à Bordeaux assister M. de Garrode, mon beau-frère, à une affaire d'importance qu'il y avait. Il

---

1. Bibliothèque nationale, fonds latin, nos 13, 115. Mémoires inédits de François de Chalvet.

me prit avecque lui. Le même jour que nous partîmes par eau, les huguenots de la garnison de Mas de Verdun nous retindrent prisonniers trois ou quatre heures. Mon père leur remontra qu'ils feraient déplaisir à la reine mère, devers laquelle il allait pour traiter quelque pacification. Enfin, ils nous laissèrent aller... Ayant appris que la reine mère était encore à Navarre, et qu'on y pouvait aller sûrement, nous prismes les chevaux de M. de Clermont-Lodève, et allasmes jusque-là, où mon père fit la révérence à la reine, lui communiqua de quelques affaires..... En ce lieu-là, en passant, on nous monstra un ministre hérétique, dont j'ai oublié le nom, homme fort remuant et fort authorisé dans son parti, et me souviens que j'ouïs lors dire à mon père telles paroles : Voilà le premier ministre que je vis jamais [1]. »

D'après nous, cette parole de Mathieu de Chalvet à son fils venge Jacques de Bernuy. Il paraît, en effet, extraordinaire que Mathieu de Chalvet, qui était sans cesse en contact avec son beau-frère, n'ait jamais eu l'occasion de voir un ministre protestant, si réellement son beau-frère était hérétique ou entretenait des intelligences avec les hérétiques. Un jour ou l'autre, il aurait fait la rencontre d'un prédicant, si Jacques de Bernuy eût été le protestant de cœur ou de fait que l'on dit. Tous les deux habitaient la même maison et couchaient sous le même toit, et cependant ni Ma-

---

1. Bibliothèque nationale; Mémoires de François de Chalvet.

thieu, ni François de Chalvet ne semblent suspecter la foi de l'abbé de La Capelle. Nous ne savons pas à quelles sources le P. Lombard et M. Dubédat, qui s'est inspiré du savant Jésuite, ont puisé leurs renseignements pour traiter d'hérétique, dans leur *Histoire du Parlement de Toulouse,* Jacques de Bernuy. Ce que nous affirmons, c'est que nulle part, ni dans les Mémoires inédits de François de Chalvet, ni dans l'inventaire des titres et des charges de la maison de Chalvet, ni dans aucune des pièces qui parlent du président aux enquêtes, nous n'avons surpris une allusion aux tendances hérétiques de Jacques de Bernuy. Or, si cette accusation a quelque fondement, nous regardons comme extraordinaire de n'en avoir trouvé nulle part la plus légère trace. Dans tous les documents, au contraire, la foi du premier abbé commendataire de La Capelle n'est l'objet d'aucun doute.

Revenons à notre récit. Jacques de Bernuy laissa une partie de la directe de Merville à sa nièce, Aldonce de Bernuy, comtesse de Clermont-Lodève; il donna l'autre partie à sa sœur Jeanne, mariée, depuis l'année 1553, à Mathieu de Chalvet, président aux enquêtes du Parlement de Toulouse.

Mathieu de Chalvet acheta, dans l'année 1576, à Aldonce, tous ses droits sur la terre de Merville pour la somme de 9,000 livres :

« Ratification par noble Jean de Bernuy, héritier substitué par Jacques de Bernuy au Parlement de Tolose, abbé de La Capelle, à noble de Bernuy, vicomte de Menès, son frère, de la vente faite par **Aldonce de Bernuy**, de Carmaing et de Foix, femme de haut et puissant seigneur Guy de Castelnau et de Clermont, des métairies du Juge ou Villemur et de la Fage, dans Merville, ensemble de la directe dudit lieu, ensemble de 10 cestiers de blé de rentes foncières sur les nommés Tauris, habitants de Seilh et Merville, à Jean de Bernuy et à Mathieu de Chalvet, mariés. Reçue par Bonetti, notaire à Tolose, le 26 juillet 1576[1] ».

« Déclaration de puissante dame de Carmaing et de Foix, vicomtesse de Lautrec, dame de Menès et de Saysac, comme elle ne prétend pas contester la vente des biens de Merville faite par Aldonce de Bernuy, sa fille, à Mathieu de Chalvet et Jane de Bernuy, bien que Jean de Bernuy, vicomte de Lautrec, son mari, lui eût légué l'usufruit de tous ses biens. Reçue par Guillaume Saurel, notaire de Saysac, 25 août 1578[2] ».

« Ratification de haut et puissant seigneur messire Guy de Castelnau et de Clermont, baron desdits lieux, chevalier des ordres du roi, conseiller en son conseil privé et gouverneur du Quercy, de la vente faite par haute et puissante dame Aldonce de Bernuy, de Carmaing et de Foix, fille unique de haut et puissant seigneur Jean de Bernuy, chevalier de l'ordre du roi, vicomte de Menès et de Lautrec, sa femme, à Mathieu de Chalvet et Jane de Bernuy, mariés, de tous les biens situés dans la juridiction de Merville[3] ».

---

1. Archives du château.
2. *Ibid.*
3. *Ibid.*

« Quittance de 9,000 livres du prix de la vente des biens de Merville, faite par Aldonce de Bernuy à Mathieu de Chalvet et Jane de Bernuy, ladite quittance consentie par Guy de Castelnau, mari de ladite Aldonce, les 9,000 livres ayant été employées à payer une partie du prix de la baronnie de Santin, acquise par ledit Castelnau de noble Iris de Léomont, et par lui vendu à ladite Aldonce. Reçue par Dogarric, notaire à Tolose, ce 19 novembre 1579[1]. »

La plupart de ces pièces sont extraites d'un registre dont voici le titre : « Inventaire des papiers, titres et documents de feu messire Mathieu de Chalvet, seigneur de Rochemontez et de la Jowelie, coseigneur direct de Merville, conseiller du roy en son Conseil d'Etat et privé, et en sa Cour du Parlement de Toulouse, ex-président ès-enquestes..., et de feu dame Jehanne de Bernuy, mariés. »

Le nom de Mathieu de Chalvet réveille dans l'esprit le souvenir d'une famille qui a joué dans Toulouse un rôle d'une véritable importance. Il est donc temps de parler d'elle.

1. Archives du château.

VII

MATHIEU DE CHALVET-ROCHEMONTEIX

Mathieu de Chalvet-Rochemonteix[1], le premier de cette illustre maison qui devait jeter un si grand éclat dans Toulouse, fut un homme considérable et l'ornement de la robe de son temps. Chabrol, dans son *Commentaire des coutumes d'Auvergne,* Feller, dans sa *Biographie universelle,* Aigueperse, dans sa *Biographie des Hommes remarquables de l'Auvergne,* parlent de lui comme d'un personnage célèbre. « Mathieu de Chalvet, dit le P. Lombard, est ce président aux enquestes dont le savant Huet a loué les mœurs douces, l'érudition élégante et la probité incomparable[2]. »

Mathieu de Chalvet naquit à Salers (Cantal), en 1528, au mois de mai, d'une ancienne famille de la haute Auvergne. Encore aujourd'hui il existe, dans ce pays si pittoresque, deux hameaux, Rochemonteix et Rochemontel : l'un dans la commune Saint-Hippolyte, canton de Riom-ès-Montagne, l'autre dans la commune de Falgoux, canton de Salers. On ne trouve, malheureusement, ni dans l'une ni

---

1. Voir dessin hors texte, n° 5.

2. *Histoire du Parlement de Toulouse,* p. 639, t. II. Copie de la bibliothèque de la Cour d'appel.

dans l'autre commune aucune trace du château. Les de Chalvet durent ajouter à leur nom celui de Rochemonteix, comme possesseurs du fief de ce nom dans la commune de Falgoux. Il est parlé, en 1192, d'un Jean de Chalvet-Rochemonteix, seigneur de Campagnac et Saurinac. Depuis cette époque, cette famille donna de nombreux chevaliers et fut une pépinière de religieux et d'hommes dévoués à l'Eglise. La maison de Chalvet-Rochemonteix est loin d'être éteinte; elle habite encore la haute Auvergne; je me suis même laissé dire qu'un de ses membres, inspecteur de la Société archéologique de France, auteur déjà de plusieurs monographies, se préparait à publier l'histoire de sa famille, qui ne pouvait espérer un biographe plus dévoué ni plus savant.

Mathieu était neveu, par sa mère, de Pierre Liset. Pierre Liset, d'abord magistrat, puis abbé, a laissé plusieurs ouvrages sur la Bible. Sa mémoire fut proverbiale au point que, de son temps, on disait de toute personne douée d'une riche mémoire : « Elle a la mémoire de Pierre Liset. »

C'était en 1539. Mathieu était âgé de onze ans; Pierre Liset, alors avocat général au Parlement de Paris, était venu, pendant les vacances, demander quelques jours de repos à ses chères montagnes et se délasser au milieu des siens; l'intelligence du jeune fils de sa sœur le frappa. Il proposa aux parents de le prendre avec lui à Paris; ceux-ci ne refusèrent pas une offre aussi avantageuse : l'enfant vint à Paris, et son oncle le plaça sous la direction d'Ononce Fine, Tusan, Buchanam, maîtres fameux de l'époque.

Mathieu de Chalvet vint à Toulouse, en 1546, pour suivre le cours de Droit civil. Alors l'Université de Toulouse était dans son plus grand éclat, dit M. Dubédat, auquel nous empruntons ce détail. Les étudiants s'y rendaient de l'Allemagne, de l'Espagne, de toutes les parties de la France. On y comptait plus de dix mille écoliers. Le Parlement lui accordait sa plus grande protection. L'Université était, en effet, le berceau de ses plus illustres membres. Les maîtres les plus célèbres y professaient : Acasse, Jacques d'Arène, Lucas de Penna, Aufery, président aux enquêtes, Raymond Sabonde, dont Montaigne a écrit l'apologie, philosophe, médecin, théologien ; nous omettons les autres. Pour avoir une idée de l'ardeur des étudiants à se livrer à l'étude, nous n'avons qu'à reproduire cette lettre d'Henri de Mesmes à son père, le président de Mesmes : « Nous étions debout le matin à quatre heures, et ayant prié Dieu, allions à cinq heures aux études, nos écritoires et nos chandeliers à la main. Nous entendions toutes les lectures jusqu'à dix heures sonnées, sans interruption ; puis venions dîner après avoir en hâte conféré ce qu'avions écrit de lectures. Après dîner, nous lisions, en forme de jeu, Sophocle ou Aristophane ou Euripide, quelquefois Démosthènes, Virgilius, Horatius, Cicéron. » En 1531, un édit proclamait l'Université de Toulouse la plus célèbre du royaume[1].

Cette éducation austère donne le secret de l'érudition de M. de Chalvet, qui puisa dans ce milieu un

---

1. *Histoire du Parlement de Toulouse*, par M. Dubédat.

goût profond pour les lettres et les études sérieuses de la philosophie et du droit. Le Parlement lui-même, d'ailleurs, rédigeait les règlements de l'Université, surveillait les études et maintenait les écoliers dans une forte discipline.

Les mœurs douces de Mathieu lui firent de nombreux amis. Il comptait parmi ses intimes des condisciples qui eurent leur célébrité : Goucan, Adrien Tarnèbe, des Andelys, le futur directeur de l'Imprimerie royale pour les ouvrages grecs; Jean Mercier d'Uzès, qui occupa une chaire d'hébreu au Collège royal, à Paris.

Pour se perfectionner dans l'étude du droit, Mathieu se rendit en Italie. Alors professaient : à Pavie, Alciat, de Milan ; à Bologne, Fauste Socin. Paul Alciat fut un des promoteurs du rationalisme en Italie ; Fauste Socin et son frère Louis en jetèrent les premières bases. La religion du futur magistrat courut un grand danger auprès de ces maîtres d'une éloquence rare ; il ne paraît pas cependant avoir souffert de leur enseignement. Il ne rapporta de l'Italie aucun germe de rationalisme, ni d'incrédulité; sa foi resta toujours pure, sa fidélité à l'Eglise toujours grande, même au milieu des agitations dont il fut le témoin attristé. Des affaires de famille le rappelèrent bientôt en France. Sur les conseils des siens, il revint à Toulouse pour donner à ses études leur couronnement. De concert avec deux de ses amis, étudiants comme lui, François Roades, du Rouergue, et Jean Bodin, d'Angers, il ouvrit un cours public, où les trois jeunes gens lisaient et commentaient leurs leçons. Les jeunes gens studieux du caractère d'Henri de Mesmes se pressèrent autour d'eux, ce qui donna à ces conférenciers un certain renom.

Un amour si prononcé pour l'étude sauva Mathieu des emportements de la jeunesse. Ses seules distractions étaient de se livrer aux exercices du corps et aux jeux de l'esprit. Des poésies, composées pendant ses années de jeunesse, il n'est malheureusement resté aucune trace.

Docteur en 1551, c'était pour lui l'heure de se fixer quelque part; il hésita entre Paris, où l'appelait son oncle, et Toulouse, où le reténaient ses amis. La voix de l'amitié l'emporta sur celle de l'ambition ; il résolut de rester à Toulouse, où déjà il s'était créé de nombreuses sympathies.

Il dut comprendre bientôt qu'il avait été bien inspiré, car, dans l'année 1552, il épousait, à peine âgé de vingt-quatre ans, la fille du célèbre financier de Bernuy, Jeanne de Bernuy, qui lui apporta, dans sa corbeille de noces, la directe de Merville et une riche dot.

Ce mariage fut le principe de sa fortune. Sur la demande de son beau-père, qui s'était montré si généreux envers François Ier, Henri II, en raison de ce service, nomma Mathieu de Chalvet conseiller au Parlement de Toulouse, à la place de Jacques de Bernuy, son beau-frère, qui résigna cette charge en sa faveur :

« Henri, par la grâce de Dieu, roi de France, à tous ceux qui ces présentes lettres, liront, salut : savoir faisons que pour la bonne et entière confiance que nous avons en la personne de messire Mathieu de Chalvet, de ses sens, suffisance, probité, loyauté, intégrité, expérience au fait de la judicature et bonne diligence... avons donné et octroyé, donnons et octroyons par ces présentes l'état et l'office de conseiller en notre dite Cour du Parlement de Tolose que naguère tenait et occupait M. Jacques de Bernuy, dernier paisible possesseur d'icelui, vacant par la pure et simple résignation qu'il en a faite en nos mains par son procureur suffisamment fondé... Quant à ce profit dudit messire Mathieu de Chalvet... Tel est notre bon plaisir. En témoignage de ce, nous avons fait mettre notre scel. Donné à Fontainebleau, le dixième jour de décembre, l'an de grâce mil cinq cent cinquante-trois, et de notre règne le septième. Signé pour le roi : le seigneur de Saint-André, chevalier de l'ordre, maréchal de France, présent [1]. »

Le nouveau conseiller prêta le serment devant les Chambres réunies, le 14 avril 1554.

Sa réputation de littérateur et de critique judicieux lui ouvrit, dans la même année, les portes de l'Académie des Jeux-Floraux, dont il fut élu mainteneur. Alors un bon nombre de magistrats se faisaient une gloire de cultiver les lettres. M. Dubédat, dans son *Histoire du Parlement de Toulouse*, a même consacré un chapitre aux membres du Parlement qui firent partie des élus de Clémence-Isaure; nous avons été surpris de n'y point trouver Mathieu de Chalvet, ami sérieux des lettres, mainteneur de l'Académie toulousaine. Le fait ne souffre aucun doute, car les biographes du célèbre magistrat lui donnent tous le titre de « juge de la poésie française et de mainteneur des Jeux-Floraux ».

---

1. Archives du château.

Pendant que le neveu de Pierre Liset commençait à grandir, celui-ci, dans la même année 1554, mourait, dégoûté des choses et des hommes. Premier président au Parlement de Paris, Pierre Liset avait été forcé de résigner ses hautes fonctions, par suite des intrigues de Diane de Poitiers, duchesse de Valentinois et favorite de Henri II. Fatigué du monde, il embrassa le sacerdoce et termina ses jours, comme abbé de Saint-Victor, à Paris.

La disgrâce et la mort de son oncle attachèrent plus fortement le mari de Jeanne de Bernuy à Toulouse. Sa modération et sa sagesse firent de lui une autorité parmi les membres du Parlement. Voilà pourquoi, le 4 mai 1578, les Chambres réunies le nommèrent président aux enquêtes, à la mort de Guillaume de Boyer. Charles IX, alors régnant, ratifia le choix du Parlement, par un édit du 9 juin de la même année. Il fut installé dans sa nouvelle charge le 13 novembre. Il devait la remplir avec une telle intégrité que ses collègues allaient lui donner toute leur estime.

Ici nous sommes encore en désaccord avec l'historien récent du Parlement de Toulouse. M. Dubédat avance, dans son ouvrage, qu'après la troisième paix conclue entre les protestants et les ligueurs, à Saint-Germain-en-Laye, qui eut lieu, au mois d'août 1570, Mathieu de Chalvet et plusieurs autres conseillers chassés de la Cour comme coupables d'hérésie réclamèrent leurs anciennes charges.

« Les conseillers protestèrent, continue M. Dubédat; mais sur l'intervention de Catherine de Médicis, les difficultés s'aplanirent. Ils se présentèrent devant le Parlement avec ordre à la Cour d'envoyer au conseil du roi les procédures suivies contre eux. La Cour obéit, et ils remontèrent sur leurs sièges[1]. »

Nous ne réfuterons pas l'accusation d'hérésie portée contre le sage magistrat que le choix de ses collègues faisait monter, en 1578, sur le siège de président : son orthodoxie est établie plus haut. Si Mathieu de Chalvet eût embrassé l'hérésie, aurait-il pu prononcer devant son fils cette parole déjà citée, à la vue d'un ministre protestant : « Voilà le premier ministre que je vis jamais. » Or, cette parole tomba de la bouche du président aux enquêtes, dans l'année 1578, à l'occasion de sa visite à la reine. Comment eût-il pu encore demander sa réintégration, comme président, lui qui ne quitta Toulouse qu'en 1589, après la première tentative des ligueurs contre le président Duranty ? Jusqu'à cette heure, il n'abandonna pas son poste, à plus forte raison ne fut-il pas chassé de la Cour. Sa fidélité à l'Eglise était si manifeste que la famille de Joyeuse, dont on ne peut soupçonner la foi, le compta parmi ses amis. Aussi, lorsqu'il se retira en Auvergne, le duc de Joyeuse fit tous ses efforts pour le faire revenir.

« En ceste année, dit François de Chalvet dans ses Mémoires[2], sur la fin du mois de may, ce me semble, M. le mareschal de Joyeuse, le père, vint à Toulouse. Je fus soudain lui faire la révérence, et je le trouvai bien accompagné. Le premier mot

---

1. *Histoire du Parlement de Toulouse*, par M. Dubédat.
2. Bibliothèque nationale ; Mémoires de François de Chalvet.

qu'il me dit en m'embrassant fut de me demander où estait mon père. Je lui répondis qu'il estait en Auvergne; il adjouta tout haut qu'il lui voulait escrire et le prier de s'en revenir, car on avait besoin icy de gens de bien tels que lui. Et de fait lui écrivit dans trois jours après. » Plus tard, lorsqu'après la tentative du fameux frère Ange, devenu duc de Joyeuse, le Parlement abandonna Toulouse, le fougueux chef de la Ligue essaya de retenir auprès de lui Mathieu de Chalvet : « Il voulait que mon père ne s'en allast point, dit qu'il l'aimait et qu'il pourrait rentrer dans Tolose en toute seureuté [1]. »

De tels témoignages suffisent pour venger la mémoire du célèbre magistrat du crime d'hérésie.

Ce qu'il est inutile de nier dans le président aux enquêtes, c'est son esprit de modération. Ennemi des intrigues politiques, ardent ami de la paix, il évita de se mêler aux factions si violentes de l'époque. Après la première conjuration des ligueurs contre Duranty, il comprit que des désordres graves se passeraient à Toulouse, et résolut de se retirer.

« Ce fut lors dit que les plus hardis et violents conjurèrent d'assassiner M. le président Duranty. Comme de fait, le vendredi, le 27e jour de 1589, au sortir du palais, ils le firent assaillir dans son coche. Mais Dieu le garantit pour ce coup-là. Et parce que nous avions eu advis que les ennemis dudit seigneur Duranty avaient résolu que certains

---

1. Bibliothèque nationale; Mémoires de François de Chalvet.

autres des plus apparents de la ville (la vertu et l'intégrité desquels leur était redoutable) seraient traités comme ledit sieur Duranty... Monsieur de la Fauvelie, mon frère et moy lui conseillasmes de se retirer et de céder à la faveur de ces gens qui avaient lors tellement gagné le dessus, qu'il était impossible de leur résister. Il sortit donc de cette ville le même jour, et s'en alla remettre en la maison de Saint-Michel de Lanés, appartenant à M. de Chesnery, notre allié, d'où, peu après, environ la mi-mars, il se rendit chez lui en Auvergne. Voilà comment il nous laissa dans Tolose en danger de jouer quelque personnage de ces tragédies, mais au moins infailliblement contraints d'en être les tristes spectateurs[1]. » « Tandis que le président Dufaur, écrit le P. Lombard, se retirait dans la terre de Saint-Jory, Mathieu de Chalvet, le président aux enquestes, d'une probité incorruptible, chercha un asile dans les montagnes d'Auvergne, sa patrie[2]. »

A Salers, au milieu des montagnes, dans une solitude profonde, loin des agitations de la politique, il revint à ses chères études. Il revit les auteurs latins, surtout Sénèque, son auteur favori, dont il fit une traduction, qu'il dédia à Henri IV :

AU ROY

Sire,

Voici Senecque, ce grand personnage espagnol qui vient à vous et se rend Français. C'est le bruit et la gloire de

---

1. Bibliothèque nationale; Mémoires de François de Chalvet.
2. *Histoire du Parlement de Toulouse.*

vostre nom espandue par toute la terre, qui l'ameine pour admirer en Vostre Majesté la rencontre de toutes les excellentes qualités par lui désirées en ce Prince, qu'il s'est tant estudié de former en ses escrits. Si vous le daignez voir, Sire, vous vous y recognaistrez comme dans un miroir, représenté au vray et relevé de vos plus rares ornements, mesme de cette clémence incomparable qui ne trouve point d'exemple en l'antiquité et ne laisse aucune espérance d'imitation aux siècles advenir, laquelle vous a, plus que toutes vos autres vertus ensemble, bien que grandes, mis et affermi la couronne sur la teste. Il m'a voulu, Sire, pour son truchement, m'ayant recogneu bon Français, et croyant, puisque j'ai eu l'honneur de vous servir et les rois vos prédécesseurs depuis cinquante ans, en l'office de conseiller en nostre Conseil d'Estat, que je serais propre de vous le présenter. Advouez-le, Sire, comme vostre, et l'embrassez avec la même douceur de visage, qu'il vous a pleu me recevoir tout autant de fois que j'ai paru devant Votre Majesté, et vous comblerez d'honneur et de contentement

Votre très humble, très obéissant, très fidelle subjet et serviteur

Mathieu DE CHALVET.

L'ouvrage ne fut édité qu'en 1604, chez Abel l'Angelier, avec privilège du roi. François de Chalvet, aux soins duquel, sans doute, Mathieu confia l'impression de son livre, fit suivre la dédicace au roi d'un gracieux sonnet, où il se plaît à chanter l'œuvre philosophique et littéraire de son père :

Où vas-tu, docte livre? Où vas-tu, sage écrit?
Faire honneur à la France? Adieu, doncques, cher frère,
Mon germain proprement, quoy que d'un même père,
Car je suis fils de corps, et toi fils de l'esprit.

Mon père, de l'amour de la vertu s'éprit,
Et d'elle l'engendra; maintenant il espère
Que comme un bon enfant tu serviras ta mère;
Car pour elle sans plus, notre œuvre il entreprit.

Certes qui lira bien tes discours, ô saint livre,
Apprenant comme il faut bien mourir et bien vivre,
Du vray lustre d'honneur se verra revestu.

Cueillant par ton moyen, si digne récompense,
Car c'est de la vertu que l'honneur prit naissance,
Et tu nous fais au vray cognoistre la vertu [1].

Sur les instances de ses collègues et du duc de Joyeuse, Mathieu de Chalvet revint à Toulouse dans l'année 1591.

« Ceste même année, le dixième de novembre, écrit François, mon père, appelé par des lettres de la Court et de M. de Joyeuse, revint en Tolose y continuer l'exercice de sa charge, et nous vesqûmes tranquillement quelque temps dans la ville [2]. »

La paix ne devait pas être de longue durée. Henri de Joyeuse, qui avait laissé le froc pour se mettre à la tête des Ligueurs, nourrissait dans son cœur les plus hautes visées. Dans ses vues ambitieuses, dit le P. Lombard, il ne voulut pas reconnaître le roy, entretint sous main l'agitation, et finalement se mit à la tête des Ligueurs. Je laisse la parole au témoin oculaire de ces derniers mouvements de la Ligue.

« Sur les premiers mois de l'an 1594, continue

---

1. Bibliothèque du château de Merville.

2. Bibliothèque nationale; Mémoires inédits de François de Chalvet.

François de Chalvet, les affaires se retournèrent brouiller dans Tolose. Les uns ayant trop le désir de la domination, les autres de la liberté, d'où naissaient les défiances de part et d'autre..... Et sans doute il y avait quelque grand projet couvé de longtemps, prest à éclore au préjudice de l'authorité de la Court et de la liberté de la ville. De l'assurance des gens de bien et sans la nouvelle de la prise de Paris par le roy, qui fut le vingt-et-unième de mars, laquelle arriva très heureusement pour destourner cest orage. Ce fut cause qu'il fallut changer de dessein.

« Le roy ayant envoyé le sieur de Vic à Tolose pour faire le marché de sa reconnaissance, tout y estant conclud et signé d'une et d'autre part, tant pour la Court, pour M. de Joyeuse, pour le clergé, que pour le corps de la ville ; et la Court, septième de janvier 1595, ayant fait l'arrest que le roy serait souverainement reconnu, après que ledit M. de Vic aurait porté les provisions nécessaires, suivant les articles accordés, nous pensions estre en bon temps tout à fait et qu'il ne se dût jamais plus parler de la guerre, ni de sédition dans Tolose. Toutefois, les défiances étaient telles que les plus advisés prévirent fort aisément la tempête qui devait bientôt se mouvoir parmi nous.

« La chose estant venue à tel point qu'on ne pouvait plus la dissimuler, le régiment de Montrabech s'estant approché vers la ville, sous prétexte que M. de Vic n'apportait pas le consentement à M. de Joyeuse, le mardi 11 avril 1595, après-midi, jour funeste et auquel on peut marquer aux fastes de Tolose la mémoire déplorable de la fuite du

Sénat, M. de Joyeuse, assisté de peu de noblesse, premièrement se saisit du clocher de Saint-Estienne, près de la porte de la ville qui porte le même nom, puis, par la trahison de quelques Capitouls, de la Maison-de-Ville. De là, revenu à la place Saint-Estienne, et ayant fait sonner le tocsin à la grande cloche Cardaillac, s'en alla droit au Palais dans lequel la Cour s'était assemblée sur la nouvelle de cette sédition. Ledit sieur duc, durant le chemin, avait un Cordelier auprès de luy, à cheval, nommé Michel Monel, qui portait une espée nue à la main droite et un crucifix à la gauche, criant : Vive la Ligue ! Estant ainsi approché du palais, tout soudain par ses gens, attentat prodigieux ! le pétard fut posé à la porte de ce saint temple de la justice souveraine; Dieu, miraculeusement, empescha qu'il ne jouast point, tant pour ne vouloir permettre qu'un si lâche dessein vînt à réussir, que pour me sauver de sa grâce spéciale, car, de fortune, j'estais lors derrière cette porte... Or M. de Joyeuse estant devenu le maître, et moi et plusieurs autres n'ayant pu ni secourir notre patrie ni mourir en cest honorable désir, encore la Cour eut le courage d'arrester le lendemain que M. de Joyeuse serait requis de remettre la ville en liberté, autrement que le Parlement serait fermé jusques à temps que Messieurs les présidents eussent commandé aux conseillers et aux autres officiers de se rassembler derechef. M. de Joyeuse fit le sourd, et la Cour aussi n'entra point.

« Voyant donc ainsi la justice foulée aux pieds, la ville captive, la bride lâchée à la licence des plus violents, je persuadai à mon père qu'il fallait s'en aller. Et sur ce conseil, ayant été voir M. le président de Saint-Jory et le trouvant disposé à un même avis, nous priâmes un gentilhomme d'aller de notre part vers le sieur de Joyeuse lui faire entendre notre vouloir et lui donner assurance pour sortir. »

Toulouse au pouvoir du duc de Joyeuse, le Parlement se vit menacé dans sa liberté; il résolut donc de quitter la ville et de n'y plus délibérer. En vain le chef de la Ligue essaya-t-il de retenir auprès de lui Mathieu et François de Chalvet; ceux-ci, fidèles au roi, résistèrent à ses prières, et s'éloignèrent comme leurs collègues. M. de Vic, le représentant du roi, apprit cet événement sur la frontière de la province; il écrivit aussitôt aux officiers fugitifs que le roi serait satisfait de leur conduite et saurait bien les venger des emportements et des insultes du duc de Joyeuse. L'adresse de cette lettre, dont parle le P. Lombard, était : *A Messieurs, Messieurs de la Cour du Parlement chassés de Toulouse.*

« Tous ces magistrats dispersés, continue le même auteur, se rassemblèrent vers la fin d'avril au rendez-vous que leur donna M. de Vic au village de La Bastide[1], à deux lieues de Montauban, et ils convinrent que le Parlement irait siéger à Castel-Sarrazin[2].

« Cela fut cause que mon père et moi nous

1. Bastide-de-Penne (Tarn-et-Garonne).

2. *Histoire du Parlement de Toulouse*, par le P. Lombard; Bibliothèque de la Cour d'appel de Toulouse.

prismes la résolution de partir de Castelnau [1], après y avoir séjourné cinq semaines avec tout l'honneur et la bonne chère qui se peut imaginer, dont nous serons toujours redevables à M. et Mme de Clermont. Nous nous rendismes à Castelsarrasin [2]. »

Une fois reconstitué, le Parlement nomma, le 15 juillet 1595, une députation, à laquelle il confia la mission de féliciter Henri IV à Lyon de son avènement au trône, et de lui présenter les hommages et l'obéissance de la Compagnie. Dufaur de Saint-Jory, Mathieu de Chalvet, les conseillers d'Hautpoul et de Saint-Pierre, composèrent la députation, dont Mathieu de Chalvet devint le chef, les circonstances n'ayant pas permis au président Dufaur de s'éloigner. Le 5 août, au moment du départ des députés, « la Cour du Parlement de Tolose écrivit à M. le comte de Soissons pour le prier de favoriser Mathieu de Chalvet, seul député vers Henri IVme [3]. »

Le roi fut touché de cette démarche de la Cour de Toulouse, qui fut la première à lui offrir ses hommages. Il apprécia dans cette première rencontre le président aux enquêtes, qui gagna sa confiance par son esprit de modération.

Le duc de Joyeuse entretenait cependant l'agitation. Maître du pays après la dispersion de l'armée du maréchal de Ventadour, il vint braver le

---

1. Castelnau-de-Bretenoux, comm. de Prudhommat (Lot).
2. Mémoires inédits de François de Chalvet.
3. Archives du château.

Parlement jusque sous les murs de Castelsarrasin, sans toutefois pénétrer dans la ville.

« Néanmoins, le 21 septembre, dit François de Chalvet, se vint présenter à Castelsarrazin ledit sieur duc de Joyeuse ; et les gens qui avaient pétardé la Court la canonèrent encore là, car ils tirèrent quelques volées de canon, dont l'un porta dans la grande église, au-dessus du Saint-Sacrement, et emporta ces mots : *Verbum Dei*, qui estaient écrits à l'entour de la chaire des prédicateurs. Et cela fait, le duc de Joyeuse se retira[1]. »

Au milieu de ces troubles profonds, un second Parlement était venu siéger à Béziers ; il en résultait une division qu'il était nécessaire de faire cesser. Sur un arrêt que M. de Chalvet avait obtenu du roi, cet état de choses prit fin dans le courant du mois de décembre :

« Sur le commencement du mois de décembre, audit an 1595, la Cour du Parlement qui avait tenu à Béziers pour le roy, durant notre interdiction, vint et entra en corps à Castelsarrasin, suivant l'édit du roy et l'arrêt du Conseil privé, que mon père en avait obtenu à Lyon. Les officiers d'icelle étaient conduits par M. de Beaumont, M. de Requester, commissaires à ces fins députés. Et l'un des schismes du Parlement prit fin par cette réunion[2]. »

Mathieu de Chalvet reçut encore la délicate mission de négocier avec le duc de Joyeuse le retour

---

1. Mémoires de François de Chalvet.
2. *Ibid.*

du Parlement à Toulouse. Dans ce but, il se réunit aux représentants du roi. Enfin, la paix fut assurée et le roi reconnu.

« Sur la fin de la même année, dit encore François de Chalvet, M. le marquis de Mirepoix et le président de Nismes-Rochemoire vinrent, de la part du roi, pour négocier avec M. de Joyeuse. On s'assembla à Verdun, où mon père, MM. de Sabaterie et de Silérée allèrent de la part de la Cour ; et de la part de ceux qui étaient restés à Tolose allèrent MM. de Lestang, Dougat et Calmels. Ils accordèrent certains articles, et s'en estant lesdits sieurs de Mirepoix et Rochemoire retournés en cour, ils apportèrent, enfin, les provisions nécessaires. La ville de Tolose reconnut le roi le 14 mars 1596. »

Le 1er avril, le Parlement faisait sa rentrée solennelle dans la ville.

Des difficultés assez grandes cependant s'élevèrent à l'occasion de l'édit de Nantes (15 avril 1598), qui devait fermer dans notre histoire nationale la sanglante période des guerres de religion. A Toulouse, les passions catholiques s'exaltèrent ; les prédicateurs, dans les chaires, firent entendre à nouveau un cri de guerre ; dans le sein du Parlement lui-même surgirent des oppositions et se firent entendre des remontrances. Le roi écrivit au Parlement une lettre très modérée dans les termes, où se manifestait sa ferme volonté de faire exécuter l'édit. Enfin, après bien des lenteurs, on enregistra la lettre royale, non sans faire des réserves sur quelques articles de l'édit, qui fut enregistré le 19 janvier 1600, avec ces paroles :

« Du très exprès commandement de Sa Majesté et sans approbation de la religion prétendue réformée. »

On sait que le roi, pour donner aux protestants des garanties d'impartialité, avait, dans l'année 1595, établi une Chambre dite *Chambre mi-partie,* parce qu'elle comptait un nombre égal de catholiques et de protestants. Sur la demande de Jean de Josse, évêque de Castres, cette ville avait été choisie comme siège de cette Chambre. La Chambre mi-partie se composait d'un président, de huit conseillers et d'un procureur général catholiques ; d'un président, d'autant de conseillers et d'un procureur général protestants.

Cette concession du roi faite aux religionnaires n'était pas du goût du Parlement de Toulouse. La présence de cette Chambre était une marque de défiance de nature à blesser ses susceptibilités. Il tenta, dans l'année 1602, de faire revenir le roi sur ses premières volontés, mais en pure perte, puisque la Chambre mi-partie ne disparut que sous le règne de Louis XIV, après la révocation de l'édit de Nantes. La députation qui fut chargée de négocier l'affaire se composait de Mathieu de Chalvet, de Jean de Paulo, second président, et de Gabriel de Terlon, conseiller :

« La Cour, dûment advisée des poursuites faistes devant le roy de la part de ceulx de la religion prétendue réformée pour retenir la Chambre de ladite à Castres, et s'éloigner de cette ville de Tolose, les Chambres assemblées délibèrent qu'il sera fait des remontrances à Sa Majesté par messire Jean de Paulo, second président, Mathieu de Chalvet, président à la seconde Chambre des enquêtes, et Gabriel de Terlon, conseiller à ladite Cour, qu'elle a, en cet affaire, commis et député.

« Faict au Parlement le premier de février mil six cent deux [1]. »

Le roi, frappé de l'estime que le Parlement de Toulouse portait à M. de Chalvet, le nomma, de son propre mouvement, conseiller en ses conseils d'Etat et privé, dignité d'une haute importance à cette époque. Le président aux enquêtes prêta aussitôt le serment entre les mains du grand chancelier de Bellièvre, dont il était l'allié. Henri IV, depuis, eut pour Mathieu de Chalvet une confiance marquée. Son prédicateur ordinaire étant venu donner une série de sermons à Toulouse, le roi, dans une lettre amicale, le recommanda au président.

« Monsieur le Président, le sieur de Gyncestre, mon prédicateur, s'en allant dans ma ville de Tolose, pour y prescher selon le commandement que je lui ay faict, je le vous ai bien voulu recommander par ce mot de ma main et vous prie de le favoriser en ce qu'il en aura besoin, pour mon service, l'ayant choisi exprès sous l'assurance qu'il s'acquitera très dignement de cette charge et au contentement de tous les gens de bien. A quoy vous lui aiderez de notre part ce que vous jugerez à propos. Sur ce, Dieu vous ait en sa sainte garde, Monsieur le Président. Ce douze octobre, à Monceaux. Henry, signé [2]. »

Chargé d'ans et de gloire, estimé de tous,

---

1. Archives du château.
2. *Ibid.*

Mathieu de Chalvet se démit cependant de ses hautes fonctions, en 1604, pour passer ses derniers jours dans la retraite après laquelle il soupirait. Il eut le bonheur de céder sa charge à son fils François, seigneur de Fenouillet. Il avait rempli les fonctions judiciaires pendant le long espace de cinquante-quatre ans, sous le règne de cinq rois : Henri II, François II, Charles IX, Henri III et Henri IV. Libre désormais du souci des grandes affaires, il partagea son temps entre la prière et l'étude au milieu des siens. C'est alors qu'il fit publier la traduction des œuvres de Senèque, noble fruit de son exil à Salers.

Avant de mourir, Mathieu de Chalvet eut le temps de donner un dernier coup de main à une seconde édition des œuvres de Sénèque, qu'il dédia à la mémoire du célèbre président Dufaur de Saint-Jory, mort subitement dans l'exercice de ses fonctions :

« Dufaur de Saint-Jory, frappé d'apoplexie dans le palais même, tandis qu'il prononçait le discours d'usage, la veille de la Pentecôte, où les magistrats inférieurs rendent compte des prisonniers détenus par leur autorité, il perdit la parole, et, transporté chez lui, il expira, le 10, vers les dix heures du soir, dans la soixantième année de son âge. Ainsi mourut ce magistrat, qui relevait l'éclat de sa famille, une des plus illustres de la Gascogne, dit M. de Thou, par une conduite irréprochable et une très grande érudition[1]. »

---

1. *Histoire du Parlement de Toulouse,* par le P. Lombard; Bibliothèque de la Cour d'appel.

C'est à cette mort foudroyante qu'en termes touchants Mathieu de Chalvet fait allusion dans la dédicace de sa seconde édition des œuvres du philosophe :

« A la mémoire de feu messire Pierre Dufaur, chevalier, seigneur et baron de Saint-Jory, conseiller du roi en son Conseil d'Estat et premier président en sa Cour du Parlement de Tholose.

« La vertu singulière, l'innocence des mœurs, le savoir excellent, la gloire acquise par tant de doctes escrits, le fidèle service rendu aux roys, et la fonction dignement exercée aux plus honorables et importantes charges de la justice et enfin en l'estat de premier président, l'alliance prochaine, l'amitié sincère et la douce privauté qui fut entre nous, l'honneur qu'il me fit en me donnant son troisième livre des Semestres, les événements de sa mort, heureux et honorable à un homme de sa profession, dans le palais, sur les fleurs de lys, devant les yeux de tout le Sénat, en exhortant à leurs devoirs les magistrats et officiers de la ville, suivant la coustume solennelle de la Cour, m'obligèrent tellement envers lui que n'ayant pu, durant sa vie, pendant les injures du temps et les malheurs qui ont si longuement travaillé ce royaume, m'acquitter de ce que je lui devais, je ne pourrais vivre content si maintenant, après sa mort, pour un dernier office plein de piété, d'une volonté franche et d'une âme recognoissante, je n'eusse dédié ce mien petit labeur à l'homme de sa souvenance. »

Cette seconde édition ne parut qu'en 1610, après la mort de son auteur, chez l'Angelier.

Son repos, en effet, ne fut pas de longue durée. Atteint bientôt d'un abcès intérieur contre lequel la médecine fut impuissante, il supporta son mal avec un courage tout chrétien. Plein de confiance en la miséricorde de ce Dieu dont il s'était montré le constant serviteur, il vit la mort s'approcher sans effroi. Il rendit sa belle âme à Dieu à l'âge de soixante-dix-neuf ans, laissant après lui une mémoire honorée et sans tâche.

On peut lire l'éloge de Mathieu de Chalvet au livre cinquième des *Éloges des Hommes illustres,* composés en latin par Scévola de Sainte-Marthe, et mis en français par G. Colletet, imprimé à Paris en 1644. A la lettre C du grand Dictionnaire historique, imprimé à Lyon en 1681, on lit un autre éloge du grand magistrat. Dans ce dernier ouvrage, l'auteur cite l'extrait suivant des registres de l'hôtel de ville de Toulouse. Pour nous assurer de l'authenticité de cette citation, nous en avons vérifié nous-même les termes dans les Annales de la ville :

« *Extrait du cinquième registre de l'Histoire de la ville de Toulouse, commençant en 1602, finissant en 1617, estant aux archifs de l'hostel de ville.*

« Le vingtième juin mil six cent sept, messire Mathieu de Chalvet, président en l'une des Chambres d'enquestes de la Cour, personnage de rare érudition, après avoir mis en lumière la version des œuvres de Sénèque le Philosophe et plusieurs œuvres de poésie, où il sçavait merveilleusement, et servi le roi cinquante-six ans au Parlement de Toulouse, et enfin remis son office à messire François de Chalvet, président à la même Chambre, son second fils, mourut le plus ancien, le plus honnête magistrat de France, et âgé de soixante-dix-neuf ans, et regretté universellement de tous. Son corps fut inhumé à l'église des Cordeliers, où la Cour en corps l'accompagna, avec toutes les plus honorables familles de la ville en deuil et une infinité d'autres personnes de qualité, qui voulaient rendre à ce signalé personnage cet honneur et dernier office pour tant qu'il en avait fait à tous, restait l'exemple de toute courtoisie et urbanité [1]. »

VIII

FRANÇOIS DE CHALVET-ROCHEMONTEIX

Mathieu de Chalvet laissa la directe de Merville à François de Chalvet, son second fils [2]. François de Chalvet hérita aussi de la sagesse et de la science de son père, dont il continua les grandes traditions; il est l'auteur d'un manuscrit, que nous avons

---

1. Archives municipales.
2. Voir dessin hors texte, n° 6.

souvent cité : *Mémoires du président François de Chalvet sur la Ligue et la mort de Duranti.* Une copie de ces Mémoires, écrite de la main de M. A. de Chalvet de Rochemonteix, inspecteur de la Société française d'archéologie et l'un des représentants de la noble maison des Chalvet, nous a permis d'y puiser les renseignements les plus précieux.

« C'est un récit simple, dit M. A. de Chalvet, familier, écrit par un témoin oculaire, souvent acteur des événements qui se déroulent à Toulouse, de 1562 à 1596. La vie de famille et la vie publique, si troublée dans cette seconde moitié du seizième siècle, y sont prises sur le vif, et ce n'est certes pas là un des moindres attraits de ces pages historiques... Nous n'avons pas à raconter les scènes d'horreur qui souillèrent les triomphes des deux camps, du camp catholique et du camp protestant. Ce fut une période de deuil et de massacres. Et cependant, au milieu du désordre général, de l'abaissement du pouvoir et de la négation de la justice qui s'ensuivirent, il se trouva des caractères que rien ne sut émouvoir.

« Ce sont ces épisodes, ces caractères que M. de Chalvet met en relief dans ses Mémoires. Il montre d'abord les quatre journées de lutte dans les rues de la ville, puis les tristes épreuves par lesquelles dut passer le Parlement, l'assassinat du premier président Duranty, de l'avocat général Daffis, la fuite du Sénat, son installation à Castelsarrasin et enfin, en 1596, sous Henri IV, la rentrée solennelle de la justice exilée à Toulouse. »

François de Chalvet fut l'un de ces caractères

que, dans ses Mémoires, il s'est plu à mettre en relief. D'un grand esprit de sagesse et de modération, il fut le conseil du fameux Pierre Dufaur de Saint-Jory, qui joua un si grand rôle dans ces temps troublés. Le duc de Joyeuse père l'estima singulièrement, et l'ex-frère Ange, devenu duc de Joyeuse, aurait voulu l'avoir auprès de lui. Son père Mathieu se fit toujours accompagner de lui dans les négociations délicates qu'il eut à traiter, au nom du Parlement, avec la reine ou avec le roi. Aussi, c'est avec raison qu'Audigier, parlant du village de Rochemontel dans son projet manuscrit de l'*Histoire d'Auvergne*, n'a pas séparé le nom de Mathieu de celui de son fils :

« Rochemontel, petit lieu près de Salers, et devenu célèbre pour avoir produit la maison de Chalvet, qui a donné deux hommes illustres : Mathieu de Chalvet, président au Parlement de Toulouse et conseiller d'Etat, mort en 1607, et son fils François de Chalvet, qui se fit une grande réputation dans le pays de Toulouse où il était conseiller. »

Lorsque François de Chalvet vint au monde, Toulouse était déjà profondément troublée par la guerre religieuse. Favorisés par le Parlement et surexcités par les prédications de l'époque, les ligueurs s'étaient enrégimentés. Ils avaient pris pour devise : « *Eamus et nos et moriamur pro Christo* : Marchons et mourons pour le Christ. » A l'instar des croisés, ils portaient tous une croix blanche sur leurs habits, et en traçaient une autre, à la craie, sur leurs maisons. Le sieur de Terrides d'abord, plus tard Montluc étaient à la tête des ligueurs. Nous avons vu plus haut comment François échappa, tout enfant, à la fureur des huguenots, grâce au courage de sa nourrice et au sang-froid de son père. Le pillage de l'hôtel de Bernuy, les scènes sanglantes dont il fut le témoin attristé dès sa plus tendre enfance, lui inspirèrent une grande horreur pour les discussions et un grand amour de la paix. Ce qui ressort du récit qu'il a écrit de ces troubles avec une fidélité constante à la foi catholique, c'est un éloignement prononcé pour les passions exaltées de la Ligue. Il crut que l'amour de la religion et la sagesse miséricordieuse n'étaient nullement incompatibles ; ce sentiment fit sa force.

François de Chalvet avait étudié le droit à Orléans, où il fut reçu docteur, avec éloges, le 20 mars de l'année 1582 :

« Mathurin Piédra, docteur, recteur de l'Université d'Orléans, déclare, après un examen sérieux, François de Chalvet, du diocèse de Toulouse, docteur avec éloges [1]. »

François de Chalvet se fit inscrire, comme avocat, au barreau de Paris, mais pour très peu de jours. Ses affections l'appelant à Toulouse, il adressa, dans l'année même où il subit ses examens du doctorat, cette supplique aux membres du Parlement de notre ville :

« A Nosseigneurs tenant la Cour de Tolose.

« Requeste de François de Chalvet pour être reçu advocat en la Cour. — Supplie humblement

---

1. Archives du château.

François de Chalvet, docteur ès-droits, qui aurait été reçu en la charge d'advocat au Parlement de Paris, comme appert par l'extrait du registre des advocats dudit Parlement, estant cy-attaché. — Et voudrait, le suppliant, estre reçu en la même charge et profession d'advocat de notre Cour, s'il obtient le bon plaisir d'icelle. — Au moyen de quoy vous plaise de vos grâces ordonner qu'il sera reçu à prêter le serment.

« Cy-joint l'attestation comme advocat à Paris ; 6 avril 1582 [1]. »

Le Parlement de Toulouse ne mit aucun obstacle aux désirs de François de Chalvet. Son esprit judicieux et sa science juridique ne tardèrent pas à faire une réputation au jeune avocat. Mathieu de Chalvet crut voir en lui un autre lui-même. Agé et fatigué des affaires, il songea à se démettre de sa charge de conseiller en faveur de son fils. Un obstacle semblait contrarier son projet, celui de la parenté de François avec Pierre Dufaur de Saint-Jory, premier président de la Cour. Le vieux magistrat fit cependant sa demande au roi, ajoutant à cette requête celle d'une dispense de parenté. Il appuya sa supplique sur les longs et laborieux services qu'il avait rendus au roi et à la nation, tant comme magistrat que comme député dans les commissions extraordinaires :

« Plaise au roi accorder la résignation de l'office de conseiller laïc en la Cour du Parlement de Toulouse, qu'entend faire messire Mathieu de

---

1. Archives du château.

Chalvet en faveur de François de Chalvet, son fils, et à la survivance desdits de Chalvet père et fils ; et permettre audit de Chalvet père de retenir et exercer séparément l'état de président des enquêtes en ladite Cour, nonobstant ladite résignation, et dispenser ledit Chalvet fils des alliances qu'il a en ladite Cour, procédant de la personne de sondit père et de messire Pierre Dufaur, président en ladite Cour, cousin germain dudit de Chalvet fils. Et ce, en considération des longs et laborieux services que ledit messire de Chalvet a faits, tant en l'exercice desdits états de président d'enquête et de conseiller, qu'en plusieurs charges et commissions où il a été employé pour le service de Sa Majesté ou des rois ses prédécesseurs, par l'espace de trente ans entiers. »

Le roi agréa la demande de son fidèle serviteur : de sa propre main, il écrivit au bas de la supplique : « Accordé, Henry, 26 mai 1583[1]. »

Le décret du roi fut aussitôt inscrit dans le rôle : « Extrait du rôle arrêté de la main du roi, à Fontainebleau, le premier jour de juin 1512.

« Messire de Chalvet, conseiller et président aux enquêtes, à Toulouse, qui requiert le roi de lui accorder la résignation des états en faveur de François de Chalvet, son fils, à la charge que ledit de Chalvet père les exerce, jusques à ce que sondit fils soit en âge de les pouvoir exercer. Et vouloir dispenser ledit de Chalvet de la parenté qu'il a avec messire Pierre Dufaur de Saint-Jory, pré-

---

1. Archives du château.

sident en ladite Cour, son cousin, le tout sans payer finances, en considération de ses services. Et en marge de ladite partie est écrit, de la propre main de Sa Majesté : « Accordé, en payant finance « modérée. »

« Collationné par moi, notaire et secrétaire du roi et de ses finances. — Mortier[1]. »

François de Chalvet n'exerça ses fonctions de conseiller que l'année suivante. Par une heureuse coïncidence, l'usage de signer les arrêts venait à peine de s'établir lorsque François de Chalvet entra en charge; c'est ce qui nous explique pourquoi on trouve sa signature, dès le 15 novembre 1583, au bas des arrêts conservés dans les archives du Parlement de Toulouse. Fait digne de remarque et que nous nous contentons de signaler, l'écriture du savant magistrat grossit à mesure qu'on avance dans la lecture des registres. D'abord menue, timide, elle devient grande, large, belle, comme celle d'un homme qui rentre dans sa carrière hésitant, pour en prendre, avec les années, une pleine et entière possession.

Membre du Parlement, François de Chalvet entra dans la lutte. Jaloux de l'autorité royale, il résista à tous ceux qui cherchaient à la diminuer; magistrat intègre, le Parlement était, à ses yeux, un sanctuaire; il repoussa comme sacrilège la main qui osa le violer. Le maréchal de Joyeuse, le père, estima singulièrement ce fier caractère; maintes fois il lui donna des preuves de sa confiance. Le

---

1. Archives du château.

fougueux ex-frère Ange, devenu duc de Joyeuse, aurait voulu auprès de lui un homme de cette trempe pour fortifier son parti. Mais François de Chalvet ne connut que la ligne droite ; il suivit la Cour à Castelsarrasin, et ne rentra qu'avec elle à Toulouse. Conseil de Pierre Dufaur de Saint-Jory, son cousin, le premier président n'agit jamais sans le consulter. Nous n'avons pas besoin de nous appesantir sur le rôle qu'il joua après le départ du Parlement de Toulouse. En citant ses Mémoires, nous avons déjà raconté comment il fut mêlé à toutes les négociations importantes avec le roi, dont son illustre père fut l'ami. Le 2 août de l'année 1597, il fut nommé conseiller à Castres, où il siégea peu d'années.

Sûr d'un fils dans l'âme duquel il se reconnaissait, Mathieu de Chalvet demanda au Parlement de Toulouse de se décharger en sa faveur de la présidence aux enquêtes, lorsqu'il eut atteint l'âge requis. La Cour accepta la supplique du vénérable magistrat dans les termes les plus élogieux :

« Sur la supplication verbalement faite par messire Mathieu de Chalvet, conseiller et président de la seconde Chambre des enquêtes, à ce qu'il plût à la Cour de décharger de l'exercice de sondit office de président en faveur de messire François de Chalvet, conseiller du roi en la Cour, son fils. En considération des services par lui faits en ladite Cour et dits offices de conseiller et président durant l'espace de cinquante-deux ans, attendu que ledit Chalvet fils aurait atteint l'âge de quarante-six ans et exercé ledit office de conseiller dix-sept ans; et vu les lettres patentes du feu roi Henri contenant provision en forme dudit messire François de Chalvet desdits offices de président et conseiller du 28 avril 1563 et du 12 septembre 1587 et arrêté et délibération de la Cour 1586 ; la Cour, les Chambres assemblées, a ordonné et ordonne ledit messire François de Chalvet prêter le serment et faire les soumissions accoutumées. Prononcé à Toulouse, en Parlement, le 20 avril 1603. — De Malanfent, signé[1].

Cette décision du Parlement de Toulouse ne semble pas conforme, quant à la date, à un édit conservé dans les archives de la Cour, d'après lequel le fils de Mathieu de Chalvet aurait été nommé président aux enquêtes en 1583 : « Lettres en faveur de M. François de Chalvet des offices de conseiller et président en la Chambre des enquêtes, 28 avril 1583. » (Edits, registre 11, folio 6041.) La contradiction est plutôt apparente que réelle. François de Chalvet, en effet, a pu recevoir, à la demande de son père, des lettres patentes des offices de conseiller et de président, dans l'année 1583, et cependant ne prendre, d'une manière effective, la présidence que dans l'année 1605, après avoir exercé les fonctions de conseiller. C'est même ce qui a eu lieu. A nous en tenir au sens de l'édit que nous venons de citer, pour exercer la charge de président à la Chambre des enquêtes, il était nécessaire d'avoir au moins quarante-six ans. Or, en 1583, François de Chalvet n'avait que vingt-quatre ans. Mathieu de Chalvet, qui avait

---

1. Archives du château.

obtenu du roi, par des lettres patentes, que son fils le remplacerait dans ses charges, attendit l'âge requis par la loi pour lui céder la présidence. Il n'adressa, en effet, sa démission au Parlement que le jour où François de Chalvet atteignit sa quarante-sixième année. Voilà comment ces deux dates, loin de se contredire, concordent entre elles.

La considération dont jouit Mathieu de Chalvet auprès de ses collègues rejaillit sur son fils. Comme son père, François mérita, par son caractère et son savoir, d'attirer sur lui les regards des membres de la Cour, dans des circonstances solennelles où le Parlement dut se faire représenter auprès du roi. Le 25 mai 1610, il fut député par le Parlement vers Louis XIII avec Nicolas Verdun, premier président, Jean de Paulo, deuxième président, et Bernard d'Assézat, conseiller. La Cour les chargea de saluer le roi, en son nom, à l'occasion de son avènement au trône et de l'assurer de son obéissance et de sa fidélité. A cette première mission elle en ajouta une seconde autrement délicate, celle de faire au souverain des remontrances relativement à plusieurs affaires concernant le bien de son service, la tranquillité de ses Etats et le soulagement de ses sujets.

L'année suivante, la reine régente nomma le nouveau président membre de la commission chargée de surveiller la construction du pont de Toulouse, un des grands monuments du dix-septième siècle. La première pierre en avait été posée, sur l'ordre du roi, par le premier président Jean de Mansescal. Certains en attribuent le plan à Mansart ; mais, d'après le Père Lombard, Nicolas Bachelier en serait l'auteur. A l'occasion de cette construction, Toulouse s'imposa pour une somme de 6,700 livres, le Parlement pour une somme de 1,200 livres; tous les diocèses voisins apportèrent encore leurs offrandes. Les travaux, tour à tour abandonnés et repris, ne furent terminés qu'en 1628. Souffron, habile architecte du temps, en dirigea longtemps la construction aux gages de 1,200 livres. Marie de Médicis nomma François de Chalvet membre de la commission de surveillance, le 29 novembre, par un décret daté de Paris :

« Louis, roi de France et de Navarre, par la grâce de Dieu, à notre ami et féal conseiller et président aux enquêtes en notre Cour du Parlement de Toulouse, messire François de Chalvet, salut. Auparavant que notre ami et féal conseiller en notre Conseil d'Etat et premier président en notre dite Cour du Parlement de Toulouse, messire François de Chalvet fut pourvu de ladite charge, il avait, étant maître de requêtes de notre hôtel, commission pour vaquer aux affaires concernant la construction du pont sur la rivière de Garonne, en notre ville de Toulouse, et le même pouvoir lui étant attribué à cause de ladite Chambre de premier président, il est besoin maintenant de remplir ladite commission de quelque autre personne qui s'en puisse dignement acquitter. En quoi estimant n'en pouvoir faire meilleure élection que de la vôtre pour la confiance que nous avons de votre affection au bien de nos affaires et services du public.

« A ces causes, nous et de l'avis de la reine régente, notre honorée dame et mère, nous avons commis et député, députons et commettons par ces présentes, pour, avecque les autres commissaires députés pour la construction dudit pont, vaquer aux affaires d'icelui, et jouir par vous de notre présente commission avec tel et semblable pouvoir qu'ils en jouissent, nous ayant de ce faire donné et donnons pouvoir, commission et mandement spécial par ces présentes, lesquelles nous mandons à nos amis et féaux lesdits commissaires députés pour la construction dudit pont faire enregistrer, et à tous nos officiers et sujets qu'à nous, en ce qui sera de l'effet et de l'exécution d'icelles, ils obéissent et entendent, car tel est notre plaisir, nonobstant quelques ordonnances, mandements et lettres à ce contraires, auxquels nous avons dérogé et dérogeons par lesdites présentes. Donné à Paris, le neuvième jour de novembre, l'an de grâce mil six cent onze et de notre règne le deuxième. Louis; pour le roi, la reine régente présente. Philippeaux, aussi signé [1]. »

Ce qui est remarquable dans la vie de François de Chalvet et de son père, c'est leur conduite privée, tout imprégnée de foi chrétienne et d'amour filial. D'autres, éblouis par l'éclat des hautes charges, auraient pu écouter la voix de l'ambition et vivre à l'extérieur; François et Mathieu, au contraire, aimèrent à se retirer dans l'intérieur de la famille, comme dans un sanctuaire, pour y chercher ce que les fonctions publiques ne sauraient donner : la paix du cœur et l'amitié véritable. Cet amour pour la foi, la religion et le

---

1. Archives du château.

foyer, est la note caractéristique des Mémoires sur la Ligue, dont nous avons cité de nombreux passages; nous le retrouvons encore dans l'application de François de Chalvet à recueillir tous les faits qui intéressaient sa famille. Jeune encore, il se plut à en dresser l'arbre généalogique; et voici de quelles belles et fortes pensées il fit précéder ses recherches :

« Je ne peux deviner dans quelles mains devront tomber, quelque jour, ces petits Mémoires, ni le jugement que pourront faire sur mes recherches ceux qui les verront. Si tant est que quelqu'un daigne y jeter les yeux, nous ne sommes point les maîtres de leur indulgence; ce serait trop de tyrannie de penser de s'emparer des libertés et des opinions. Mais je proteste bien que mon dessein est que, si Dieu me donne des enfants, eux seuls voient ces tablettes domestiques, et, à leur défaut, ceux qui me seront les plus proches, s'il y a lieu; et je les prie de donner cette consolation à mon âme, que le contenu ne dépasse pas le seuil de la maison. Au demeurant, ce n'est pas la vanité qui me pousse. Tous les fruits que je veux retirer de ce petit discours n'est que de satisfaire ma seule fantaisie et d'avoir cette gloire que cet ouvrage est plein de vérité. Dieu bénisse mes pensées, et veuille guider toujours mes paroles et dresser mes œuvres à son saint honneur, et me donner son amour et sa grâce. Mon père, qui a nom Mathieu de Chalvet, conseiller du roi en ses Conseils d'Etat et premier président au Parlement de Toulouse, descend de la maison de Rochemonteix, près de Salers, en la haute Auvergne. Quant à ma mère,

Jeanne de Bernuy, elle est la fille de Jean de Bernuy, seigneur de Pelficat et baron de Villeneuve-le-Comtal, Espagnol de naissance, puîné de la maison de Bernuy, l'une des plus nobles branches de la cité de Burgos. Il vint habiter dans Tolose, et fut naturalisé ; il fut homme de vertu, et vécut magnifiquement. J'ai été envieux d'apprendre desdits seigneur et dame, mon père et ma mère, leur généalogie, pour connaître mon origine et les alliances de notre maison ; et ce qu'ils m'ont dit et enseigné, ils l'ont pris tout au long de ce qu'ils en savaient et de ce qu'ils ont pu recueillir des papiers qui étaient en leur pouvoir [1]. »

La mémoire de François de Chalvet nous pardonnera d'avoir mis au jour les tablettes de sa famille. Lui-même, certainement, nous aurait permis de divulguer ses secrets, s'il avait connu la pensée qui nous a inspiré ce travail.

Le principal écrit de François de Chalvet, et le seul qui nous reste de lui, est le manuscrit inédit des événements sur la Ligue dans la ville de Toulouse, dont nous avons parlé. Il publia encore une seconde édition des œuvres de Sénèque, traduites par son illustre père. Ami des lettres autant que du droit et de la philosophie, il enrichit la bibliothèque du château de la plupart des manuscrits qu'on y remarque aujourd'hui. Il en commenta quelques-uns, comme le *Glossaire* de Festus, sur les marges duquel on peut lire des explications écrites de sa propre main.

---

1. Archives du château.

Marié, depuis 1588, à Jacqueline de Reynier, dame de Fenouillet, Saint-Loup et Gaujouse, il eut, de cette union, un fils et trois filles : Jacques, Gaillarde, Jeanne et Catherine. Après sa mort, dont nous ne connaissons pas l'époque, il laissa la directe à son fils Jacques.

IX

JACQUES DE CHALVET-ROCHEMONTEIX

Jacques de Chalvet, seigneur de Fenouillet, Saint-Loup, Gaujouse, succéda à son père François. Nous n'avons trouvé nulle part qu'il fût homme de robe, comme son père et son aïeul, ni qu'il ait occupé aucune charge. En 1629, il épousa Gabrielle de Baderon de Maussac, dont il eut plusieurs enfants. Louis XIV le nomma gentilhomme ordinaire de la chambre, par une ordonnance du 11 juillet 1644 :

« De par le roi, grand chambellan de France, premier gentilhomme de notre chambre, premier ministre de notre hôtel et maître ordinaire d'icelui, maître de notre chambre aux deniers, salut. Ayant égard aux agréables et aux recommandables services que notre cher et bien-aimé Jacques de Chalvet nous a rendus en plusieurs bonnes occasions, où il a été employé pour notre service; à ces causes et autres, et pour lui donner moyen de continuer à l'avenir, nous l'avons aujourd'hui retenu et retenons en l'état et charge de l'un de nos gentilshommes ordinaires de notre chambre pour en jouir, user et dorénavant exercer aux honneurs, autorités, prérogatives, prééminences, franchises, libertés, gages, profits, revenus et émoluments accoutumés, tels et semblables qu'ont et jouissent les autres gentilshommes de notre chambre, tant qu'il nous plaira, car tel est notre bon plaisir. Donné à Ruel, sous le scel de notre secret, le quatrième jour de juillet mil six cent quarante-quatre. Louis, signé. Pour le roi, la reine régente, sa mère, présente [1]. »

Jacques possédait de riches propriétés, si nous en croyons le dénombrement qu'il présenta, le 12 août 1665, aux présidents trésoriers généraux de la généralité de Toulouse, commissaires députés pour la réception des hommages :

« Il tient par succession de messire François de Chalvet-Rochemonteix, conseiller d'Etat en ses Conseils et président aux enquêtes du Parlement de Toulouse, et dame Jacqueline de Reynier, son père et mère, la sixième partie de la baronnerie de Fenouillet en toute justice haute, moyenne et basse, par indivis avec le collège de Saint-Martial de Toulouse, qui tient les autres cinq portions, avec droits d'établir juges, baile, greffier, consuls et autres officiers nécessaires pour l'exercice de la justice, et les destituer conjointement avec le prieur dudit collège. *Item,* dans la juridiction, un châ-

---

1. Archives du château.

teau avec tours, prisons, chapelle, pigeonnier, garenne, prés, vignes, fours, métairies, le tout environné de fossés et de murs, contenant vingt arpens. Lesquels château, métairie et terre, il tient avec justice haute, moyenne et basse. Pour lesquels biens, exempt de toute charge, il est tenu, conjointement avec les seigneurs voisins et le coseigneur de Gagnac, de faire le service au roi en brigantine pour la défense de la ville de Toulouse.

« Davantage il possède le château noble dit de Gaujouse et Brantalon, savoir dans le consulat de Vieille-Toulouse. Il tient dans le lieu de Merville une partie de la directe, et dans ladite juridiction, en ramiers, une contenance de quatre-vingts arpens ou plus, confrontant avec la rivière de Garonne, d'une part, métairie de Faugade, l'abbaye de La Capelle, terre de Saint-Jory, le canal de la rivière, duquel il paye au roi, tous les ans, six livres d'albergue et une livre pour droits d'attache à deux moulins ; plus dans ledit lieu le droit du four et forge bannieu[1]. »

Jacques de Chalvet mourut en 1672, laissant la directe à son fils François.

1. Archives du château.

X

FRANÇOIS II DE CHALVET-ROCHEMONTEIX

Le renom de la maison de Chalvet, momentanément éclipsé avec Jacques de Chalvet, reçut un nouvel éclat avec François II, fils aîné de ce dernier. François II semble avoir réuni dans sa personne le caractère et la science de son grand-père et de son aïeul. Il reprit leurs nobles traditions dans le Parlement de Toulouse; comme eux il fut l'honneur de la magistrature. D'abord, avocat au Parlement, il obtint une place de conseiller après la mort de M. A. de La Valette, marié à sa sœur Diane de Chalvet :

« Louis, par la grâce de Dieu roi de France et de Navarre, à tous ceux qui liront ces présentes lettres, salut. Savoir faisons que, plein de confiance en la personne de messire François de Chalvet, avocat en notre Cour du Parlement de Toulouse, et de ses sens, suffisance, loyauté, preudomie, expérience en fait de judicature, fidélité et affection à notre service; pour ces causes et autres, nous lui avons donné et octroyé, donnons et octroyons par ces présentes l'office de notre conseiller en notre dite Cour du Parlement de Toulouse, que tenait et exerçait Pierre-Antoine de La Valette, dernier paisible possesseur d'icelui, décédé au mois de novembre dernier... Donnons et mandons à nos amis et féaux conseillers, les gens tenant notre Cour du Parlement de Toulouse, qu'après avoir été apparu de bonne vie, conversation, religion catholique, apostolique et romaine, l'âge de vingt-cinq ans dudit de Chalvet, et de lui pris et reçu le serment requis et accoutumé, ils le reçoivent et l'instituent en pleine possession et jouissance dudit office. Tel est notre bon plaisir. En témoignage de quoi, nous avons fait mettre notre scel à cesdites présentes. Donné à Paris, le quatorzième jour de janvier, l'an de grâce mil six cent soixante-trois, et de notre règne le vingtième. Par le roi, Pucelli, signé [1]. »

Vivant dans une époque moins agitée que celle où s'illustrèrent ses aïeux, le conseiller n'eut pas, comme eux, l'occasion de faire éclater les riches qualités de son esprit; sa sagesse et son érudition se manifestent néanmoins dans les documents et les manuscrits qu'il a mis en ordre dans les archives de sa famille. Rien ne le rebuta dans cette besogne, qui suppose une patience infatigable et un labeur immense. Après avoir collectionné tous les actes qui intéressaient sa maison, il en fit l'inventaire, qu'il écrivit de sa main dans un registre in-quarto de plus de six cents pages, sous le titre : « Inventaire des titres, papiers et documents qui sont dans les archives de moy, François de Chalvet-Rochemonteix, conseiller au Parlement de Toulouse, commencé le 16 janvier 1691 ». Relié solidement et couvert d'une peau de chamois, l'inventaire renferme plus de mille documents, papiers

---

1. Archives du château.

de toutes sortes, actes, reconnaissances, lausimes, procès, testaments, contrats de mariage, ventes, donations, lettres ; tout est analysé, classé, numéroté ; travail remarquable auquel le patient érudit consacra les dernières années de sa vie. Grâce à ses recherches, le château de Merville possède des archives qu'il serait difficile de trouver ailleurs. Sans l'intelligente prévoyance du sage magistrat, certainement il aurait été impossible de refaire l'histoire de Merville.

Où l'esprit d'ordre de François de Chalvet se découvre encore, c'est dans un recueil très curieux des sentences portées par la Grand'Chambre du Parlement de Toulouse, depuis l'année 1679 jusqu'au mois de mars de l'année 1704. Le manuscrit, écrit de la main du judicieux jurisconsulte, relève cinq cent cinquante jugements sur toutes les matières du droit. L'analyse de ces procès est claire, nette, précise, et celui qui ferait de ces résumés une étude approfondie, aurait, sans nul doute, de la jurisprudence de l'époque une idée complète. Testaments, donations, dots, échanges, ventes, partages, hypothèques, bénéfices, dîmes, tailles, toutes les causes, en un mot, qui pouvaient intéresser la société dans ces temps, sont décidées en quelques mots brefs, mais pleins de clarté. Ce recueil est un véritable code des lois qui étaient alors en vigueur.

François de Chalvet commence dans ses analyses par faire l'exposé de la cause ; il nomme ensuite le rapporteur ; enfin il relate la sentence.

Pour en donner l'intelligence au lecteur, je cite au hasard une de ces analyses. Par elle, il connaîtra les autres ; car, à part quelques-unes qui ont un plus grand développement, toutes ont le même caractère et une même formule :

« Si une seconde donation plus ample que la précédante faite à mesme personne comprend la précédante ou si ce sont deux donations.

« Jacques de Bonne, dans ses pactes de mariage, donne à une de ses filles 4,000 livres de rente; ensuite, mariant Marguerite, sa fille, il lui donne la moitié de ses biens. Question si Marguerite peut prétendre à la moitié des biens et les 4,000 livres. Le 22 août 1680, il a été jugé, au rapport de M. Dupuy, que la donation de 4,000 livres estait comprise dans celle de la moitié des biens [1]. »

On comprend combien ce recueil devait être utile au consciencieux magistrat. Il n'avait, dans les causes similaires ou se rapprochant des jugements déjà rendus, qu'à consulter ces précieux résumés pour faire aussitôt la lumière et former sa conscience.

Ce manuscrit, papier, forme un in-quarto de 182 feuillets.

Pendant que François de Chalvet honorait la robe, un de ses frères, Valentin de Chalvet, mourait pour la défense de la patrie, sous les murs d'une ville d'Alsace, après trente-trois ans de service militaire. Né à Toulouse, le 22 juin 1639, Valentin reçut le baptême dans l'église de la Dalbade. Valentin Laroche et Mlle de Maussac le tinrent sur les fonts baptismaux. En qualité de cadet, il choisit la carrière des armes, et laissa à son aîné celle de la magistrature. Officier dans l'armée de Cré-

---

1. Archives du château.

quy, il attira sur lui, par sa bravoure, les regards du maréchal qui lui confia la place de Saint-Awoltd :

« Etant nécessaire de commettre un officier de capacité et d'expérience comme pour commander dans le lieu de Saint-Awoltd aux troupes que nous y avons envoyées, informé de la bonne conduite et de l'expérience du sieur de Chalvet, capitaine au régiment royal d'infanterie, nous l'avons commis et ordonné, nous le commettons et ordonnons par les présentes, pour commander dans le lieu de Saint-Awoldt aux troupes qui y sont et qui y pourront être envoyées ci-après pour y demeurer et auxquelles nous enjoignons de lui obéir dans les choses concernant le service du roi ; et pour veiller à la conservation tant dudit lieu que desdites troupes qu'il tiendra dans une discipline bien réglée, en sorte qu'il n'y aura plus aucun sujet de crainte. Fait au camp, le 9 novembre 1676. Signé maréchal de Créquy [1]. »

Valentin de Chalvet mourut sur la brèche en brave soldat, après de brillants services qui lui méritèrent les éloges du colonel de son régiment, le marquis de Créquy, sans doute un parent du célèbre maréchal :

« Le marquis de Crécuy, colonel du régiment royal d'infanterie, certifie, sur ce que les plus anciens officiers du régiment ont assuré, que le sieur de Chalvet a servi deux ans enseigne, cinq de lieutenant et vingt-six de capitaine ; a été tué à l'at-

---

1. Archives du château.

taque de Cochem, le vingt-sixième jour d'août dernier. Fait au Mont-Royal, ce 30 octobre 1689. De Crécuy, signé[1]. »

Six ans avant la mort glorieuse de Valentin de Chalvet, s'éteignait aussi devant Dieu un enfant de saint Dominique qui, d'après Moréri, appartenait à la maison de Chalvet de Toulouse. Le P. Hyacinthe de Chalvet jeta un certain éclat sur son nom, si nous en croyons l'auteur du *Grand Dictionnaire*. Célèbre prédicateur de l'ordre de Saint-Dominique, savant théologien, il professa l'Ecriture sainte et la Théologie, pendant vingt ans, à l'Université de Caen. Il fut pris par les corsaires d'Alger dans un voyage en Italie; ceux-ci lui enlevèrent tous ses manuscrits. Remis en liberté, il rétablit son œuvre perdue, à force de travail et de peine. Il mourut à Toulouse à l'âge de quatre-vingt-trois ans.

François de Chalvet épousa, en 1660, dame Anne de Reich-Pennautier. Il en eut douze enfants, dont quatre se consacrèrent à Dieu et s'enfermèrent dans le cloître. Plein de jours et de mérites, il mourut dans l'année 1705.

1. Archives du château.

XI

FRANÇOIS-AUGUSTE DE CHALVET-ROCHEMONTEIX

François-Auguste de Chalvet, celui des enfants du conseiller au Parlement qui hérita de la directe, soutint dignement le grand renom de ses ancêtres. Il naquit à Toulouse, le 7 janvier 1668. C'était, à cette époque, un usage dans les grandes maisons de choisir, en qualité de parrain et de marraine de leurs nouveau-nés, les pauvres qui mendiaient sur les portes des églises. Voilà comment François-Auguste fut tenu, le jour de son baptême, par deux mendiants. Voici, d'ailleurs, l'extrait de baptême qui constate cet usage éminemment chrétien :

« François-Auguste, fils de Monsieur François de Chalvet, conseiller au Parlement, et de dame Anne de Reich-Pennautier, mariés, est né le sept janvier mil six cent soixante-huit, a été baptisé le dix dudit mois. Parrain, Guillaume Raymond, pauvre; marraine, Jeanne Bonhomme, pauvre. Ayant requis de signer, ont déclaré ne savoir. De Chalvet père, signé à l'original; Rous, curé de la Dalbade. Extrait des registres de la Dalbade [1]. »

Avant de prendre possession de la directe de

---

1. Archives du château.

Merville, François-Auguste avait épousé Antoinette de Bosc, en 1696. Femme d'une grande intelligence et d'une volonté énergique, nous la verrons plus tard mettre en jeu toutes les qualités de son âme pour le bien de ses enfants. Elle était fille de Laurens de Bosc, conseiller au Parlement de Toulouse.

François-Auguste avait deux frères chevaliers de Malte ; l'un d'eux était grand prieur à Toulouse et mourut dans un âge très avancé. Une de ses sœurs, Marie de Chalvet, se rendit célèbre par son amour passionné de la poésie et des belles-lettres. M. Dubédat, dans son *Histoire du Parlement*, la place à côté d'Elisabeth de Montlaur, femme du président Druilhet, de Mlle de Calages et de Mme de Montagut, femmes remarquables de cette époque. Marie de Chalvet était mariée à Pierre Druille, secrétaire du roi.

Avec François-Auguste, la charge importante de grand sénéchal de Toulouse entra dans la maison de Chalvet, qui devait en rester titulaire jusqu'à la veille de la Révolution. La sagesse et l'habileté furent les caractères distinctifs de l'administration du nouveau sénéchal de Toulouse. Aussi, lorsqu'il voulut faire admettre deux de ses fils dans l'ordre de Malte, le roi lui-même appuya sa demande, et, de sa propre main, il écrivit en ces termes au grand maître de l'ordre, alors l'éminentissime frère Antoine-Marie Zondeideni :

« Mon cousin, le sieur de Chalvet-Rochemonteix, sénéchal de Toulouse, qui a deux frères chevaliers de l'ordre de Saint-Jean de Jérusalem, désirerait y faire entrer aussi deux de ses fils. Mais pour cet effet ils ont besoin que vous leur accordiez une dispense de preuves à faire du côté maternel. Cette famille est composée de sujets qui en différents états ont rendu de longs services au roi mon bisaïeul et m'en rendent encore actuellement qui me sont très agréables. J'ai surtout lieu d'être satisfait de ceux du sieur de Chalvet. C'est ce qui me fera voir avec plaisir que vous lui accordiez la grâce qu'il vous demandera pour ses deux fils. Et les égards que vous aurez pour une famille à qui je serai bien aise de faire sentir les effets de ma protection, seront pour moi de nouveaux motifs de vous donner, en toutes occasions, des marques de mon estime et de mon affection. Sur ce, je prie Dieu qu'il vous ait, mon cousin, en sa sainte garde. Louis, signé, et, au bas de la lettre royale, Dubois. La lettre porte cette adresse : A mon cousin, le grand maître de Saint-Jean-de-Jérusalem. »

Le roi écrivit au grand maître de l'ordre de Saint-Jean, le 2 décembre 1720 ; celui-ci répondit le 30 avril 1721 :

Sire,

J'ai appris par la lettre que Votre Majesté m'a fait l'honneur de m'écrire, le 2 décembre, l'intérêt qu'elle prend pour la famille de messire de Chalvet, sénéchal de Toulouse, qui désire être dispensé de faire la preuve du côté maternel, de deux fils qu'il destine dans mon ordre, où il a déjà deux frères. Je prendrai la liberté de vous dire, Sire, qu'il ne fallut pas moins de sa royale protection pour me déterminer à lui accorder cette grâce, qu'il n'est pas toujours à mon pouvoir d'accorder si facilement, surtout lorsque les langues [1] en ont quelque connaissance, pour l'opposition qu'elles y forment, et je ne me suis relâché, en cette occasion, que pour montrer à Votre Majesté mon entier dévouement à tout ce qui lui est agréable et qui peut dépendre de moi.

J'ai l'honneur d'être, avec mon respect inviolable, de Votre Majesté, le très humble et très obéissant serviteur,

Le grand maître des ordres de Saint-Jean et du Saint-Sépulcre de Jérusalem,

Zondeideni, *signé*.

Avec la lettre au roi, le grand maître en adressait une autre au marquis de Chalvet :

Monsieur,

Etant informé comme je suis de l'affection que vous avez pour mon ordre et des engagements que vous y avez pour vos frères les chevaliers, ce m'a été un puissant motif d'accorder les dispenses que vous souhaitez en faveur de vos fils que vous y destinez, ainsi que Sa Majesté m'en a requis par sa lettre du 2 décembre. J'ai donc admis les brefs qui m'ont été présentés, quoique d'une conséquence

---

1. Pour entrer dans l'ordre de Malte, il fallait prouver quatre quartiers de noblesse dans les lignes paternelles et autant dans les lignes maternelles; en tout huit quartiers. Or, comme il y avait des doutes relativement aux quartiers de noblesse du fils du marquis de Chalvet dans les lignes maternelles, le grand maître de l'ordre exprime ses craintes au sujet des réclamations dont cette candidature pouvait être la source de la part des provinces de l'ordre divisé en *langues;* de là cette expression : *lorsque les langues en ont quelque connaissance.*

si grave, que j'aurai de la peine à me déterminer à l'accorder si facilement à tout autre.

Dans l'espérance que vous continuerez votre affection pour ma religion en l'appuyant de votre crédit aux affaires qu'elle a dans le ressort du Parlement de Toulouse et que vous en soutiendrez les droits avec zèle, c'est ce que je vous promets, après vous avoir assuré que je suis parfaitement, Monsieur, votre affectionné serviteur.

Le grand maître,
Zondeideni, *signé*.

A Malte, 3 avril 1721.

François-Auguste de Chalvet rendit le dernier soupir dans l'année 1722. Son fils aîné, Pierre-Louis-François de Chalvet-Rochemonteix, lui succéda dans le sénéchalat de Toulouse.

XII

HENRI-AUGUSTE DE CHALVET-ROCHEMONTEIX

Pierre-Louis-François de Chalvet occupa très peu d'années la charge de sénéchal. Il dut démissionner, dans l'année 1729, en faveur de son frère Henri-Auguste [1]; il mourut sans enfants en 1733.

Henri-Auguste, marquis de Chalvet-Rochemon-

---

1. Voir le dessin hors texte, n° 7.

teix, fut installé sans bruit, en 1730, dans la charge de sénéchal de Toulouse et du pays d'Albigeois. Laissons M. de Gage, cette année chef du consistoire, nous raconter cette installation, et rapporter le discours qu'il adressa au nouveau sénéchal avant de recevoir son serment[1]. Le récit de cette cérémonie nous met en relief l'esprit libéral qui régnait dans l'administration des villes; il montre comment, sous forme de remontrances, les magistrats pouvaient réveiller l'amour du bien public et le respect de la liberté dans le cœur des hauts fonctionnaires de la Couronne.

En rendant compte à ses collègues des faits de l'année dans son discours d'adieu, M. de Gage s'exprime donc en ces termes au sujet de l'entrée en charge de M. de Chalvet :

« Si nous vous taisons les regrets qu'a causé la perte de M. de Chalvet, sénéchal, nous ne pouvons nous empêcher de vous rappeler la joie que nous avons eû de voir cette importante charge sur la tête de M. de Chalvet, son frère. La générosité et l'amour de la patrie qui sont héréditaires dans cette illustre famille l'ont engagé à dispenser la ville des frais et embarras d'une entrée publique, qui avait été délibérée et qui lui était due; et nous avons eu l'honneur de recevoir après son installation, en nos mains, son serment en la forme ordinaire, après lui avoir fait les réquisitions suivantes dans la sénéchaussée, près le palais, où nous nous transportâmes en cérémonie :

---

[1]. Archives municipales de Toulouse; *Annales*, tome XI, p. 80.

« Monsieur,

« La réquisition que nous venons vous faire, qu'il vous plaise prêter en nos mains un serment public et solennel de maintenir et garder cette ville et ses habitants dans tous les privilèges, libertés et exemptions dont ils ont accoutumé de jouir, est plutôt un droit sacré établi par un usage non jamais interrompu qu'une pompeuse cérémonie qui nous attire dans ce palais.

« Cette superbe cité, dont les fondateurs sont aussi peu connus que ceux des premières villes du monde, a passé, après différents états, sous l'heureuse domination de nos roys.

« Elle s'est toujours conservée dans les droits et avantages d'une nation libre et qui s'est volontairement soumise.

« Philippe le Hardy, qui le premier de nos roys prit possession de la Comté de Toulouse, confirma par serment nos privilèges et nos usages.

« Tous les roys ses successeurs ont eu la bonté de nous accorder les mêmes avantages et, sans qu'il soit besoin de remonter dans l'histoire et de recourir à nos fastes, Louis le Grand, d'heureuse mémoire, a bien voulu de nos jours, à son entrée dans cette ville, nous en accorder l'honneur et faire ce même serment entre les mains de nos prédécesseurs.

« Il est inutile, Monsieur, de vous rappeler les obligations que vous allez contracter par ce serment aussi solennel.

« Cette affirmation sainte et religieuse, que

nous vous demandons, a été regardée de tous les tems, du consentement unanime de toutes les nations, comme le lien le plus fort qui puisse engager la foy des hommes à exécuter leurs promesses.

« Mais l'ancienne noblesse de votre illustre maison, si distinguée dans la robe et par l'épée, l'heureux avantage qu'a cette ville, de vous avoir porté dans son sein, vous engagent encore à soutenir et à deffendre les droits et les privilèges de notre commune et chère patrie.

« Vous remplissés en cela les préjugés favorables de feu M. de Chalvet, votre illustre père, que nous avons pleuré jusqu'à ce que Monsieur votre prédécesseur l'a remplacé.

« Nous avons l'honneur d'avoir été les témoins oculaires du courage, du zèle et de la fermeté avec lesquels ils ont soutenu les privilèges et les libertés de cette ville.

« Nos annales et nos registres en conservent chèrement la mémoire. Mais, ô douleur ! Quel amer souvenir ! Il n'était que vous seul, Monsieur, qui pouviés faire tarir nos larmes par la joie que nous ressentons de voir cette importante charge sur votre tête.

« Nous requérons, Monsieur, qu'il vous plaise en la forme accoutumée prêter serment en nos mains de garder et de maintenir la ville et les habitants dans tous les privilèges, libertés, franchises et usages comme il est porté dans nos registres ; de quoy sera retenu acte, par notre greffier, pour y avoir recours quand besoin sera. »

Cette allocution ne pouvait que plaire au sénéchal, dont l'esprit généreux et l'amour du bien étaient les traits saillants. Henri-Auguste de Chalvet fut à la hauteur de sa charge, et Toulouse n'eut qu'à se louer de son administration. Il aima passionnément encore les lettres et les arts, comme nous le verrons plus loin. Il épousa, en 1734, Mlle de Paraza, renommée par sa beauté, dont il était violemment épris. A l'époque de son mariage, Jean Delaserre, visiteur des gabelles et ancien capitoul de Toulouse, acheta la seigneurie et baronnie de Merville du marquis d'Escodeca de Boisse :

« En premier lieu, le marquis de Boisse, comme héritier de son père, vend au sieur Delaserre la seigneurie et baronnie de Merville, qui consiste en la haute justice, moyenne et basse, droit de créer des officiers, choisir les consuls et les nommer en la forme accoutumée, plus un vieux château et ses dépendances, plus la forge banière dudit lieu, plus un moulin à vent, plus un droit de boucherie, plus les hommages que rendent audit seigneur les religieux de La Capelle et tous ses vassaux, plus quatre métairies, plus des jardins, granges et autres bâtiments. Encore cédé audit acquéreur tous les arréages, rentes... et généralement tous les biens et possessions, droits, utilités honorifiques et prétentions dont jouissait feu seigneur de Boisse, son père, et que celui-ci possédait de dame Marthe de Cominge, qui, à son tour, avait acquis ladite terre et seigneurie de messire Charles des Cars de Montal, par acte retenu par Bouzeray, notaire, le 23 mars 1667. Le tout comme ledit seigneur de Boisse en jouit actuellement et a droit d'en jouir... Enfin, il est dit qu'à ces conditions, le vendeur s'est dépouillé de la susdite seigneurie et baronnie de

Merville et ses dépendances et autres choses ci-dessus énoncées par le prix de 6,400 livres [1]. »

La sénéchale de Chalvet, Antoinette de Bosc, ne put revenir de sa surprise en apprenant l'acte de vente conclu entre le marquis de Boisse et le sieur Delaserre. Déjà propriétaire d'une riche directe, elle cherchait l'occasion d'acheter, au nom de son fils Henri-Auguste, la seigneurie qu'elle savait sur le point d'être mise en vente. Elle avait fait même des propositions au marquis de Boisse, et celui-ci s'était engagé à recevoir sa demande devant deux de ses amis, le marquis des Cars, seigneur de Lamothe, et le comte de Cernusson. Mais, revenant sur sa parole, je ne sais pour quelles raisons, le marquis de Boisse vendit secrètement la seigneurie au sieur Delaserre.

La sénéchale fut indignée de la conduite inqualifiable du marquis de Boisse. Elle résolut alors de s'adresser au roi et d'obtenir de lui un acte de prélation [2] pour évincer Delaserre de la seigneurie et baronnie de Merville. L'affaire était délicate, mais les difficultés ne rebutèrent pas cette mère dévouée au bien de son enfant. Appuyée à Paris par deux de ses amis, la princesse de Carignan et le fameux de Belle-Isle, grâce aux uns et aux autres, elle conduisit si bien son affaire que le roi lui accorda la grâce qu'elle demandait.

Comme le cardinal Dubois était alors très in-

---

1. Archives du château.

2. *Acte de prélation*, décret du roi par lequel il retirait une terre seigneuriale en remboursant l'acquéreur.

fluent, c'est à lui qu'elle s'adressa d'abord pour mieux assurer le succès de sa requête.

« Votre Eminence, lui écrivait-elle, voit à ses pieds une mère qui est chargée de veiller sur les intérêts de ses deux fils qui, dès leur enfance, sont presque toujours absents de leur maison pour le service du roi. L'aîné, sénéchal de Toulouse et depuis plusieurs années capitaine au régiment de la Couronne, est actuellement dans l'armée d'Allemagne; le cadet, chevalier de Malte, est capitaine au même régiment par la nouvelle compagnie qu'il vient de former aux dépens de la meilleure partie de sa légitime. Ils seront encore trop heureux l'un et l'autre si, tandis qu'à l'exemple de leurs ancêtres, ils sacrifieront à leur devoir leur vie et les biens de leurs ancêtres, Son Eminence daigne encore animer leur zèle, en écoutant favorablement la très humble demande que j'ai l'honneur de faire à Sa Majesté du don et cession du droit qu'elle a de retraire, par retrait féodal, la terre et seigneurie de Merville, en Guyenne, qui relève d'elle en foi et hommage.

« J'ai cru quant aux détails des motifs que j'ai pour demander cette grâce, qu'il conviendrait mieux de les exposer dans un Mémoire sur lequel je supplie Votre Eminence de jeter les yeux.

« Si le roi daigne m'accorder cette grâce, mon fils tâchera, toute sa vie, par son attachement et ses services, à ne pas se rendre indigne de ses bienfaits, et je ne cesserai, Monseigneur, de faire des vœux pour la conservation de Votre Eminence [1]. »

---

1. Archives du château.

Soutenue auprès du cardinal Dubois par la princesse de Carignan et le duc de Belle-Isle, elle espérait beaucoup de ce côté ; elle écrivit cependant encore au garde des sceaux :

« L'intérêt et le repos de ma famille, Monseigneur, me forcent de demander au roi qu'il lui plaise de m'accorder le don et la cession de droit qu'a Sa Majesté de retraire, par retrait féodal, la terre et seigneurie de Merville, en Guyenne, qui relève d'elle en foi et hommage.

« Le détail des justes motifs que j'ai de demander cette grâce serait déplacé dans une lettre que je n'ai l'honneur de vous écrire que pour implorer vos bontés; il est écrit sur un Mémoire séparé sur lequel je vous prie humblement de jeter les yeux.

« Après toutes les bontés, Monseigneur, dont vous avez tant de fois honoré ma famille, je vous prie d'avoir encore celle d'être favorable à ma très humble demande. Je suis, Monseigneur, etc... [1]. »

Voici le Mémoire qui accompagnait ces deux lettres. Très habilement rédigé, il décida du succès de l'affaire.

« *Mémoire pour messire Auguste de Chalvet, sénéchal de Toulouse et du pays d'Albigeois.*

« Monsieur de Chalvet, sénéchal de Toulouse et capitaine dans le régiment de la Couronne, possède, dans le lieu de Merville, un domaine consi-

---

1. Archives du château.

dérable et une grande partie de la seigneurie directe avec un château qui est le seul qu'il peut habiter lorsque le service du roi lui permet de venir en province.

« Quoique la justice ne lui ait jamais appartenu, il est forcé de s'attacher à cette terre et de travailler même à en augmenter la valeur, ceux de qui il l'a reçue l'ayant rendue inaliénable par les substitutions graduelles et perpétuelles qu'ils en ont fait. D'ailleurs, je voyais sans peine la justice de cette terre dans la maison de Boisse, qui la tenait de celle des Cars, un gentilhomme n'ayant rien à envier à un autre. Aussi, la famille de Chalvet n'a-t-elle jamais été empressée pour faire l'acquisition de cette terre ; elle n'y a pensé que lorsqu'elle n'a pu douter que M. de Boisse était dans le désir de la vendre.

« Ce n'est que dans le mois d'avril dernier qu'il y parut déterminé, et dès lors M. de Chalvet était déjà parti pour rejoindre l'armée d'Allemagne. En son absence, Madame de Chalvet, sa mère, entra en marché, et lui offrit 50,000 livres. A ce prix, elle ne devait pas s'attendre à trouver des concurrents, puisque cette terre ne porte que 1,400 livres de rente. Cependant, après un certain temps, elle fut avertie que le sieur Delaserre, bourgeois de Grenade, qui n'a ni possession ni directe dans le lieu de Merville, avait couru sur son marché, et avait porté clandestinement son offre jusqu'à la somme de 61,000 livres. Dès lors, cette acquisition, que Madame de Chalvet n'avait cru que convenable, lui parut indispensable. Madame de Chalvet crut donc devoir couvrir cette offre par celle de

63,000 livres, et à ce prix la préférence lui en fut solennellement accordée en présence de trois gentilshommes distingués. La vente devint publique, et Madame de Chalvet en reçut des compliments. Cependant, le sieur Delaserre, qui n'avait toujours agi que secrètement, en vint à une susdite de 2,000 livres au-dessus du prix convenu avec Madame de Chalvet; cette susdite fut secrète. Madame de Chalvet l'ignora pendant deux jours; il n'était même pas possible de l'imaginer. Madame de Chalvet n'en fut avertie que lorsque le contrat fut passé en faveur du sieur Delaserre.

« Madame de Chalvet offrit alors la même somme, c'est-à-dire 65,000 livres, mais encore 500 livres de plus.

« Cette démarche, qui n'avait rien que de noble et de désintéressé, ne fut pas acceptée; et l'acte fut passé avec le sieur Delaserre, le 1er mai 1734, devant Montrassin, notaire.

« Ce simple exposé suffit pour donner la triste situation où se trouve la famille de Chalvet. Elle en sentirait à jamais l'amertume, s'il ne lui restait une réserve en obtenant de la puissance du roi la cession du droit qu'a Sa Majesté de retraire, par retrait féodal, la terre de Merville, qui relève d'elle en foi et hommage.

« Sans entrer dans les motifs qui ont pu, en divers cas, déterminer le roi à accorder pareille grâce, on ose dire qu'il ne peut y en avoir de plus favorables que ceux que Madame de Chalvet va exposer.

« La famille de Chalvet ne s'est jamais rendu indigne des bienfaits du roi; elle a, de tous les temps, donné les preuves de son zèle et de son attachement au service de l'Etat dans les différentes charges de la robe et de l'épée qui lui ont été confiées. Mathieu de Chalvet, cadet de la famille de Chalvet-Vespassal, président au Parlement de Toulouse, aussi bien que François de Chalvet, son fils, honoré d'un brevet de conseiller d'Etat, il y a environ deux cents ans, sont les ancêtres de M. de Chalvet, dont le père et le frère ont servi avec distinction, et avec l'applaudissement du public et de la noblesse, la charge de sénéchal de Toulouse. Valentin de Chalvet, son grand-oncle, fut tué, après trente-trois ans de service, à la tête du régiment royal, dont il était le premier fonctionnaire, et deux de ses oncles, actuellement chevaliers de Malte, se sont distingués, tant dans le service de leur ordre que celui de la France. M. de Chalvet-Vespassal, lieutenant des gardes-du-corps, vient d'être fait lieutenant général des armées du roi. Animé par tant d'exemples domestiques, M. de Chalvet, dès sa plus tendre enfance, a consacré ses jours au service de Sa Majesté, aussi bien que son frère unique, chevalier de Malte, lieutenant, depuis, dans le régiment de la Couronne, aujourd'hui capitaine par la nouvelle compagnie qu'il vient de créer aux dépens de la meilleure partie de sa légitime.

« La famille de Chalvet ose donc espérer que le roi ne la regardera pas comme indigne de la grâce qu'elle demande.

« Il n'est pas besoin de remarquer que la grâce que la famille de Chalvet ose espérer ne portera pas le plus petit préjudice au sieur Delaserre ; on peut encore dire qu'il lui sera favorable, puisque, avec le prix que Madame de Chalvet lui remboursera, il pourra acquérir un autre effet qui lui portera le double de revenu de la terre de Merville qui ne vaut que 1,300 livres de rente et qui ne peut convenir au prix de 65,000 livres qu'à quelqu'un qui, comme M. le sénéchal, est forcé par son rang de sacrifier une grande somme pour acquérir l'honorifique dans une terre où il a déjà une terre considérable qu'il est obligé de conserver. »

Les lettres de prélation furent accordées par le roi, qui signa le décret suivant :

« Louis, par la grâce de Dieu, roi de France et de Navarre, à nos amis les féaux, conseillers, les gens tenant notre Cour des Aides de Montpellier, présidents et trésoriers de France au bureau de nos finances établi à Toulouse, à tous nos officiers et justiciers qu'il appartiendra, salut. Voulant qualifier et traiter favorablement le sieur de Chalvet, sénéchal de Toulouse, capitaine au régiment de notre Couronne, nous lui avons fait et faisons don par ces présentes, signées de notre main, du droit de prélation qui nous est dû à cause de la vente qui a été faite, le 1er mai, par le comte de Boisse au sieur Delaserre, de la terre et baronnie de Merville, située en Guyenne, diocèse et sénéchaussée de Toulouse, relevant de nous ainsi qu'il paraît par l'acte cy-attaché sous le contre-scel de notre chancellerie, subrogeant ledit de Chalvet en notre lieu et place pour la puissance dudit droit, à condition toutefois de nous rendre foi et hommage qui nous sont dus pour raison de ladite terre dans trois mois du jour de la date des présentes, et de nous en fournir aveu et dénombrement dans le temps ordinaire et accoutumé, à peine de nullité des présentes, lesquelles nous mandons d'enregistrer et de leur contenue faire jouir et user ledit sieur de Chalvet, pleinement et paisiblement, cessant et faisant cesser tous les troubles et empêchements contraires. Car tel est notre plaisir. Donné à Versailles, le 24 juin de l'an de grâce 1734, et de notre règne le dix-neuvième. — Par le roy : Philippeaux[1]. »

Désormais maître de la seigneurie et baronnie de Merville, Henri-Auguste de Chalvet se proposa d'en faire une magnifique directe. Homme de goût et savant en architecture, il commença par jeter les fondements du château actuel de Merville. Propriétaire depuis quelques années de l'hôtel de la rue Mage, à Toulouse, vulgairement appelé Hôtel Mac-Carty et aujourd'hui en la possession de M. Courtois de Viçose, il voulut faire marcher de front, et la construction du château de Merville et l'achèvement de ce remarquable hôtel. En possession d'une fortune considérable, le marquis de Chalvet avait, en outre, deux oncles, dont l'un était grand prieur de l'ordre de Malte, dignité à laquelle était attaché un revenu de 100,000 livres de rente, et l'autre avait la commanderie de Raissac, de 40,000 livres de rente ; les deux oncles opulents ne firent aucune difficulté d'adopter les plans de leur neveu et de subvenir à toutes les dépenses qu'entraînerait leur exécution. Tout allait au mieux, et la construction du château de Merville et les

---

1. Archives du château.

ornementations qui font de l'hôtel de la rue Mage un édifice aux proportions si gracieuses et d'un intérieur si élégant, lorsque la mort vint frapper inopinément, et le grand prieur et le commandeur de Chalvet. Ebranlé un moment par ce coup imprévu, le grand sénéchal hésita, mais, jetant les regards sur ses plans : « C'est trop beau, dit-il, pour être abandonné », et il acheva résolument l'un et l'autre. Mais cet entraînement irréfléchi devait être funeste à sa fortune, dont une partie vint se perdre dans la poursuite de ses projets.

Cet amour passionné du marquis Henri-Auguste de Chalvet pour la truelle ne l'empêcha nullement d'assurer l'avenir de ses enfants ; il commença d'abord par faire entrer dans l'ordre de Malte deux de ses fils : Jacques-François-Joseph et Jean-Baptiste. Tous les deux, d'une grande aménité et d'une éducation parfaite, méritèrent les meilleurs éloges du grand maître de l'ordre, alors vénérable Pinto. L'un d'eux fut reçu chevalier en 1755, l'autre en 1756. Le grand maître adressa, dans cette occasion, au sénéchal de Toulouse, deux lettres qui nous disent la grande considération dont jouissait, à cette époque, le seigneur de Merville :

Monsieur,

Quoique le souvenir que je conserve de feu grand prieur de Chalvet soit pour moi un motif puissant des attentions particulières pour toutes les personnes qui lui appartiennent, vous devez cependant croire que le chevalier de Chalvet, votre fils, me devient assez recommandable par rapport à vous personnellement, qu'en considération des grands services de son grand-oncle. Cet enfant, d'ailleurs, m'a paru si doux et si bien élevé qu'il mérite, par lui-même, toutes sortes d'égards. Je souhaite, Monsieur, pendant tout le temps qu'il restera à mon service, de me trouver en même de lui donner des marques de ma bienveillance, et je m'y porterai d'autant plus volontiers que ce me sera une occasion de vous faire connaître l'estime particulière avec laquelle je suis, Monsieur, votre très affectionné serviteur.

Le grand maître,
PINTO.

Malte, ce 6 mai 1755.

Dans la seconde lettre, il est question de l'autre fils de M. de Chalvet, qui fut reçu chevalier l'année suivante :

Monsieur,

Le second de vos fils, que je viens d'admettre au nombre de mes pages, m'a paru d'un caractère fort doux. Il est aisé de voir qu'il a reçu lui-même la même éducation que son frère. J'ai recommandé qu'on le cultivât avec soin pendant le séjour qu'il fera dans ma pagerie, et j'espère que l'air de Malte ne lui nuira pas. S'il arrivait cependant qu'il lui fût contraire, je n'hésiterais pas à le laisser partir avant que cela eût pu causer le moindre dérangement de sa santé.

Je suis avec estime, Monsieur, votre dévoué serviteur.

PINTO, grand maître.

Malte, 25 avril 1756.

Ame bonne et généreuse, le marquis Henri-Auguste de Chalvet s'était fait de nombreux amis.

Le château de Merville était devenu un centre commun, où les intimes du sénéchal recevaient l'hospitalité la plus large. Il y avait table ouverte dans la magnifique résidence et, sous les yeux du maître, on y passait joyeuse vie. Nous sommes d'ailleurs dans le dix-huitième siècle, époque affolée de jouissances et de plaisirs. Ne soyons donc pas surpris de rencontrer à Merville une de ces sociétés comme il y en avait tant alors à Paris. Comme spécimen de la vie légère des grands seigneurs de ce temps, qui ne rêvaient qu'amusements à la veille d'une révolution dont la France ne s'est pas encore relevée, nous avons la bonne fortune de donner à nos lecteurs quelques extraits d'un poème héroï-comique offert au seigneur brillant de Merville par trois de ses hôtes. Ses auteurs chantent en termes pompeux les magnificences du château et l'aimable générosité de son propriétaire. *La Garçonnière*, tel est le titre du poème ; il compte deux mille vers[1]. J'en donne des extraits, d'abord la dédicace :

1. *La Garçonnière*, poème, par M..... A la Haye, aux dépens de la Garçonnière. MDCCLXII. — Petit volume, doré sur tranche, sur beau papier, relié avec soin. — Hauteur, 16 centimètres ; largeur, 10. — Exemplaire probablement unique.

LA GARÇONNIÈRE
Poème (1762).

A Messire H.-A. C.-R. — G. S. D. T. E. D. A.

Grand et magnanime seigneur,
Digne chef d'une illustre race,
Reçois ici la dédicace
Que t'offre un humble serviteur ;
Des compliments, des hyperboles
Je bannis le style ampoulé.
. . . .
Tu connais tous mes sentiments :
Parce qu'ils sont inexprimables,
En seront-ils moins estimables
Que de frivoles compliments ?
Mais, seigneur, je dois te parler
En héros de la Garçonnière.
Ce corps, comblé de tes bienfaits,
Sous ton empire a pris naissance ;
Des mains de la reconnaissance
Reçois les vœux les plus parfaits.
Que ce rare et fameux ouvrage
Annonce, dans tout l'univers,
Que si ma plume écrit en vers,
C'est pour te rendre un juste hommage.
Je parle avec sincérité :
Si j'ai le bonheur de te plaire,
Le reste ne m'occupe guère ;
Je te le dis en vérité,
Pour toi seul je monte ma lyre ;
Que le caprice des humains
Approuve ou blâme mon audace,
Reçois seulement mon offrande ;
C'est là tout ce que je te demande.
. . . .

Suit l'avant-propos où l'auteur, pour en donner l'intelligence au lecteur, définit la Garçonnière.

« Au mot de Garçonnière, dit-il, plusieurs personnes attacheraient des idées différentes; ce nom est nouveau et peut avoir diverses étymologies : il faut instruire le lecteur de sa signification.

« La Garçonnière, dans le sens propre et littéral du mot, dérive du mot *garçon*. Elle doit être considérée, sous différents rapports, comme être physique et comme être moral. Comme être physique, ce sont ces mêmes garçons encore qui la représentent, en sorte que lorsqu'on dit que telle chose s'est passée dans la Garçonnière, c'est à dire le lieu qu'habitent les garçons; et lorsqu'on dit que la Garçonnière a fait telle chose, c'est à dire que les garçons en corps qui la composent sont les auteurs de ce qui a été fait. Dans la préface, le poète se justifie d'avoir fait un poème sur un sujet au premier abord si peu héroïque que la Garçonnière; mais il ne s'arrêtera pas aux critiques que pourront soulever ces vers.

« Pour moi, je serai, si l'on veut, novateur; mais qu'importe si l'on n'approuve pas mes raisons, je me serai contenté. De toutes les républiques, celle des lettres est la plus mal gouvernée. Je puis dire, en toute assurance, la nouveauté me plaît. »

Le style badin de l'introduction donne déjà l'idée de cette boutade divisée en six chants, où le poète, sous des allégories mythologiques, raconte la joyeuse vie que menaient les hôtes du seigneur de Merville.

Dans le premier chant, l'auteur vole avec sa muse vers le château; il le décrit. Il aperçoit enfin la Garçonnière ; il exhorte sa muse à chanter sur un autre ton :

> Muse, volons vers ce château,
> Qui, sur le penchant d'un coteau,
> Domine sur cette campagne.
> . . . .
> Viens, pénétrons dans cet asile,
> Dans ce séjour digne des dieux,
> Où tous les ris avec les jeux
> Ont établi leur domicile.
> Sur ce magnifique perron
> Vois Minerve, au milieu des Grâces,
> Assise au bord de ces terrasses
> Où règne un superbe balcon.
> . . . .
> Avec elle, par ce portique,
> Entrons dans ce vaste palais
> D'où l'art a banni pour jamais
> Les ornements du goût antique.
> . . . .
> Ah! Muse, quel salon charmant!
> Qu'il frappe étrangement la vue !
> La Chine est-elle ici venue[1] ?
> Admire ces peuples nouveaux
> Tracés par une main savante.
> . . . .
> Mais à travers tant de beauté,
> Arrêtons-nous, Muse, de grâce ;
> Dans cet abrégé du Parnasse
> On y vient de tous les côtés ;
> Dans cette demeure immortelle

---

1. Il y a, dans le château, un salon dont les figures et les paysages sont chinois. Ce salon est l'œuvre de Pins, célèbre peintre de l'époque en ces sortes d'ouvrages.

> Parcourons ces charmants réduits,
> Où tous les arts sont introduits
> Sous une figure nouvelle.
> . . . .
> Quel rare, quel charmant spectacle !
> Le dieu des mers, par un miracle,
> Vient-il habiter les coteaux [1] ?
> Au fond de cette vaste plaine,
> Qu'arrose un fleuve impérieux [2],
> De petits monts ambitieux
> Forment une agréable chaîne ;
> Une antique et docte cité [3],
> Dont les tours affrontent la nue,
> Présente aux yeux un point de vue
> Que l'art n'a jamais imité.
> Quoique moins vaste et moins fameuse,
> Une autre ville offre au regard
> Les vestiges de ses remparts [4] ;
> Ici, dans un bois spacieux,
> Je vois crouler un monastère,
> Jadis asile solitaire
> Des Norbertins religieux [5].
> Je vois d'un côté des hameaux,
> Et, plus loin, je vois des villages.
> . . . .

Après avoir décrit le grand escalier, les cor-

---

1. Des fossés profonds environnaient le château.
2. La Garonne.
3. Toulouse.
4. Grenade.
5. L'abbaye de La Capelle, ordre des Prémontrés fondé par saint Norbert.

ridors, les chambres et les salons, notre auteur s'arrête devant la Garçonnière ; il s'écrie :

> Que vois-je, au milieu d'une porte ?
> . . . .
> Je crois déchiffrer une enseigne
> Où sont gravés trois instruments.
> . . . .
> On peut instrumenter,
> Dit l'écriteau, la joie y règne 1.
> Je reconnais, n'en doute plus,
> Cette fameuse Garçonnière.
> . . . .
> Change les cordes de mon luth ;
> Ce changement est incommode,
> Mais, en suivant cette méthode,
> Boileau chanta ce qu'il voulut.
> . . . .
> Quand il entonna le *Lutrin*,
> Il adoucit un peu sa lyre ;
> Aussi, de ce riant manoir
> Chantons les sublimes folies
> Avec des rimes plus hardies
> Que celles que l'on vient de voir.

Dans le deuxième chant, le poète décrit l'heure du matin. Il excite sa muse et la conduit dans la Garçonnière. Il assiste au réveil et à la toilette des héros. Le tout finit à l'heure du dîner :

> Entrons, mais quel saisissement
> S'empare aussitôt de mon âme.
> . . . .

---

1. Cet écriteau avait été mis à la porte de la Garçonnière, à cause de quelque badinage. Les cartels variaient selon les circonstances.

Je vois d'abord avec plaisir
Trois lits en forme d'encoignure,
Et dans chacun une figure
Qui dort dans un heureux loisir.
. . . .
L'un sort le bout de son museau,
Faisant des mines comme un masque,
Portant une espèce de casque ;
L'autre, enseveli sous la plume,
Ne montre qu'un ample bonnet.
. . . .
Cet autre, à demi recourbé,
Met son corps à la torture.

Enfin, les héros se lèvent ensemble et, sur le commandement du chef :

Ecoutons celui qui commande,
Dit-il, silence ! Un... deux... trois ;
Et dans chaque lit qu'on m'entende.
. . . .
Aussitôt la joyeuse troupe
Sur son séant montre la croupe,
Et se repose en attendant.
Prenez, poursuit le fier Clistandre,
Votre chemise et vos caleçons...
Du lit commencez à descendre,
Ensemble... Ensemble, ajoute-t-il,
Passez chacun votre culotte...
La robe de chambre à la main,
Poussez le bras droit... le bras gauche,
Prenez encore.....

Je laisse au lecteur le soin de deviner le reste.
— Zola a eu son précurseur.

Au premier temps, prenez vos bas :
Un, deux, près de la cheminée
Arrivez au moins dans trois pas.

Ici notre nouvel Homère chante le combat que se livrent les trois héros, dont les habits ont été mêlés par une main malicieuse.

C'est midi, l'heure du repas ; les héros se mettent à table ; c'est le troisième chant :

Les héros de la Garçonnière
Disent que dans un tel repas
Le plaisir ne consiste pas
A faire grande et bonne chère ;
Qu'un peu de conversation
Bannit cette monotonie,
Qui fait le tourment de la vie
Et le fléau de la raison.
Ce sentiment est unanime ;
Chacun veut élever la voix,
Tout le monde parle à la fois,
Et se taire est alors un crime.
Les propos roulent tour à tour.
. . . .
En ce moment Pikard[1] arrive,
Suivi de plusieurs officiers,
Les rôtisseurs, les pâtissiers,
Et le grand dieu de la bombance
Se lèche avidement les doigts.
. . . .
Le vin dans le verre pétille,
Chacun de plus en plus babille.
. . . .

---

1. Le maître d'hôtel.

Le quatrième chant exalte la promenade dans les bosquets du parc et les jeux qui précèdent le souper :

> Auprès de ce palais superbe,
> Digne de la célèbre cour,
> Est un bois planté par l'amour.
> Là, dans le lieu le plus épais,
> L'art, secondé par la nature,
> Forme les sillons de verdure,
> Où règne toujours un air frais.
> Muse, suis-moi sur ce gazon,
> Dans ce tortueux labyrinthe...
> Vers ce dédale dangereux.
> . . . .
> Mais la nuit à grand pas s'avance.
> . . . .
> Mais quel spectacle ravissant
> S'offre tout à coup à ma vue :
> Phœbus, terminant sa carrière,
> N'a point quitté notre horizon ;
> Il est venu dans ce salon
> Porter l'éclat de sa lumière.
> C'est là, qu'accompagné des Grâces,
> Chacun de nos héros s'empresse,
> Près du trône de la déesse [1],
> De satisfaire à ses désirs.
> Mais tu vois comme on s'agite
> A l'aspect des trois instruments
> Que nos trois héros triomphants
> Tiennent d'une main immortelle...
> . . . .
> Avec eux paraît Apollon.
> . . . .

---

1. Mme de Chalvet.

Sous les auspices de ce dieu
Se forme un concert agréable ;
Quand ils ne sont pas variés,
Tous les plaisirs sont insipides.
Vos héros goûtent les plaisirs,
Mais ce ne sont jamais les mêmes ;
Pour amuser la compagnie,
Ils proposent la comédie.

. . . .

On dresse aussitôt un théâtre,
Tout est prêt, la scène commence ;
On voit paraître les acteurs
Au grand plaisir des spectateurs.

Enfin nos héros, après un joyeux souper, reviennent dans la Garçonnière ; les dieux entrent avec eux et disent à chacun leur destinée. C'est l'objet du dernier chant :

Silence ! nos héros reviennent
Dans leur chère habitation.
Muse, faisons attention
Aux bizarres propos qu'ils tiennent.
Gorgon, pestant contre le jeu,
En entrant renverse une chaise.
Et Pierrot, pour être à son aise,
Vient se placer auprès du feu.
Les dieux sortent, Morphée le dernier.
En sortant, le tendre Morphée
Répand ses biens sur nos héros,
Et de ses tranquilles pavots
Il dresse un immortel trophée.
Muse, sortons à notre tour,
Impose silence à ma lyre,
Qu'elle termine ses chansons.
Quittons ces héros et partons ;
Muse, cinq chants doivent suffire.

Par ces extraits, le lecteur jugera du poème, qui, du premier au dernier vers, n'est qu'un long et bruyant éclat de rire, qui montre dans toute sa vérité la vie légère de ce temps. Et comme si la poésie fût impuissante à chanter les jours pleins de gaieté qui s'écoulaient dans le château de Merville, la peinture se chargea d'expliquer ce que les vers disaient imparfaitement. Avec le poème héroï-comique, les hôtes du grand sénéchal lui présentèrent le tableau vivant de la *Garçonnière,* œuvre de l'un des membres de la trop joyeuse compagnie. Ils accompagnèrent ce don d'une pompeuse harangue, commentaire badin du tableau :

« Harangue de la Garçonnière à Monsieur de Chalvet, sénéchal, en lui présentant le tableau de la *Garçonnière.*

« La Garçonnière, attentive à vous donner, dans toutes les occasions, les preuves de son attachement et de son zèle, vient aujourd'hui se joindre à la commune allégresse pour vous témoigner, d'une manière éclatante, la part qu'elle prend aux événements qui vous touchent, et vous convaincre, d'une manière non équivoque, des vœux sincères qu'elle fait pour vous.

« Voilà bien une phrase bien longue ; c'est une affaire d'étiquette, à ce qu'on m'a dit, et c'est dans le goût qu'on prononce des discours qu'on a la bonté de trouver admirables.

« Pour moi, qui vous parle au nom respectable de la Garçonnière, je vous fais mille excuses de ce que, me conformant à l'usage, je vous ai fait perdre peut-être la respiration. Permettez-moi d'user de mon style; il est naïf, il est simple, mais souvent il est expressif.

« Nous ne venons ni vous haranguer, ni vous complimenter; nous ne savons ni l'un ni l'autre; nous venons seulement vous dire que nous sommes très aises de vous voir transplanté dans ce nouveau palais, où nous vous souhaitons toutes sortes de bonheur.

« Vous êtes le protecteur de la Garçonnière; aussi se fait-elle gloire de vous consacrer ses faibles talents. Elle a pour but, aujourd'hui, de vous amuser; elle vient, accompagnée de tous ses zélés prosélytes, qui sont animés de son esprit et qui ne craignent pas de marcher sur ses traces.

« Mais avant que les ris et les jeux, qui marchent à notre tête, nous donnent le signal dont nous sommes convenus, permettez que nous vous présentions la faible esquisse que vient de faire un sujet nouvellement venu. Nous avons cru ne pouvoir mieux éprouver ses talents qu'en lui demandant un ouvrage qui eût quelque analogie avec vous.

« La Garçonnière a pris naissance dans votre superbe château de Merville; c'est là qu'elle existe par excellence. En voici le fidèle tableau. Veuillez bien le placer dans le magnifique palais, pour y servir de monument et de trophée. »

Ce souvenir original des anciens jours n'a pas disparu ; il est même l'un des plus curieux tableaux de la galerie du château.

Nous demandons pardon au lecteur de nous être un peu attardé sur cet épisode, au premier abord assez futile. Mais je ne devais pas dédaigner un détail de mœurs qui met parfaitement à nu le caractère du dix-huitième siècle. Commencé sous la Régence et le triste règne de Louis XV, ce malheureux siècle allait s'effondrer dans les abîmes de la Révolution. Disons, cependant, pour ne pas nous écarter de la vérité, que les membres de la Garçonnière, dont le rire facétieux est venu jusqu'à nous, servirent le pays dans la magistrature et dans l'armée.

Dans ces temps existait, à Toulouse, une Académie de peinture, dont le brillant sénéchal faisait partie. Nous avons lu même de lui un discours piquant, adressé, le 24 août 1768, aux membres de cette Société; c'est la critique d'un tableau qui représente l'incendie d'une ville. Le marquis de Chalvet établit, comme thèse, la difficulté pour un artiste de reproduire sur la toile une scène dans sa fidèle exactitude. Voici, d'ailleurs, le titre du discours : « Analyse d'un tableau représentant un incendie, prononcée par M. de Chalvet à l'assemblée de peinture, ce 24 août 1768[1]. »

Henri-Auguste de Chalvet-Rochemonteix mourut dans le courant de l'année 1772, non sans avoir ébranlé sa fortune par des dépenses que, dans son amour un peu trop passionné pour la munificence architecturale, il n'avait pas su limiter.

1. Archives du château.

XIII

ANDRÉ-ANTOINE DE CHALVET-ROCHEMONTEIX

André-Antoine, marquis de Chalvet-Rochemonteix, qui, après la mort de son père, occupa les hautes fonctions de sénéchal de Toulouse, avait déjà donné des preuves de science et de sagesse en qualité de membre du Parlement.

D'abord avocat à la Cour de Toulouse, il fut nommé, avec dispense d'âge, conseiller au Parlement à la place de Jean-Jacques de Collonges. Le décret royal porte la date du 2 mars 1754[1]. Sa nomination donna lieu à une enquête qui nous mettra au courant des habitudes de la Cour. Il était dans les usages du Parlement d'ordonner une enquête sur le futur conseiller avant sa réception solennelle. La coutume n'était pas nouvelle, puisque les formalités remplies à l'occasion de la nomination d'André-Antoine de Chalvet sont identiques à celles auxquelles se soumirent, dans le seizième siècle, ses deux illustres ancêtres, Mathieu et François de Chalvet. Aucun doute sur ce fait n'est resté dans notre esprit après la lecture des trois dossiers dont les pièces sont semblables.

1. Archives du château.

Le Parlement nommait une commission de sept membres avec mission de s'informer de la conduite, des mœurs, de la vie, de la religion du futur conseiller :

« Nomination des témoins que baille en la Cour le procureur général du roy, à l'effet de vie et mœurs, religion catholique, apostolique et romaine de messire de Chalvet, avocat en la Cour, d'un office de conseiller :

Messire Bompas, curé de la paroisse de la Dalbade ;
Messire Carrière, avocat en la Cour ;
Messire Reilhes, procureur en la Cour ;
Messire Planet, procureur en la Cour ;
Messire Carbonel, avocat en la Cour ;
Messire Gouves, avocat en la Cour ;
Messire François Astre, procureur en la Cour, et le dixainier du moulon où ledit messire de Chalvet a sa résidence à Toulouse.

Riquet de Bonrepos [1]. »

A Toulouse, ce 21 janvier 1755.

L'avocat général devait, à son tour, faire un rapport sur l'assiduité du futur magistrat aux audiences et sur sa parenté avec les membres en exercice du Parlement :

« Certificat de messire Le Comte, avocat général, constatant qu'il a son oncle maternel de Parazo

---

1. Archives du château.

conseiller au Parlement. — Certificat constatant son assiduité aux audiences [1]. »

Sur le rapport favorable de la commission d'enquête et de l'avocat général, le conseiller nommé par provision du roi était reçu solennellement; ce qui eut lieu pour André de Chalvet, le 14 juillet 1755, comme le porte son arrêt de réception [2].

A s'en tenir au compte des frais occasionnés soit par l'acquisition de la charge de conseiller, soit par la réception publique, on constate que cette fonction exigeait une certaine fortune de celui qui l'ambitionnait. A l'occasion de son entrée en charge, le marquis de Chalvet dut dépenser, en effet, 31,324 livres, somme certainement considérable.

« Compte des frais faits pour l'acquisition de la charge de conseiller laïc au Parlement dont est pourvu messire André-Antoine de Chalvet-Rochemonteix, et frais de sa réception.

Contrat d'achapt............	25,000 livres.
Contrôle dudit contrat......	79ˡ 4ˢ
Honoraire du notaire.......	120ˡ
Frais payés à Paris pour ses provisions suivant l'estat..	4,539ˡ
Frais payés au Parlement pour la réception suivant l'estat...................	269ˡ 15ˢ
A reporter....	30,007ˡ 19ˢ

---

1. Archives du château.
2. *Ibid.*

Report....	30,007¹ 19ˢ
Frais payés à Montpellier pour l'enregistrement à la Cour des Comptes et Bureau des finances........	117¹ 2ˢ
Droit de festin au palais ou entrée comme petit-fils de maître...................	1,000¹
Droit de robe à M. le premier président..........	200¹
	31,324¹ 21ˢ

André-Antoine de Chalvet avait épousé, dans l'année 1770, Madeleine de Montserrat, qui lui apporta une magnifique dot :

« L'an mil sept cent soixante-dix et le vingt-neuf octobre, par-devant moi, notaire royal de la ville, soussigné, et témoins bas-nommés, furent présents messire André-Antoine, marquis de Chalvet-Rochemonteix de Merville, chevalier, sénéchal gouverneur de Toulouse et pays d'Albigeois, reçu en survivance à la charge de Monsieur son père, fils majeur de vingt-cinq ans de messire Henri-Auguste de Chalvet-Rochemonteix, chevalier, sénéchal de Toulouse et pays d'Albigeois, seigneur de Merville, Gaujouse et autres places, et de dame Marie Jougla de Paraza, tous habitants de cette ville sur la paroisse de Saint-Etienne, ledit seigneur marquis de Merville, assistant et procédant de l'agrément desdits seigneur et dame, ses père et mère, assisté de messire Joseph de Chalvet et son frère, chevalier de l'ordre de Saint-Jean-de-Jérusalem, de

Marie-Louise-Pétronille de Chalvet, sa sœur, de Marie-Sophie de Chalvet, sa tante, de messire Dreuille, son cousin, chanoine de l'église Saint-Etienne, d'une part; et demoiselle Marie-Madeleine de Montserrat, fille de feu messire de Montserrat, conseiller de la grande chambre au Parlement de Toulouse, et de dame Marie Sary-Gardeil, dame de Deymes, Durban, Clermont et autres places, assistée de ses parents[1]. »

Suivent les conditions du contrat de mariage et les signatures des témoins.

Malgré son riche mariage, le marquis André de Chalvet ne put supporter les charges laissées par son père. Les partages entre lui et ses frères devinrent difficiles; cependant il dut indemniser tous les membres de sa famille. Il se vit forcé par eux de se défaire du sénéchalat de Toulouse, dont il espérait retirer la somme de 80,000 livres et qu'il fut contraint de céder au prix de 40,000 livres à M. le marquis de Portes, qui en resta titulaire jusqu'en 1789. Il dut vendre encore l'hôtel de la rue Mage, auquel son père n'avait pu donner le dernier coup de main. Alors arrivait à Toulouse, dans des circonstances critiques, le comte de Mac-Carty-Réagh. Issu d'une des plus illustres familles de l'Irlande, dévoué à la maison de Stuart et à la religion catholique, M. le comte de Mac-Carty fuyait l'intolérance de l'Angleterre. Attiré par le climat tempéré de Toulouse, il résolut de s'y établir. La mise en vente de l'hôtel de la rue Mage favo-

---

1. Archives du château.

risa son projet ; il prit cette occasion d'acquérir une demeure qui convenait à sa haute situation et à sa grande fortune ; il accepta la proposition de M. de Chalvet et acheta l'élégant hôtel au prix de 95,000 livres. Le 11 janvier 1773, l'acte d'acquisition était signé.

Cette somme, réputée énorme à cette époque, permit au marquis André de Chalvet de contenter ses frères et de garder sa belle terre de Merville.

Depuis cette époque, la famille de Chalvet établit sa résidence dans l'hôtel de Montserrat, superbe construction de la rue Duranti.

Le temps, ce semble, n'avait pas mis fin aux disputes séculaires du seigneur avec les religieux de La Capelle, puisque encore, à la veille de la Révolution, dans l'année 1787, André-Antoine de Chalvet et Tristan de Cambon, dernier abbé, signaient une transaction au sujet des limites de leurs biens respectifs et de certains droits en litige :

« Transaction passée entre messire André-Antoine, marquis de Chalvet-Rochemonteix, seigneur de Merville et autres lieux, et messire Tristan-François de Cambon, évêque de Mirepoix, abbé commendataire de l'abbaye de Notre-Dame de La Capelle, en cette qualité, seigneur dudit Merville. »

La transaction « renouvelle le rétablissement des bornes et des limites des fiefs de l'abbaye tant à la garde de ceux dudit seigneur de Merville, en sa qualité de haut justicier, relativement aux anciens actes de transaction, bornages faits et passés, le vingt-six janvier mil quatre cent soixante-dix-neuf, entre messire et madame de Lauret, seigneur et dame de Merville, et messire Bernard Goolly, abbé de La Capelle, et le quinze mars mil cinq cent onze entre Bernard Jourdain, aussi seigneur de Merville, et Jean de Senac, aussi abbé de La Capelle, que des fiefs et directs particuliers que ledit seigneur de Chalvet possède dans ledit terrain de Merville, du chef du seigneur de Pageze et de dame Borassière, et des seigneurs de Bernuy, ses auteurs..... [1]. »

Si nous en croyons cet acte, d'une longueur sans mesure, le monastère était en pleine décadence. Le chapitre, y est-il dit, ne se compose que de cinq religieux : Guillaume Laumagran, prieur, agissant au nom de l'évêque de Mirepoix, Pierre Amans, André Boisse, Huc Capoulat, Louis Saint-Amans. L'édifice est évidemment vermoulu et prêt à disparaître sous le souffle de la tempête qui se prépare.

Après s'être démis du sénéchalat, le marquis André se retira complètement des affaires publiques. Il présida, cependant, le 13 avril 1789, en qualité d'ancien sénéchal, l'assemblée des Etats de Rivière-Verdun, réunis à Verdun pour nommer des députés aux Etats Généraux. Les voix des délégués se portèrent sur Mgr de Breteuil, évêque de Montauban, sur Cazalès, alors capitaine au régiment de de Pons et sur Delong de Beaumont. L'évêque de Montauban représenta le clergé, Cazalès la noblesse, Delong de Beaumont le tiers état.

L'ex-sénéchal de Toulouse ne suivit pas le courant d'émigration qui emporta loin de la France la plupart des membres de la noblesse ; il ne quitta

---

1. Archives du château.

pas Merville, même au plus fort de la Révolution. Si, au lieu de fuir, les nobles avaient imité cet exemple, les pertes auraient été moins cruelles et les ruines moins grandes. D'ailleurs, il était aimé de tous; personne n'ourdit de conspiration contre lui; les habitants de Merville respectèrent ses propriétés; celui-là même qui, dans la commune, portait le drapeau de la Révolution, le traita avec égard. Cette affection des anciens vassaux pour leur dernier seigneur nous explique pourquoi le château de Merville n'a rien perdu de son premier éclat; il a ses meubles d'autrefois, ses tapisseries, ses peintures, ses objets d'art; pas une ruine n'indique la violence; il n'y eut qu'un petit rapt dont il sera bientôt question.

Le 25 octobre 1790, au moment le plus terrible de la tourmente, Monestié, le maire de la commune, adressa seulement la lettre suivante à M. André de Chalvet pour lui réclamer ses titres, selon les prescriptions de la loi :

Merville, le 25 octobre 1790, l'an II de la République une et indivisible.

Citoyen,

Vous n'ignorez pas la loi du 17 juillet, relative à la suppression des droits féodaux, d'après laquelle vous restez assujeti à la remise, en nos mains, de tous les titres qui avaient rapport à ces mêmes droits. Veuillez donc, Citoyen, vous conformer de suite au contenu de celle-ci, parce que le terme fatal pour vous et pour moi est à son dernier période, et qu'il serait malheureux pour moi d'être votre dénonciateur. J'espère que vous joindrez à leur envoi les originaux des reconnaissances que j'ai laissées en main du citoyen Déadde, afin de ne pas être exposé au moindre désagrément à cet égard. Ce que j'attendais.

Je suis tout affectionné à vous servir.

MONESTIÉ, maire, *signé*.

P.-S. — Vous aurez pour agréable de me renvoyer cet avis[1].

On ne trouve dans cette lettre ni sentiment de haine, ni désir d'humilier. Ici, Monestié, ci-devant juge du marquis de Chalvet, n'est que l'écho des habitants, dont la plupart restèrent dévoués à la famille de leur ancien seigneur. Le marquis s'exécuta de bonne grâce, et, par son maître d'affaires, il remit à la municipalité ce que la loi demandait :

« Je déclare avoir remis tous les titres seigneuriaux, reconnaissances, titres que le citoyen de Chalvet m'a remis, et qu'il m'a chargé de remettre à la municipalité de Merville, dont je les ai remis à ladite municipalité, en présence de Pierre Pradalé fils, restant au village, Jacques Monestié, Jacques Donat, Jean-Barthélemy Pradalé, Pierre Montés, Antoine Cendrau, François Castil. Ce 3 novembre 1793.

Signé : CASTILLON[2]. »

Le 29 novembre de la même année, le sieur Donat remet à la municipalité une quittance où « il

---

1. Archives du château.
2. *Ibid.*

déclare avoir reçu du citoyen de Chalvet 13 pièces de vin vieux, 50 de vin nouveau, 10,000 fagots de ramier, 14 bûchers de bois, destinés à la commune[1]. »

André de Chalvet fut cependant arrêté comme suspect dans l'année 1793, et enfermé à la Visitation. Mais son emprisonnement ne fut pas de longue durée ; il fut délivré sur un certificat de civisme que signa Monestié en sa faveur [2]. Pendant sa réclusion, on fit la saisie de quelques meubles sans importance dans le château de Merville :

« Etat des effets saisis à Merville, au ci-devant marquis de Chalvet, aristocrate reclus.

« Etat des effets pris à Merville, apartenant au ci-devant marquis de Chalvet :

Matelas	25
Couëttes	21
Coussins	20
Couvertures de laine	13
Courte-pointes	14
Couvre-pieds	3
Six toiles neuves à sac	6
Une toile paillasse	1
Un paquet de linge en huit pièces pour faire de la charpie	1
Dix-huit carreaux	18
Une vieille selle	1
Quatre vieux linceuls	4
Six bouillotes d'étain	6

1. Archives du château.
2. Note communiquée par M. Axel Duboul.

Trois mesures d'étain............	3
Une fontaine de cuivre avec six couverts et cuvette................	1 1
Dix barrettes de fer............	10

« Nous, commissaire civil, soussigné, avons procédé à l'enlèvement desdits effets, conjointement avec Noguiès, un des officiers municipaux de Merville, le 2 brumaire, 2me année républicaine.

« BLANCHARD, Cre[1]. »

Retiré dans le château de Merville après sa détention, André de Chalvet se livra à l'étude des sciences ; il s'occupa activement d'astronomie, comme la correspondance que nous avons lue de lui en témoigne. Il entra en relation avec plusieurs savants de Paris et de la province ; Monge et Laplace furent ses amis. Peut-être dut-il à ses amitiés scientifiques de n'être plus tracassé et d'avoir conservé à ses enfants la terre de ses aïeux. André-Antoine de Chalvet mourut dans l'année 1807 ; sa femme, dame de Montserrat, lui survécut et ne rendit le dernier soupir que dans l'année 1826.

1. Archives départementales.

XIV

JEAN-FRANÇOIS DE CHALVET-ROCHEMONTEIX.

Le marquis André-Antoine de Chalvet-Rochemonteix avait eu trois enfants de son mariage avec Madeleine de Montserrat : Auguste, mort très jeune et sans postérité, Jean-François et Henriette.

Après la mort de son père, Jean-François reçut, pour sa part, la terre de Merville. Maire de la commune après la Révolution, il se fit aimer de tous, à l'instar de ses ancêtres, par sa généreuse bonté et une sage administration des biens publics. Après l'incendie de l'église, en 1807, pour aider la commune à la reconstruire, il offrit un terrain large et bien situé, en échange de celui sur lequel l'ancienne s'élevait, trente mille francs et les matériaux du clocher de l'église disparue. Il fut plusieurs fois élu député à la Chambre sous la Restauration. Il mourut, en 1825, sans postérité. Avec lui s'éteignait la branche de la noble maison de Chalvet-Rochemonteix, qui, depuis le célèbre Mathieu de Chalvet, avait jeté un véritable éclat dans le Parlement et la ville de Toulouse.

Jean-François de Chalvet laissa par testament le château et la terre de Merville à son neveu, Charles de La Fite-Pelleport.

§ 4. MAISON DE LA FITE-PELLEPORT

ARMES DE LA MAISON DE LA FITE-PELLEPORT

CHARLES DE LA FITE-PELLEPORT

La maison de La Fite-Pelleport, à laquelle appartenait l'héritier des marquis de Chalvet, était d'ancienne chevalerie de Guyenne : elle tenait son nom d'une terre seigneuriale située à quelques kilomètres de Saint-Gaudens. A l'époque de la

Révolution, elle était en possession de la terre de Pelleport [1] depuis quatre siècles. C'est sous le nom de cette terre qu'elle était particulièrement connue. Par ses alliances illustres, elle tenait un rang distingué parmi les anciennes familles du royaume. Elle ne cessa de verser son sang pour la France; la plupart de ses membres entrèrent dans les armées en qualité de capitaines; certains se distinguèrent par leur bravoure, surtout pendant les guerres de Louis XIV.

Le père de Charles, comte de La Fite, Tristan-Jean-Bernard, comte de La Fite-Pelleport, avait épousé, le 26 novembre 1803, Henriette-Louise-Marie-Gabrielle de Chalvet-Rochemonteix, fille du marquis André de Chalvet. Tristan de La Fite était chevalier. Entré au service en qualité de sous-lieutenant dans le régiment du Vivarais, le 18 juin 1768, il y devint lieutenant en second le 9 novembre 1777, lieutenant en premier le 8 mai 1780, capitaine en second le 6 août 1785, obtint le même grade dans les grenadiers le 17 mai 1786. Il commandait une compagnie de grenadiers de son nom lorsqu'il émigra, le 5 juillet 1791. Il avait assisté avec les gardes-du-corps aux journées des 5 et 6 octobre 1789. Il prit part à la campagne de 1792 dans l'armée des Princes, et à celle de 1795 dans l'armée de Condé. Volontaire, en 1796, dans l'armée de milord Moira, il fit partie de la malheureuse expédition de Quiberon. Les Princes le récompensèrent de son dévouement : par brevet de Mon-

---

1. Commune du canton de Cadours (Haute-Garonne).

sieur, daté d'Edimbourg, il fut nommé chevalier de Saint-Louis, le 12 janvier 1797.

De son mariage avec Henriette-Louise de Chalvet-Rochemonteix, Tristan, comte de La Fite-Pelleport, eut trois enfants : Maurice-Marie-Madeleine, tué malheureusement à l'âge de quatorze ans, d'un coup d'un mauvais fusil par un de ses camarades, dans la cuisine du château ; Charles-Joseph, que son oncle fit héritier, et Louise-Marie-Renée.

Charles-Joseph, comte de La Fite, l'héritier de la maison de Chalvet, mourut accidentellement à Saint-Pétersbourg, à l'âge de trente-deux ans, sans postérité, dans l'année 1838.

§ 5. MAISON DE VILLÈLE

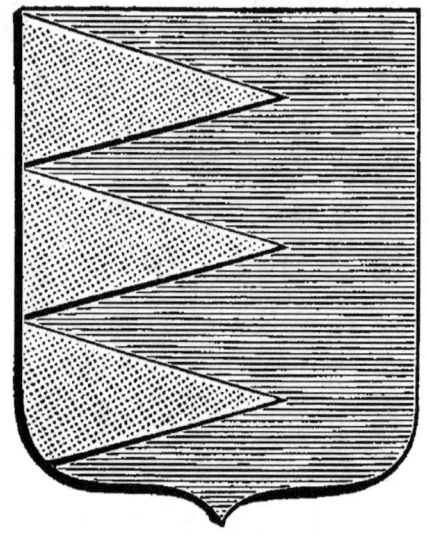

ARMES DE LA MAISON DE VILLÈLE

I

LOUIS-HENRI, COMTE DE VILLÈLE

Après la mort du neveu de François de Chalvet, la terre de Merville entra dans la maison de Louis-Henri, comte de Villèle, marié, depuis le 28 février 1829, à Louise-Marie-Renée de La Fite-Pelleport, sœur et unique héritière de Charles, comte de La Fite.

Henri-Louis, comte de Villèle, était le fils du comte de Villèle, un des premiers hommes politiques du parti royaliste dans notre siècle, et le plus grand ministre de la Restauration. Le temps a bien vengé sa mémoire des passions soulevées contre cet homme d'Etat, et l'histoire rend aujourd'hui justice au célèbre ministre des rois Louis XVIII et Charles X, d'une intelligence si vive, d'une droiture de jugement si remarquable, d'une intégrité sans exemple. Les modestes limites de notre travail ne nous permettent pas de nous étendre davantage sur cet homme illustre, dont la France et l'Europe ont si bien accueilli les Mémoires que la librairie académique Perrin vient de publier en cinq volumes.

« C'est une œuvre considérable, écrit un publiciste connu, que cette publication, qui, par l'importance des documents, le piquant des détails, la surprise des révélations, éclaire d'un jour tout nouveau les quinze années qu'elle embrasse, et sans laquelle il sera désormais impossible d'écrire l'histoire de la Restauration [1]. »

« Ma famille, dit le célèbre ministre dans ses Mémoires, est originaire du Lauraguais, qui faisait partie de la province du Languedoc. Dès le douzième siècle, Arnaud de Villèle possédait des terres et des fiefs à Montesquieu-en-Lauraguais. Guillaume

---

1. *Correspondant*, 25 avril 1890, p. 225.

de Villèle, un des descendants, prêta, comme le prouve le Trésor des Chartes, foi et hommage le 1er décembre 1249, entre les mains des commissaires envoyés par la reine Blanche, au nom d'Alphonse, comte de Poitiers, et de Jeanne, sa femme, fille et héritière de Raymond VII, comte de Toulouse, qui venait de mourir.

« Arnaud et Raymond de Villèle prêtèrent aussi foi et hommage au roi Philippe III, en octobre 1271, entre les mains de Guillaume de Cohardon, sénéchal de Carcassonne et de Béziers.

« Jean de Villèle, fils de Raymond, acquit la terre de Morvilles, le 13 avril 1390, en échange de celle de Cessales, en payant 1,000 livres de soulte à Antoine de Villeneuve, son cousin. La famille de Villeneuve tenait cette terre de Morvilles de la famille de Varagnes, qui l'avait elle-même reçue en échange de Raymond VII, comte de Toulouse. L'acte qui constate l'échange de la terre de Cessales contre celle de Morvilles est rappelé dans un arrêt de la Cour des Aides de Montpellier, obtenu le 4 octobre 1604, par noble Beringuier de Villèle, seigneur de Morvilles.

« A dater du 13 avril 1390, la terre de Morvilles-Basses, dans le comté de Caraman, n'a cessé d'être possédée par ma famille, et d'en être la demeure constante et le principal patrimoine [1]. »

Henri, comte de Villèle, l'héritier des de Chalvet par sa femme, Renée de La Fite, crut que son père avait assez fait pour le bien public de la

---

1. Mémoires et correspondance du comte de Villèle, tome I, pp. 7 et suiv. Perrin, éditeur.

France. Il choisit pour lui-même une part plus modeste, sans doute parce qu'il était destiné par la divine Providence à donner au nom devenu illustre de Villèle un éclat d'un autre caractère : l'éclat du bien et de la charité. Autant le célèbre ministre a porté haut le nom de Villèle dans l'estime de ses contemporains, autant son digne fils, Henri de Villèle, l'a fait aimer et bénir des populations par sa charité sans égale et sa vie profondément chrétienne. Nous avons écrit, quelques jours après la mort de cet homme de bien, une courte notice pour ses parents et ses amis; nous la reproduisons, presque en entier, dans notre ouvrage destiné à consacrer la mémoire des aïeux. La figure du comte Henri de Villèle est, d'ailleurs, trop belle. Comment ne pas en perpétuer le souvenir?

Pendant les jours les plus orageux de la Révolution, un jeune officier de marine débarquait à l'île Bourbon. Surpris par la tourmente révolutionnaire dans une expédition lointaine, il avait, comme la plupart de ses compagnons d'armes, préféré briser son épée et renoncer à sa carrière que de servir des hommes assez criminels pour traîner leur roi dans toutes les humiliations, et lui faire subir le plus sanglant et le plus sacrilège des outrages : la mort sur un échafaud. Le jeune démissionnaire, qui n'était autre que Joseph de Villèle, destiné à devenir plus tard le plus habile, le plus désintéressé des ministres de la Restauration, s'établissait dans cette colonie française pour y attendre des jours meilleurs. Il y épousait une femme d'un vrai mérite et d'un grand esprit chrétien, Barbe-Ombeline-Mélanie Panon-Desbassyns.

De cette union heureuse et bénie de Dieu devaient naître dix enfants : six à peine entrés dans la vie sont passés aussitôt dans la gloire de l'éternité; les quatre qui ont survécu ont fait la joie de leurs parents; le grand chrétien dont nous parlons était l'aîné de tous.

Le comte Henri-Louis de Villèle vint au monde, à Sainte-Marie-de-l'Ile, le 30 août 1800. Il aimait à parler du jour de sa naissance, qui lui rappelait, avec son entrée dans la vie, son entrée dans l'Eglise, qu'il devait tant aimer.

Sept années après son mariage, en mars 1807, M. de Villèle quittait la terre hospitalière de l'île Bourbon, pour venir habiter, non loin de Toulouse, le château et la terre de Mourvilles-Basses. Il songea d'abord à assurer à son fils Henri une éducation solidement chrétienne; il le confia donc, dès 1810, aux excellents maîtres de la pension de M. l'abbé Gary, d'où sont sortis tant de Toulousains distingués dans le clergé, la magistrature, l'armée et le barreau.

Le nouvel élève du collège Gary-Savy fit sa première communion le 28 avril 1812. Voici dans quels termes touchants son illustre père annonce cette circonstance solennelle de la vie de son aîné :

« Mon cher Desbassyns, écrit-il à son beau-frère, Villèle vient, dimanche dernier, de faire sa première communion. Témoins, avec Mélanie, de cette touchante cérémonie qui, réconciliant le pauvre enfant avec Dieu, annonce en même temps qu'il a été trouvé digne d'être traité en homme, nous avons été ce jour-là livrés aux sentiments les plus doux et partageons avec cet enfant la joie dont il est comblé. Il est fort raisonnable pour son âge ; ce sera, je crois, un homme fort sage, et il a, particulièrement, le talent d'inspirer de l'intérêt et de se faire aimer; il n'est pas un maître du collège qui n'ait pour lui une prédilection particulière. »

Depuis cette heure, dont tout bon chrétien se rappelle comme la plus belle de sa vie, la conduite sage du jeune Henri de Villèle ne fit que confirmer le jugement que son père avait porté sur lui, avec ce coup d'œil judicieux qui était la qualité maîtresse du futur ministre.

« Nous sommes fort contents de notre fils, écrit M. de Villèle, le 3 janvier 1815; pourvu que Dieu nous le conserve, ma famille ne restera pas sans chef après ma mort, et mes autres enfants sans protecteur. »

L'avenir devait réaliser ces paroles prophétiques : Henri de Villèle se forma aux grandes vertus dont toute sa vie il devait donner l'exemple. Dans le cours de sa longue existence, il n'a connu ni défaillance, ni temps d'arrêt : toute sa vie a été une marche constante dans la voie de la perfection.

A sa sortie du collège, le jeune de Villèle suivit son cours de droit; le succès encouragea ses efforts et récompensa son travail.

« Villèle a achevé sa première année de droit, écrit sa mère à son frère, M. Desbassyns; il a passé son examen avec succès; il a eu trois boules blanches et deux mentions honorables. Le *nec plus ultra* est trois. » — « Cet enfant, écrit de son côté le père, à la date du 4 mars 1821, a une raison supérieure à son âge; il nous donne toute sorte de satisfactions et nous est bien utile. »

Après avoir achevé son cours de droit, Henri de Villèle alla rejoindre à Paris son père, qui était député de la Haute-Garonne depuis 1815. Il se conduisit dans la capitale comme il s'était conduit dans la province, en jeune homme sérieux, ennemi des plaisirs et des distractions du monde. Il se plut à s'effacer. Ce ne fut que pour complaire aux désirs de son père qu'il accepta les fonctions de conseiller auditeur à la Cour royale de Paris.

Il était loin de se désintéresser de ce qui touchait aux destinées de son pays, et suivait avec émotion les événements dont il était le théâtre; mais son amour de la vie cachée, son horreur instinctive du bruit, de l'éclat des grandeurs humaines était chez lui si profonde qu'il aurait préféré de beaucoup à la vie agitée de Paris la vie calme et paisible qu'il eût menée au château de Mourvilles, entouré de ses ouvriers et occupé à la bonne culture de ses terres. Les sentiments du père étaient à cet égard les mêmes que ceux du fils.

Quand ce grand homme d'Etat vint se reposer dans la solitude de Mourvilles des pénibles fatigues de la lutte sans trêve qu'il avait soutenue, une de ses premières paroles fut celle-ci : « Que je suis heureux ici, que je m'y trouve bien, autrement bien qu'à la rue Rivoli! »

L'heure était venue de choisir une épouse pour l'héritier de la maison à jamais illustre de Villèle; Dieu fit tomber le choix de ses parents sur une femme en tout point digne de celui dont elle devait être la joie et la consolation. Louis-Henri de Villèle épousa, le 28 février 1829, Louise-Marie-Renée de La Fite-Pelleport, qui devait lui apporter plus tard le château de Merville, où nous l'avons connu et admiré dans ses derniers jours. Louise de La Fite était une chrétienne au cœur large, généreux, ardent. Nous laissons la parole au grand chrétien; dans sa simplicité, elle nous dira ce que fut cette union.

« Cette bonne et bien-aimée épouse, écrit-il dans son testament, a fait, durant sa vie, la joie et le bonheur de mes jours et elle a adouci toutes les peines qui les ont assaillis. J'ai eu l'affreux malheur de la perdre, le 5 mai 1859, après trente années de l'union la plus douce et la plus heureuse. La douleur que m'a fait éprouver cette perte a empoisonné mes jours; elle pèse lourdement sur chacun d'eux; elle m'accompagnera jusqu'au tombeau. Je l'offre chaque jour à Dieu en expiation de mes péchés et comme l'épreuve la plus douloureuse qu'il pût m'envoyer. Je le prie ardemment qu'après nous avoir uni dans ce monde, il daigne nous unir tous les deux dans le ciel. »

Nous n'avons pas à rechercher des événements éclatants dans l'existence du comte Henri de Villèle. Quand la révolution de 1830 s'accomplit, il se renferma plus que jamais dans la vie privée pour ne plus en sortir. Sa voie était dès lors tracée : il ambitionnait d'être le père des pauvres, le chrétien ferme, convaincu, inébranlable que nous avons connu.

Les luttes que son auguste père avait dû soutenir contre une opposition acharnée et de parti-pris qui avait pour elle la presse, les sociétés secrètes, les ambitions déçues, en un mot, tous les moyens publics et cachés, avaient péniblement retenti dans son âme délicate et sensible ; il désirait la paix et la tranquillité de la vie de famille, cette joie calme qu'il avait prévue devoir abandonner le foyer le jour où son père fut appelé au ministère :

« Villèle a été désolé lorsqu'il a appris que son père était ministre, avait écrit sa mère à sa sœur de Bourbon ; il prétend que tant que cela durera il faut renoncer au bonheur. Je crois, en vérité, qu'il a raison. »

Ce que M. le comte de Villèle a répandu de bien autour de lui, ce qu'il a donné de bons exemples aux populations : la paroisse Saint-Etienne, à Toulouse, les paroisses de Mourvilles-Basses, de Merville, de Caraman, de Caragoudes, des Varennes, de Labastide-Beauvoir, de Pompertuzat, de Deyme, de Saint-Jory, de Grenade, toutes ces localités sur le territoire desquelles étaient situées ses propriétés le disent et le proclament hautement. Dans toutes ces paroisses, son nom est béni ; elles le regardent comme la personnification de la bonté, de la charité et de la vie chrétienne. Ces communes lui doivent, ou le champ des morts, ou la maison d'école, ou le presbytère, ou quelque autre bienfait. Partout il a laissé des traces ineffaçables de sa charité ; partout ses mains généreuses se sont plu à jeter la bonne semence.

C'est surtout envers les pauvres que s'exerça la grande charité de M. le comte Henri de Villèle ; les pauvres ont été l'objet constant de sa sollicitude, et ce n'est pas trop de dire qu'il fut leur père. Nul, en effet, plus que lui, ne mérita ce nom béni devant Dieu et devant les hommes ; nous disons ce nom béni, car si un verre d'eau froide donné à un pauvre pour l'amour de Jésus-Christ ouvre les portes du ciel, quelle n'est pas aujourd'hui la couronne de ce généreux chrétien dont les revenus étaient le patrimoine des malheureux. Il aima d'un amour profond et efficace les membres souffrants de l'humanité; animé de cet amour, il prit tous les moyens de les soulager. Si la moisson était abondante, il se réjouissait : « Les pauvres auront davantage », s'écriait-il. Un morceau de pain dans sa poche, il partait tous les jours de grand matin pour aller visiter les ouvriers qui étaient dans les champs ; et comme un jour une personne lui manifestait sa surprise de lui voir prendre une nourriture légère et si commune : « Ah! répondit-il, du ton le plus naturel, les pauvres n'y perdront pas ; ils auront part meilleure. » Durant ses longues années de souffrances, il ne voulut jamais rien demander ; il défendait même qu'on fît pour lui quelque chose de particulier, et lorsque ses serviteurs ou les personnes qui l'approchaient lui disaient : « Mais vous pourriez exprimer un désir ; tous, nous voulons soulager votre état de souffrance..... — Comment voulez-vous que je demande des douceurs, répondait-il, lorsque je pense aux pauvres qui n'ont qu'un morceau de pain pour unique nourriture et qui n'ont pas de bois pour réchauffer leurs membres transis. »

Lorsque l'hiver il se réveillait, à la vue du feu qui pétillait dans le foyer de sa chambre, on l'entendait souvent s'écrier : « Que les malheureux doivent souffrir et qu'ils sont à plaindre. »

Dans cette pensée, il ne voulait rien d'inutile dans ses habits ou dans les soins dont on l'entourait. Un mois peut-être avant sa mort, la personne qui le servait, à la vue de quelques vêtements trop usés, réclamait l'acquisition de nouveaux objets : « Non, répondit-il, attendons encore ; donnons cet argent aux pauvres, car bientôt peut-être je ne serai plus. »

Hélas ! sa parole ne fut ce jour-là que trop vraie.

Ces actes et ce langage sont admirables. On nous pardonnera d'entrer dans tous ces détails ; mais c'est dans les traits de sa vie intime, dans les mots qui, spontanément, sont sortis de ses lèvres, que se montre surtout le noble caractère de M. de Villèle.

Aussi bien les actes répondaient aux paroles chez cet homme charitable. Aucun des malheureux qui lui ont tendu la main n'en a jamais éprouvé un refus. Que de misères ce cœur généreux a soulagées ; que de désespoirs il a arrêtés. Un jeune garçon vint un jour demander l'aumône au château de Merville ; c'était un petit mousse breton abandonné sur les côtes de la Méditerranée et errant au hasard pour rejoindre ses foyers. M. de Villèle fait pourvoir à tous ses besoins, lui donne des vêtements, de l'argent, et le rend à sa famille par la voie la plus prompte. Il apprit bientôt que son aumône avait été bien placée et eut la joie de savoir qu'il avait fait des heureux. C'est encore une femme dont le fils unique est tombé au sort ; dans sa tristesse, elle a recours à celui que tous regardent comme la providence des affligés : « Priez pour moi, monsieur le comte, lui dit-elle, et demandez à Dieu que mon fils ne nous quitte pas, car je sais que vos prières seront entendues. » Et lui, dans son humilité de lui répondre : « Si vous vous reposez, ma pauvre femme, sur le secours de mes prières, elles valent bien peu : je vous donnerai plutôt deux mille francs, qui vous permettront de remplacer votre fils; vous me le rendrez, si vous le pouvez, quand vous voudrez. »

Et il prit dans son secrétaire la somme désirée : il la donna à cette mère désolée, qu'un tel acte de générosité laissa muette de joie et d'admiration. Ces traits sont nombreux dans la vie de notre grand chrétien; nous les citons au hasard, car tous ont le même caractère.

Lorsque, dans la paroisse où il résidait, il apprenait que les pauvres étaient malades, il ne laissait à personne le soin de les visiter; il entrait dans tous les détails de leurs besoins, et s'il était nécessaire de reconstruire une chambre trop humide, de refaire une toiture qui menaçait de tomber, de regarnir une literie insuffisante, les ouvriers étaient aussitôt commandés, les objets nécessaires achetés et la misère soulagée. Souvent il payait les eaux à de pauvre malades, et si le mal demandait pour guérir des remèdes extraordinaires ou un traitement trop coûteux, sa bourse, toujours ouverte, faisait disparaître toutes les difficultés. Il avait, tous les ans, le soin de demander la liste des pauvres aux curés des paroisses sur le territoire desquelles se trouvaient ses propriétés : aux uns il donnait des habits complets, aux autres du bois, à ceux-ci du pain, à tous les secours nécessaires. Celui qui lui demandait pour venir au secours d'une infortune était certain de lui faire plaisir. Que de fois lui ai-je entendu répondre à de pareilles demandes : « Je vous remercie de me donner l'occasion de faire un peu de bien ». A l'entendre, c'était un service que le solliciteur semblait rendre, au lieu de le recevoir. On ne peut trouver ni plus de générosité dans le secours donné, ni plus de bonté dans la manière de l'offrir. Aussi toutes les infortunes se découvraient-elles, libres et sans déguisement, à ses regards, car elles trouvaient chez lui discrétion, délicatesse et soulagement.

Il portait encore sa sollicitude sur tous les ouvriers qui travaillaient à son compte, et exerçait sur eux une sorte de paternité. Il les visitait souvent et s'informait avec un soin minutieux de leurs affaires, et voulait juger par lui-même s'ils n'avaient besoin d'aucun secours. Il les mettait non seulemement à l'abri de la misère, mais voulait encore que le bien-être régnât dans leur foyer. Il cherchait, par tous les moyens, à procurer une honnête aisance à ses métayers, non à la manière de nos réformateurs, dont les utopies mensongères, loin d'améliorer le sort de l'ouvrier, n'engendrent dans son cœur que des haines jalouses et des désirs incendiaires, mais en homme de sens et en chrétien qui poursuit le seul but possible : l'amélioration sage et pratique de la condition du travailleur par des moyens justes et raisonnables. Le succès couronnait souvent ses efforts. Plusieurs de ses ouvriers ont commencé chez lui à jeter les bases d'une fortune solide. Il se réjouissait de voir les hommes qui le servaient prospérer ; il leur donnait des conseils sages et pratiques pour la direction de leurs affaires ; il les arrêtait sur les bords de l'abîme, s'ils prenaient une mauvaise voie; en un mot, il les entourait d'une sollicitude toute paternelle, et, s'il ne pouvait assurer à tous les mêmes avantages, il les voulait au moins tous heureux.

Citons, entre mille, un nouveau trait ; il nous montrera dans son vrai jour la noblesse de cette âme. Quand il était assis, pendant les soirées d'hiver, devant un bon feu, il disait souvent : « Je me chauffe avec d'autant plus de plaisir que je sais les gens de mes biens pourvus de bois et en état de résister au froid. » En effet, grâce à la prévoyance de son père et de la sienne, la plupart des champs de la terre de Mourvilles, en particulier, sont entourés de haies qui fournissent abondamment au chauffage de la population de cette paroisse. Et comme un jour quelqu'un objectait à notre homme généreux que les ouvriers pourraient bien tailler eux-mêmes les haies et ramasser les branches coupées : « Oh ! non, répondit-il, ce ne serait plus la même chose. » C'était toujours la même largeur dans le don, la même délicatesse dans la manière d'offrir.

Ses serviteurs et ouvriers agricoles étaient les premiers dont les intérêts formaient l'objet habituel de ses préoccupations. Songeant sans cesse à améliorer leur sort, il ne reculait jamais devant un prêt ou une avance de gages, et ne négligeait rien pour assurer leur avenir. Mais il ne bornait pas sa sollicitude pour les gens de ses biens à ce qui touchait seulement leurs besoins matériels ; il l'étendait bien davantage encore à ce qui concernait leur bien spirituel et moral. Combien de bons conseils n'a-t-il pas donnés ! Que de fois n'a-t-il pas maintenu, par ses avis et son influence, la paix dans les familles de ceux qui l'entouraient ! Tous le consultaient pour leurs moindres affaires. Jamais un procès n'avait lieu dans les communes où il était propriétaire; les parties intéressées le prenaient pour arbitre et respectaient ses décisions. Il recommandait, en toute occasion, le pardon des injures, et ses exemples parlaient encore plus que ses discours; c'était à ce point qu'on lui reprochait quelquefois d'être plus aimable et plus attentionné pour ceux qui l'avaient offensé que pour ses amis constants et dévoués.

Humble, modeste, ennemi du bruit, ainsi l'ont connu tous ceux qui ont approché M. de Villèle. Tout le bien qu'il faisait était entouré de silence autant qu'il se pouvait. On peut dire de lui que sa main droite ignorait ce que donnait sa main gauche; s'il avait recours à des mains étrangères, il les voulait discrètes et retenues. Sans doute, beaucoup d'infortunes qu'il a soulagées sont connues et proclament hautement l'étendue de sa charité. Nous ne craignons pas, cependant, de dire qu'elles sont plus nombreuses encore les bonnes actions dont Dieu seul a été le témoin. Le nom du comte de Villèle n'a pas dépassé le cercle de ses amis et de ceux qui ont senti l'influence de ses bienfaits; il n'en restera pas moins pour eux le synonyme de la plus pure charité. L'ambition lui était complètement inconnue; ce sentiment ne trouva jamais en lui le moindre accès. Lorsque, à peine sorti de l'adolescence, il apprit que son père était placé à la tête du ministère, resté depuis célèbre sous le nom de ministère de Villèle, tout autre que lui aurait été heureux de ce triomphe, qui lui ouvrait la carrière des honneurs; pour lui, il en fut affligé, et, sous le coup de sa peine, il écrivit à un de ses parents une lettre touchante, que celui-ci conserve comme un souvenir précieux.

Rien ne lui était plus pénible que d'entendre louer les actes généreux, qu'il trouvait si naturel de faire. Quand on lui manifestait des égards, il les recevait dans les sentiments de la plus sincère humilité. Il trouvait les termes les plus délicats pour remercier ceux qui cherchaient à lui être agréables. Il était souvent nécessaire au prêtre qui a eu le bonheur de l'assister dans ses derniers jours de faire un véritable assaut à la modestie de son pénitent, pour lui faire accepter des soins spirituels que son état de souffrance demandait plus nombreux : « Vous me comblez, lui répétait le digne vieillard; je vous remercie d'une attention que je ne mérite pas. »

Il en est qui auraient peut-être désiré trouver, dans la vie du comte Henri de Villèle, un rôle plus éclatant; tels n'étaient pas les sentiments de ce modeste chrétien, qui, toute sa vie, ne chercha qu'à s'effacer. Ses œuvres n'en auront pas moins de prix; elles parleront pour lui, et son nom, béni par ceux qu'il a secourus ou édifiés par ses bons exemples, restera plus cher à ceux qui l'ont connu que certains noms retentissants, sur lesquels la pierre du tombeau s'est à peine fermée que leur souvenir s'est effacé pour toujours.

Autant l'âme d'élite que nous admirons fut tendre et pleine d'indulgence pour les autres, autant elle fut austère et sévère pour elle-même. M. de Villèle pratiqua, dans toute sa force, la maxime de l'Evangile : « Bienheureux les pauvres d'esprit », car il était véritablement pauvre au milieu de sa richesse. A ses yeux, les biens, qu'il tenait de Dieu, n'étaient qu'un dépôt auquel il croyait devoir faire rapporter beaucoup pour donner davantage aux pauvres. « Tout ce qui m'entoure me serait-il enlevé, disait-il un jour au prêtre qui a a été l'heureux confident de son âme dans ses dernières heures, que je n'en éprouverais aucun trouble. » Et, en effet, il était de force à s'écrier, à l'instar du saint homme Job, si Dieu lui eût demandé le sacrifice entier de ses biens : « Vous m'avez tout donné, ô mon Dieu! vous m'avez tout enlevé, que votre saint nom soit béni. » Hélas! cette parole, il a dû la dire dans plusieurs circonstances de sa vie. Pour suivre avec plus de liberté cette grande loi du détachement, bien avant l'heure de sa mort, il se dépouilla de tous ses biens en faveur de ses enfants bien-aimés ; il ne se réserva que des rentes qui, de ses mains, devaient passer entre les mains des pauvres. Il ne fallait pas lui parler d'acheter pour ses besoins personnels ; rien de superflu : « Ne faisons pas de dépenses inutiles, répondait-il toujours, car Dieu nous en demanderait compte. » Aussi, la pensée de sa fin n'effraya jamais ce grand chrétien : tous les jours, depuis de longues années, il faisait sa préparation à la mort avec autant de ferveur qu'un Chartreux. La mort est enfin venue ; elle a été reçue dans la calme sérénité du juste, comme une amie longtemps attendue.

A un cœur aussi détaché des biens qui passent, la mortification parut un devoir rigoureux. Rien, en effet, de ce qui respirait la sensualité ne fut aimé de M. de Villèle : il semblait mort à tout plaisir des sens, et cependant il aurait pu se procurer tous les agréments de la vie. Debout de grand matin, un morceau de pain et un verre d'eau lui suffisaient pour attendre jusqu'à onze heures, moment de son déjeuner. Tous les jours, et par tous les temps, par la neige, par la glace, par la pluie, par la chaleur, il se rendait à l'église de la paroisse pour y entendre la sainte messe. De l'église, il allait visiter ses terres, les pauvres, les malades. Les intempéries des saisons ne l'arrêtaient jamais ; il avait dompté son corps par sa volonté rigide, et son corps lui obéissait en véritable esclave. Même dans sa dernière maladie, il ne voulut pas permettre à ses enfants, qui auraient tant désiré soulager ses souffrances, de lui procurer un de ces lits ou de ces fauteuils perfectionnés qui auraient été un adoucissement à son état.

Le sommet de la perfection chrétienne, le dernier mot de la charité, c'est une soumission entière de l'âme à la volonté de Dieu. Ici nous apparaît encore, dans toute sa beauté morale, l'âme du comte Henri de Villèle ; dans toutes les heures de son existence il n'a voulu que la sainte volonté de Dieu ; il n'eut même jamais d'autre volonté que celle-là, et nous ne craignons pas de dire que sa soumission à Dieu atteignait l'héroïsme.

Les faits confirmeront notre témoignage. Dans une année de riche et abondante récolte, il nous souvient qu'il posa cette question à un prêtre qui le voyait souvent : « Dois-je remercier Dieu, monsieur le curé, de la bonne récolte qu'il vient de m'accorder ? Il me paraît convenable de dire un *Te Deum*. »

Puis, comme confus d'avoir prononcé ces paroles, il se reprit : « Non, je ne dirai pas le *Te Deum*, car si je remercie Dieu de notre bonne récolte, je semble lui dire que je préfère une année abondante à une année malheureuse ; or, ce n'est pas à moi de désirer, mais à Dieu de vouloir ; je crois mieux de m'en remettre à ses volontés. » Et contre toutes les raisons que le prêtre, ravi d'admiration, s'efforça de lui donner, il ne dit pas son *Te Deum;* il se contenta de jeter son cri ordinaire : « O mon Dieu ! que votre volonté soit faite. »

Lorsque, le 5 mai 1859, il perdit la généreuse femme qui faisait le bonheur et les délices de sa vie, la comtesse de Villèle, de douce et regrettée mémoire, il accepta avec soumission le coup qui le frappait si profondément et qui allait ouvrir dans son âme une douleur que le temps ne guérit jamais. Selon l'expression dont il se sert lui-même dans le passage de son testament cité plus haut, tous les jours il ne cessait de l'offrir à Dieu comme une expiation de ses fautes.

La plaie n'était pas assez profonde, ni l'épreuve du juste assez complète. Près de vingt ans après cette séparation cruelle, par un de ces desseins impénétrables dont Dieu seul a le secret, un mal foudroyant lui ravit son fils, le vicomte Joseph de Villèle : « Ce fils que j'aime tendrement, comme il a écrit de lui, et dont le bonheur a fait toute la joie de ma vie. » Ceux qui ont su apprécier la grande sensibilité du bon vieillard, pourront seuls comprendre la douleur amère qu'éveilla dans son âme la mort prématurée de ce généreux fils, héritier unique de son nom. Dieu ne pouvait demander au cœur de ce tendre père de brisement plus profond : cette mort le séparait pour toujours de l'objet de ses plus tendres espérances, du fils dans le cœur duquel se reflétait sa large et noble générosité. Il accepta encore cette dernière épreuve ; il but le calice jusqu'à la lie sans laisser exhaler la moindre plainte, sans demander pourquoi ce coup inattendu et mystérieux de la divine Providence venait le frapper.

Mais il est dit que le juste doit passer par le creuset des souffrances et porter avec Jésus-Christ sa croix glorieuse. Le fervent chrétien répondait aux grâces de Dieu d'une manière parfaite ; il devait subir cette loi. Dès l'année 1873, l'infirmité est venue ; elle est venue complète, longue, douloureuse. La maladie commença par paralyser les membres de M. de Villèle : elle coucha immobile sur son lit de douleur cet homme qui avait une activité si constante, qui voulait tout voir, tout connaître, tout juger de ses propres yeux, dont la vie laborieuse se passait au dehors. Dieu le voulait inactif ; il accepta sans murmurer. Cependant, tous ses membres étaient atteints ; le malade ne pouvait pas même porter la main à sa tête ; ses bras, ses jambes étaient comme enchaînés ; il ne pouvait ni prendre sa nourriture, ni répondre aux premières nécessités de son corps ; c'était la dernière humiliation que Dieu réservait à son serviteur. Pour l'extrême délicatesse du bon vieillard, c'était une grande souffrance ; mais il ne s'en plaignit jamais, il n'eut pas même la pensée du murmure. La seule parole qu'il disait à ce sujet était celle-ci : « Allons, s'écriait-il en souriant lorsqu'on attachait au dossier du fauteuil sa tête lourde et souffrante, on m'attache comme un bœuf. » Humiliation et souffrance, tout était accepté du malade ; à l'une comme à l'autre, il n'opposait que la même parole : « Que votre volonté soit faite, ô mon Dieu ! que votre volonté soit faite ».

C'est dans une foi vive et une religion profonde que le comte Henri de Villèle puisa les vertus que nous venons de décrire si imparfaitement. Il était de cette race forte de solides chrétiens dont les rares représentants tendent à disparaître dans nos temps de décadence et de compromissions ; il n'écouta jamais la nature, il ne connut que la loi. Il avait détruit depuis longtemps chez lui l'amour de soi, l'amour-propre, cette racine cachée de nos imperfections, cet obstacle puissant, souvent victorieux, que la vertu rencontre devant elle. Étranger à l'égoïsme, il ne se compta jamais pour rien ; Dieu fut le seul but de sa vie ; toutes ses actions portaient le caractère de la foi la plus ardente.

Enfant soumis et dévoué de l'Eglise, il obéissait à ses lois avec une scrupuleuse fidélité. Il observait les jeûnes avec la perfection d'un religieux ; n'admettant pour lui-même aucun soulagement, un verre d'eau pure et quelques légumes étaient toute sa collation. Dans sa foi ardente, il aurait voulu voir les hommes animés d'un grand amour pour cette Eglise dont il observait si parfaitement les lois. Les luttes de l'Eglise furent aussi les siennes ; ses angoisses, ses douleurs, ses épreuves des dernières années trouvèrent dans le cœur de notre chrétien un écho dont le retentissement redoubla le poids de son infirmité physique. Jusqu'à sa dernière heure, il suivit avec une profonde sollicitude la lutte qui se continue terrible entre l'Eglise de Jésus-Christ et l'enfer; il soutint de ses abondantes aumônes le Souverain Pontife, dont il aurait voulu, avant de mourir, saluer la délivrance; il protesta sans cesse et dans toutes les occasions contre l'abandon universel des nations, si chrétiennes autrefois.

Une parole d'un vénérable prélat, qui se connaissait en hommes et avait été longtemps le supérieur d'une célèbre maison de missionnaires, dépeint admirablement la physionomie fortement chrétienne de notre héros. On faisait, dans une assemblée, l'éloge du comte Henri de Villèle devant Mgr Mioland, alors archevêque de Toulouse. « M. de Villèle, repartit le prélat avec sa candeur bien connue, M. de Villèle n'est pas un homme de notre âge. Il aurait dû vivre dans le treizième siècle, dont il personnifie, et la foi vive et la pratique chrétienne. » Nous ne croyons pas que personne ait porté un jugement plus juste sur le chrétien dont les exemples ne s'effaceront jamais de la mémoire de ceux qui l'ont approché.

Après avoir envisagé la figure si nettement chrétienne du comte Henri de Villèle, on se demandera si une vertu, si austère au premier abord, n'enleva rien au père de famille de sa tendresse, à l'homme du monde de son urbanité, au Français de son patriotisme. Il n'y a pas à craindre ces retranchements de la part de celui dont la piété est large et la religion bien comprise. Sous l'inspiration des vertus chrétiennes, les rapports journaliers ne deviennent que plus doux, la tendresse filiale et paternelle que plus affectueuse, le patriotisme que plus ardent. Loin d'arrêter et d'amoindrir les vertus sociales et les grandes affections, la religion les purifie et leur donne une impulsion plus vive.

Tous ceux qui ont pu approcher M. de Villèle connaissent sa politesse de bon ton ; il la puisait dans ce fonds de modestie, si remarquable en lui ; il avait l'urbanité du grand siècle, pour lequel d'ailleurs il ne cachait pas son admiration. Ses lectures favorites étaient celles qui l'entretenaient du siècle de Louis XIV ; c'était même lui faire un sensible plaisir que de lui parler du grand roi et de son illustre époque. De haute taille, d'une figure austère, M. de Villèle en imposait par le grand air qui ressortait de toute sa personne. Nul devant lui n'aurait osé prononcer une parole malséante, ni se permettre l'inconvenance la plus légère. Sa grande dignité arrêtait les plus téméraires. Les humbles et les petits l'approchaient cependant avec facilité. Un bon paysan nous disait de lui, en son naïf langage : « M. de Villèle n'attendait pas notre salut ; c'était lui qui toujours saluait le premier. »

Un des côtés les plus remarquables du comte Henri de Villèle fut sa tendresse respectueuse à l'égard de son père et de sa mère, son affection profonde envers ses propres enfants. Nous n'avons pas rencontré de cœur dont l'amour pour la famille fût plus prononcé ; c'est au milieu des siens que notre chrétien passa sa vie ; comme il se montra fils reconnaissant et affectueux, il fut père tendre et dévoué. Il n'était heureux qu'au milieu de sa famille ; il veilla sur elle avec la plus constante sollicitude ; ses enfants furent la principale préoccupation de sa vie. C'était sa joie, après une journée passée dans les champs et au milieu de ses ouvriers, de se reposer, le soir, auprès de ses enfants et de jouir de leurs amusements. On voyait alors ce chrétien, à la figure austère et aux mâles vertus, le sourire de la bonté sur les lèvres et le regard plein de tendresse, prendre ses chers petits dans ses bras et les caresser. Naguère encore, ceux qu'il avait bercés sur ses genoux aimaient à nous redire les chants aux mélodies mélancoliques avec lesquels ce bon père les avait souvent endormis. Pour nous, qui n'avons eu le bonheur de l'approcher que dans ses dernières années, ce n'est jamais sans émotion que nous avons contemplé le spectacle de ce digne vieillard entouré de sa nombreuse famille. Enfants et petits-enfants se suspendaient à lui, comme les grappes de raisins autour de leur souche, les uns à son cou, les autres à ses bras ; ceux-ci étaient couchés à ses pieds, ceux-là sur ses genoux; tous, le regardant de leurs gracieux et aimables sourires, se plaisaient à le couvrir de caresses et de baisers. Lui, ne se fatiguait jamais. L'union dans la famille fut le rêve de toute sa vie ; il l'a exprimé dans son testament par cette simple mais touchante parole : « Je recommande à mes enfants de vivre dans la plus parfaite union. » Nous reconnaissons dans cette pensée la haute sagesse du saint vieillard, dont la conduite fut une protestation contre cette désagrégation de la famille, qui est la funeste tendance du jour.

Nous avons admiré ce que le cœur du comte Henri de Villèle montra de tendresse au contact de la religion : disons encore que la piété se joignit dans son âme à un autre sentiment qui y était très vif, celui d'un grand patriotisme. Comme les saints sont aussi de vrais patriotes, à l'amour de Dieu il unit un grand amour pour la patrie, car ces deux amours, loin de se contredire, comme quelques esprits égarés osent le prétendre, se soutiennent et se raniment mutuellement. Les terribles commotions de la France en 1870, les défaites néfastes de nos dernières guerres, l'invasion des Prussiens, la perte de l'Alsace-Lorraine, les fureurs aveugles de la Commune succédant aux ruines de notre gloire nationale, tous ces événements affligèrent profondément son âme et compromirent jusqu'à sa santé. Immobile, impuissant, de son lit de douleur il suivait les péripéties de ces grandes luttes. Il entendait tous les jours la lecture des journaux. En vain, pour lui épargner de trop vives émotions, ceux qui l'entouraient s'ingéniaient-ils à lui cacher les nouvelles fâcheuses; il voulait les connaître et souffrir avec la France. Disons cependant qu'il n'a jamais désespéré de son pays ; la veille de sa mort, il redisait encore ses espérances. Il était de ceux qui croient que Dieu ne peut abandonner la France et qu'il lui rendra son ancienne grandeur.

Cependant, la mort, qui n'oublie personne, approchait à pas rapides. Depuis deux années surtout, le vieillard la voyait arriver sans trouble ni regret. Elle sonna, hélas! pour nous cette dernière heure de son pèlerinage, la première de son repos, le jour de la Commémoration des Morts, à une heure du matin, le 2 novembre de l'année 1882. Le jour même de la Toussaint, comme pour ouvrir les portes du ciel au grand serviteur de Dieu, le curé de la paroisse apportait solennellement le saint Viatique à M. de Villèle. Le bon vieillard reçut une dernière fois son Sauveur comme le grand Désiré. Il reçut dans les mêmes sentiments d'une piété profonde le sacrement de l'Extrême-Onction et l'indulgence plénière à l'article de la mort. Pendant que le pasteur, désolé, administrait les derniers sacrements, on entendait le cher malade mêler sa voix à la sienne, et répondre aux prières de l'Eglise. De tous ceux qui assistaient à cette sublime scène, le malade était le plus fort, le plus calme, le plus résigné, car tous autour de lui pleuraient de perdre un père, un modèle, un protecteur, un ami. La triste nouvelle se répandit bientôt, de maison en maison, dans Merville, puis dans les communes où son nom était béni, apportant partout la tristesse et les regrets. On n'entendait que ce cri : « Quelle perte pour tous ! »

Apporté à Mourvilles, le corps du vénérable défunt occupe la place que, depuis longtemps déjà, il avait marquée lui-même, entre sa mère, sa digne et bien-aimée fille et son fils, le vicomte Joseph de Villèle, qu'il avait eu, peu d'années auparavant, la douleur de perdre. Citons les touchantes paroles par lesquelles notre admirable chrétien a exprimé aux siens le dernier désir de son âme : « Si je meurs à Merville, je veux que mon corps soit transporté dans l'église de Mourvilles-Basses, et qu'il y soit enterré à côté et touchant celui de ma bien-aimée femme. Je recommande à mes enfants l'exécution de ce vœu, que je leur adresse comme celle des dernières volontés qui touche à ma personne. Je désire que mes funérailles soient très modestes, et qu'on n'élève sur ma tombe aucun monument quelconque. S'il arrivait que mes enfants voulussent conserver le souvenir de l'endroit où reposera mon corps, je désire qu'ils se bornent à faire mettre sur ma tombe une simple pierre, semblable à celle que j'ai fait mettre sur la tombe de ma bien-aimée femme et de ma tendre mère. »

Tel fut M. de Villèle, un austère chrétien, un grand serviteur de Dieu, qui consacra sa vie à l'édification du peuple et au soulagement des pauvres et des malheureux. O humble et modeste chrétien ! vos volontés ont été religieusement respectées. Nous avons vu vos funérailles : ceux qui passent inaperçus sur la terre en étaient la plus grande pompe; nous avons vu votre tombe : elle a bien le caractère de simplicité que vous lui demandiez. Vous ne pouvez pas, cependant, nous défendre d'élever dans nos âmes, en votre honneur, un monument glorieux de reconnaissance, d'attachement et d'admiration.

Il a passé en faisant le bien ; telle est la dernière parole que nous laissons tomber de notre cœur ému sur celui dont la noble vie ne s'effacera plus de notre mémoire. Nous pouvons même affirmer que de tous ceux qui ont eu le bonheur de le connaître, aucun ne refusera d'appliquer cette glorieuse parole au comte Louis-Henri de Villèle. Il est possible que certains esprits trouvent que nous nous sommes trop attardé sur cette belle figure; ceux-là nous permettront de ne pas être de leur avis, car les âmes grandes, généreuses, chrétiennes sont si rares aujourd'hui, qu'on ne saurait trop les faire connaître et en garder le souvenir.

II

HENRIETTE-GENEVIÈVE, COMTESSE DE VILLÈLE

ARMES DE LA MAISON DE MAULÉON

De son mariage avec Renée de La Fite-Pelleport, le comte Henri de Villèle a eu deux enfants : Mélanie-Caroline de Villèle, mariée, en Normandie, au vicomte Louis Rioult de Neuville, et Louis-Marie-Joseph de Villèle, qui épousa, le 5 février 1867, Mlle Henriette-Geneviève de Mauléon, d'une très ancienne famille de Gascogne. Savary de Mauléon (1225), Roger de Mauléon (1275), dont on peut lire les noms dans la salle des Croisades, au château de Versailles, appartenaient à cette illustre maison. Un Jean de Mauléon fut élu, en 1519, évêque de Saint-Bertrand de Comminges par le chapitre de cette cathédrale, dont il faisait partie [1]. Le pape Adrien VI ratifia cette élection, le 13 avril 1523, contre les volontés de François Ier, qui, en vertu du Concordat, avait donné cet évêché à Louis d'Oureilles, chanoine de Clermont et conseiller au Parlement de Paris. Comme le saint roi David, Jean de Mauléon aima passionnément la beauté de la maison de Dieu, et consacra une grande partie de ses biens à la décoration de sa cathédrale. Saint-Bertrand lui doit ses boiseries, ses orgues, ses vitraux. On lit, en effet, autour du jubé, que Jean de Mauléon paya les frais de la construction du chœur et y célébra, le premier, les offices, le jour de Noël 1535. Le pieux évêque mourut dans l'année 1551. On connaît de lui deux devises : l'une placée dans les peintures de la voûte : *Par infimis;* l'autre, abrégée et plusieurs fois reproduite en marqueterie : *Omnis amor tecum.*

Joseph, vicomte de Villèle, est mort dans la force de l'âge, du vivant de son père, frappé par un mal foudroyant. D'une générosité d'âme qui ne savait pas compter, il a laissé un renom de charité que les années n'ont point effacé. Encore aujourd'hui, tous ceux qui ont reçu de lui des bienfaits, prononcent son nom avec amour et reconnaissance.

---

1. Nous remercions M. l'abbé Maubé, curé-doyen de Saint-Bertrand de Comminges, des renseignements qu'il nous a fournis sur Jean de Mauléon, évêque de l'ancienne cathédrale.

Au moment où nous terminons le paragraphe consacré aux héritiers des anciens seigneurs de notre commune, le château et la terre de Merville sont sous la garde de Mme Henriette-Geneviève, comtesse de Villèle, la digne veuve de M. Joseph de Villèle. Quoiqu'il soit défendu de parler des vivants et de louer leur caractère, ce n'est pas de notre part une indiscrétion d'affirmer que Mme la comtesse de Villèle continue les grandes traditions de ses ancêtres et fait bénir un nom que le ministre des rois Louis XVIII et Charles X a rendu cher à la France. Bénie dans son mariage, elle sera puissamment secondée par ses généreux enfants dans sa haute mission. M. Henri de Villèle, l'aîné, jeune et brillant officier, n'aspire, comme ses pères, qu'à servir et défendre la patrie; en lui se reflète le ferme et sage caractère de ses ancêtres; M. Xavier de Villèle, son frère cadet, cœur chaud et imagination vive, partage ses belles ambitions; Mlle Donatienne de Villèle, mariée à M. Henri de Saizieu, officier de cavalerie, et Mlle Louise de Villèle, élevées sous le regard vigilant de leur mère, font pressentir déjà, par leur piété profonde et leurs grands sentiments, les nobles choses dont est capable une femme qui a Dieu pour guide et la vertu pour but.

§ 4. CHATEAU DE MERVILLE, SES CURIOSITÉS

« Selon toute apparence, écrit M. François de Chalvet, sur la dernière page d'un cadastre de 1680, en bâtissant le fort on assigna au seigneur une place en cet endroit où est le corps de son château; on assygna aussy une place à l'abbé de La Capelle, à l'endroit où se trouve sa maison, sur le cadastre de 1546; pareillement on en assigna à Varagnes et à Lagarrigue son autheur, à l'endroit où se trouve sa maison et son treil.

« Tout ce qui pourrait laisser quelque doute, c'est que la dame de Merville, dans son dernier dénombrement, dit que son chasteau se compose de diverses petites maisons, et mon aïeul, dans ses Mémoires, dit la même chose, et que le président Lauret, pour se faire un chasteau, n'en ayant aucun auparavant, prit la voie publique et diverses maisons qu'il démôlit pour faire le chasteau actuel.

« Le chasteau contient la rue du Four en basse-cour et le corral; on a joint aussy une partie de la rue traversière à la parroie du chasteau, et au-delà on a fait un petit jardin de quelques places de maisons en 1495. Plus tard, le seigneur engloba toute la rue du Four ou presque [1]. »

---

1. Archives du château.

Ces notes laissées par François de Chalvet sont les seuls renseignements qui restent sur le vieux château de Merville. Elles ne révèlent rien de saillant dans la maison seigneuriale. On se demande, après les avoir lues, s'il existait même un château avant l'époque où le premier président Lauret construisit celui qu'il dut céder plus tard à Bernard Jourdain de l'Isle. Ce qui est certain, c'est qu'en 1734, au moment où le marquis de Chalvet acheta de M. d'Escodeca de Boisse la seigneurie, on remarquait deux grandes demeures dans l'enceinte fortifiée. Celle du seigneur, construite par le premier président Lauret, et celle du coseigneur.

L'ancien château, qu'avaient habité, après le premier président, les derniers représentants des maisons de l'Isle et des des Cars, ne présentait rien de remarquable, si nous en croyons le rapport écrit, en 1734, par deux experts, sur l'ordre du marquis de Chalvet. Il avait trois étages et deux grandes galeries. A part deux salles assez vastes, mesurant six mètres de longueur sur quatre de largeur, les chambres de l'intérieur ne présentaient aucun caractère. Le style n'avait rien des châteaux du Moyen Age ; on n'y voyait ni tours ni créneaux. Adossé, en effet, à une des murailles du fort, celui-ci lui servait de défense. Ici les tours et les créneaux devenaient inutiles ; c'est ce qui nous explique la simplicité de sa construction.

Aussi le grand sénéchal de Toulouse n'hésita pas. Maître de la seigneurie, à la tête d'une directe des plus importantes, il démolit le château des anciens seigneurs, qui déjà tombait en ruine. Il fit encore disparaître la maison de ses ancêtres ;

il alla plus loin, il renversa l'enceinte fortifiée, combla les fossés du village, et, sur l'emplacement des anciennes demeures seigneuriales, des maisons, du fort et de l'enceinte, il jeta les fondements du château actuel.

Le château de Merville [1], celui qui aujourd'hui est son plus bel ornement, ne remonte pas très haut ; il est du dix-huitième siècle. Il ne paraît pas avoir eu d'autre architecte que M. de Chalvet ; il en dirigea lui-même les constructions, comme il veilla à l'achèvement de l'hôtel de la rue Mage. Homme de goût, au dire de ses contemporains, artiste passionné d'ailleurs pour la truelle, il étudia profondément son plan avant de le réaliser, s'entoura de livres d'architecture, consulta divers architectes de Paris, fit et refit ses devis, qui ne sont pas une des moindres curiosités de la bibliothèque. Il conçut jusqu'au magnifique parc dressé sur les dessins de Le Nôtre, dont il ordonna l'exécution et dont lui-même, de sa propre main, traça les lignes et composa les massifs. Il eut l'idée de la vaste terrasse, une des beautés du château ; elle mesure 92 mètres de longueur sur 28 de largeur. Henri-Louis de Chalvet, grand prieur de Malte, en donna la balustrade en fer forgé. L'aspect de la terrasse est magnifique ; largement ouverte, elle déploie ses formes grandioses devant le corps principal du côté du levant. Elle est soutenue par un mur de 4 mètres de hauteur. Construite sur les bords du plateau, elle permet de jouir d'une vue

---

1. Voir dessin hors texte, n° 9.

superbe. D'un côté, on voit les flèches et les tours de Toulouse ; de l'autre côté, Grenade, Grisolles, les arbres de la forêt de Montech ; entre ces deux lignes, l'œil charmé se repose sur les coteaux de la Garonne, aux flancs desquels sont suspendus de nombreux villages. L'auteur de *la Garçonnière* chante avec raison ce beau site dans son poème :

> Muse, volons vers ce château,
> Qui sur le penchant d'un coteau
> Domine sur cette campagne.

Après avoir démoli de fond en comble l'ancien village, le sénéchal bâtit les premiers fondements du château, le 1er mai 1743. M. Manderon, architecte de Toulouse, en fit une expertise générale en 1759. A cette époque, l'œuvre était terminée. Le marquis de Chalvet a conservé dans ses Mémoires les noms des ouvriers qui construisirent sous sa direction sa belle résidence. Aussonne prêta les trois entrepreneurs : les frères Cibis et Bernard Dupleich, leur neveu. François Audibert, de Grenade, plaça les charpentes ; la serrurerie fut confiée à Pierre Senac, aussi de Grenade ; Monicolle, forgeron de Merville, l'aida dans son travail ; Escoubée, de Toulouse, fit les peintures ; François Nivelle eut la menuiserie et François Forcade les travaux de plâtrerie.

Plus de 300,000 briques entrèrent dans la bâtisse, sans compter les matériaux des maisons démolies qu'on jeta dans les fondements et l'intérieur des murs. Le sénéchal composa lui-même les moules des briques, et, pour en mieux suivre le travail, il créa une briqueterie.

Le château de Merville se compose de trois corps : le corps du milieu, qui mesure 50 mètres de longueur, fait face au levant ; les deux ailes, qui mesurent chacune 18 mètres, regardent l'une le midi, l'autre le nord. Le style de la construction est du pur dix-huitième siècle. Ce n'est plus le château féodal du Moyen Age, avec ses tours crénelées, ses fossés profonds, son aspect sombre et sévère ; c'est une construction toute moderne, à un seul étage, aux formes grandioses, aux larges fenêtres, aux salles vastes, aux plafonds élevés, d'un aspect agréable et riant, entouré d'un parc aux méandres de buis capricieux.

Ce qui donne au château un cachet tout particulier, c'est que la Révolution l'a respecté. Il porte un caractère d'authenticité indéniable. Les tapisseries, les meubles, les tableaux, l'argenterie sont tels qu'ils étaient lorsque le marquis de Chalvet les laissa à son fils André. Les tentures ont conservé la même place, certaines chambres ont les mêmes meubles, et, à part les hôtes qui ont changé, on se croirait encore au milieu de ces magnificences chantées par les héros de *la Garçonnière*. Arrêtons-nous quelques instants sur les curiosités qui peuvent offrir de l'intérêt.

I

TAPISSERIES [1]

De magnifiques tapisseries de Flandre recouvrent les murs des vastes salles du rez-de-chaussée. On compte quinze panneaux; cinq mesurent 5 mètres de largeur sur 3m25 de hauteur; les dix autres ont 3m25 de hauteur sur autant de largeur. L'*Iliade* fait les frais de la composition. A part quelques-unes, qui représentent des paysages, des fleurs, des dessins de fantaisie, ces tentures reproduisent les principaux épisodes de la guerre de Troie : le jugement de Pâris, l'enlèvement d'Hélène, le débarquement des Grecs sur les rivages de Troie, la mort d'Hector, la démarche du vieux Priam, qui, accompagné de sa femme Hécube et de Cassandre, sa fille, supplie Achille de lui rendre le corps de son malheureux fils. Les personnages sont de grandeur naturelle, les couleurs vives et les dessins très beaux. Elles datent du règne de François Ier.

Chaque tapisserie est encadrée d'une riche bordure, où sont représentés : un éléphant entouré par un serpent qui l'enserre; une salamandre, l'animal symbolique de François Ier; une guenon, et un

---

1. Voir dessin hors texte, n° 8.

héron attaqué par un faucon. Ces petits tableaux sont séparés par des torsades et accompagnés chacun d'une devise : *Cadens ulciscar, lœti causa voluptas, præsentia cordi, exitus in dubio est.* C'est au brillant sénéchal de Toulouse, le marquis de Chalvet, que le château est redevable de ces tentures.

II

PEINTURES

En entrant dans le grand salon, l'auteur de *la Garçonnière,* dans son enthousiasme, s'écrie :

> Ah ! Muse, quel salon charmant !
> Qu'il frappe étrangement la vue.
> La Chine est-elle ici venue ?
> Admirer ces peuples nouveaux
> Tracés par une main savante....

Cette main savante, qui a décoré les lambris du grand salon, dit salon d'été, de scènes chinoises, est celle de Pins, peintre de l'époque. Les peintures sont admirablement conservées. Elles viennent d'être rafraîchies avec un goût parfait.

Au-dessus des portes des pièces du rez-de-chaussée on remarque des panneaux sur lesquels le même artiste a peint des combats navals, des scènes champêtres et des génies ailés prenant leurs ébats. Inspiré sans doute par le grand sénéchal, Pins a eu l'ingénieuse idée de fixer les traits du maître et des membres de sa famille, aux quatre coins de la salle à manger, sous l'allégorie des quatre saisons. André de Chalvet, le fils aîné du sénéchal, représente le printemps ; auprès de lui est un de ses frères. Elisabeth Jougla de Paraza, l'épouse du marquis, figure l'été ; auprès d'elle est son fils, Henri-Marie-Philippe de Chalvet, une faucille à la main. Le grand sénéchal, vêtu en chasseur, symbolise l'automne ; devant lui est son fils, Joseph de Chalvet, connu sous le nom de commandeur, mort en 1827. Enfin, on reconnaît l'hiver sous les traits de Louis-Henri de Chalvet, grand prieur de Malte, mort en 1784 ; il tient dans ses bras sa petite-nièce, Marie-Pétronille-Louise de Chalvet, morte en 1810.

III

GALERIE DES TABLEAUX

Arrêtons-nous un instant dans la galerie des portraits de la noble famille des Chalvet, qui occupe une salle du premier étage. Certains portraits sont en état parfait de conservation ; d'autres ont été remis à neuf par un artiste de Toulouse, autrefois connu, Rocamir de la Torre, qui travailla avec succès à de semblables restaurations dans le musée de notre ville. Chaque portrait a son numéro que nous lui laissons ; la plupart représentent des hommes de robe ; çà et là on remarque quelques chevaliers ; les portraits de femmes sont nombreux. Ces tableaux paraissent être l'œuvre de maîtres habiles ; le coloris en est vif ; les traits sont largement dessinés ; quelques-uns parlent.

Figurent dans cette galerie les de Reich-Pennautier, les de Bernuy, les de Chalvet-Rochemonteix et leurs alliés.

C'est par Mme Françoise de Chalvet, qui hérita de son frère, que les portraits des de Reich de Pennautier sont entrés dans la maison de Chalvet.

Bertrand de Reich de Pennautier, grand-père de Mme Françoise de Chavet, avait épousé la sœur de Rose de Caulet (n° 4), femme du célèbre Duranty (n° 1), massacré, le 10 février 1589, par les ligueurs, à cause de sa fidélité inébranlable à Henri III. Dans ce portrait, le premier président est représenté le mortier en tête, un livre dans une main, le manteau d'hermine sur les épaules, et le cou dans la fraise, raide comme une armure. L'homme est là avec son visage austère, allongé, avec sa barbe noire, son grand air de magistrat. C'est à Rose de Caulet qu'avant de mourir il adressa ces paroles :

« Je vous dis le dernier adieu, ma très chère épouse ; les biens, les honneurs que je tenais de Dieu vont m'être enlevés avec la vie. Mon âme va comparaître devant le trône du souverain Juge, pure de tous les crimes qu'il plaît à mes ennemis de m'imputer. Mettez votre confiance en Dieu ; il sera votre consolation et votre soutien à jamais.

Dieu est le maître des biens qu'il m'a donnés. La mort est la fin de la vie, et non pas le châtiment. Je vais paraître devant le souverain Juge. Espérons en Lui; Il nous sera toujours secourable. »

Duranty mourut sans postérité; le portrait du célèbre jurisconsulte et celui de sa femme, Rose de Caulet, passèrent à son beau-frère.

A côté du portrait de Jean-Etienne Duranty, on remarque celui d'un autre parlementaire, bien connu des Toulousains, Bernard d'Assézat (n° 2), au bon goût duquel Toulouse est redevable de l'hôtel qui porte ce nom, un chef-d'œuvre de la Renaissance. Bernard d'Assézat, conseiller au Parlement, était marié à Françoise de Reich-Pennautier, grand'tante de François de Chalvet.

En 1655 mourut, dans la force de l'âge, Pierre de Reich-Pennautier, trésorier des Trésors du Languedoc. On le reconnaît facilement dans la galerie à son air de jeunesse (n° 7).

Voici (n° 19) Pierre-Louis de Reich-Pennautier, qui fit héritière du tiers de sa fortune Mme François de Chalvet, sa sœur. Il lui laissa, de plus, tous les papiers et tous les souvenirs de sa famille. Pierre-Louis était trésorier général du clergé et des États du Languedoc. Mme de Sévigné, dans ses Lettres, parle de lui, comme d'un homme honorable et digne d'estime.

Ont encore leur place dans la galerie un autre frère de Mme François de Chalvet, Henri de Reich-Pennautier, et ses deux sœurs : Marguerite de Reich-Pennautier, femme de Henri de Caylus de Puisserguier, et Marie de Reich-Pennautier, épouse de Louis-François de Sevin. Mme François de Chalvet tient un carquois à la main, Marie de Reich-Pennautier un arc. Marguerite est entourée de ses enfants (nos 22, 45).

Les de Bernuy appartiennent aussi à la famille de Chalvet. Mathieu de Chalvet, comme nous l'avons dit, épousa Jeanne de Bernuy, la fille du plus illustre de cette maison. Jean de Bernuy, le célèbre financier (n° 5), est debout devant une table ; il compte des pièces de monnaie ; son attitude est celle d'un homme qui calcule. Sur le tableau on lit ces paroles en latin, dont nous donnons la traduction : « Image de Jean de Bernuy, d'une très illustre maison d'Espagne, baron de Villeneuve, Pelficat, Labastide, repeinte par les soins de François de Chalvet, pour permettre aux descendants de ce grand homme de n'en jamais perdre le souvenir (année 1664). »

Plus loin (n° 10) on voit le portrait d'un de ses fils, Guillaume de Bernuy, greffier des présentations au Parlement de Toulouse et secrétaire du roi en la chancellerie de la même ville. Guillaume de Bernuy lit dans un livre qu'il tient ouvert entre ses mains.

On se demande si dans les portraits restés inconnus ne se trouve pas celui de Jeanne de Bernuy, épouse de Mathieu de Chalvet, président au Parlement de Toulouse (n° 29) et l'un des plus illustres de la famille.

Voici celui du neveu de Jeanne de Bernuy, Louis, duc d'Arpajon, chevalier de l'ordre du Saint-Esprit. Il est beau avec son air martial, sous son armure de chevalier (n° 15).

François de Chalvet, l'auteur des Mémoires inédits sur les événements de la Ligue à Toulouse, est à côté de son père, Mathieu (n° 30).

Diane de Chalvet, petite-fille de François et fille de Jacques de Chalvet, a sa place à côté de son mari, Jacques de La Valette, conseiller au Parlement de Toulouse (n°s 7, 8).

François de Chalvet, marié à Anne de Reich-Pennautier, est un peu plus loin (n° 28). Conseiller au Parlement de Toulouse, il consacra les dernières années de sa vie à collectionner tous les papiers concernant sa famille. Il est le véritable créateur des archives du château.

Le fier chevalier qui est auprès de lui, c'est son frère cadet, Valentin de Chalvet. Il passa sa vie dans les camps et mourut à l'assaut d'une ville d'Alsace.

Antoinette de Bosc, la belle-fille de François de Chalvet, surnommée Madame la Sénéchale, porte le numéro 36. La force et l'énergie du caractère se découvrent sur ses traits; l'œil est vif, intelligent, le port majestueux, le visage sévère; c'est un des meilleurs portraits de la galerie. A ses côtés on voit celui de son mari, François-Auguste de Chalvet, grand sénéchal de Toulouse (n° 35). Avant d'arriver devant ces tableaux, on est arrêté par le portrait de Laurent de Bosc, secrétaire du roi. Laurent de Bosc est peint de profil; sa figure respire l'intelligence; sur ses lèvres s'épanouit un sourire aimable et gracieux.

Autour du portrait de la sénéchale, on remarque ceux de ses enfants. Voici Louis-Philippe-Auguste de Chalvet, chevalier de Malte, tué en 1734 sur le champ de bataille; Marie-Jacquette-Mélanie de

Chalvet, épouse de Louis Lanceau de Lavelanet, grand maître des eaux et forêts; Henri-Louis de Chalvet, grand prieur de Malte; Elisabeth Jougla de Paraza, sa belle-fille, celle-là même qui est représentée en Cérès, dans la salle à manger (n°s 37, 43, 44, 21).

Si Henri-Auguste de Chalvet s'est contenté d'être représenté en chasseur dans la salle à manger, il n'a eu garde cependant de ne pas reproduire les traits de son grand-père, Jacques de Chalvet, gentilhomme ordinaire du roi, et des deux oncles qui l'aidèrent si efficacement dans la construction du château de Merville : Joseph de Chalvet, chevalier de Malte, commandeur de Reissac, et Henri-Louis de Chalvet, le grand prieur (n°s 39, 25, 27). Il a voulu de même conserver à ses enfants le souvenir de son frère aîné, Pierre-Louis-François de Chalvet, mort prématurément en 1733 (n° 32).

André de Chalvet, qui présida l'assemblée de Rivière-Verdun, clôture la série des portraits. Au-dessus de lui, il a placé l'image du grand-oncle de sa femme, demoiselle de Montserrat. Raymond Dupuy, baron de Gaure, grand-oncle de Mme de Chalvet, était conseiller au Parlement de Toulouse. L'artiste l'a représenté assis dans un fauteuil, avec sa robe de magistrat, une plume à la main, feuilletant un gros in-folio (n° 20).

Quelques autres tableaux, d'une réelle valeur, arrêtent encore les regards, entre autres deux tableaux de Rivals, célèbre peintre toulousain, représentant : le premier, Tullie passant sur le corps de son père; le second, l'Enlèvement des Sabines; un Jésus en croix, que l'on dit être de

Van Dyck; une tête de saint Bruno; trois grandes toiles du genre d'Oudry, et plusieurs autres œuvres sans nom d'auteur, en particulier six tableaux inconnus de l'école flamande.

IV

BIBLIOTHÈQUE

Où l'esprit cultivé, le bon goût, la science des de Chalvet se découvrent, c'est dans la bibliothèque. François de Chalvet, l'auteur des Mémoires inédits, a été le créateur de cette riche collection; elle occupe une immense salle, aux larges fenêtres, s'ouvrant sur un panorama magnifique. Je ne parle pas des auteurs latins et grecs, gros in-4°, la plupart imprimés dans les premières années du seizième siècle. Hérodote, Strabon, Homère, Euripide, Sophocle, Démosthène, Plutarque, Lucrèce, Virgile, Cicéron, Horace, Sénèque, Tacite, Tite-Live, Quinte-Curce, en occupent la place d'honneur. Je ne signale pas davantage les Pères de l'Eglise, gros in-folio, eux aussi imprimés dans les premières années du seizième siècle; d'une très belle édition des œuvres de saint Thomas, d'une Bible polyglotte en 12 volumes in-folio, du commencement du dix-septième siècle. J'omets enfin les ouvrages de science, de littérature, de droit, d'histoire, de géographie, d'art, éditions du seizième et du dix-septième siècle. Je me bornerai à la description des incunables, des livres d'heures et des manuscrits qui peuvent offrir un certain intérêt bibliographique.

1° *Incunables*[1].

1. — Chronique ou somme des faits extraordinaires et des événements remarquables qui se sont passés en ce monde depuis la création jusqu'en 1493, date de l'impression du livre. Les chroniques rapportent non seulement les grands événements de l'histoire, comme l'existence du peuple juif et des grands empires de l'antiquité, mais encore les phénomènes physiques qui ont frappé les hommes, comme la naissance d'un monstre humain, l'apparition d'une comète, les pluies de soufre, de feu, etc. On dirait des faits divers que l'auteur juxtapose comme dans un journal.

Gros in-folio gothique de 300 feuillets de 65 lignes par pages entières; hauteur, 48 centimètres; reliure en carton couvert d'une peau de chamois, coins de la reliure usés, dos complètement disparu. Table alphabétique des matières au commencement du livre. Pagination après la table des

---

1. On appelle *incunables* tous les ouvrages imprimés avant l'année 1500.

matières. Majuscules très élégantes d'un centimètre. Caractères gothiques, se rapprochant du type employé par Gutemberg, bien gravés et fondus. Encre très noire, ressortant sur un papier fort beau, à larges marges et bien collé. Gravures sur bois au nombre de six cents, quelques-unes de 50 centimètres de hauteur sur 20 de largeur.

Nous donnons ici le monogramme de l'imprimeur.

MONOGRAMME DE L'IMPRIMEUR DES CHRONIQUES (Incunable de 1493).

Sur le verso du dernier feuillet on lit ces paroles :

« Adest nunc, studiose lector, finis libri Chronicorum per viam épithomatis ac breviarii compilati, opus quidem præclarum et a doctissimo quoque comparandum. Continet enim gesta quæcumque digniora sunt notatu ab initio mundi ad hanc usque temporis nostri calamitatem. Castigatusque a viris doctissimis ut magis elaboratum in lucem prodiret. Ab intuitu autem et preces providorum civium. Sebaldi Schreyer et Sebastiani Kamermaister hunc librum dominus Anthonius Koberger Nuremberge impressit. Adhibitis tamen viris mathematicis, pengendique arte peritissimis Michaele Wolgemut et Wilhelmo Bleydemwurff quorum solerti accuratissimaque animadversione tum civitatum tum illustrium virorum figure inserte sunt. Consummatum autem duodecimo mensis julii, anno salutis 1493. »

II. — *Prophéties de Merlin*. — Volume in-8°; hauteur, 30 centimètres; largeur, 20 centimètres; 150 feuillets à deux colonnes par 35 lignes par pages entières. Caractères gothiques, très nets, d'une encre noire et bien fondue, de 3 millimètres de hauteur. Papier fort, un peu roux, marges larges, feuillets bien cousus. Table de matières au commencement. Pagination après la table. Reliure en bois, couverte d'une peau de chamois.

Voici les premiers mots : « Commencent les prophéties de Merlin et premièrement de la mer qui croistra dessus la terre si hault come les montaignes. » Les prophéties se terminent ainsi : « La terre longtemps a hôte. »

Sur le verso du dernier feuillet on lit le nom de l'éditeur : « En finissant les prophéties, Merlin,

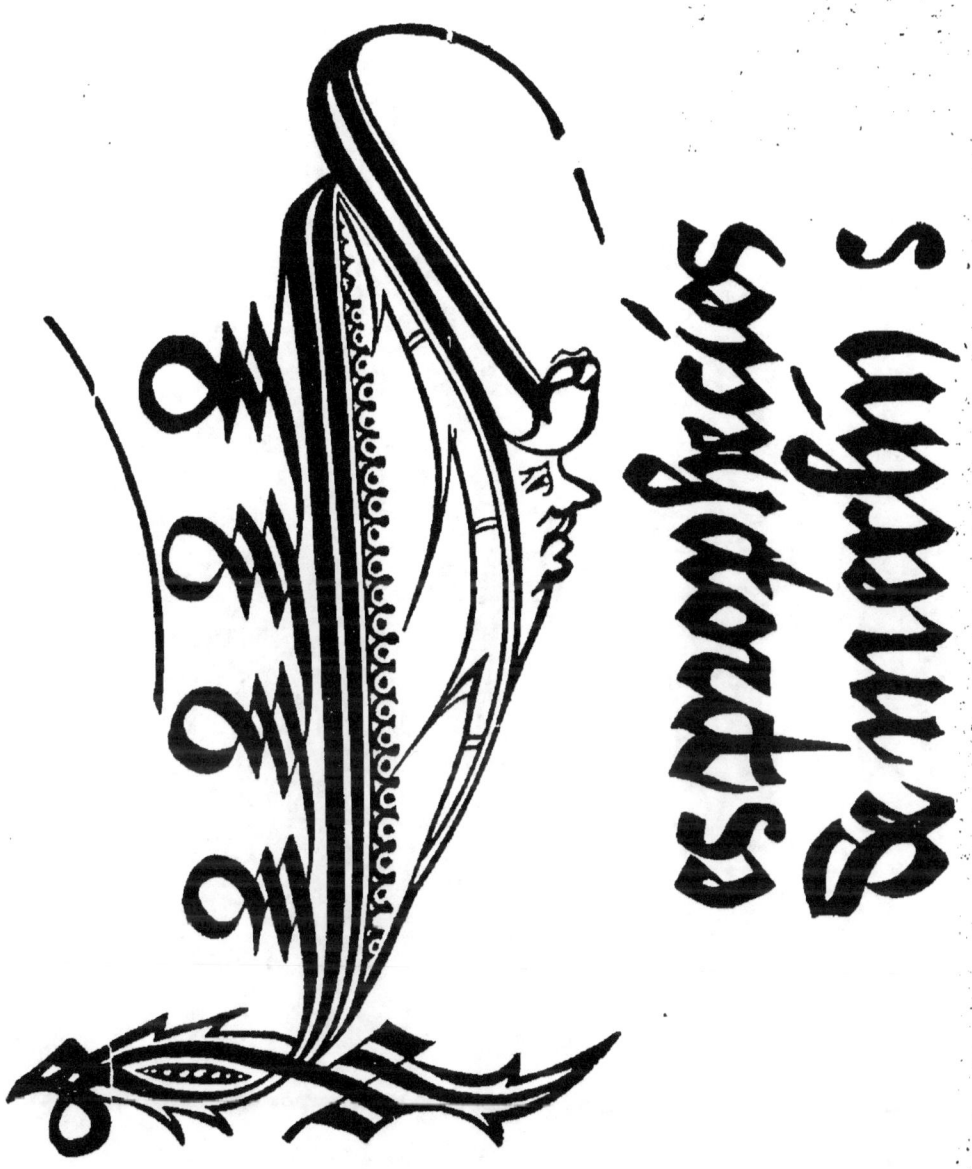

Hors texte, n° 10. — FAC-SIMILÉ DU TITRE DES PROPHÉTIES DE MERLIN
(Incunable de 1498).

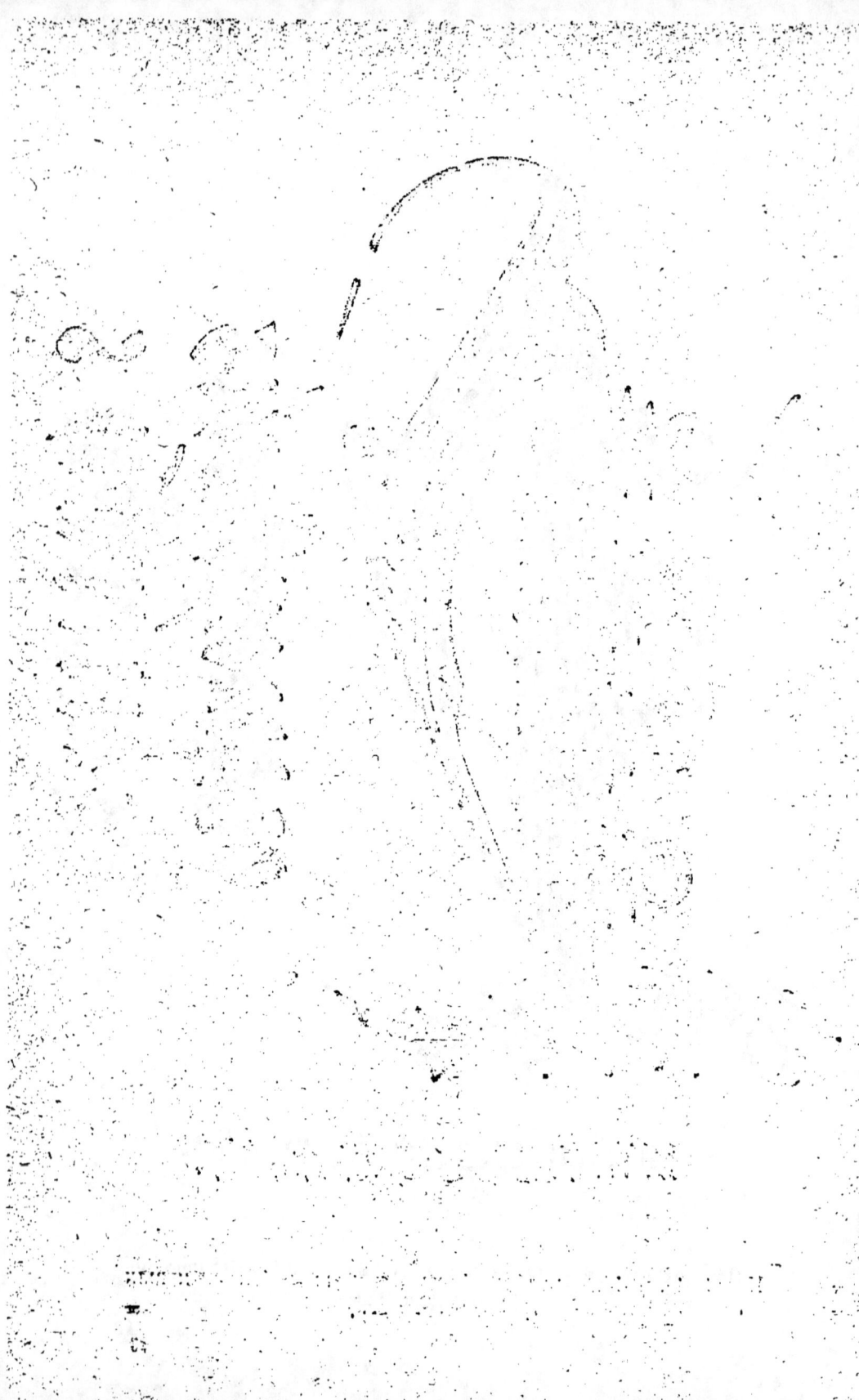

Cy finissent les prophecies merlin
nouuellement imprime a paris lan
mil. iiij. CCCC. iiii. xx. xViii. pour
Anthoine Verart

Hors texte, n° 11. — FAC-SIMILÉ DE LA GRAVURE SUR BOIS QUE L'ON
REMARQUE A LA FIN DES PROPHÉTIES DE MERLIN

nouvellement imprimé à Paris, l'an 1498, par Antoine Gérart, demourant devant Nostre-Dame de Paris, à lymage Saint-Jehan levangeliste, ou au palays au premier piller devant la chapelle où l'on chante la messe de Messeigneurs du Parlement. »

Le texte est accompagné d'une figure sur bois qui représente Jésus-Christ endormi dans la barque de Pierre [1].

III. — A ces deux incunables nous ajoutons un ouvrage sur Toulouse de Nicolas Bertrand, qui, pour avoir été imprimé en 1521, n'en est pas moins précieux comme spécimen de l'imprimerie toulousaine à cette époque :

« Domini Nicolai Bertrandi utriusque juris professoris prestantissimi parlamentalisque Tholose advocati eloquentissimi celeberrimum ac præditissimum quidem opus de Tholosanarum gestis ab urbe condita cunctis mortalibus apprime dignum conspectib.

« Cum gratia amplissimoque privilegio.

« Impressum Tholosæ industria magistri Johannis magni Johanis — in angulo vie Portarietis commorantis — Anno domini millesimo quingentissimo, XX die XXII mensis julii. Laus Deo. »

Hauteur du volume, 26 centimètres; largeur, 20; 88 feuillets; caractères gothiques.

Edition à deux colonnes; deux gravures sur bois représentant, l'une les Chambres du Parlement réunies, l'autre la ville de Toulouse.

---

1. Voir dessins hors texte, nos 10 et 11.

2° *Livres d'heures*.

Les livres d'heures sont au nombre de trois, de date et de dimension différentes : le premier est de 1508 ; le second, de 1523 ; le troisième, de 1532.

I. — Livre d'heures de 1508. — Livre en vélin ; largeur, 14 centimètres ; hauteur, 20 centimètres ; 120 feuillets. Reliure basane, doré sur tranche ; 14 grandes enluminures et 12 petites. Encadrement de chaque feuillet riche et varié. Le tout peint à l'eau.

Le livre d'heures commence par un almanach : « Almanach pour XX ans. L'an de la Nativité, les Brandons, Pasques, Notre-Seigneur, 1508. » Suivent pour les années subséquentes le premier jour de Carême et le jour de Pâques :

« Qui veult sçavoir les Brandons, Pasques, le nombre d'or, la lettre dominicale et le Bissexte, depuis l'an 1508 jusqu'à l'an 1527, inclusivement, regarde en cette figure à la ligne d'icelle date, et il trouvera ces choses dessus dites. »

Le livre d'heures se termine sur cette belle prière à la Très Sainte Vierge :

> Adieu, Madame, adieu vous ay,
> Adieu la rose, la fleur de lys,
> Adieu la belle plus de cent foys,

Hors texte, n° 12. — MONOGRAMME DE L'ÉDITEUR DU LIVRE D'HEURES DE 1508.

Adieu qui vie nous rendit
Quand son Fils sur la croix pendit.
Adieu mère au grand roy des roys,
Adieu mon perpétuel choix,
Adieu la vertu la minnière,
Adieu de mon port trésorière,
Adieu des désolés la joie,
Adieu des grâces l'aulmonière,
Adieu tant que je vous revoye.
Le corps s'en va, le cœur demeure,
Avec vous entends demourer ;
Ainsi impétrez que je puisse satisfaire
De mes péchés et à vostre enfant plaire.
Aultre requiers que vous pour mon secours
Vrays amoureux ne vous veuille desplaire
Je prends congé de mes belles amours.

La table suit les prières, et se trouve à la fin du livre.

« Les présentes heures à l'usage de Romme sont toutes au long sans rien requérir, avecque les heures de la Conception Nostre-Dame, les quinze oraysons de saincte Brigide et plusieurs aultres dévotes oraysons, suffrages, péticions et requêtes selon la table en la fin. Imprimées à Paris par Philippe Pigouchet, libraire de l'Université dudit Paris, pour Guillaume Eustace tenant sa boutique en la grande salle du palais aux trois pillers. »

Plus bas est le monogramme de l'imprimeur [1].

---

1. Voir le dessin hors texte, n° 12.

II. — **Livre d'heures de 1523.** — Hauteur, 9 centimètres ; largeur, 16 centimètres. En vélin, par 29 lignes par pages entières ; 95 feuillets, marges très larges ; caractères gothiques ; encre très noire ; majuscules coloriées ; 12 enluminures d'un vif coloris et d'une fraîcheur remarquable. Absence de monogramme, de chiffre, de signatures, de pagination. Au verso du dernier feuillet, après la table des matières, on lit le nom de l'éditeur :

« Les présentes heures à l'usage de Romme tout au long, sans rien requérir, ont été nouvellement imprimées à Paris pour Germain Hardouin, libraire, demourant audit lieu entre les deux portes du palais, à l'enseigne Saincte-Marguerite. »

Sur le premier feuillet, on lit la légende de la sainte hostie, profanée par un juif, que Dijon vénéra longtemps avec piété :

> Un juif, mutilant jadis
> L'hostie du Saint Sacrement,
> Par frapper des coups plus de dix,
> Fit sortir sang habondament.
>
> Eugène, au trésor de l'église,
> La prit comme son brief tesmoingne,
> Et puis fut par lui transmise
> A Philippes, duc de Bourgogne.
>
> Le duc, pour quelque occasion
> Estant lors venu à Pisse,
> La receut par dévotion l'an quatre
> Cens et trente avecques mille.

Hors texte, nº 13. — FAC-SIMILÉ D'UNE GRAVURE DE LA TRÈS SAINTE TRINITÉ. — LIVRE D'HEURES DE 1532.

Mais, pour saintement disposer
De la relique solennelle,
Honestement la fist poser
A Dijon dans sa chappelle.

S'ensuit l'*O salutaris hostia* et l'Orayson.

III. — Livre d'heures in-octavo de 1532; hauteur, 24 centimètres; largeur, 16 centimètres; 132 feuillets, 31 lignes par pages entières; en vélin, marges très larges, caractères gothiques de 3 millimètres de hauteur; Almanach pour quatorze ans et calendrier précédant les prières; 55 vignettes ou hystoires; sous chaque vignette on lit un quatrain[1]. Table à la fin, après laquelle on lit :

« En finissent ces présentes heures à l'usaige de Paris, nouvellement imprimées toutes au long, sans rien requérir, avecques plusieurs belles hystoires nouvelles. C'est à savoir les hystoires des douze mois de l'an; les hystoires des heures Notre-Dame, mises à prime, tierce, sexte, none, vespres et complies; les hystoires des heures de la croix du Saint-Esprit, des sept spseaulmes et aux leçons des vigiles et des morts. *Item*, avecques plusieurs belles oraysons, tant en latin que en françois, comme il appert par la table ici mise. *Item*, à la fin l'office de la Conception Notre-Dame, et ont été imprimées à Paris par la veufe de feu Thielma-Kerner, demourant audit lieu, à l'enseigne de la

---

1. Voir dessin hors texte, n° 13.

Licorne, à la grant rue Saint-Jacques, au-dessus des Maturins, et furent achevées en l'an 1532, le 16me jour de février. »

D'autres prières pour les morts ont été ajoutées après la table des matières :

« Les recommandations des trépassés, nouvellement imprimées à Paris par la veufeu de feu Thielma-Kerner, demourant en la grant rue Saint-Jacques, au-dessus des Mathurins, à l'enseigne de la Lycorne, 1532. »

Sur le premier feuillet se trouve le monogramme de l'imprimeur[1], accompagné de cette inscription :

« Ces présentes heures à l'usage de Paris, toutes au long, sans rien requérir, avec plusieurs hystoires nouvellement imprimées. »

3° *Manuscrits.*

Je passe rapidement sur le petit fonds de manuscrits, qui est l'attrait principal de la bibliothèque. Ce fonds se compose de vingt-deux manuscrits, en y comprenant la Coutume. M. l'abbé Douais a écrit une notice descriptive et analytique de ces manuscrits, la Coutume exceptée. Nous signalons ce travail remarquable à ceux qui voudraient faire des manuscrits du château de Merville une étude sérieuse. Après avoir paru dans les *Annales*

---

1. Voir le dessin hors texte, n° 14.

Hors texte, n° 14. — MONOGRAMME DE L'ÉDITEUR DU LIVRE
D'HEURES DE 1532.

du Midi (année 1890, i à xx), et dans les *Mémoires archéologiques du Midi de la France* (tome xiv, xxi). L'œuvre, pleine d'érudition, du savant professeur de l'Institut catholique vient d'être publiée sous le titre : *Manuscrits du château de Merville*[1].

« Les matières contenues dans cette série de vingt et un manuscrits, dit M. Douais, présentent une belle variété : l'histoire locale et l'histoire générale, la vie monastique, l'Inquisition, le droit, la prédication, la poésie, les lettres latines y sont représentés. Onze sont inédits en tout ou en partie. Les dix autres offrent cependant de l'intérêt : faits bibliographiques ou littéraires nouveaux, versions dignes d'être notées ou même d'être admises dans une édition postérieure et critique, diffusion et succès de telle ou telle œuvre du Moyen Age[2]. »

La nouvelle édition des *Manuscrits du château de Merville* contient six fac-similés qui la rendent plus précieuse : manuscrit de l'histoire de la guerre de Simon de Montfort contre le comte de Toulouse ; manuscrit d'inquisition ; manuscrit de sermons ; manuscrit de Quintillien ; autographe de Bernard Gui ; autographe de Jean de Forto.

---

1. *Manuscrits du château de Merville*. Paris, Alphonse Picard, libr.-édit. — Toulouse, Edouard Privat, libr.-édit., 1890.

2. *Manuscrits du château de Merville*, pp. 168-169. M. Douais ne parle ici que de vingt et un manuscrits, parce qu'il distingue de ce fonds de manuscrits le manuscrit de la Coutume de Merville, qui fait partie des archives de la famille et qu'il se propose de publier.

Voici, d'ailleurs, la liste des manuscrits, d'après l'ordre suivi par M. Douais dans sa savante étude : 1. l'Histoire de la guerre de Simon de Montfort contre le comte de Toulouse et les Albigeois ; 2. l'Histoire des Albigeois et gestes de Simon de Montfort ; 3. Interrogatoires de Bernard de Castanet, évêque d'Albi, de Nicolas d'Abbeville et de Bertrand de Clermont, inquisiteurs, 2 décembre 1299, 30 mars 1300, exemplaire original de Bernard de Castanet ; 4. Cérémonies et compliments d'honneur qui se gardent annuellement par les Capitouls à l'entrée de leur charge et durant le cours de leur année ; 5. Confirmationes statutorum et libertatum ordinis Premonstratensis ; 6. Statuti della sacra religione di san Giovanni Gierosolimitano ; 7. Chronica fr. Martini Poloni de romanis pontificibus et imperatoribus ; 8. Sermones ; 9. Ceremoniale romanum, auctore Augustino Patrizzi ; 10. Tractatus de Episcopatu ; 11. Humbertus de Carmona, super criminibus ; 12. Etudes de droit ; 13. Chronique du règne de Charles VI, Fragments, 1413-1419 ; 14. Prosologion fratris Johannis Egidii ordinis Minorum ; 15. Firminiani Lactantii liber sextus (divinarum institutionum) ; 16. Valerii Maximi urbis romane juris peritissimi, Factorum simul et dictorum memorabilium (libri novem) ; 17. Quintillien ; 18. Glossaire de Festus Pompeius Sextus ; 19. Alexandreide, poème latin ; 20. Discours de la Nature des choses divisé en six livres ; 21. Manuscrit de Bernard Gui et des Chroniques des Papes d'Avignon.

CHAPITRE III

PAROISSE DE MERVILLE

Nous touchons dans ce chapitre à la partie que nous aurions voulu être la plus intéressante de notre travail. Du moins nous donnons tout ce que nous avons pu trouver. Malgré nos recherches, soit dans les archives du château, soit dans celles de la commune, soit dans celles de la Haute-Garonne, les documents nous ont trop fait défaut. Ils ont en partie disparu dans l'incendie de la vieille église, et l'incurie a jeté les autres au gaspillage.

L'incurie atteignit de telles extrémités, qu'au commencement du siècle, un membre de la fabrique, épicier, avec l'assentiment de ses collègues, ne craignit pas d'envelopper ses marchandises avec les vieux papiers de l'église.

Toutes les pièces cependant n'ont point disparu; celles qui nous restent nous parlent successivement de l'église, des confréries, du cimetière, des curés, des établissements religieux. Le souffle chrétien qui inspirait nos pères, nous apparaîtra suffisamment dans le tableau que nous allons tracer. Grâce aux divers états de la paroisse dressés sur l'ordre des archevêques de notre diocèse, depuis le milieu du seizième siècle jusqu'à la fin du dix-huitième, la paroisse a pu revivre devant nous; elle est même prise sur le vif dans ces rapports écrits, la plupart, sous les yeux des archevêques ou de leurs grands vicaires. Ces enquêtes entrent dans le plus grand détail; rien n'est oublié, pas même le nombre des veuves et des orphelins, des pauvres, des pécheurs publics. Dans leurs visites pastorales, en effet, les évêques se rendaient minutieusement compte des paroisses au point de vue religieux, moral et même matériel. Pleins de sollicitude pour le bien des peuples, ils entraient dans les plus petits détails pour empêcher l'erreur et le mal de corrompre les âmes. Les procès-verbaux de ces visites pastorales offrent des faits intéressants et utiles. Ces états de paroisse ont complété ainsi les pièces qu'il nous a été permis de lire, soit dans les archives du château, soit dans celles de la commune.

§ Ier. L'ÉGLISE.

Avant les guerres anglaises l'église s'élevait derrière le village actuel, dans le bois dit aujourd'hui bois de Bailére. Elle était placée sur les bords du chemin auquel la tradition a laissé le nom de *Carrièro de la Gleizo*. Quelles étaient l'architecture de l'église, son importance, ses richesses et ses curiosités ? Sur ces questions, documents et traditions restent muets. Nous savons seulement qu'elle était dédiée à saint Saturnin, premier apôtre de Toulouse. Voici ce que nous lisons dans la copie d'un cadastre de 1352 :

« 1352, 3 mai. Investiture faite par Jean Jourdain de Lisle en faveur de Guillaume de Pujols de Merville, d'une méaillade de terre sise dans la juridiction de Merville, près l'église Saint-Sernin, entre l'honeur [1] de Guillaume de Pujols, feudataire, d'une part, et l'honeur de Pierre Senhonoris et l'honeur de la rectorie dudit lieu, d'autre part, et la carrière de l'Esglise. Acaptes un pédian, oblies un denier tournois petit, justices 4 deniers [2]. »

Il est évident d'après cet acte que l'église du village, saccagée par les Anglais, était dédiée au pre-

---

1. *Honeur* veut dire *terre*.
2. Archives du château.

mier évêque de Toulouse. Saint Saturnin restera le patron de l'église que bientôt les habitants construisirent dans l'enceinte fortifiée.

Lorsque les Anglais se jetèrent sur Merville et mirent tout à feu et à sang, ils épargnèrent néanmoins l'église, qui resta seule debout sur l'emplacement du village détruit. L'isolement de l'église inspira à la communauté le dessein d'en construire une nouvelle. Et en effet, en 1360, en passant le contrat avec Jean Jourdain de l'Isle, au sujet de la construction de l'enceinte fortifiée, les habitants se réservèrent dans le fort un emplacement pour une église. Ils donnèrent comme motif de leur demande la difficulté d'assister, en temps de guerre, aux offices dans l'ancienne église. « Or, avant tout, est-il écrit dans la charte, il faut assurer l'exercice de la religion. »

Après la construction du fort, on démolit l'église du village incendié, et on jeta les fondements d'un nouveau temple auprès des murailles, au midi. La nouvelle église, comme l'ancienne, fut dédiée à saint Saturnin; c'est ce que nous lisons dans le récit suivant de la cérémonie solennelle du serment de fidélité prêté, en 1381, dans la nouvelle église, par les habitants, à Jean Jourdain de l'Isle :

« Ratification faite par Jean Jourdain de l'Isle, seigneur de Merville et d'Oquenville, en faveur des consuls et des habitants de Merville, au nom de la communauté, de leurs franchises et libertés que cy-devant noble Bernard de l'Isle, son ayeul, et dame de Saint-Eugendo, son ayeule, et messire Jean Jourdain, son père, avaient octroyé aux consuls et communauté de Mervile, leurs prédécesseurs; lequel seigneur de Merville étant dans l'église de Merville, bastie de nouveau, devant l'autel de Saint-Sernin, le samedi de la fête de saint Pierre, jura sur le Missel, le *Te igitur* et croix, de leur être bon seigneur et défenseur, et lesdits habitants nommés en ladite ratification promirent être fidèles audit seigneur réciproquement (1381). — Inventaire de dame de Comenge [1]. »

D'ailleurs, les divers états de la paroisse dressés par les curés et les procès-verbaux des visites pastorales sont unanimes ; tous portent que saint Saturnin, évêque et martyr, était le patron de la paroisse. La fête patronale se célébrait le 25 juin, jour de la Translation des reliques du saint Apôtre de Toulouse.

Lorsqu'en 1734 le marquis de Chalvet fit démolir l'enceinte fortifiée et les maisons qu'elle renfermait, il ne toucha pas à l'église, qui survécut à cette transformation radicale du village. Elle resta comme le souvenir le plus précieux du vieux Merville. Sans doute, son portail gothique, son clocher à éventail, ses nefs, nous diraient le caractère de son architecture, si elle n'était devenue la proie des flammes, proie d'autant plus facile qu'elle était très ancienne et sans voûte. Une grande partie des archives périt dans ce sinistre. Une imprudence fut la cause de l'incendie. C'est par une chaufferette, laissée par mégarde dans un confessionnal, que le feu prit à l'édifice. Il s'étendit rapidement, car le bois dominait dans la construction. Ce fut le 7 mars 1807,

---

1. Archives du château.

à sept heures du soir, qu'arriva ce désastre. Avec l'église disparaissait le dernier vestige du passé. Nous avons trouvé dans un cadastre de 1495, le dessin à la plume du clocher; nous en donnons la copie. Sans affirmer que ce dessin soit une reproduction exacte du vieux village au milieu duquel l'église s'élevait, il nous a paru cependant nécessaire de le reproduire dans notre étude.

ASPECT DU CLOCHER DE L'ÉGLISE ET DU VIEUX VILLAGE DE MERVILLE
(Copie d'un dessin à la plume, tracé sur un cadastre de Merville de 1495.)

A la vérité, le feu n'eût-il pas dévoré la vieille église, sa reconstruction eût été nécessaire. Son état, en effet, était déplorable, et depuis de longs jours les supérieurs ecclésiastiques l'avaient déclarée indigne du culte divin. Les procès-verbaux des visites pastorales sont unanimes : « Il faut réparer l'église ou la refaire. » Nous laissons la parole à ces procès-verbaux et aux rapports adressés en divers temps à l'archevêque de Toulouse ; ils nous renseigneront sur le pauvre état de l'église de l'enceinte fortifiée.

« L'église a douze canes environ de longueur et huit de largeur, bastie à quatre murailles de terre.» (Visite pastorale de Monseigneur de Montchal ; 18 juin 1647[1].) « Le sanctuaire est d'une grandeur convenable, bâti lui aussi de terre ; les fenêtres ne sont pas grandes, ce qui rend l'église fort sombre ; même dans le temps le plus clair on a beaucoup de peine à lire. Il y a une grande tribune dans le fond de l'église, qui contribue à obscurcir ladite église. Feu Monseigneur de Colbert, archevêque de Toulouse, avait ordonné, dans le cours de sa visite du 4 octobre 1696, qu'elle serait ostée. » (Etat de la paroisse de Merville, 1740[2].) « Et parce qu'il nous a été remontré qu'aucune des vitres de cette église ne pouvait s'ouvrir, il arrivait que, dans la grande chaleur, les fidèles de l'un et de l'autre sexe y éprouvaient des suffocations et risquaient, en sortant tous bouillants, de contracter des maladies ; l'église étant d'ailleurs très basse dans sa construction, nous avons ordonné qu'un des panneaux soit mobile. » (Visite pastorale de Monseigneur Louis Bertons et

---

1. Archives de la Haute-Garonne, fonds G.
2. *Ibid.*

de Monseigneur de Crillon, 10 mai 1732[1].) « Le plafond est très bas, le sanctuaire long et large. » (Visite de M. Desairol, vicaire général de Monseigneur de la Roche-Aymon[2].)

Si la nef avait un plafond, il n'en était pas de même du sanctuaire : « Le sanctuaire est sans plafond, de telle sorte que la poussière tombe sur les autels lorsque les vents sont impétueux. » (Etat de la paroisse de Merville, 1700[3].)

Ce mauvais état de l'église demandait des réparations urgentes. Dans le rapport où le curé se plaint du délabrement du sanctuaire, il parle même d'une ouverture considérable qui s'était faite dans les murailles de l'église, ce qui était un perpétuel danger de vol sacrilège : « Depuis trois ans, il s'est fait une ouverture considérable à la parois qui est au fond de l'église, en sorte que l'on peut y entrer aisément, ce qui expose ladite église à être volée, le Très Saint Sacrement à être profané. Les consuls ayant été souvent requis de la faire fermer l'ont toujours négligé, quelque importante que soit cette réparation. » (État de la paroisse, 1700[4].)

Et, en effet, sur l'ordre d'un grand vicaire, le 16 octobre 1750, le curé adressait à l'archevêque de Toulouse un projet des travaux les plus indispensables :

« État de réparations qu'il y a à faire dans le

---

1. Archives de la Haute-Garonne, fonds G.
2. *Ibid.*
3. *Ibid.*
4. *Ibid.*

sanctuaire de l'église de Merville, au diocèse de Toulouse. Le sanctuaire, bâti de paroits de terre, est par conséquent très peu solide ; il est fort bas et fort obscur. La nature et l'état des paroits ne permettent pas ni de les exhausser, ni d'y faire d'autres fenestres, ni d'agrandir celles qui y sont, sans risquer de faire crouler le tout. Il faut nécessairement faire bâtir des murailles de briques à ce sanctuaire.

« Il n'y a point de plafond et on ne peut se dispenser d'en avoir un. Il est fort nu et très peu convenable.

« Le reste de cette église étant en très mauvais état et pire que le sanctuaire, on ne peut se dispenser d'en ordonner des réparations très considérables, qui coûteront autant que de la rebâtir à neuf. Si on ne prend ce dernier parti, on ne fera rien de solide. » (Extrait du procès-verbal des visites faites par le grand vicaire de Mgr l'archevêque de Toulouse, le 16 octobre 1750[1].)

Longtemps l'église resta sans sacristie :

« Il n'y a pas de sacristie, quoiqu'il ait été ordonné par deux ordonnances de visites, l'une par M. Moret, vicaire général de feu Mgr de Carbon, archevêque de Toulouse, le 11 juillet 1677, l'autre par Mgr de Colbert, le 4 octobre 1696, laquelle sacristie devra être faite, sous peine d'interdit, dans l'espace de trois mois. Cette négligeance expose les vases sacrés à être enlevés, en n'ayant pas d'endroit sûr dans ladite église. D'ailleurs, cela

---

1. Archives de la Haute-Garonne, fonds G.

occasionne l'indécence qu'il y a de s'habiller devant les personnes du sexe et empesche le recueillement avant et après la célébration¹. »

D'après ces extraits des procès-verbaux de l'époque, il est évident que l'ancienne église était inférieure à sa haute destination. Faut-il faire un grief à nos pères d'avoir construit un édifice si peu digne de leur foi ? Je ne le crois pas. Rappelons-nous les circonstances malheureuses dans lesquelles la vieille église fut élevée, ils nous paraîtront pardonnables. L'église incendiée de 1807 datait de 1370, époque néfaste pour Merville. Alors les Anglais avaient pillé et saccagé le village ; les habitants, pour échapper à de nouveaux désastres, avaient construit une enceinte fortifiée ; leurs ressources étaient complètement épuisées, leur misère profonde. Aussi, lorsqu'il fut question d'élever dans l'enceinte l'église nouvelle, la communauté dut le faire au plus vite et parcimonieusement ; c'est ce qui explique comment les murailles de la vieille église étaient de terre, les piliers de bois et les plafonds en planches. Depuis cette époque, ni le seigneur ni la communauté n'eurent la pensée d'en construire une nouvelle. Telle elle était encore en 1807, lorsque le feu la dévora.

Malgré ce délabrement incontestable, l'église du fort portait un certain caractère architectural. Si nous acceptons le sentiment d'un artiste distingué, M. Grinda de Sofolani, ancien architecte de la ville de Toulouse, que nous invitâmes à exami-

---

1. Archives de la Haute-Garonne, fonds G.

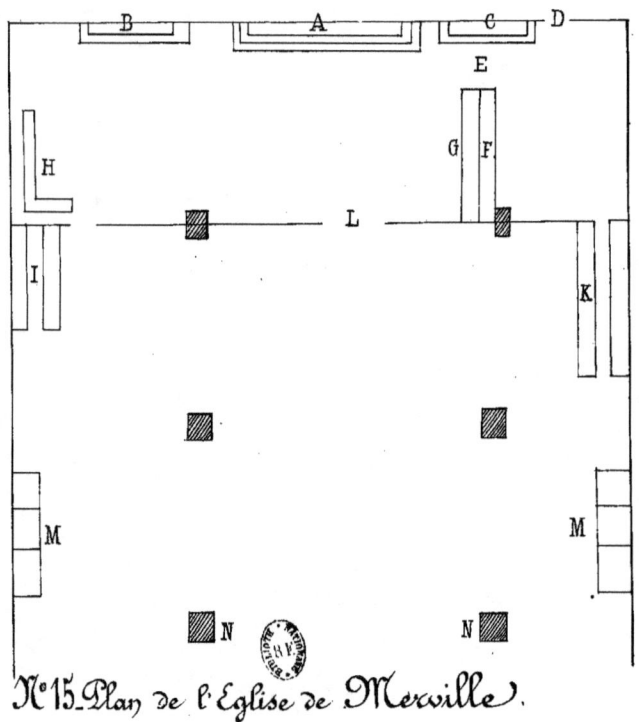

A — Maître-Autel.
B — Autel de la Nativité de la T. S. Vierge.
C — Autel du Rosaire.
D — Porte de la Sacristie.
E — Passage de la Sacristie à l'Autel de 3 pans 3 pouces.
F — Banc des prêtres.
G — Pupitre.
H — Banc du Seigneur.
I — Banc des Consuls.
K — Banc des Marguilliers.
L — Entrée du Sanctuaire.
M — Confessionnaux.
N — Pilliers de l'Église.

N° 15 _ Plan de l'Église de Merville.

ner les ruines de l'ancien temple, la vieille église était du style ogival. Avant les dernières démolitions des ruines de l'ancienne église, qui datent seulement de 1887, on pouvait encore remarquer un côté presque entier d'une fenêtre ; sa forme était ogivale ; tel était encore le style du portail ; la taille et la forme des briques portaient le même cachet. Nous n'aurions eu de l'église du fort, malgré les procès-verbaux des visites pastorales, qu'une idée incomplète, si son plan n'avait été tiré en 1763, à l'occasion d'un procès très curieux, intenté par le curé de Merville contre un de ses paroissiens. M. Carbonel, alors curé de la paroisse, avait des démêlés assez fréquents avec un sieur Monestié, qui prenait toutes les occasions de lui chercher noise. Il poussait l'audace jusqu'à se mettre sur le passage dudit curé, lorsque celui-ci voulait pénétrer du sanctuaire dans la sacristie. Fatigué de ces tracasseries incessantes, M. Carbonel intenta un procès audit Monestié, le 27 octobre 1763. Il fut nécessaire de présenter un Mémoire justificatif de la plainte ; le Mémoire est imprimé, nous l'avons même entre nos mains. Dans cette pièce, M. Carbonel donne le plan de l'ancienne église pour prouver, et la vérité de son accusation et le mauvais vouloir de son paroissien. Nous en mettons sous les yeux du lecteur une copie exacte, avec le texte des explications qui l'accompagnent.[1]

« Il y a dans la nef, ajoute le Mémoire, deux

---

1. Voir dessin hors texte, n° 15.

rangs de piliers en bois, quatre de chaque côté, qui forment trois espèces d'allées dans la longueur de ladite église, et cinq dans sa largeur ; il n'y a absolument pas de chapelle dans la nef. Le sanctuaire est fort long et fort étroit, et occupe une des cinq allées en largeur ; le sanctuaire est séparé de la nef par une balustrade en bois, qui règne depuis un mur jusqu'à l'autre.

« Il y a, dans ce sanctuaire, trois autels adossés au mur, sur la même ligne : celui du milieu est le maître-autel, celui qui est à gauche est l'autel de la Confrérie de la Nativité de la Vierge, celui qui est à droite appartient à la Confrérie du Rosaire. Le sanctuaire est autrement libre ; il n'y a rien qui le barre, à l'exception du banc des prêtres, qui est placé à droite, vis-à-vis du commencement du marchepied de l'autel du Rosaire, lequel banc, touchant d'un bout la balustrade et répondant de l'autre vis-à-vis de l'autel du Rosaire, ne laisse aux prêtres qui ont à aller de l'autel à la sacristie qu'un espace de trois pans cinq pouces, qui est le seul et unique passage. Il y a trois ouvertures à la balustrade du sanctuaire : celle du milieu, par où les prêtres passent pour entrer dans le sanctuaire ; une petite pareille au côté droit, qui sert aux marguillers de l'œuvre pour aller à la sacristie ou à l'autel, laquelle ouverture est entre le banc où ils s'assoient, attaché au mur dans la nef, et le coffre ou table de l'œuvre qui est dans leur banc.

« La porte de la sacristie est sur la même ligne des trois autels, placée du côté droit d'abord, après l'autel du Rosaire. »

A lire les divers documents conservés dans les

Archives départementales, s'il y a quelque chose à regretter chez nos pères du côté matériel, nous ne dirons pas de même du côté moral et religieux. L'esprit chrétien de nos ancêtres resta toujours profond, solide. Ni l'hérésie albigeoise, ni la Réforme, ni la tempête révolutionnaire, ne purent l'amoindrir. Si les circonstances, le défaut de ressources, peut-être le fait accompli, ne leur permirent pas d'élever, en l'honneur de Jésus-Christ, un de ces monuments de la foi, comme il en existe dans un grand nombre de paroisses, le mauvais état de l'église, dont on ne peut récuser l'existence, n'influa pas sur leur religion, qui fut toujours vive et pratique. Non seulement la religion préside, comme nous l'avons lu, à tous les actes publics et privés, mais elle est encore l'objet de leur amour. Les états de paroisse dans les divers siècles, les procès-verbaux des visites pastorales sont unanimes; tous proclament la fidélité de nos ancêtres aux pratiques religieuses. Pas un qui ne constate chez eux, non seulement leur obéissance à la loi pascale, mais encore une véritable piété et la fréquentation des sacrements. Aucun scandale public, aucune tendance au libertinage, aucun courant d'impiété n'y sont signalés; l'indifférence même, cette malheureuse plaie des chrétiens du jour, y est inconnue.

« Il y a huit cents communiants », est-il dit dans les procès-verbaux des visites pastorales de Messeigneurs de Châtillon, de Colbert, de Joyeuse, de la Roche-Aymon[1]. Dans deux états de paroisse, adres-

---

1. Archives de la Haute-Garonne, fonds G.

sés, dans le dix-huitième siècle, à l'archevêque de Toulouse par le curé, on peut lire ce témoignage consolant de la foi de nos pères : « La paroisse de Merville est composée de huit cents communiants » sur douze cents habitants; c'était la presque unanimité, soit du côté des hommes, soit du côté des femmes, soit du côté des jeunes gens et des jeunes filles :

« Par la miséricorde de Dieu, il ne règne pas de vice scandaleux dans la paroisse. Les paroissiens fréquentent les sacrements et sont assez assidus aux instructions. » (Etat de paroisse de 1700 [1].)

Le procès-verbal d'une visite pastorale du cardinal de Joyeuse dit :

« Le recteur et les deux vicaires sont tenus de célébrer chaque dimanche trois messes, une messe matinale basse avec le prône, aussi la messe paroyssiale haulte et aussy basse. Il est coutume d'y avoir prédication tous les jours de Carême. »

En raison de sa cure, est-il rapporté dans le procès-verbal de la visite de Monseigneur de Montchal, le curé est obligé de faire dire deux messes, l'une basse et l'autre haulte, vespres le dimanche, procession à la messe et à vespres depuis Sainte-Croix de may jusqu'à Sainte-Croix de septembre. On y célèbre deux fêtes particulières de la paroisse : saint Sernin, patron du lieu, et sainte Agathe. On prêche au Carême et aux fêtes annuelles. Il y a cent livres de gratification payables : quatre-vingts livres par l'abbé de La Capelle et vingt livres par

---

1. Archives de la Haute-Garonne, fonds G.

le recteur. » Dans le même procès-verbal est écrit cet éloge sans aucune restriction : « Pas un qui n'ait fait la sainte Communion et ne se soit confessé pendant l'année. Il n'y a pas de personnes scandaleuses, ni de personnes qui n'observent les fêtes commandées. Il n'y a pas d'hommes et de femmes séparés, ni de mariages illégitimes. Il n'y a pas de joueurs [1]. »

La religion occupait une si grande place dans les sollicitudes de la communauté que, s'il s'agissait ou des confréries ou de l'exercice du culte divin, elle ne permettait pas même au curé ni opposition ni négligence. De là, cette curieuse requête datée du dix-huitième siècle, et adressée au grand sénéchal de Toulouse par Monestié, premier consul :

« De l'aveu de la communauté : 1° que ledit sieur Carbonel soit tenu de célébrer, suivant l'usage, la messe chantée les jours des quatre grandes fêtes annuelles, les jours de fête de Notre-Dame, le jour de la Circoncision, le jour des Rois, les jours de saint Jean, de saint Sernin et de sainte Agathe ; 2° de rétablir les Confréries du Rosaire, du Saint-Sacrement et de la Nativité [2]. »

La communauté n'était pas moins jalouse de célébrer le troisième dimanche du mois et l'octave de la fête du Saint-Sacrement. C'était un véritable événement si le curé omettait ces exercices. Elle en délibérait en assemblée générale. Par exemple, le 2 août 1772, les habitants réunis en assemblée

---

1. Archives de la Haute-Garonne, fonds G.
2. Archives de la commune de Merville.

générale « se plaignent de ce que le curé a refusé de donner la bénédiction le matin, pendant l'octave dernière du Saint-Sacrement, et même un soir, quoique tout le peuple fût assemblé. Il a refusé aussi de donner la bénédiction du mois de juillet, troisième dimanche du mois, sous prétexte qu'il n'y avait pas de feu ; c'était un vain prétexte, puisqu'il a toujours été dans l'usage d'en procurer lui même, comme c'est la coutume dans toutes les paroisses [1]. »

Et, en effet, le curé avait voulu établir la loi pour les marguilliers de se procurer du feu, ce que ceux-ci avaient refusé. En punition de cette mutinerie, qui était une phase de la lutte engagée entre le curé et la paroisse, comme il sera raconté plus loin, M. Carbonel avait supprimé la cérémonie, ce qui n'était pas du goût des paroissiens qui assistaient nombreux à ces offices.

La communauté délibéra encore dans la même assemblée au sujet d'une lettre adressée aux consuls par le procureur général, qui avait reçu des plaintes sur la mauvaise tenue de certains paroissiens dans l'église. L'assemblée rejette avec force cette accusation, et quoique « pénétrée de respect pour Monseigneur le procureur général, dont une des principales vertus est le zèle pour la Religion, a déterminé de prier Messieurs les consuls de répondre à Monseigneur le procureur général que, grâce à Dieu, eux ni les délibérants ne se sont jamais aperçus d'aucune indécence commise par les

---

1. Archives de la commune de Merville.

habitants dans l'église, lesquels se sont comportés avec le respect dû à la sainteté de Dieu; que si malheureusement il arrivait quelque indécence à l'avenir, ce que à Dieu ne plaise, Messieurs les consuls sont priés de sévir contre les délinquants comme il conviendra de le faire [1]. »

Nous avons encore trouvé dans le procès-verbal d'une seconde visite du cardinal de Joyeuse la liste des reliques vénérées dans l'ancienne église ; ce sont les reliques de sainte Rose, de saint Loup, de saint Georges, de saint Thomas d'Aquin, de saint Vital, de saint Caprais, de saint Guillaume, de saint Jacques, de saint Ambroise, de saint Martial, de saint Sernin, des saints Cyrice et Julitte, de sainte Catherine, de sainte Madeleine [2]. Elles ont toutes disparu; nous n'en avons aucune trace. Nous les nommons cependant pour n'en jamais perdre le souvenir. Ce trésor était une dernière preuve de la piété de nos pères.

§ 2. LES SÉPULTURES.

Personne ne sera surpris si nous affirmons que l'ancienne église renfermait un grand nombre de sépultures.

« Le pavé est très dérangé, à cause de la multi-

---

1. Archives de la commune de Merville.
2. Archives de la Haute-Garonne, fonds G.

tude des sépultures », dit un état de la paroisse de 1700)[1].

Profondément pieux, nos pères désiraient reposer sous les dalles de cette église, où on venait prier et assister au saint Sacrifice. Il était, dès lors, impossible aux vivants d'oublier les morts, dont les tombeaux remplissaient le sanctuaire et les nefs latérales. Sans engager aucun procès de tendance contre les règlements qui, de nos jours, défendent d'enterrer dans les églises, admirons cependant la pensée grandement chrétienne de l'ancien usage. Nos ancêtres n'en souffraient pas pour le corps, et leur âme y gagnait beaucoup. Il est certain que les principaux habitants avaient leur sépulture dans l'ancienne église. Aussi, lorsqu'il y a quelques années, on creusa la terre sur l'emplacement de l'église incendiée, on souleva une grande quantité d'ossements humains. Plusieurs seigneurs voulurent reposer à l'ombre des autels et au milieu de leurs vassaux : ainsi Marthe de Comminges, marquise de Pardaillan, d'Escodeca de Boisse laissa une certaine somme à l'église de Merville où était ensevelie sa mère, Catherine des Cars, épouse de Roger de Comminges. Elle-même demanda d'être ensevelie à ses côtés.

La maison de Chalvet, comme celle du seigneur, avait aussi plusieurs de ses membres ensevelis dans l'église du fort :

« Copie d'un obit à perpétuité fait par la Confrérie de Notre-Dame du Rosaire pour la maison de

---

[1]. Archives de la Haute-Garonne, fonds G.

Monsieur le baron de Chalvet, son bienfaiteur. A Merville, le vingt septembre mil six cent soixante-deux, après midi, dans l'église dudit Merville, ont été capitulairement assemblés : Pierre Dussolier, prêtre et recteur dudit Merville ; M. François Falquet, aussi prêtre et vicaire de ladite église ; Jean Bru, baile de la table dudit Merville ; noble Jean-Louis Dussolier, écuyer ; François-Albert-Bernard Monicole, Joseph Taberne, consuls ; Jean-Albert Marchand, Raymond Taberne, Etienne Castan, Jean Ruffoul, et plusieurs autres confrères dudit Rosaire ; auxquels ledit sieur Dussolier aurait remontré qu'après les divers dons que noble Jacques de Chalvet, coseigneur directe de ce lieu, a faits tant au maître-autel qu'à celui du Rosaire et de la Nativité, en reconnaissance desquels ledit seigneur recteur a reconnu que ledit seigneur de Chalvet était en volonté qu'annuellement il fût dit trois messes basses de *Requiem,* savoir : le huitième d'août, jour du décès de feu Pierre de Chalvet, son fils, qui reste enterré au devant de l'autel de la Sainte Vierge du Rosaire, en l'église dudit Merville, et vingt-troisième décembre, jour du décès de dame Gabrielle de Maussat, femme du sieur de Chalvet ; et l'autre, le quatrième décembre, qu'il soit dit une messe de Notre-Dame, pour implorer son secours et assistance pour sa santé et prospérité sa vie durant, et après la fin du sieur de Chalvet, à pareil jour, que ladite messe soit convertie en messe basse de *Requiem,* pour prier Dieu pour le repos de son âme... Sur quoi tous les susdits ont donné leur consentement et trouvé que par les bailes qui seront annuellement à ladite table, il soit payé audit sieur recteur la somme de 15 sols, pour trois messes qu'il s'oblige de dire, et afin que soit chose stable et inviolablement observée, ils ont pour l'effectuer chacun donné leur seing. Dussolier, recteur et confrère ; Falquet, vicaire et confrère ; Bru, baile ; Dussolier, Albert, confrère ; Monicole, Albert, Castan, Pierrefite ; tous ont signé sur l'original. Ecrit dans le livre et archives de la Confrérie, duquel le présent extrait a été tiré par moi, Jean-François Falquet, prêtre et vicaire de ladite église, le vingt et unième jour du mois de septembre 1663. — Falquet, prêtre et vicaire, *signé*[1]. »

Gardons profondément dans nos âmes ce culte touchant de nos pères pour les morts. S'il ne nous est plus permis, comme à eux, de voir, dans notre église, les tombeaux de ceux que nous pleurons, prions au moins, à leur intention, pendant la sainte messe. Vivons surtout chrétiennement et restons fidèles à Dieu, dans la pensée qu'un jour nous les retrouverons, pour ne plus nous en séparer.

§ 3. LES CONFRÉRIES

Les privilèges accordés à M. Jacques de Chalvet, dont nous venons de parler, nous prouvent l'existence, dans l'ancienne église, de ces pieuses asso-

---

1. Archives du château de Merville.

ciations qui, sous le nom de Confréries, ont puissamment contribué, depuis le Moyen Age, à conserver la foi et la piété dans le cœur des catholiques. Les Confréries ont joué et jouent encore un grand rôle dans l'Eglise. Sans craindre pour son unité, l'Eglise ne voit pas, avec déplaisir, certains de ses membres s'unir ensemble et poursuivre, par des moyens particuliers, un but commun, celui de leur sanctification et de la sanctification des autres.

C'est du Moyen Age que datent les Confréries dans le sens vulgaire du nom. Déjà, cependant, il est question de ces associations dans les lois de Charlemagne et de ses successeurs.

Les Confréries se proposaient, comme aujourd'hui, des buts divers : le maintien de la foi, le développement de la piété, la vénération particulière de certains mystères, l'amour du Très Saint Sacrement, une dévotion plus accentuée pour la très sainte Vierge ou certains saints, le soutien des pauvres, la visite des malades, la charité entre tous. Ces fins diverses se lisent dans les règles de ces associations, approuvées par les évêques ou par le Souverain Pontife. Les Confréries qui se répandirent le plus furent celles du Très-Saint-Sacrement, de la Sainte-Vierge, du Rosaire, des Trépassés. Pendant le Moyen Age, ces sociétés prirent, à l'ordinaire, un saint pour patron. Après la révolte de Luther et de Calvin, de tous les côtés on sentit le besoin de protester contre les négations des hérétiques ; alors se formèrent surtout les Confréries du Très-Saint-Sacrement et de la Très-Sainte-Vierge. De cette époque datent les deux Confréries de ce nom qui étaient établies dans notre paroisse.

Les Confréries se régissaient elles-mêmes et avaient une administration particulière. Les membres administrateurs s'appelaient bailes ; l'administration elle-même portait le nom de Table ou de Bassin. On disait, en parlant des biens ou des charges d'une Confrérie : Biens ou charges de la Table ou Bassin du Rosaire, du Très-Saint-Sacrement, des Trépassés.

Il y avait à Merville, avant 1789, trois Confréries et cinq Tables : « La Confrérie de la Nativité de la Très-Sainte-Vierge, où il y a 25 membres ; la Confrérie du Très-Saint-Sacrement, où il y a 200 membres ; la Confrérie du Rosaire, où il y a 200 membres. » (Procès-verbal de la visite pastorale de Monseigneur de Montchal, le 18 juin 1647 [1].)

« Il y a cinq Tables : Notre-Dame de la Nativité, Saint-Sernin, le Saint-Sacrement, le Purgatoire, le Rosaire. Notre-Dame du Rosaire et Saint-Sernin ont trois bailes ; le Purgatoire et Notre-Dame de la Nativité, deux bailes ; le Saint-Sacrement, deux bailes. Ils rendent, tous les ans, compte devant le recteur et les consuls.

« Les Confréries du Saint-Sacrement, du Rosaire, la Table de Saint-Saturnin, ont des ornements particuliers ; à chaque changement de baile, on fait l'inventaire des objets appartenant à la Table. » (Visite pastorale de Monseigneur de Montchal, le 18 juin 1647 [2].)

---

1. Archives de la Haute-Garonne, fonds G.
2. *Ibid.*

Nous avons eu l'heureuse fortune de retrouver deux de ces inventaires dans les Archives départementales ; par eux nous connaîtrons les autres :

« Inventaire des titres, documents, ornements, linges, appartenant à la Confrérie de la Nativité de la Très-Sainte-Vierge. La Confrérie de la Nativité de la Très-Sainte-Vierge a été fondée dans l'église de Merville en l'année 1485, le 12 décembre, approuvée par messire Pierre Du Rozier, prévôt de l'Eglise de Toulouse et vicaire général de l'Illustrissime et Révérendissime Pierre du Lion, archevêque de Toulouse :

« 1º Statuts et approbation d'iceux par messire Pierre du Rozier ;

« 2º Plus ladite Table jouit et possède la troisième portion des revenus de neuf arpens de terre labourable, située dans la juridiction de Merville, et léguée à ladite Table par feu messire Cailhavet, prestre, par son dernier et valable testament ; ce qui produit à ladite Confrérie, selon l'afferme qui en a été faitte, la somme de neuf livres pour chaque année ; sur quoy les marguillers de ladite Confrérie sont obligés de faire célébrer quatre grandes messes pour le repos de l'âme du bienfaiteur.

« Possède encore une croix en laiton pour la procession, une bannière de damas blanc, une masse d'argent, un buste doré, dans lequel on expose un os de la mâchoire d'une sainte Roze ; on ne sait s'il y a l'authentique. Plus quatre chandeliers en laiton pour l'autel, plus un drap mortuaire, plus une chasuble et des dalmatiques noires, six devants d'autels de différentes couleurs (1700)[1].

« Inventaire des ornements, linges, effets, appartenant à la Table de la Confrérie de Notre-Dame du Rosaire :

« 1° Le calice dont on se sert ordinairement; 2° une chasuble blanche de soie; 3° une chasuble rouge; 4° une chappe d'un damas caffard; 5° deux dalmatiques blanches; 6° une chasuble noire et deux dalmatiques; 7° devants d'autels de toutes les couleurs, tous très usés; 8° quatre voiles pour l'image de la très sainte Vierge, de différentes couleurs; 9° quatre chandeliers en laiton argent; 10° six chappes; 11° deux cahiers de comptes arrêtés et clôturés. Cette Table jouit de 13 livres de rente, sur quoy elle est obligée de payer la somme de 10 livres pour la célébration des messes qu'elle est obligée de faire dire[2]. »

Chaque Confrérie dressait de semblables inventaires, qui assuraient la bonne gestion des affaires. Des administrations fidèles étaient, en effet, nécessaires. Les paroissiens laissaient souvent des legs aux Tables de l'église. Il appartenait aux bailes de les accepter. Citons le legs laissé à la Table du Saint-Sacrement par un avocat à la Cour de Toulouse :

« Testament mystique de François Preult, docteur et avocat à la Cour. François Preult, voulant faire mon testament et disposer de mes biens ay

---

[1]. Archives de la Haute-Garonne, fonds G.
[2]. *Ibid.*

fait sur moy le signe de la croix, disant : *In nomine Patris et Filii et Spiritus sancti. Amen*. Et, après avoir recommandé mon âme à Dieu et à Jésus-Christ, son Fils unique, qui est mort pour tous, et à la très sainte Vierge, conçue sans péché, au glorieux saint François, mon patron, et à tous les saints et saintes du paradis, les priant d'être mes intercesseurs à l'heure de ma mort, après laquelle je veux que mon corps soit enterré dans l'église de Messieurs les religieux de La Capelle, à l'endroit où ils le voudront placer, sans aucune distinction de lieu, nonobstant que j'ay la sépulture dans l'église paroissialle du lieu de Merville où le corps de feu ma première femme est enterré[1]. »

« Je donne et lègue à la Table du Très-Saint-Sacrement six livres en qualité de confrère, payables dans un an. Je charge mes héritiers de faire dire trois haultes messes à perpétuité, l'une le dernier septembre, jour du décès de feu Jean de Preult, mon père; l'autre le dix-neuf mars, jour du décès de feu demoiselle de Cluzet, ma mère, et une autre le jour de mon décès. Puis j'ay signé à la fin et au fond de chaque page. A Merville, le dix-neuf septembre mil six cent quatre-vingt-six. Suivent les signatures du testateur et des témoins[2]. »

Les Confréries possédaient des rentes, des immeubles, dont elles payaient souvent des redevances au seigneur et au Père abbé de La Capelle; ici, la présence d'une administration représentant la

---

1. Archives de la Haute-Garonne, fonds G.
2. *Ibid.*

Confrérie était nécessaire. Voilà pourquoi les redevances que nous avons lues dans les livres de reconnaissances collectionnées dans le château de Merville, sont signées des bailes de chaque Confrérie, quelquefois de tous les bailes ensemble, lorsque la redevance était commune aux Tables de l'église :

« Reconnaissance des Tables de l'église de Merville. L'an mil six cent quatre-vingt-onze et le dix-huitième jour du mois de mays après midi, à Merville, par-devant et chez nous notaire, constitués en personne, le sieur Dussolier François, marguiller de la Table du Saint-Sacrement, Antoine Crouzathie de celle de la Confrérie du Rosaire, assistés de M⁰ Jean Robert, mestre bachelier en sainte théologie et curé du lieu, lesquels en la susdite qualité ont recogneu et confessé tenir soubs la directe et domination féodale de Monseigneur l'Illustrissime et Révérendissime père en Dieu messire Antoine François de Bertier, conseiller du roi en tous ses conseils, évesque de Rieux, abbé de La Capelle, seul seigneur directe du fief ci-dessus escrit, à Philippe Castaing, chanoine régulier et prieur claustral de ladite abbaye, son procureur pour luy stipulant et agissant, savoir : une pièce de terre, située dans la jurisdiction de Merville et au terroir de Lesguillon, contenant un arpent, deux caseaux, deux places, terre de Bernard Robert recogneu, à Merville, à Jean-Louis de Berthier, évesque de Rieux, abbé de La Capelle, oncle dudit seigneur, par messire Cailhavet, prestre, article premier de sa recognoissance, reçue par Léon Falquet, notaire à Merville, le trentielme mays mil six cent quarante-cinq, sous la censive de deux sols six deniers; laquelle censive vérifiée avec le titre dessus exhibé, lesdits ont promis payer et porter annuellement à ladite abbaye de La Capelle, à chasque feste de la Toussaint, et la moitié d'icelle pour les justices et arrière-captes, le cas advenant avec les autres droits et devoirs seigneuriaux..... Ont signé l'acte : Pierre Castaing, prieur; Dussolier, Dordet, notaire [1]. »

Voici une autre redevance, celle-ci payable à M. François de Chalvet; elle est signée des bailes des trois Confréries :

« L'an mil six cent quatre-vingt-cinq et le vingtième jour du mois d'octobre après-midy, à Merville, et dans la maison de noble François de Chalvet-Rochemontés, escuyer, conseiller au Parlement de Tholose, seigneur de Gajouse, et Brantalon, coseigneur directe dudit Merville au diocèse et sénéchaussée de Tholose, régnant Louis, et par-devant moi notaire, constitués en leur personne, messire Pierre-Camille Dussolier, prestre et curé dudit Merville, Jean Pouvillon et Bertrand Rolland, bailhes de la Table du Saint-Sacrement ; Mathieu Pouvillon et Bernard Tailhefer, bailhes de la Table de Notre-Dame du Rosaire, et Antoine Robert, bailhe de la Table de la Nativité de Notre-Dame de ladite église de Merville ; lesquels de gred ont recogneu et confessé tenir soubs la directe et domination féodale dudit seigneur de Chalvet, seul seigneur directe des fiefs ci-dessous escrits, stipulant et acceptant, les pièces suivantes

---

1. Archives du château.

situées dans le consulat de Merville : premièrement au terroir de Tournes, à la cotte rouge un arpan, un casal, soubs la censive de huit deniers et demy : plus audit lieu quatre arpans, soubs la censive d'un sol neuf deniers et demy, lesquelles censives réunies ensemble à deux sols six deniers, vérifiées avec les titres susdits exhibés et entendus...; lesdits ont promis et promettent payer et porter annuellement audit seigneur et aux sieurs fermiers procureurs en ayant droit et cause de luy dans la mayson de Merville, à chaque feste de la Toussaint, et la moitié d'icelles pour les justices, captes et reacaptes les cas advenant. Signés : de Chalvet, Dussolier, Pouvillon, Gaubert, Albert, Dordet, notaire [1]. »

Outre ces redevances communes chaque Confrérie en avait de particulières. En 1734, les Tables de l'église faisaient encore les mêmes censives au seigneur.

« Les Tables du Saint-Sacrement, de Notre-Dame du Rosaire et de la Nativité Notre-Dame de l'église de Merville en général, suivant la reconnaissance que les bayles ou marguillers desdites tables assistés de M. le curé ont consenti : le 1er janvier 1733, fond de censive annuelle deux sols six deniers, justices, acaptes, arrière-acaptes, moitié moins pour chacun desdits droits.

« La Table du Purgatoire de l'église de Merville, suivant la reconnaissance que lesdits marguillers d'icelle et M. le curé de Merville ont consentie, le

---

1. Archives du château.

sixième de novembre mil sept cent trente-quatre, fait la censive annuelle cinq deniers, justices acaptes, arrière-acaptes, moitié moins pour chacun desdits droits ci-dessus.

« La Table de Notre-Dame du Rosaire de l'église de Merville, suivant la reconnaissance que lesdits marguilliers assistés de M. le curé ont consentie le 9 novembre 1734, fait de censive annuelle trois deniers[1]. »

Pour compléter notre paragraphe sur les Confréries de l'ancienne église, il aurait été nécessaire d'en faire l'historique, de donner la date de leur fondation, leurs règlements, les circonstances qui en déterminèrent l'institution. Chaque Confrérie, en effet, avait ses archives, si nous en croyons l'extrait de la Confrérie du Rosaire dont il est parlé plus haut. Malheureusement, l'incendie de 1807 fit encore disparaître plusieurs des registres anciens.

La Confrérie de la Nativité de la Très Sainte Vierge fut érigée dans l'église de Merville, comme cela a été déjà dit, en 1495, avec l'approbation de Mgr du Lion, alors archevêque de Toulouse. Elle avait dans l'enceinte fortifiée une maison qui, dans un cadastre de 1503, porte le nom de maison de la Vierge. Nous ne savons plus rien de cette Confrérie, ni de son organisation, ni de ses privilèges, ni de sa fin. L'un des trois autels de l'ancienne église lui appartenait ; elle-même était chargée de son ornementation.

Nous avons été encore moins heureux au sujet de la Confrérie du Rosaire. Nous n'avons trouvé

1. Archives du château.

que de trop rares vestiges de cette association, qui comptait encore dans ses rangs 200 membres vers la moitié du dix-huitième siècle. L'autel de la Confrérie touchait la porte de la sacristie dans l'ancienne église; il était, dans le sanctuaire, voisin du maître-autel, comme d'ailleurs celui de la Confrérie de la Nativité. On remarquait devant cet autel les tombeaux de Pierre de Chalvet, de Catherine des Cars et de Marthe de Comminges. Hommes et femmes se faisaient un honneur d'entrer dans l'association. Il ne pouvait d'ailleurs en être autrement, puisque Merville avait eu l'insigne honneur de donner l'hospitalité à saint Dominique, dans le monastère de La Capelle.

Pour la Confrérie du Très-Saint-Sacrement tout n'a pas disparu; ses statuts, transmis de père en fils, ont été conservés comme un précieux dépôt dans la famille Pouvillon. Ils datent du quinzième siècle; le manuscrit est en parchemin, d'une écriture nette et parfaitement conservée. On lira, dans les pièces justificatives, ces constitutions curieuses, monument de la foi de nos pères[1].

Nous avons constaté, avec une fierté toute chrétienne, l'existence de ces Confréries. Inspirées à nos pères par la religion qu'ils voyaient menacée, elles nous disent leur foi robuste et nous mettent au courant de leurs habitudes religieuses. Ce souvenir nous sera précieux; il nourrira surtout, dans nos âmes, l'amour pour la Très Sainte Eucharistie et la Très Sainte Vierge, les deux grandes dévotions du chrétien.

---

1. Voir *Pièces justificatives*, n° 3.

§ 4. LE CIMETIÈRE

La foi de nos pères, si manifeste dans les Confréries, se découvre davantage dans les choix des lieux où ils désiraient dormir leur dernier sommeil. Autant, de nos jours, on place les cimetières à l'écart, autant on aimait, dans ces temps, de les voir autour de l'église et au milieu des habitations. Si la chose eût été possible, tous nos ancêtres auraient demandé de reposer dans le sanctuaire ou les nefs de l'église ; mais comme ce privilège n'était le partage que de plusieurs, ils voulurent au moins être ensevelis à l'ombre du clocher. De là l'usage universel, pendant le Moyen Age, de placer le cimetière autour de l'église, ce qui nous explique la quantité d'ossements humains que les ouvriers soulèvent aux pieds des murs des églises construites dans le treizième siècle et les siècles suivants. A Merville, c'était comme ailleurs. Primitivement, avant le sac du village par les Anglais, le cimetière environnait l'église construite le long du chemin dit *Carrièro de la Gleizo*. Il n'en fut séparé qu'à l'époque où les habitants construisirent l'enceinte fortifiée. Prévoyant alors de trop grandes difficultés pour se rendre dans l'ancienne église en temps de guerre, la communauté en construisit une nouvelle dans le fort. Dans cette transformation du village cependant, on ne changea pas le champ du repos. Un peu à l'étroit dans l'enceinte, les habitants continuèrent d'ensevelir les morts dans l'ancien cimetière. De temps immémorial jusqu'en 1720, nos pères furent ensevelis dans cette terre, qui, pour nous, doit rester une terre bénie. A cette époque, le cimetière fut transporté du bois de Bailére au lieu qu'il occupe actuellement. Pour des raisons que nous ne connaissons pas et sans consulter la communauté, M. Rozier, alors curé de Merville, fit ce changement. La décision du curé ne fut pas du goût de tous ; elle souleva même des résistances de la part des consuls, mécontents d'avoir été mis de côté. Il y eut des enquêtes et des contre-enquêtes, toutes conservées dans nos Archives départementales. Les consuls, pour mettre un obstacle aux volontés du curé, convoquèrent une réunion plénière[1] des habitants. On appela du curé aux vicaires généraux ; finalement, la victoire resta à M. Rozier.

Muni des pouvoirs de la communauté, le premier consul Marceillac s'empressa d'adresser à l'administration diocésaine une supplique[2], à la suite de laquelle les vicaires généraux chargèrent M. Lasserre, curé de Castelnau, de faire une enquête[3].

Le rapport du curé de Castelnau confondit ceux qui avaient provoqué l'enquête ; il prouva, à ne pas s'y méprendre, que le dépit était pour quelque chose

---

1. Voir *Pièces justificatives*, IV.
2. *Ibid.*, V.
3. *Ibid.*, VI.

dans l'opposition suscitée par les consuls contre le choix du nouveau cimetière fait par le curé de Merville. Aussi, les raisons exprimées par Jean Marceillac, premier consul, dans sa supplique aux vicaires généraux, ne purent tenir devant le procès-verbal du curé de Castelnau entièrement favorable à M. Rozier ; elles étaient, sinon fausses, au moins exagérées. L'administration diocésaine agréa donc l'emplacement du nouveau cimetière ; et, depuis cette époque, c'est dans ce champ du repos que les habitants de notre paroisse sont ensevelis.

Le souvenir des lieux sacrés où reposent nos pères est resté profondément gravé dans le cœur de tous. Voilà pourquoi, tous les ans, à l'époque des Rogations, la procession s'arrête sur la place du château, devant l'ancienne église et dans le chemin dit *Carrièro de la Gleizo,* devant l'emplacement de l'ancien cimetière ; le curé fait l'absoute, et tous les assistants, à genoux, récitent un *Pater* et un *De profundis.*

§ 5. LES CURÉS DE MERVILLE

Nous croirions manquer à un devoir, si nous ne consacrions pas, dans ce chapitre, un paragraphe aux curés de Merville. Nous avons, dans ce but, recueilli leurs noms avec un religieux respect, en feuilletant les vieux papiers, et sur certains d'entre eux nous avons relevé des détails qui ne sont pas sans intérêt au point de vue historique.

Nous ne cacherons pas que ces recherches ont offert à notre cœur un grand motif de consolation. Elles nous ont donné la preuve de la fidélité de la paroisse à la religion catholique, grâce à la vigilance de ses pasteurs. Docile à ses curés, la paroisse ne déserta point la foi pendant les guerres de religion. Elle ne resta pas moins fidèle à ses prêtres pendant les temps troublés de la Révolution. Les prêtres jureurs ne rencontrèrent ici que mépris et répulsion, malgré l'appui des puissants du jour.

Demandons-nous d'abord où était la maison presbytérale. Primitivement, la maison presbytérale s'élevait dans l'enceinte fortifiée ; on pouvait la remarquer en face de l'église, dans la rue qui portait ce nom. Nous en avons la preuve péremptoire dans le cadastre de 1495 et dans plusieurs actes de reconnaissances. Les documents sont unanimes et placent tous la maison du curé dans le village fermé. En 1563, M. de Chalvet intente un procès à M. Louis Castagner, alors curé, pour le forcer à reconstruire le presbytère, qui s'était démoli. M. de Chalvet perd sa cause et en est pour ses frais. Or, dans ce procès, il n'est parlé que de la maison presbytérale qui est dans le fort [1].

Après la destruction de l'enceinte, en 1736, pour ne pas trop éloigner la maison curiale de l'église, on logea le curé sur la grande place dite *place du*

---

1. Archives du château.

Château. Le presbytère formait un des angles de la place. Une délibération de la communauté, du 23 novembre 1765, nous décrira l'intérieur et les dispositions de l'ancien presbytère :

« Ledit presbytère consiste en deux belles chambres à rez-de-chaussée, avec un bouge pour le domestique. Il y a une écurie, des latrines, une cuisine et une chambre contiguë où loge la servante, un jardin, un cellier et une cave assez grande pour loger le vin que récolte Monsieur le curé. Il y a dans le haut une chambre et un cabinet pour Monsieur le vicaire, et enfin, il y a un grenier suffisant, de plus un large corridor que Monsieur le curé fait servir de salle à manger [1]. »

Depuis le commencement du siècle, la maison curiale occupe le lieu et place où elle est aujourd'hui. Elle y fut transférée à la suite d'un arrangement passé entre M. de Chalvet et le conseil municipal :

« Le vingt-sept frimaire an XIV de la République française (décembre 1805), M. François Lafiteau, prêtre desservant, a pris possession de la maison presbytérale bâtie par M. de Chalvet, appartenant à la commune par échange fait avec ledit sieur de Chalvet au sujet de divers objets. Pouvillon, maire [2]. »

Avant de parler des curés de Merville, il est encore intéressant de savoir à quel archiprêtré du diocèse de Toulouse la cure appartenait, et à qui était attribué le droit de présentation du curé.

---

1. Archives du château.
2. *Ibid.*

Sorèze, le célèbre archiviste de l'archevêché, nous donne la réponse. On sait que Sorèze dressa, vers les premières années du dix-septième siècle, « le rôle des dignités, abbayes, archidiaconés, archiprêtrés et rectories du diocèse de Tholose » ; registre conservé dans nos archives départementales. Sorèze fit son travail sous les yeux de l'archevêque, ce qui lui donna un caractère de vérité indiscutable. D'après le consciencieux archiviste, la cure de Merville faisait partie de l'archiprêtré de Grenade, et au synode « le curé tenait la place entre le curé de Seilh et le curé de Daux » ; en d'autres termes, il occupait le quatorzième rang sur trente-sept paroisses dont se composait l'archiprêtré.

Toujours d'après Sorèze, Saint-Sernin de Merville dépendait de l'abbaye de Notre-Dame de La Capelle. L'archevêque de Toulouse pouvait être le premier patron de la cure, mais il appartenait au Père abbé d'en présenter le titulaire. Le Père abbé tenait ce droit de Foulques, évêque de Toulouse, et de son successeur immédiat, Raymond du Fauga, qui le confirma en 1247. Les curés essayeront bien dans la suite de contester à l'abbé de La Capelle ce privilège ; ils ne sauront amoindrir le témoignage de Sorèze, qui n'a rien avancé que sur l'assentiment de l'archevêque, et après une étude approfondie des archives.

Après ces préliminaires nous voudrions donner une liste complète des curés de Merville, mais il nous a été impossible de suppléer aux pertes occasionnées dans les archives de la paroisse par l'incendie de 1807. Si on a sauvé, il est vrai, du désastre quelques registres des baptêmes, des décès et des mariages, ceux-ci même sont pour la plupart rongés par les rats ou les mites. Pour ces motifs, à part quelques noms que nous avons relevés ici ou là dans les documents, les autres ont échappé à nos recherches. La liste ne se poursuit avec régularité que depuis l'an 1613. Avant cette époque, nous constatons des lacunes regrettables.

Arnaud de Rives est le premier curé de Merville dont nous ayons lu le nom dans les vieux papiers. Il assiste comme témoin à la prestation du serment des habitants de Merville, lorsque Bertrand Jourdain de l'Isle renouvelle, en 1317, les franchises qu'il avait octroyées à la communauté.

Bernard de Surino succède à Arnaud de Rives. Lorsqu'en 1320 les habitants jurent fidélité à noble dame de Sainte-Eugendo, dans l'église de Merville, Bernard de Surino est appelé comme témoin dans cet acte solennel.

Jusqu'en 1495, nous perdons entièrement la trace des curés de Merville. A cette époque, Pierre de Lamarque, curé de Merville, laisse à ses successeurs une maison dans le Fort, dont il est le propriétaire. Dans le cadastre de cette époque, écrit en langue romane, il est parlé « de l'houstal de Moussen Peyre de La Marqua, ritou de Omervilla ». Au-dessous de ces paroles, il est écrit que le curé entend que cette maison appartienne aux curés ses successeurs. « La marquise de Varagnes, est-il ajouté, y consentit à la condition que les curés payeraient los et acaptes [1]. »

---

1. Archives du château.

Cette particularité, insignifiante en elle-même, nous a permis de relever dans les livres des reconnaissances les noms de plusieurs autres curés qui, sans cette convention de la noble dame de Varagnes, auraient été perdus.

Arnaud Salsem paraît avoir été le successeur immédiat de Pierre de Lamarque : « La veufeu dudit Rossel donne cette maison à Arnaud Salsem, prestre, qui feust curé, et fit cette donation à ses successeurs ; c'est la maison appelée la Rectorie, qui resta à recognoître jusques à Mathieu de Chalvet, et auquel Pierre Bras, curé, la recogneut. » (Mémoires de M. de Chalvet[1].)

Pierre Bras, curé de la paroisse après Arnaud Salsem, se recommande par son zèle et sa foi ardente. Pour écarter de Merville tout danger de protestantisme, il établit dans l'église la Confrérie du Très-Saint-Sacrement. Cette institution devait être dans la paroisse une protestation permanente contre l'erreur de Calvin, qui nie la présence réelle de Notre-Seigneur Jésus-Christ dans la sainte Eucharistie. Grâce à cette association, la foi devint plus fervente, la piété plus vive, la fréquentation des sacrements plus effective ; l'erreur protestante ne pénétra point dans la paroisse. La pensée du saint curé fut bénie de Dieu : Merville embrassa même le parti de la Ligue, pour manifester sa fidélité à l'Eglise catholique.

Louis Castagner succède à Pierre Bras ; M. de Chalvet intente contre lui un procès au sujet de la

---

1. Archives du château.

maison curiale, qui s'était écroulée. Louis Castagner meurt avant la fin du procès.

Jean de Solier, qui lui succède, en 1563, gagne cette cause contre M. de Chalvet, qui prétendait que le curé devait relever la maison de ses propres deniers. Un procès-verbal de cette époque nous dit que la cure de Merville recevait la cinquième portion de la dîme :

« Monsieur l'abbé de La Capelle prend les quatre portions des décimes, le curé la cinquième portion. La part de l'abbé est arrantée jusques à mille écus ; le recteur a arranté, cette année, jusqu'à six cent livres, avec réserves de plusieurs cestiers bled et de trois pièces de vin [1]. »

Dans un état de la paroisse, daté du dix-huitième siècle, un curé protestera contre le droit de l'abbé de La Capelle aux quatre portions de la dîme.

« On ne sait, écrit-il, par quelle injustice on a dépouillé le curé de Merville de deux portions de décimes ; car anciennement, et dans tous les temps, le curé percevait la troisième portion des fruits décimaux, et maintenant il ne prend que la cinquième portion ; les quatre autres sont attribuées à Monsieur l'abbé de La Capelle [2]. »

Probablement, le bon curé, qui protestait si vivement contre le droit du Père abbé de la Capelle, n'avait pas connaissance du procès-verbal de la visite pastorale du cardinal de Joyeuse sur cette question, si clair et si précis. Le même procès-

---

1. Archives de la Haute-Garonne.
2. *Ibid.*

verbal donne deux vicaires au curé : Jean Sicard et Pierre Rosèle, lesquels sont salariés de 35 livres chacun. Dans une plainte portée par ces deux vicaires contre le seigneur, qui, le jour de la fête de la Dédicace, entourait l'église, au dehors et au dedans, de tentures noires, il est dit que l'église était consacrée, et qu'il était fâcheux de voir ces draperies sur les croix de la consécration.

Lorsque Mgr Charles de Montchal, archevêque de Toulouse, visita la paroisse, le 18 juin 1647, il trouva comme curé Jean Soulié, qui occupait la cure depuis 1616. Jean Soulié était bachelier en théologie. Le procès-verbal lui reproche ses fréquentes absences :

« Il ne résidait pas ordinairement dans la paroisse; il s'absentait même le dimanche. Avons ordonné donc qu'il sera assigné devant nous, pour venir dire les raisons, s'il en a, pour lesquelles il s'absente de sa cure, pour voir s'il n'a pas encouru les censures par nous publiées dans notre dernier synode. Et en cas où il ne vienne pas dans la huitaine, nous proposons de faire déclarer publiquement qu'il a encouru lesdites censures[1]. »

Nous ne savons pas si le peu zélé pasteur se rendit à l'ordre de son évêque. Heureusement, deux vicaires, Simon Amalay de la Gardelle et Bernard Lasplaces, suppléaient à sa négligence et se dépensaient en son nom, pour le bien de tous.

« En ces temps, est-il dit dans le même procès-verbal, la maison du curé est joignant la porte

---

1. Archives de la Haute-Garonne.

de la ville, à main gauche, et lui appartient en propre[1]. »

Entre Jean Soulié et M. Robert, dont nous lisons le nom dans les registres, un autre prêtre dut diriger la paroisse; nous n'avons pu, cependant, en découvrir le nom. M. Robert était curé en 1680. Il bénit, en cette qualité, le 2 mai 1693, le mariage de noble de Labarthe, seigneur de Lahaye et autres lieux, et de noble demoiselle Anne de Boisse, fille du seigneur de Merville. Desjean des Bars, marquis de Boisse, et Jean de Madron signèrent, comme témoins, l'acte de mariage.

Le 11 octobre 1703 mourut, sur la paroisse, un de ces prêtres sans emploi ni charge, comme il y en avait un grand nombre avant la Révolution. Leur ministère consistait surtout à prier pour les morts et à chanter des messes de *Requiem*. M. Robert fit la sépulture, que nous n'aurions pas notée, si elle ne nous avait permis de retrouver un détail très curieux des frais dont elle fut l'occasion. M. de Chalvet, héritier et légataire universel du prêtre défunt, paya les funérailles.

Voici la note; elle est authentique; elle prouve d'une manière incontestable l'existence d'un casuel à cette époque :

« Frais des funérailles de M. Guillaume Monjossieu, prestre, décedé le 11 décembre 1703 :

---

1. Archives de la Haute-Garonne.

« Pris de la boutique du sieur Montané, marchand de Grenade :

8 cierges blancs, pesant 3 kil. 1/2, 2 onces, à 26 sols la livre.....	4 livres	14 sols	3 deniers
Plus 3 cierges, pesant 1/4 et 1/2.		9ˢ	9ᵈ
Plus 2 flambeaux, cire jaune, pesant 5 livres 1/2, à 26 sols la livre....................	4ˡ	8ˢ	5ᵈ
Plus bougie jaune, 1/4........		6ˢ	
Plus baillé au sieur Monjossieu, frère du défunt, pour la caisse.	3ˡ	6ˢ	
Droit de croix, à M. le Curé...		6ˢ	
Plus double parade et simple parade pour ledit curé et son vicaire.....................		9ˢ	
Obsèques pour eux deux.......		5ˢ	
Messe haute.................		15ˢ	
Pain et vin de l'offrande......		9ˢ	
Au clerc....................		5ˢ	
Au carillonneur..............		10ˢ	
Pour la fosse................		18ˢ	
Pour le droit de Confrérie.....		15ˢ	

« Monsieur le Curé, n'étant pas content de ce que le sieur Albert avait donné pour ses droits, lui a baillé de plus 17 sols 6 deniers. Puis lui a baillé pour le bout de la neuvaine 1 livre 15 sols; puis le carillonneur, n'étant pas content de ce que le sieur Albert avait baillé, lui a baillé 10 sols.

« Puis j'ai baillé à Monsieur le Curé pour quatre messes, le jour du décès, 1 livre 17 sols. Puis j'ai baillé audit curé pour vingt messes six livres.

Montant tous les frais 29 livres 5 sols 11 deniers [1]. »

M. Robert mourut dans l'année 1707, ainsi que le porte son acte de décès :

« Monsieur Jean-Edmond Robert, prêtre et curé de Merville, est mort, le trentième octobre 1707, muni des sacrements de l'Eglise. Il a été enterré par nous, archiprêtre de Grenade, soussigné, le trente et unième dudit mois. Etaient présents : Monsieur Bernard Salut, curé de Dox; Antoine Boissier, Jean Daubian, François Moulères, Bernard Belan, Guillaume Clausade, Jean-Jacques Boudé, François Oustric, tous prêtres [2]. »

MM. Massot et Dussolier, de 1676 en 1684; Deschanelle, Médan et Lawal, de 1684 en 1694; Oustric, de 1694 en 1707, furent les vicaires de M. Robert.

M. Cabié succéda à M. Robert. Il fut aidé successivement dans son ministère par MM. Oustric, en 1707, Florence, en 1708, Simonet, en 1710; son nom disparaît des registres en 1712. A cette époque, il quitta probablement la cure et se retira de Merville. M. Cabié fit prêcher une mission pendant son trop court passage dans la paroisse. Il en prit occasion pour établir un bureau de charité comme l'atteste un état de la paroisse du dix-huitième siècle. « Il n'y a point d'hôpital, dit cet état, mais on a établi, depuis 1709, un bureau de charité pour les malades dans le cours d'une mission, lequel

---

1. Archives du château.
2. Archives départementales.

bureau de charité est administré par le curé et les confréresses de cette bonne œuvre, suivant les statuts. »

Il eut pour successeur Firmin de Gélas, qui, lui aussi, ne resta curé que l'espace de quatre ans. Comme un de ses prédécesseurs, Jean Soulié, M. Firmin de Gélas gardait peu la résidence; ses fréquentes absences occasionnèrent de regrettables lacunes dans l'administration de la paroisse. M. Roziès, qui prit possession de la cure après lui, se plaint amèrement de cette incurie. MM. Simounet, Seigneuret, Géli et Roger avaient fait de leur mieux, en qualité de vicaires, pour ne pas trop laisser souffrir la paroisse des absences de son curé.

M. Roziès devint curé dans l'année 1716. Il eut pour collaborateurs MM. Dangla, Miégeville, Daydet, Monestié, Castanel, Garrabet, Raffat et Carbonel. Le 5 juillet 1753 il rendit son âme à Dieu.

M. Carbonel, sans doute le dernier vicaire de M. Roziès, lui succéda. Le passage de M. Carbonel dans la paroisse fut une lutte continuelle. Les démêlés fréquents du bon curé avec les consuls et certains habitants nous permettront d'entrer dans certains détails de mœurs intéressants. Il y a dans l'administration agitée de ce pasteur des faits précieux. Nous y verrons les consuls et la communauté s'intéresser à tout ce qui regarde le culte et la religion; nous avons eu même l'occasion d'en citer plus haut quelques traits. Qui eut raison dans cette lutte intestine, du curé ou de la communauté? Dieu seul le sait; ce que les documents mettent hors de doute, c'est la bonne volonté de M. Carbonel. Il a pu se tromper dans l'ardeur de son zèle, mais son âme resta sacerdotale. Nous en appelons, comme preuve, au témoignage du procès-verbal de son installation écrit de sa main. Si cette pièce montre déjà dans le bon curé un caractère porté à la lutte, elle exhale par contre un parfum de piété qui élève l'âme. A part quelques paroles contre les religieux de La Capelle, qui auraient voulu un autre prêtre à sa place, tout est sacerdotal dans cette pièce :

« Carbonel, curé depuis le 11 juillet, mon prédécesseur étant mort depuis le septième du même mois, et ayant été nommé à la cure par M. de Boyer Saint-Germier, chanoine hebdomadaire de Saint-Etienne, le siège épiscopal étant vacant, de même que l'abbaye de La Capelle, en ce sens que M. François de Cambon, conseiller au Parlement, chanoine et archidiacre au diocèse de Toulouse, quoique nommé à ladite abbaye par le roi, n'était pas bullé et ne le fut que quatre ou cinq ans après ma mise en possession, lequel abbé n'osa pas hasarder un titre, quoiqu'il en eût bien envie. Il n'y eut que les moines de La Capelle qui furent un peu plus hardis et en hasardèrent un en faveur d'un certain Castanel, natif d'Aussonne et vicaire à Lasserre, lequel titre fut retenu par M. Dang, le notaire de cette paroisse, lequel titre cependant a demeuré sur le tapis ; et le sieur Castanel, après avoir employé quelques tours pour faire consulter ledit titre, ne crut pouvoir mieux faire que de se déterminer à ne pas ajouter au perdu, en entrant en instance. Que ceux qui ceci verront aient la charité de dire un *De Profundis,* ou qui mieux est de se souvenir de moi au *Memento* de leurs saints sacrifices, les assurant que, pour si reculés qu'ils soient du siècle auquel je vis, je les ai présents en Dieu dans toutes mes prières, tant par rapport à eux-mêmes, que par rapport à mes paroissiens, souhaitant qu'ils aient à l'avenir des pasteurs bien différents de moi et qui soient selon le cœur de Dieu, et par là même de réparer mes fautes occasionnées par mon peu de zèle et de capacité [1]. »

Pour l'aider dans son ministère, M. Carbonel eut de nombreux vicaires, qui se succédèrent assez rapidement depuis 1763 jusqu'en 1781. Ils s'appellent : MM. Vignes, Siméon, Lamarque, Coumaux, Berjaud, Aliméras, religieux prémontré, Candelon, religieux grand carme, Magade, Jougeri, Mawech, Givonne et Délivas. L'un d'entre eux, le P. Aliméras, religieux de La Capelle, fut victime d'une dénonciation calomnieuse, qui souleva d'indignation tous les habitants. Retiré à La Capelle, après avoir été, dans l'année 1770, vicaire de M. Carbonel, on l'arrêta violemment sur les ordres de l'autorité et on le chargea de fers. A cette nouvelle imprévue, la communauté s'émut; elle tint une assemblée générale et délibéra au sujet de cette arrestation, qui prouve que la malice des hommes est, de tout temps, la même.

« Il a été aussi proposé par les consuls, est-il dit dans le procès-verbal de l'assemblée, le sieur Pouvillon, le premier d'iceux portant la parole, qu'ayant longtemps étudié ce sujet qui avait donné

---

1. Archives de la mairie.

lieu à l'enlèvement du Père Aliméras, religieux de l'abbaye de La Capelle, ordre des Prémontrés, il fallait parler aujourd'hui du motif qui avait contribué aux mauvais traitements qu'il avait reçus de la part des cavaliers de la maréchaussée qui firent l'arrestation de sa personne, et la manière humiliante et pitoyable avec laquelle lesdits cavaliers le conduisirent au lieu de sa translation, attaché sur un cheval comme un criminel et couvert de chaînes, toujours lié sur son lit ou attaché sur une chaise. Ce motif, dit-il, avait été occasionné par des imputations qui portent atteinte à la réputation; imputations d'autant plus calomnieuses que, depuis qu'on les a découvertes, tous les habitants de Merville et le plus grand nombre des bientenants sollicitaient une assemblée générale à l'effet de rendre un témoignage authentique sur la conduite irréprochable du pieux religieux, sur ses bonnes mœurs, sur sa docilité, son exactitude aux devoirs de son état, depuis qu'il habitait l'abbaye de La Capelle et pendant ce temps qu'il a desservi la paroisse de Merville, chef-lieu de ladite abbaye; sur quoi l'assemblée généralement convoquée à l'issue de la messe est priée de délibérer.

« Il est dit que les consuls doivent contribuer à la justification du P. Aliméras, que tout le témoignage que l'on peut rendre sur le compte de cet irréprochable religieux, que l'on ne l'a jamais connu atteint d'aucun vice, pas même du plus léger; que, quoiqu'un certain temps on avait fait des enquêtes sur ce religieux, on ne l'avait jamais reconnu coupable de la moindre chose; qu'au contraire, tout le témoignage que l'assemblée peut et doit rendre de lui, c'est qu'il a été toujours à l'abri du plus petit reproche, charitable, docile, bienfaisant le temps qu'il a demeuré vicaire, au point qu'en partant il a emporté tous les regrets de la communauté qui a cru ne pouvoir se dispenser de tenir cette délibération pour obtenir le rétablissement du P. Aliméras opprimé, que l'on n'a pu faire succomber qu'en surprenant la religion de ses supérieurs. L'assemblée prie au surplus Messieurs les consuls d'envoyer extrait de cette délibération à qui de droit, pour obtenir le rappel du P. Aliméras [1]. »

Cette délibération nous découvre le rôle joué par les assemblées générales dans la communauté ; leur compétence était des plus larges; elles entraient dans les plus petits détails qui, de près ou de loin, pouvaient intéresser les habitants. Nous allons voir surtout ce rôle se développer à l'occasion de M. Carbonel, qui entra, dès les premiers jours de son ministère, en opposition violente avec ses paroissiens pour des raisons dont nous avons cherché en vain le fondement.

Après son installation dans la cure, M. Carbonel demanda à la communauté de faire des réparations urgentes soit à l'église, soit au presbytère ; celle-ci refusa. On engagea un procès ; la lutte s'envenima et devint pénible ; les uns et les autres s'accusèrent de mauvais vouloir; on s'entêta au point que la paix devint impossible. Et, en effet, la lutte ne cessa qu'après le départ du curé. Racontons quelques épisodes de ces résistances, qui sont tout autant de manifestations de notre vie locale.

1. Archives de la mairie.

Mécontent de la communauté, M. Carbonel saisit toutes les occasions de le montrer. Il commença par refuser de bénir le feu de la Saint-Jean ; les habitants se réunirent aussitôt en assemblée générale pour en délibérer.

« Monsieur le curé de la paroisse a fait constamment, chaque année, la veille de Saint-Jean-Baptiste, 24 juin, une procession dans le faubourg de Merville, et, en se retirant, lorsque cette procession passait sur la place dudit lieu sur laquelle la communauté fait porter du bois pour un feu de joie, auquel le feu est commencé de mettre par ledit curé et ensuite par Messieurs les consuls. Il a plu cependant audit curé, le 23 de ce mois, veille de la fête de saint Jean-Baptiste, d'intervertir cet usage, puisqu'il ne fit pas cette procession. Sur ce, la communauté délibère et prie le sieur Monestié, avocat au Parlement et notaire du lieu, de porter plainte par-devant qu'il appartiendra, contre le sieur Carbonel, curé du présent lieu, pour avoir manqué et n'avoir pas voulu faire selon l'usage procession de la fête de Saint-Jean-Baptiste ; auquel effet pour parvenir à le contraindre, à l'avenir, à faire cette procession, la communauté prie Messieurs les consuls de mettre le feu ce aujourd'hui après les vêpres de la paroisse au bois qui devait servir pour le feu de joie de la veille de Saint-Jean-Baptiste et qui est depuis ce jour sur la place publique. Délibération du 25 juillet 1765 [1]. »

Les assemblées générales, comme nous l'avons

---

1. **Archives de la mairie.**

dit plus haut, se tenaient à l'ordinaire à l'issue de la messe paroissiale, soit sur la place publique, soit dans la maison commune, soit dans le château seigneurial. Le curé de la paroisse y assistait dans diverses circonstances, [du moins il y était toujours convoqué. Il y occupait une des premières places, d'après cette ordonnance royale qu'opposa M. Carbonel à ses adversaires, qui lui contestaient ce droit :

« L'an mil sept cent soixante-six et le cinquième jour du mois d'août, à l'issue de la messe de paroisse, dans la Maison de ville de Merville, pardevant M. Capmartin-Cornac, juge du présent lieu, assisté des sieurs Rivière, Etienne Cassaigne, Jean Barrat et André Caussat, consuls, et le sieur Jacques Pouvillon, procureur juridictionnel,

« Ont été assemblés : M. Carbonel, curé du présent lieu, les sieurs Pierre Pouvillon, Vital, Angla, etc.; et lorsque nous, juge susdit, avons requis les suffrages, Monsieur le curé a pris immédiatement place auprès de nous et à notre droite ; et Messieurs les consuls ayant dit qu'ils devaient avoir cette place, ledit sieur curé dit que sa place était à notre droite, d'après les édits, et celle des consuls à notre gauche ; et que, pour cette fois, il se mettra où on jugera à propos. Et les sieurs consuls ont répliqué qu'il n'est pas possible qu'ils prennent leur séance à gauche, puisque le banc qui est à gauche n'a que cinq pans un quart et les consuls étant au nombre de quatre, le procureur juridictionnel devant même et ayant accoutumé prendre séance sur ledit banc. A quoi le curé a répondu qu'après le banc ci-dessus mentionné et derrière la fenêtre et volet, il y a un autre banc de sept pans ; Monsieur le curé ayant ajouté qu'il a demandé la place à droite, conformément aux édits, il se contentera de la gauche comme aussi honorable et a signé.

« En conséquence, Monsieur le curé s'est placé sur le banc, à notre gauche, Monsieur Pouvillon, procureur juridictionnel, ayant dit qu'il était dans l'usage de prendre séance sur ledit banc. A quoi Monsieur le curé a répondu que la place de Monsieur le procureur juridictionnel était avant ou après les consuls et du même côté, et que, pour ce fait, il cédait la place sur ledit banc audit procureur, sans préjudice [1]. »

Le débat est curieux et prouve que les questions de préséance devenaient, hier comme aujourd'hui, de gros événements. Ici, l'abbé Carbonel avait pour lui la lettre de la loi ; il gagna donc sa cause ; et dans la prochaine assemblée générale, qui eut lieu le 22 septembre 1770 :

« Le sieur Carbonel déclare, dans un acte signifié aux consuls, que sa place dans les délibérations étant fixée par l'édit du roi et l'arrêt du Parlement à la droite du juge, il somme lesdits sieurs consuls d'avoir à se conformer à ce qui est prescrit par les édits de Sa Majesté du mois d'août 1764 et de mai 1765 concernant le gouvernement des bourgs ayant moins de deux mille âmes, de quel acte il fait lecture à l'Assemblée [2]. »

Nous omettons les autres différends de M. Carbonel avec les consuls, puisque nous les avons donnés plus haut.

---

1. Archives de la mairie.
2. *Ibid.*

Si les documents abondent au sujet des rapports de ce bon curé avec la communauté, n'en cherchons la raison que dans la conservation des registres des délibérations renfermés dans les archives, registres qui remontent jusqu'en 1765. Les cahiers écrits avant cette époque ont tous péri, ce qui nous explique que l'histoire des curés qui ont précédé M. Carbonel soit si peu détaillée. Pour être plus modernes, les registres qui sont dans les archives mettent cependant en lumière certains usages qui avaient force de loi depuis des siècles. Ainsi, nous lisons dans une délibération de 1769 que le pèlerinage annuel au sanctuaire de Notre-Dame d'Alet se faisait depuis un temps immémorial. Dans une réunion plénière, datée du 2 janvier 1773, la Communauté « s'occupe à nouveau du vœu de Notre-Dame d'Alet; elle demande qu'il s'accomplisse tous les ans, et vote la somme de dix livres affectée au sanctuaire [1]. » Quel est le motif qui a inspiré à nos pères ce pèlerinage? Peu importe. Il est certain qu'il existe depuis les temps les plus reculés.

M. François Carbonel était docteur en théologie; il démissionna sans doute en 1781. A cette époque, nous lisons dans les registres des baptêmes cette note écrite de la main de son successeur :

« Monsieur Carbonel, prêtre, ancien curé de Merville, mon prédécesseur immédiat..... [2] »

Ici, il nous sera permis de redresser une erreur

---

1. Archives de la mairie.
2. *Ibid.*

assez commune. D'aucuns ont prétendu qu'avant 1789 aucun ordre n'existait dans la rédaction des actes de baptêmes, des mariages et des décès. Ceux qui ont émis cette opinion ignorent que, d'après la loi, le curé remettait le double de ces actes entre les mains de l'Etat. Après la remise du registre, il recevait un récépissé du greffier de la sénéchaussée dont sa paroisse dépendait, lequel il avait soin de coller à la dernière page. En voici un qui porte la date de 1753 :

« Je, soussigné, greffier de la sénéchaussée de Toulouse, certifie que ce jourd'hui, ce double des registres des baptêmes et mariages et le double de celui des sépultures de la paroisse de Merville, diocèse de Toulouse, pour l'année 1753, ont été remis devers le greffier civil de ladite sénéchaussée, en conséquence de la déclaration du roi, du 9 avril 1736, ce 11 janvier 1763[1]. »

M. Andrieu, l'auteur de la note citée plus haut, prit possession de la cure dans le courant de juillet 1781. Il eut pour vicaires MM. Bergé, Albert, Reihler et Martin.

C'est sous l'administration de M. Andrieu qu'on introduisit l'usage des chaises dans l'église. Cette mesure donna lieu à une délibération :

« Sur la proposition d'un des marguillers de la Table de l'œuvre, ceux-ci décidèrent, à l'instar d'autres paroisses, d'acheter des chaises pour la commodité des personnes qui assistent aux exercices de la paroisse et notamment aux sermons et instruc-

---

1. Archives de la mairie.

tions paroissiales, dont le produit, en tournant à l'avantage de ladite Table, mettrait les marguillers dans le cas de fournir aux autres dépenses ordinaires.

« Sur quoi, il a été délibéré que les marguillers de l'œuvre achèteront sitôt qu'ils le pourront cinquante chaises, qui seront placées dans l'église et qui seront payées à un liard chacune pour chaque particulier qui les occupera et à chaque exercice de la paroisse, savoir : messes, vêpres, sermons.

« Au surplus, a été délibéré, pour l'avantage des pauvres, qu'il sera placé dans le même temps et par lesdits marguillers entre les quatre piliers qui sont vis-à-vis les chaises, deux bancs fichés d'un pilier à l'autre, sans qu'il puisse rien être exigé de ceux qui occuperont lesdits bancs[1]. »

La mort frappa M. Andrieu quatre ans à peine après son installation, le 3 octobre 1787 :

« L'an mil sept cent quatre-vingt-sept, et le trente-unième du mois d'octobre, a été inhumé par nous, messire Théodore Carrière, archiprêtre de Grenade, soussigné, le corps de messire Guillaume Andrieu, curé de cette paroisse, dans le cimetière dudit lieu, âgé de cinquante-neuf ans, ainsi qu'il a été déclaré par M. Desclans, curé de Daux, et M. Gaillard, curé d'Aussonne[2]. »

M. Albert succéda à M. Andrieu; lui-même a le soin de le dire dans cette note écrite de sa main sur la page des registres des baptêmes :

« Incipit rectoratus Joannis-Petri Albert (ici

---

1. Archives de l'église.
2. *Ibid.*

commence le rectorat de Jean-Pierre Albert, ce 29 novembre 1787)[1]. »

M. Albert fut nommé à la cure de Merville, sur la présentation de Mgr Tristan de Cambon, évêque de Mirepoix et abbé de La Capelle.

« L'an mil sept cent quatre-vingt-sept, est-il dit dans le procès-verbal de sa prise de possession, par-devant nous, notaire royal, dans notre étude, a comparu Jean-Pierre Albert, prêtre du diocèse de Toulouse, qui nous a dit que, sur la nomination et la présentation faite en sa personne par Illustrissime et Révérendissime Monseigneur François-Tristan de Cambon, évêque de Mirepoix, conseiller du roi en tous ses conseils au Parlement de Toulouse, abbé de l'abbaye de La Capelle, du présent lieu de Merville, au diocèse de Toulouse, qui a le droit, en cette qualité, de faire présentation, il a obtenu de MM. les vicaires généraux de Monseigneur l'Illustrissime, Révérendissime Père en Dieu, messire Etienne-Charles de Loménie de Brienne, archevêque de Toulouse, le titre et lettre d'institution de ladite cure, avec permission au premier notaire royal et apostolique de le mettre en la réelle, corporelle et actuelle possession de ladite cure ou vicairerie perpétuelle et des fonds, revenus, émoluments, honneurs, dignités y attachés et les dépendances[2]. »

L'unique vicaire de M. Albert fut M. Chevalier, dont la religion profonde ne le céda en rien à celle

---

1. Archives de l'église.
2. *Ibid.*

de son curé. Hommes de vertu et de caractère, ils opposeront au flot révolutionnaire qui déjà se lève une résistance opiniâtre. Nous ne surprendrons, ni dans l'un, ni dans l'autre, aucune défaillance, aucune faiblesse.

L'heure, cependant, est solennelle. Deux ans après l'installation de M. Albert, la grande Révolution éclate. Nous ne décrirons pas les perturbations mémorables de cette époque, qui renversèrent de fond en comble l'état religieux et social de la France. Le coup a été si profond, qu'encore l'agitation existe et l'équilibre n'a pas été retrouvé. Alors toute autorité fut ébranlée. La religion, qui avait fait la France grande, héroïque, fut répudiée et chassée des institutions. La Révolution essaya d'avoir raison d'elle. Son jeu fut diabolique; heureusement, il n'obtint pas un plein succès. Dieu, qui conduit les événements et les hommes selon ses volontés, veillait sur la fille aînée de l'Eglise. Après ces jours de ténèbres, le catholicisme se releva dans des conditions, il est vrai, moins favorables, mais aussi fort et aussi vivant. Aujourd'hui, il peut lutter contre les efforts d'un ennemi qui ne se lasse pas et qui, pour triompher, à l'instar du Protée antique, prend toutes les formes et se couvre de tous les masques.

Merville resta chrétien au milieu de la tempête. Grâce à des prêtres dévoués, les traditions catholiques se maintinrent intactes, car, à part deux ou trois prêtres constitutionnels, qui ne trouvèrent dans la population que le dégoût et le mépris, les autres furent fidèles à l'Eglise et au Pape.

M. Albert était curé de Merville, et M. Chevalier vicaire, à l'époque de la convocation des États Généraux. Ces deux saints prêtres résistèrent de tout leur pouvoir au mal, encourageant les paroissiens par leurs exemples et leurs paroles. Comme nous le dirons plus loin, Monestié, qui tenait entre ses mains le drapeau révolutionnaire, ne proposa aucune mesure contre M. Albert jusqu'en 1791. A cette époque, le 17 janvier, soit par crainte, soit par entraînement, il fit siéger en pleine église, à l'issue de la messe, le Conseil général et le Conseil municipal. Devant les deux Conseils réunis, il donna ordre à M. Albert et à son vicaire, M. Chevalier, de prêter le serment civique exigé par la loi. M. Albert s'y refusa avec énergie. M. Chevalier, qui avait eu bruit des projets du maire, avait déjà quitté l'église. Les officiers municipaux se rendirent chez lui; mais à toutes les sommations il répondit, comme son curé, par un refus formel. On dressa sur-le-champ procès-verbal contre ces bons prêtres, auquel le maire, les officiers municipaux et les notables apposèrent leur signature.

M. Albert n'abandonna pas la paroisse aux prêtres jurés, malgré les menaces de la municipalité. Il refusa même l'absolution à tous ceux qui avaient des rapports avec eux. Monestié, irrité par cette conduite courageuse du bon curé, convoqua, le 19 juin, le Conseil général et les officiers municipaux. Il donna lecture aux membres de l'assemblée d'un ordre du procureur syndic prescrivant de procéder au remplacement des curés qui refusent le serment :

« Lecture faite d'icelui, il a été délibéré que n'ayant aucun sujet en vue, on s'en remet à la sagesse de MM. les électeurs, les priant de donner un sujet conforme aux vues de l'Assemblée nationale pour nous délivrer le plus tôt possible du curé actuel, comme s'étudiant à contrarier les décrets et exigeant des pénitents qui s'adressent à lui la promesse de ne jamais assister aux cérémonies religieuses des prêtres qui ont prêté le serment ; ce qui suppose une coalition entr'eux et démontre la nécessité du changement [1]. »

Enfin, la municipalité trouva sous la main un sujet conforme aux vues de l'Assemblée nationale ; ce prêtre jureur s'appelait Lacassagne. Elle l'installa solennellement, le 10 juillet, dans le presbytère ; quatre jours après, il prêta le serment civique devant les membres du Conseil général et de la municipalité réunis et souscrivit au don patriotique pour la somme de 15 livres.

M. Albert ne se laissa pas ébranler par la présence du prêtre constitutionnel. Non seulement il ne voulut pas, par une fuite prématurée, laisser ses paroissiens aux mains d'un prêtre infidèle, mais encore, pour les écarter de lui, il emporta tous les registres de l'église. Apprenant ce coup d'audace, le maire les réclama *manu militari*, et les rendit au prêtre intrus :

« L'an 1791 et le 15 août, Jean-Joseph Monestié, maire ; Jean Blanc, Antoine Cendrau, officiers municipaux, assistés du sieur Nouguiès, secrétaire-greffier ; de Séguret, procureur de la commune ; de François Darlé, capitaine de la 3ᵉ compagnie de

---

1. Archives de la mairie.

notre légion ; d'un lieutenant et de douze fusillers, nous étant transportés dans la maison du sieur Albert, ci-devant curé de cette paroisse, pour réclamer les registres des baptêmes et des sépultures qu'il avait gardé vers lui, le sieur Albert, après s'être refusé, se serait rendu à la force et nous aurait remis les registres de l'année 1668 jusqu'à aujourd'hui [1]. »

Lacassagne accusa réception des livres :

« Je déclare avoir reçu les registres ci-contenus dans ledit procès-verbal, ainsi que les statuts de la Confrérie du Rosaire érigée dans cette paroisse. Le 15 août 1791, Lacassagne, curé [2]. »

Lacassagne pouvait s'attribuer dans les actes publics le titre de curé; ce titre ne lui appartenait ni de fait ni de droit. Il ne tarda pas aussi à comprendre qu'il n'était pas agréé du plus grand nombre; ce qui le décida, dans la nuit du 10 octobre, de partir en cachette comme un criminel.

« Vu la sortie nocturne du sieur Lacassagne, curé constitutionnel de Merville, aurions procédé au recensement des effets qui étaient au pouvoir et garde du sieur Lacassagne et en avons dressé procès-verbal. Le 10 décembre 1791, Monestié, maire [3]. »

La cause première du départ précipité du prêtre intrus fut une sépulture clandestine, qui lui prouva jusqu'à quel point on l'avait en horreur :

« L'an mil sept cent quatre-vingt-onze et le dix-

---

1. Archives de la mairie.
2. *Ibid.*
3. *Ibid.*

neuf août, nous maire et officiers municipaux ayant été instruits par le sieur Lacassagne qu'un inconnu lui étant venu annoncer la mort de François Ucay, il aurait répondu que ledit sieur Ucay ni personne n'étaient venus pour l'administration des sacrements. Il y avait donc tout lieu de croire que ledit sieur Ucay ne le reconnaissait pas pour son pasteur ; que, par conséquent, il n'enterrerait le cadavre qu'autant qu'il recevrait les ordres de ses supérieurs ; ce qui nous aurait porté, nous maire et officiers municipaux, à mander la femme du sieur Ucay pour savoir la vérité, afin d'être par nous statué ce qu'il appartiendra. Ladite veuve ou son héritière ou ayant-cause n'ayant pas daigné se rendre à notre invitation et ayant tout lieu de croire que de mal intentionnés se porteraient à quelques voies de fait et transporteraient peut-être le cadavre du sieur Ucay dans le cimetière, quoique, par désobéissance, il eût encouru la privation de la sépulture ecclésiastique, nous nous aurions fait remettre au carillonneur la clé du cimetière. Cependant, malgré cette précaution, nous aurions appris que Pierre Pradalé et Baptiste Taillefer auraient franchi les parois du cimetière, enfoncé la porte et auraient creusé une fosse dans le milieu. De ce, nous avons dressé procès-verbal [1]. »

Il fallut songer au remplacement du curé fugitif. Il paraît qu'en ces temps, c'était aux administrateurs du département qu'on adressait les requêtes pour trouver un prêtre jureur. La muni-

1. Archives de la mairie de Merville.

cipalité suivit cette voie et, après le départ du sieur Lacassagne, « le Conseil général et les officiers municipaux ont été assemblés, auxquels il a été dit par ledit Monestié, maire, que par les mauvais procédés, jactance et voies de fait de quelques factieux de cette commune, la paroisse se trouvant sans curé, un prêtre résidant serait nécessaire pour rendre à chacun de cette paroisse les besoins spirituels dont il a besoin. Il a été avisé que l'on se pourvoira devant l'évêque du Sud pour lui demander des prêtres résidants. Ce faisant, l'on suppliera Messieurs du département et du district d'accorder un traitement relatif aux deux sujets [1]. »

Un nommé Larrey reçut la triste succession du sieur Lacassagne. Celui-ci descendit plus bas dans l'apostasie que son prédécesseur. Non content de prêter le serment, lorsque cessa dans la paroisse le culte public de la religion, l'an II de la république, il eut la lâcheté de renier sa prêtrise et de renoncer à un caractère sacerdotal, dont cependant il ne pouvait se dépouiller. Comme une première lâcheté conduit à une seconde plus grande, on devait s'attendre à une pareille apostasie d'un homme qui préférait obéir au pouvoir civil plutôt qu'à Dieu et au Souverain Pontife, son représentant autorisé sur la terre. Larrey a signé lui-même de sa main son indigne infidélité :

« Je promets et déclare de ne plus faire, pour l'intérêt de la république, aucune fonction de prêtre, et je fais mon abdication de prêtrise et renou-

---

1. Archives de la mairie de Merville.

velle mon serment de défendre la liberté et l'égalité et la république une, indivisible et à jamais impérissable. Merville, 6 germinal, deuxième année républicaine une et indivisible.

« L. Larrey [1]. »

Alors l'église de Merville devint le temple de la déesse Raison, dont Monestié, l'instrument docile de toutes les mesures violentes, se déclara le grand prêtre. Monestié inaugura, par un discours, ce nouveau culte impie, ridicule et insensé. Mais la nouvelle religion était peu appréciée des habitants, qui, malgré les menaces et les décrets, ne voulaient ni de la décade, ni de la déesse Raison ; Monestié était furieux de cette résistance :

« L'an II de la république française, le seize thermidor de la république une et indivisible, nous, Joseph Monestié, maire de la commune de Merville, pour nous conformer aux décrets des représentants du peuple, ayant procédé à la visite des auberges ouvertes dans notre commune, vers les trois heures du soir, pour y constater d'une manière non équivoque si on solennisait encore les ci-devant dimanches, sommes venus à l'auberge de Monicolle, où nous aurions trouvé un grand nombre d'individus [2]. »

Liberté étrange que celle qui refusait à des concitoyens de converser et de se réjouir ensemble.

---

1. Archives de la mairie de Merville.
2. *Ibid.*

Cette fidélité des habitants à la loi de Dieu, leur obstination à faire toujours du dimanche le jour du repos, montrent dans le cœur de nos pères une foi profonde qui ne craignit ni la menace, ni la persécution. Ils furent entretenus dans ces nobles sentiments par les prêtres fidèles qui leur apportèrent les secours de la religion, malgré la présence des prêtres jureurs. Des prêtres courageux ne cessèrent de leur administrer les sacrements et de ranimer leur foi. Ne nous attendons pas, il est vrai, à trouver, dans ces temps de trouble, un grand ordre dans les registres et dans la liste des prêtres qui eurent la gloire de confesser Jésus-Christ; la rédaction des actes et l'administration de la paroisse se ressentirent évidemment des agitations de l'époque. Pour rester dans la vérité, disons même que nous n'avons trouvé aucune trace des registres des actes des baptêmes et des mariages qui ont dû se faire dans les années 1793, 1794, 1795, 1796. Les registres de l'état civil n'offrent aucune lacune, ceux de l'église ont disparu. Les actes n'ont-ils pas été rédigés pour sauvegarder la vie des habitants fidèles? Ont-ils été emportés par la tourmente? ont-ils péri dans l'incendie de 1807? Les deux premières hypothèses nous paraissent fondées; alors la violence fut si grande, la dénonciation si facile, la vie d'un homme si peu de chose, le trouble si profond, que les services en souffrirent et qu'on ne put suivre aucune règle.

Ce qui est hors de doute, c'est la présence dans la paroisse des prêtres fidèles, qui ne voulurent pas abandonner le troupeau menacé. Nous en avons la preuve irréfutable dans cette tentative des représentants du pouvoir révolutionnaire, qui, furieux de voir Merville échapper à leurs projets, essayèrent d'implanter par la violence le culte de la Raison dans le cœur des habitants.

« Dans cette commune, dit le terroriste de la contrée, Couzeran (d'Aucanville), en parlant de la paroisse, il y a beaucoup de personnes fanatisées par les prêtres dès le principe de la Révolution. Il paraît que certains habitants sont revenus de leurs erreurs; les autres sont encore dans de mauvais principes, et tiennent aux prêtres réfractaires; nous pensons que sous peu ils ne reconnaîtront d'autres principes que la raison. 9 ventôse an II de la République. »

On ne se contenta pas de menacer, on en vint aux faits :

« Le 9 ventôse an II (le 28 février 1794), Guillaume Couzeran, notaire à Aucanville, président de l'administration du district de Beaumont, pour procéder à l'épuration des autorités, élever le peuple à la hauteur des circonstances et faire jurer la qualité de prêtre aux prêtres jureurs dans le canton de Grenade, se présentent à Merville, sur les amples informations des révolutionnaires de la commune; ils maintiennent les autorités constituées, et ils donnent au maire Monestié et aux conseillers municipaux la mission de former une Société populaire. »

Ces notes précieuses, trouvées dans les papiers de Couzeran par M. le curé d'Aucanville, qui nous les a communiquées, proclament la fidélité de nos pères aux bons prêtres, qui, de leur côté, bravèrent tous les périls, même au plus fort de la Révolution, pour répondre à leur attente. Le schisme inspira de l'horreur à nos ancêtres ; plutôt que de l'embrasser, ils subirent les tracasseries haineuses et tyranniques d'un gouvernement impie. On se réunissait, la plupart du temps, à l'écart, dans une métairie. Entre autres prêtres qui vinrent célébrer le saint sacrifice et administrer les sacrements, M. Campardon, curé de Daux, fut un des plus courageux. Les assemblées, à l'ordinaire, se tenaient pendant la nuit ; on n'y admettait que ceux dont on n'avait à craindre aucune trahison.

A partir du mois d'octobre 1796, on constate, dans les registres de la paroisse, un commencement d'administration régulière. Un prêtre, du nom de Donat, délégué par l'autorité légitime, comme le porte sa signature, vient renouer les traditions catholiques publiquement interrompues. Pour ne pas réveiller l'attention des persécuteurs, le prêtre se contente encore d'enregistrer les baptêmes, les décès, les mariages clandestinement ; il donne sa signature sans dire son caractère ni sa qualité ; parfois il ne fait signer que les témoins. Depuis le mois d'août 1797, on lit dans les actes une signature franchement sacerdotale ; c'est celle de M. Barrière, prêtre.

Grenade fut, dans ces malheureux jours, plus éprouvée que Merville, soit que la persécution fût plus forte dans cette ville, soit que la peur y dominât davantage ; déjà Merville possédait, depuis de longs jours, un prêtre fidèle, qu'encore Grenade subissait le joug des prêtres constitutionnels. Cela ressort des divers actes conservés dans notre église ; M. Barrière déclare, dans ces registres, qu'il a baptisé et marié des enfants et des habitants de Grenade, « parce que l'église de cette dernière paroisse n'était pas encore rendue au culte catholique, apostolique et romain [1]. »

Un prêtre, du nom d'Albert, remplit les fonctions curiales du mois de juin 1798 jusqu'au mois de janvier 1801. M. Albert, dont il s'agit ici, est-il le dernier curé de Merville qui émigra avec son vicaire, M. Chevalier, à la fin de l'année 1791? Nous ne le pensons pas; dans ce cas, il aurait, ce semble, fait dans les actes des allusions au passé; or, sur le passé il garde le silence; il signe simplement : *Albert, prêtre délégué.*

Enfin, Pie VII et Bonaparte, premier consul, signèrent le Concordat le 15 juillet 1801. Grâce à ce compromis, la religion commença à se relever de ses ruines, et les cœurs respirèrent. La foule des croyants s'empressa nombreuse dans les églises, d'où une minorité impie et violente l'avait chassée, époque émouvante dont on n'entend jamais sans émotion parler les témoins. M. l'abbé Laffiteau fut le premier desservant; il prit possession de la cure l'année même où fut signé le Concordat. Sous son administration eut lieu le changement du presbytère. M. Laffiteau mourut dans le courant du mois de mars de l'année 1806.

Un prêtre émigré, né à Grenade, M. l'abbé Balard, succéda à l'abbé Laffiteau, dans le courant du mois d'août de la même année. M. Balard était curé de Merville depuis trois ans à peine, lorsque

---

1. **Archives de l'église de Merville.**

le Pape Pie VII, délivré de la prison de Fontainebleau, passa à Saint-Jory, qui se trouva ainsi sur la route de Rome. Les habitants de Merville, ceux des contrées voisines, des prêtres nombreux, les deux Séminaires de Toulouse, les populations accoururent en masse au devant du Souverain Pontife. L'enthousiasme était à son comble. Malgré le colonel qui commandait l'escorte du chef de l'Eglise, on arrêta, de force, la voiture du Pape, pour lui demander sa bénédiction. Alors, ému, touché par cette foule qui se pressait autour de lui soumise et pleine de foi, Pie VII s'écria : *Quanta fides in Galliâ!* « Oh ! que la foi est grande en France! » Ce cri arraché au cœur ému de Pie VII, par la religion des populations qui se jetèrent à ses pieds, a-t-il rien perdu de sa force et de sa vérité? La foi a sauvé la France au lendemain de la Révolution ; pourquoi ne la sauverait-elle pas encore des embarras et des dangers du présent?

M. Balard venait de prendre possession de la cure lorsque eut lieu l'incendie de l'ancienne église auquel nous avons fait plus d'une fois allusion. Le désastre arriva le 7 mars 1807, à sept heures du soir : une chaufferette, laissée par mégarde dans un confessionnal, en fut la cause. Avec l'ancienne église disparaissait le dernier vestige du Moyen Age, l'unique souvenir de l'enceinte fortifiée construite par nos aïeux en 1360. Tombeaux, archives, statuts des Confréries, registres, disparurent avec le vieux temple. Les seuls souvenirs qui nous restent, nous venons de les dire.

Après l'incendie de l'ancienne, il fut nécessaire de jeter les fondements d'une nouvelle église.

Comme l'emplacement sur lequel s'élevait l'édifice incendié était trop petit, la commune le céda volontiers au marquis de Chalvet, en échange du terrain où nous voyons l'église actuelle. Jusqu'au jour où le nouvel édifice fut livré au culte, on célébra les offices dans une grange contiguë à l'église brûlée; on l'appropria dans ce but et on orna les murs de peintures grossières. Cette église provisoire porta le nom de *Gleizetto*. Nos anciens se rappellent encore y être venus assister à l'office divin.

La construction de l'église donna lieu à certaines négociations, dont il n'est pas bon de perdre le souvenir. Trois ans après l'incendie de l'ancienne église, M. de Chalvet proposa un échange de terrain à la municipalité. Le Conseil municipal accepta la proposition; mais, comme cela arrive souvent, on laissa la requête dans les cartons. M. de Chalvet revint à la charge en 1820; il adressa une nouvelle lettre au Conseil municipal, qui fut lue, le 3 septembre de la même année, devant les membres du Conseil réunis en session extraordinaire.

« Monsieur Jean-François-Charles-Elisabeth, marquis de Chalvet-Rochemonteix, à Messieurs les Membres du conseil municipal de Merville.

« Messieurs, qu'il me soit permis de renouveler la proposition que j'ai eu l'honneur de vous faire le 11 novembre 1810.

« J'avais l'honneur de proposer et je propose de nouveau à la commune de me céder tout le terrain où sont situées l'église incendiée, la place du chemin conduisant à l'église... en un mot, tout le terrain compris depuis le mur de fermeture longeant toute ma cour jusqu'au bout du fossé du midi.

« Je me réservais et me réserve encore que ce qui sert aujourd'hui d'église provisoire et la maison commune me seront cédés. Quant aux murs de l'église incendiée et au clocher, les matériaux appartiendront à la commune, qui, en les démolissant, pourra s'en servir pour la nouvelle église à construire.

« Et, en retour, je m'engageais et je m'engage encore à céder à la commune le terrain nécessaire pour construire la nouvelle église qui a été fixé par l'ingénieur pour une petite promenade devant l'église, la maison commune et la place couverte.

« Voulant prouver à la commune combien je désire venir à son secours, je lui offre, si ma proposition est acceptée, de payer pour la construction de la nouvelle église la somme de quinze mille francs, à part ce à quoi je pourrai être taxé au mark le franc sur mes contributions directes. Fait à Merville, 3 mars 1820.

« Marquis DE CHALVET-ROCHEMONTEIX. »

« Considérant que depuis l'incendie fortuit qui a détruit l'ancienne église, l'endroit qui en tient lieu provisoirement, n'en pouvant plus en servir, qu'indépendamment de son état de dénuement et d'inconvenance, il n'est ni assez étendu ni susceptible d'être approprié à l'usage du culte divin pour une population de plus de mille âmes, et que ce n'est rien moins qu'un abri dans lequel le froid comme la chaleur portent atteinte à la santé des fidèles qui s'y réunissent ; considérant encore que.....

« De tous les motifs le Conseil arrête et délibère,

à l'unanimité, qu'il donne pleine et entière adhésion à la proposition, tel qu'il est proposé et convenu, et que le Conseil l'accepte pour le présent. Fait en Conseil, le 3 septembre 1820[1]. »

On bénit la première pierre de l'église en 1825. Cinq ans après, l'édifice était achevé. Comment M. Balard laissa-t-il exécuter un plan si peu en harmonie avec la majesté du culte auquel l'église était destinée? Comment fit-il le choix d'un architecte si ignorant des traditions de l'art chrétien ? Nous ignorons s'il entra pour une grande part dans la construction de la nouvelle église. Sans doute, son intervention aurait été heureuse, car l'église ne porte aucun caractère chrétien. L'architecte qui en dressa le plan, ne savait le premier mot de l'architecture religieuse. Nous ne cesserons de le déplorer. La construction n'a aucun style ; il semble qu'on ait voulu élever quatre murs pour abriter les fidèles ; c'est l'unique idée qui domine dans l'église.

L'emplacement de l'église était cependant des mieux choisis. Isolée des maisons, sur une place superbe entourée d'arbres, sa situation est magnifique. Surmontée d'un clocher, le voyageur l'eût aperçue de loin sur la crête du coteau.

M. Balard se démit de la cure dans l'année 1830. Il eut pour successeur M. Bénech, vicaire de la Daurade; M. Bénech se retira après trois mois de ministère. Comme le siège de Toulouse était en ce moment vacant, les vicaires capitulaires nommèrent M. Esparbié à la place de M. Bénech. Ce fut

---

1. Archives de la mairie.

M. l'abbé Douarre, vicaire capitulaire et curé de Saint-Exupère de Toulouse, qui installa le nouveau curé, le 31 octobre 1830. Cette date est aussi celle de la bénédiction de l'église.

Les successeurs de M. Balard ont fait de leur mieux pour orner l'église et la rendre plus digne du culte divin. Ils ont suppléé par des embellissements successifs à la pauvreté du style et au mauvais goût de la construction. Ils ont pu s'appuyer, dans cette œuvre, sur la noble famille du comte de Villèle, héritière des de Chalvet-Rochemonteix,

M. le comte de La Fite-Pelleport, héritier du marquis de Chalvet, donnait, en 1831, le maître-autel, comme le porte l'inscription gravée sur un des côtés. L'autel est d'un marbre précieux. M. Esparbié, qui, pendant cinquante ans, dirigea la paroisse, y offrit, le premier, le saint sacrifice. Quelques années après, il plaçait dans les deux chapelles latérales du Sacré-Cœur de Jésus et de la Très-Sainte-Vierge, deux autres autels en marbre blanc.

Mlle Henriette de La Fite-Pelleport, épouse du comte de Villèle, sur le consentement de la fabrique, fit peindre l'église vers 1840. Elle confia ce travail à Pedoya, artiste d'un certain renom à cette époque et dont le goût est diversement apprécié. C'est de la simple décoration avec des médaillons ménagés dans le sanctuaire et entre les fenêtres. Les peintures sont admirablement conservées. Nous préfèrerions des caissons ; mais, à défaut d'autre ornementation, cette peinture suffit pour couvrir la crudité des murailles, qui devait faire mal à voir.

M. le comte Henri de Villèle donna les stalles

du chœur presque à la même époque ; elles sont sculptées avec goût, en bois de chêne et le travail n'est pas sans mérite.

Les fonts baptismaux et la chapelle de Notre-Dame-de-Pitié datent de 1884 ; nous les devons à la générosité du comte Henri de Villèle et de Marie Campagnac, gouvernante du château de Merville, morte dans un âge très avancé. Animée d'une foi vive et profonde, Marie Campagnac consacrait ses économies à l'embellissement de l'église. Merville lui doit non seulement la chapelle et le groupe de Notre-Dame-de-Pitié, mais encore d'autres généreux dons. C'est justice que nous inscrivions son nom dans notre étude.

L'église n'avait, primitivement, qu'une sacristie, située derrière le sanctuaire; la nécessité inspira plus tard à M. Esparbié la pensée de la doubler. Il fit construire, dans ce but, un mur au milieu de la sacristie, ce qui permit d'avoir les deux actuelles.

Toute sacristie a un trésor plus ou moins important, répondant à la richesse de l'église et des souvenirs. La sacristie de Merville a aussi le sien que les curés ont été jaloux de conserver. Entre autres objets précieux qui le composent, on remarque : la chapelle de Sa Grandeur Mgr Castillon, mort évêque de Dijon, enfant de la paroisse, deux calices en argent, une croix pastorale, un encensoir, deux ciboires en argent, surtout une croix processionnelle en argent repoussé, de grande dimension et d'un travail achevé. La croix processionnelle porte la date de 1660 et les armes de Mgr de Berthier, évêque de Rieux et abbé de La Capelle. Elle est ornée de figurines et de guirlandes

Hors texte, n° 16. — D'or, à une Vierge de carnation, sa robe de gueules, son manteau d'azur, couronnée d'or, tenant en sa dextre un sceptre d'or et sur son bras sénestre l'Enfant Jésus de carnation, couronné d'or, tenant un monde d'azur, et autour cette inscription : *Sigillum Beatæ Mariæ de Capella*.

(*Armorial général* de 1696, t. xv.)

en bosse. Cette croix est-elle un don de l'évêque de Rieux à la paroisse? Est-elle encore une épave du trésor de La Capelle arrachée au pillage pendant la grande révolution? Nous ne le savons pas. La tradition dit seulement qu'une famille la déroba pendant la révolution à la rapacité des persécuteurs et la remit au curé de la paroisse après la tourmente. A ce titre, elle est surtout précieuse comme souvenir du passé qu'elle relie au présent. Elle rappelle de plus ce monastère des chanoines Prémontrés qui, sous le nom de l'abbaye de La Capelle, est si souvent venu, sous notre plume, dans le cours de ce récit. Notre étude ne serait donc pas complète si nous ne consacrions quelques pages à cet établissement religieux, dont les fondements furent jetés dans la paroisse en 1141 ; ce sera l'objet du dernier paragraphe de ce chapitre.

§ 6. ABBAYE DE NOTRE-DAME DE LA CAPELLE [1]

L'abbaye de Notre-Dame de La Capelle fut l'unique établissement religieux situé sur le territoire de la paroisse ; elle appartenait à l'ordre des chanoines réguliers de Prémontré. Presque contemporaine de saint Norbert, fondateur de l'ordre des Prémontrés, qui mourut, en 1134, archevêque de

---

1. Voir le blason, dessin hors texte, n° 16.

Magdebourg, l'abbaye de Notre-Dame de La Capelle était encore debout en 1790, non sans avoir subi, pendant sa longue existence, de terribles bouleversements. Elle tenait son nom de La Capelle, du lieu même où elle s'élevait. Fille du monastère célèbre de la Chaise-Dieu, de l'archidiocèse d'Auch, seule de la province du Languedoc, elle suivait les règles de saint Norbert. Le *Gallia Christiana* donne la liste des abbés; malheureusement, l'ouvrage relève peu de détails sur leur administration. Il y a même, dans la liste dressée par les savants bénédictins, des erreurs de nom et de dates, qui ont échappé facilement à leurs scrupuleuses recherches.

D'après l'archiviste de l'archevêché de Toulouse, Sorèze, l'auteur « du Rôle des dignités, abbayes, archidiaconés, archiprêtrés et rectories du diocèse de Tolose, » le père abbé de La Capelle venait, dans le synode, après celui de la célèbre abbaye de Grandselve.

C'est sur les bords de la Garonne, sur une roche escarpée, à quatre lieues de Toulouse, que s'élevaient les constructions du monastère. Le site est magnifique ; la nature y est belle et la solitude profonde. Le lieu était bien choisi pour y jeter les fondations d'un cloître ; tout y portait à la prière, et la Garonne, qui roulait ses flots précipités aux pieds de la roche, et la forêt qui environnait le monastère, et les ramiers touffus qui limitaient ses terres, et le ruisseau aux contours capricieux qui l'enveloppait. Du haut de la roche, les moines pouvaient contempler, dans le lointain, les clochers de quelques villages ; c'était leur unique distraction, rien autre chose ne venait les détourner du silence et de la prière.

Bernard Ier Jourdain de l'Isle, chef de la dynastie des comtes de l'Isle-Jourdain, possédait d'immenses propriétés sur le territoire de Merville ; Mayras et Fourclens, comme nous l'avons dit plus haut, lui appartenaient, sans compter les terres et les ramiers situés sur les bords de la Garonne. Bernard en fit don, dans l'année 1143, à l'ordre des chanoines réguliers de Prémontré, en la personne de Bernard, abbé de la Chaise-Dieu, à la condition d'y envoyer des religieux pour y fonder un monastère.

Bernard, abbé de la Chaise-Dieu, était de noble race ; en ce moment, un de ses oncles, Guillaume, était archevêque d'Auch ; un autre oncle, Vital, appartenait à la noblesse du Languedoc. Comme tous les deux possédaient des domaines dans la juridiction de Merville, apprenant l'acte de générosité du comte Jourdain de l'Isle, ils cédèrent à leur neveu les terres dont ils étaient tous les deux propriétaires. L'abbé de la Chaise-Dieu accepta les donations de ses parents qui, ajoutées à celles de Bernard Ier de l'Isle, permirent de jeter les fondements d'une importante abbaye à Merville. Les noms des insignes bienfaiteurs furent inscrits dans l'obituaire des religieux, qui n'en voulurent jamais perdre le souvenir ;

« Contribuèrent à la fondation du monastère, en 1144, Guillaume, archevêque d'Auch, et Vital, son frère, comme le témoigne l'extrait suivant de l'obituaire du monastère de La Capelle : Mémoire du seigneur Guillaume, archevêque d'Auch, de Vital, son frère, des enfants de ce dernier, Patrocle et Cécile, qui ont donné au Frère Bernard, leur neveu, abbé de la Chaise-Dieu, et à nous, les domaines qu'ils possédaient dans le lieu appelé La Capelle, et toute la terre de Tornola, eaux, forêts, prairies, bois ; pour ces raisons, nous en faisons mémoire dans les Vigiles et à la Sainte Messe[1]. »

Les religieux de La Capelle faisaient encore mémoire de Bernard Ier, le créateur du monastère, et de ses enfants, qui, à la donation de leur aïeul, ajoutèrent d'autres domaines. Tous les ans, dans le courant du mois de mai, ils célébraient un service pour les membres de la généreuse famille.

I. — Guillaume (1160-1165).

De tous les domaines de la Chaise-Dieu laissés à Bernard, celui de La Capelle parut le plus propre à la construction du monastère. Son isolement, loin de toute voie de grande communication, sa situation au milieu d'un grand bois et sur les bords de la Garonne, devaient favoriser la vie des religieux, qui est essentiellement une vie de silence et de prière. On y jeta les fondements d'un cloître ; la construction fut terminée en 1160. Nous ne connaissons ni les dispositions, ni le plan du monastère qui fut élevé. Nous n'avons vu de lui qu'un

---

1. *Gallia Christiana.*

croquis insignifiant tiré à l'occasion d'un procès, dans le dix-huitième siècle, et encore n'osons-nous pas affirmer qu'il est fidèle.

Guillaume, d'après le *Gallia Christiana*, fut le premier abbé de La Capelle. Détaché de l'abbaye de la Chaise-Dieu, pour fonder sur notre territoire le monastère qui devait être sa plus grande gloire, il prit possession de la nouvelle abbaye en 1160. Comme son père dans la foi, Bernard, de la Chaise-Dieu, il resta l'ami et le conseiller de la famille des comtes Jourdain de l'Isle. Ceux-ci, pleins de vénération et de respect pour les hautes vertus et la sainteté de Guillaume, firent de nouveaux dons à l'abbaye. Voici ce que nous lisons dans l'inventaire des titres de dame Marthe de Comminges, seigneuresse de Merville :

« Copie du don fait par messire Jourdain de l'Isle, fils de feu Bernard Jourdain de l'Isle, à Guillaume, abbé de La Capelle, et aux religieux et à ses successeurs des terroirs de Fourclens et de Mayras, lesquels saint abbé et religieux promirent prier Dieu pour le salut de son âme et de ses successeurs[1]. »

Les intentions des insignes bienfaiteurs furent remplies; Guillaume fit inscrire leurs noms dans l'obituaire des religieux, à côté de celui de leur aïeul et des oncles de Bernard, abbé de la Chaise-Dieu.

1. Archives du château.

II. — Bos (1165-1169).

Bos succéda à Guillaume. Il consolida par une sage administration l'œuvre naissante. Encore dans toute leur ferveur, les religieux étaient l'édification de tout le pays. Les comtes de l'Isle, heureux de l'inspiration de leur père, se proposaient, à leur tour, d'enrichir l'abbaye de nouveaux domaines. Ils réalisèrent leur idée sous l'administration de Bernard Ier, successeur de Bos, dans la direction du monastère.

III. — Bernard Ier (1171-1174).

Le monastère resta pendant un an sans abbé, nous ne savons pour quelles raisons. Lorsque Bernard Ier prit possession de l'abbaye, en 1171, il demanda aux descendants du comte de l'Isle de confirmer les donations faites au couvent par leurs ancêtres. Ceux-ci, édifiés par la sainte conduite des religieux, consentirent à la requête de Bernard. Par un acte solennel, qui porte la date de 1171, ils confirmèrent la donation faite par leur père et ajoutèrent à ces possessions d'autres domaines. L'avenir temporel de l'abbaye était désormais assuré.

IV. — Arnault Ier et Bonhomme (1174-1178. 1178-1202).

Viennent après Bernard Ier, Arnault Ier et Bonhomme. La direction de ces deux abbés fut-elle sans vigilance et sans énergie? Nous ne le savons pas ; ce qui est hors de doute, ce que le *Gallia Christiana* relate avec tristesse, c'est la chute malheureuse de plusieurs religieux qui embrassèrent l'hérésie des Albigeois alors dans toute sa force. Les Albigeois étaient des agglomérations de sectes semblables qui portèrent, dans différentes contrées, les noms les plus divers. Ils s'appelaient : Patarins, en Italie ; Turlupins et Bulgares, en France. Eux-mêmes se désignaient sous le nom de Cathares, les purs. Albi était leur principale résidence, de là le nom d'Albigeois sous lequel ils sont surtout connus dans notre histoire nationale. Sans entrer dans le détail de leur doctrine, disons qu'ils rejetaient la plupart des dogmes chrétiens : la Trinité, l'Incarnation, la vraie Rédemption, la Résurrection, l'Eglise ; nous ne parlons pas des préceptes de la morale chrétienne qu'ils renversaient de fond en comble. C'est surtout dans le midi de la France que l'hérésie fit ses ravages ; le pape Innocent III s'en émut avec raison et prit ses mesures pour arrêter l'erreur. Non seulement les fidèles, mais encore les religieux furent menacés dans leur foi. N'aurions-nous que l'exemple des religieux de La Capelle, qui eurent la faiblesse de tomber dans ces erreurs grossières, cette chute seule suffirait pour nous découvrir la profondeur du mal et les malheurs irréparables dont il aurait été la cause, si le pape Innocent III n'avait pris des mesures pour l'arrêter. Sans doute, le voisinage de Toulouse, dont Raymond était comte, put être pour quelque chose dans cet égarement; il n'est pas une excuse cependant, et si on ne connaissait déjà la faiblesse de la nature humaine qui cesse de s'appuyer sur la grâce, on ne comprendrait pas que des religieux, encore dans leur première ferveur, aient été séduits à ce point. Il fut donc nécessaire de mettre le fer dans la plaie pour l'empêcher de s'étendre ; les coupables furent punis d'une manière exemplaire, tous furent excommuniés. C'était une tache dont l'abbaye devait se laver : elle s'en purifia si bien qu'elle attira sur elle la fureur des hérétiques eux-mêmes.

A la nouvelle de cette défection dont parle Gervais, abbé prémontré, dans une de ses lettres, celui-ci se rendit à Rome pour obtenir le pardon des moines infidèles. Or, tandis que Gervais suppliait le Souverain Pontife de lever la censure portée contre les coupables, un moine de La Capelle, un de ceux qui n'avaient pas suivi les frères égarés, Bernard de Fontcaude, publiait contre les Albigeois une réfutation foudroyante de leurs erreurs. L'honneur de l'abbaye était vengé. L'écrit de Bernard de Fontcaude fit tant de bruit et porta un si rude coup à l'erreur que, pour s'en venger, les hérétiques promenèrent l'incendie et le pillage dans les possessions de l'abbaye.

Il faut croire que, malgré la défection de quelques moines, le monastère ne perdit rien de sa ferveur, puisque un comte Jourdain de l'Isle, dans un testament daté de l'an 1200, « donne entre autres choses à Dieu et à Nostre-Dame de La Capelle, tout le dixième que ledit seigneur prenait de tout le labour et travail des terres qui sont contenues dans les limites de Mayras et de Gayan. » (Inventaire de dame Marthe de Comminges [1].)

V. — Jean Ier (1202-1215).

Jean Ier, qui gouverna l'abbaye après ces tristes défections, était un homme propre à les réparer. De tous les abbés que nous verrons à la tête du monastère, c'est peut-être le plus remarquable. D'une éloquence entraînante et d'une profonde sainteté, il arrêta les progrès du mal et se rendit terrible aux ennemis de la vérité. Gervais, le même que nous avons vu aux pieds du pape Honorius III intercéder pour ses frères égarés, appelle Jean Ier un homme puissant par la vertu et par la parole. Ami de saint Dominique, l'illustre fondateur des frères Prêcheurs, il offrit plusieurs fois au saint apôtre l'hospitalité de son monastère. C'est une gloire pour nous, paroissiens de Merville, de savoir que saint Dominique venait se reposer de ses fatigues apostoliques sous les cloîtres de La Capelle et non loin de notre église. Du monastère, il rayon-

1. Archives du château.

naît dans le pays, lutteur infatigable, pour arrêter les progrès de l'hérésie et guérir ceux qui déjà en étaient infectés. D'aucuns disent même que c'est dans la forêt de Bouconne, voisine du sanctuaire de Notre-Dame d'Alet, que le grand serviteur de Dieu reçut de la Très Sainte Vierge la mission d'établir le Rosaire. On montre encore dans la forêt le chêne sous lequel le saint apôtre eut sa célèbre vision ; la tradition l'appelle depuis le chêne de saint Dominique. Le fondateur des frères Prêcheurs avait d'ailleurs fait ses études dans un couvent de Prémontrés. Foulques, évêque de Toulouse, qui apprécia si bien les vertus du grand patriarche des Dominicains, estima de même l'abbé du monastère de La Capelle. Comme preuve de son affection et récompense de son zèle, il octroya trois chapelles à l'abbaye :

« Au nom de Notre-Seigneur Jésus-Christ, ainsi soit-il. Sachent tous présents et à venir qui liront ces lettres que nous, Foulques, par la grâce de Dieu évêque de Toulouse, en notre nom et au nom de nos successeurs, pour la gloire de Dieu et de la bienheureuse Vierge Marie, nous donnons et concédons pour toujours à vous, Jean, abbé du monastère, et à vos successeurs et à tous les frères de ladite maison, présents et futurs, tous nos droits relativement aux dîmes, prémices et possessions ecclésiastiques de l'église de Mayras, de l'église de Saint-Jean, de Saint-Rustice et de Fourclens. Nous approuvons en outre et nous confirmons pour toujours à vous, Jean, abbé, à vos successeurs et à tous les religieux présents et futurs toutes les donations que vous ont faites les laïques, tant hommes que femmes, en particulier celle de noble dame Urse et de sa fille, de Vital et de son frère Assaut de Montgaillard, de Bernard Anère et de son frère Guillaume de Bellevue, de Bernard Claverie et de son fils Arnaud, de Pont de Saxe et de ses fils Pierre et Bernard Garsia. Nous ordonnons seulement qu'en mémoire de ce don le monastère offre, tous les ans, le jour de Noël, comme censive, trois livres de poivre à nous et à nos successeurs. De plus, si les paroissiens viennent assister aux offices à l'une des églises ou à toutes les trois, les offices seront dignement célébrés. En témoignage de notre donation, nous scellons cette lettre de notre scel[1]. »

VI. — Guillaume II, Raymond Ier, Otto de Vico (1215-1247).

L'abbaye s'était relevée de ses ruines, grâce à la haute sagesse de Jean Ier; ses affaires temporelles comme sa vie spirituelle étaient en pleine prospérité; elle ne demandait désormais que des supérieurs zélés pour continuer le bien commencé. La Providence alla au devant de ses désirs; les successeurs immédiats de Jean Ier, Guillaume II (1215-1232), Raymond Ier (1232-1234), Otto de Vico (1234-1244), marchèrent dans ses voies : leur administration fut sage et consolida le bien.

1. *Gallia Christiana.*

VII. — Jean II (1244-1247).

Jean II mérita, par ses vertus, l'affection de Raymond du Fauga, évêque de Toulouse, comme Jean Ier l'avait méritée de Foulques. Raymond, non seulement approuva les donations faites à l'abbaye par Foulques, son prédécesseur sur le siège de Toulouse, mais il céda encore à l'abbé de La Capelle tous ses droits sur l'église de la Bouta. Sans pouvoir l'affirmer, nous croyons que l'église de la Bouta était située au fond du chemin qui longe les Ruchets, sur les limites de notre commune ; notre sentiment cependant est une simple hypothèse, car nous n'avons trouvé nul vestige de cette église, dont il est parlé dans les documents anciens. Raymond du Fauga, évêque de Toulouse, assura à l'abbaye sa donation et confirma celle de Foulques, dans un acte solennel :

« Sachent tous présents et à venir que vénérable père et seigneur, Raymond, par la grâce de Dieu, évêque de Toulouse, reconnaît comme authentiques les lettres de Foulques, de sainte mémoire, par la grâce de Dieu, autrefois évêque de Toulouse, en faveur du monastère de La Capelle. Ledit seigneur Raymond, évêque de Toulouse, en présence du chapitre général de l'Eglise de Toulouse, réuni le jour de la Toussaint, sur le conseil, l'assentiment et la volonté dudit chapitre tout entier, a loué et approuvé les donations faites par

Foulques à l'abbé et aux frères de la maison de La Capelle, telles qu'elles sont écrites dans les lettres de ce dernier. De plus, comme le monastère de La Capelle, de l'ordre des Prémontrés, situé dans le diocèse de Toulouse, est pauvre et a des revenus insuffisants, ledit seigneur Raymond, évêque de Toulouse, pour lui et ses successeurs, sur le conseil, l'assentiment et la volonté de tout le chapitre de l'Eglise de Toulouse, a donné et cédé pour l'amour de Dieu et par pure libéralité, au frère Jean, abbé du monastère de La Capelle, à tous ses successeurs, à tous les religieux présents et futurs... tous ses droits relativement aux dîmes, prémices, possessions ecclésiastiques qu'il a sur les églises ci-dessus, auxquels il ajoute ses droits sur l'église de la Bouta... Le seigneur Raymond, évêque, s'est réservé seulement que les abbés de La Capelle n'auraient que le droit de présenter le curé de ces églises à l'évêque de Toulouse et à ses successeurs, que pour la nomination et les droits épiscopaux ils resteraient du ressort dudit évêque, des archidiacres et des archiprêtres... Ledit évêque s'est encore réservé le droit d'obliger ledit abbé et ses successeurs à se rendre, deux fois dans l'année, au synode de Toulouse, à en accepter et à en accomplir les règles et prescriptions. Comme souvenir perpétuel de cette donation, le jour de la fête de saint Thomas, apôtre, les moines donneront comme censive annuelle, à l'évêque de Toulouse, trois livres de cire et trois livres de poivre.

« Fait le 7 novembre, sous le règne de Louis, roi de France, Raymond étant comte de Toulouse, et Raymond évêque de Toulouse, de l'Incarnation de Notre-Seigneur Jésus-Christ mille douze cent quarante-sept[1]. »

Sorèze, dans son livre du Rôle cité plus haut, mentionne les rentes de cire et de poivre que, tous les ans, les moines de La Capelle faisaient à l'archevêque de Toulouse.

« Le monastère de La Capelle, près Grenade, écrit le célèbre archiviste, doit de rente à l'archevêché la livre de poivre et cire par moitié pour les églises et possessions suivantes : 1° Mayras, qui est entre la grange de Villas et Montagut ; 2° Saint-Jean de Rustignac, qui est entre le château de Homerville et Boute, et pour les deux parties des décimes dudit Homerville et pour l'église de Boute, laquelle est tenue pour les religieux de Grandselve, le tout pour les titres suivants : un livre de lièvre des oblies à rente de l'archevêché, fait en l'année 1322, feuillet 63, verso, coté n° 42. — Autre pareil livre de l'an 1328, feuillet 128, coté n° 43. Sera su que ladite pension se trouve payée jusque dans l'année 1563 au compte-rendu à Nos Seigneurs les cardinaux de Chastillon et d'Armagnac, et il est croyable que si les archives étaient munies des comptes, pareille recette s'y trouverait[2]. »

---

1. *Gallia Christiana.*
2. *Rôle des Archiprêtres*, etc. Archives départementales.

VIII. — Raymond II Garsias (1247-1279).

Raymond II Garsias conduisit plusieurs affaires regardant l'avenir temporel de l'abbaye. Sous son administration eut lieu l'arbitrage au sujet des limites des possessions du roi et de celles du monastère. D'autres donations étaient encore venues compléter celles de la maison de Jourdain de l'Isle et des parents de Bernard, abbé de la Chaise-Dieu. Quoi qu'en dise Raymond du Fauga, évêque de Toulouse, dans sa donation, l'abbaye, sans avoir de grandes richesses, possédait des terres importantes. Ses biens, dans la juridiction de Merville, avaient pris une telle extension qu'ils se confondaient avec les possessions de la seigneurie, ce qui nécessita un arbitrage lorsque les habitants de Merville reconnurent le roi comme suzerain. Le roi et les religieux nommèrent les arbitres; l'acte d'arbitrage, comme il est dit plus haut, porte la date de l'année 1272.

En 1277 une autre discussion s'éleva entre Raymond II et l'abbé de Grandselve au sujet d'une certaine terre, du nom de Bracoaco, située entre Mayras et le ruisseau de Daux. Les deux abbés prétendaient que les décimes de cette terre leur appartenaient. La chose ne pouvait pas rester ainsi; on eut recours à une transaction :

« Frère Guillaume de Arla-Rippa et moine procureur et syndic de l'abbé et du couvent du monastère de Grandselve, Frère Raymond, abbé du monastère de La Capelle, furent chargés de terminer cette affaire. On nomma des arbitres de part et d'autre, et la sentence arbitrale attribua à Grandselve le tiers des dîmes de l'honeur de Bracoaco, et l'autre tiers à La Capelle. Furent ainsi réglés le quinzième jour de la sortie du mois de mai, régnant Philippe, roi des Français, et Bertrand, évêque de Toulouse, de l'an de l'Incarnation du Seigneur mil deux cent soixante-dix-sept. Témoins : Benenger de Portali, Guillaume de Reggis, notaire ; Guillaume-Pierre Sabaterus, Raymond Adelli, Bernard-Raymond de Reggis, notaire public de Toulouse [1] »

IX. — Arnaud-Guillaume de Cordoue (1279-1293).

Je n'ai trouvé nulle part aucun détail particulier sur l'administration d'Arnaud-Guillaume de Cordoue, ni sur celle de son successeur immédiat : Sancius (1293-1302).

X. — Arnaud II de Calbert (1302-1340).

Arnaud II de Calbert, avant de devenir abbé de La Capelle, l'avait été du monastère de Fontcevault. Trois ans avant la mort d'Arnaud de Cal-

---

[1]. Archives départementales, fonds H.

bert, ce monastère fut visité canoniquement par Bernard, abbé de La Chaise-Dieu, dont La Capelle devait évidemment dépendre. Cette visite se faisait apparemment tous les ans, et donnait souvent lieu à certains règlements propres à la direction du monastère. Nous donnons *in extenso* le résultat d'une de ces visites, dont nous avons lu le procès-verbal, écrit en latin, sur la couverture d'un manuscrit très précieux que nous avons signalé plus haut. Ce manuscrit n'est autre chose que la collection des règles et des privilèges de l'ordre des Prémontrés, approuvés et concédés par les Souverains Pontifes. La première ordonnance est de 1337. M. l'abbé Douais, qui a fait des manuscrits appartenant à la bibliothèque du château de Merville une étude très savante, a donné des détails pleins d'intérêt sur ces règles des chanoines prémontrés. Il peut se faire que ce recueil précieux soit devenu la propriété des Chalvet par Jacques de Bernuy, qui fut le premier abbé commendataire de La Capelle. Peut-être a-t-il été sauvé du pillage pendant la révolution, et remis à M. de Chalvet. Sans plus chercher l'origine de ce document, nous citons les lignes concernant la visite de l'abbé de La Chaise-Dieu :

« L'an du Seigneur mil trois cent trente-sept, et le quatorzième jour du mois d'avril, nous, Bernard, par la miséricorde de Dieu, abbé du monastère de La Chaise-Dieu, en cette qualité, avons visité le monastère de Notre-Dame de La Capelle, et, après cette visite avons ordonné ce qui suit : 1º l'abbé et les religieux dudit monastère, et chacun des frères, recevront quatre livres pour leur nourriture, douze livres pour la sacristie et le culte extérieur, qui doit être digne; 4° aucun frère ne sortira du monastère sans une permission humblement demandée et obtenue; 5° tous les religieux assisteront, le jour comme la nuit, au chant de l'office divin; ils seront punis pour chaque absence, s'ils n'apportent pas une cause légitime; 6° les religieux garderont au chœur, pendant les offices divins, un silence profond.

« En vertu de la sainte obéissance, nous mandons que ces règles soient inviolablement observées. »

XI. — Arnaud III (1340-1391).

La principale richesse de l'abbaye consistait dans les ramiers. Pons de Brugnières, insigne bienfaiteur du monastère avait donné aux religieux de grands ramiers qui allaient du ruisseau de la Serp jusqu'au vallon de La Capelle. Comme l'abbaye avait déjà reçu des comtes de l'Isle ceux qui joignaient le monastère au Port haut, de cette manière les chanoines se trouvaient propriétaires de tous les ramiers de la juridiction, à part certaines parties qui furent réunies plus tard au domaine ou cédées aux seigneurs. En ce moment, les moines en exploitaient une grande partie; les habitants exploitaient le reste, à la charge de payer, tous les ans, une censive [1].

---

1. Archives du château.

Cet état de choses avait encore force de loi en 1382, lorsqu'une discussion s'éleva entre Arnaud III, abbé à cette époque, et la communauté de Merville, au sujet de leurs droits réciproques. Le différend prit fin, grâce à une transaction ; on fixa, comme ligne de démarcation, le chemin dit *Chemin de la Blandine ;* le Père abbé réserva pour le monastère l'exploitation des ramiers, situés au midi ; il laissa aux habitants les ramiers situés au septentrion, à la charge, toutefois, de faire tous les ans trois sols tolsats d'oblies. Cette discussion n'est qu'un prélude des contestations qu'auront à soutenir les moines, dans le cours des siècles, soit avec la communauté, soit avec les seigneurs. Bordés d'un côté par la Garonne, qui change souvent son lit ou ronge lentement ses rives ; de l'autre côté, un peu vagues dans leurs limites, les ramiers offraient aux esprits par nature querelleurs une proie facile.

XII. — Arnaud IV de Meilhon (1391-1394).

Arnaud de Meilhon ne gouverna pas de longs jours l'abbaye. Par humilité et par crainte d'une responsabilité qu'il trouvait trop lourde pour ses épaules, il se démit de sa charge trois ans après sa nomination. Il vint d'abord demander un peu de repos à un monastère de son ordre dans le diocèse d'Urgel ; Bertrand de Nogaret, archidiacre, en était abbé. Il se retira plus tard dans le couvent de la Chaise-Dieu, où il mourut.

XIII. — Bernard III de Porta (1394-1401).

Bernard de Porta fut un homme sage ; une discussion s'étant levée, en 1400, entre lui et le seigneur des Quints, il céda ses droits sitôt qu'il les vit sans fondement. Les Quints formaient à Merville une directe peu importante. Bernard de Porta prétendit avoir des droits sur elle, à tort, puisqu'elle était indépendante. L'abbé fut débouté de sa demande. Pour faire acte de propriétaire, la même année, le seigneur des Quints inféoda une partie de ses terres aux consuls de Saint-Girons, à la charge de lui donner la cinquième partie de la vendange. Plus tard, le collège de Saint-Girons fut mis au lieu et place des consuls [1].

XIV. — Dominique de Meilhon (1401-1450).

Le *Gallia Christiana* a passé sous silence Dominique de Meilhon, dans sa liste des abbés de La Capelle. On ne saurait cependant douter de son existence, ni de sa longue administration. Dominique de Meilhon signe, en 1418, comme témoin, un testament avec Arnaud Malmena, prieur du monas-

---

[1]. Archives du château.

tère; le 14 mai 1448, il afferme la métairie de Beilhard, à noble Bernard Former, fils « de vénérable homme Pierre Former », juge à Verdun : finalement, il signe un acte de vente, dans l'année 1449. En ces temps, l'abbaye possédait, dans le fort de Merville, une maison et plusieurs dépendances [1].

XV. — RAYMOND III (1450-1460).

Raymond succéda à Dominique Meilhon. Il signala son administration par la construction d'un moulin sur la Garonne. On en aperçoit encore les ruines lorsque les eaux de la rivière sont basses.

XVI. — GUILLAUME GORDA (1461).

Guillaume Gorda ne resta qu'un an à la tête de l'abbaye. Le *Gallia Christiana* ne mentionne pas Guillaume Gorda dans sa liste; cet abbé, qui n'a fait que passer, a échappé à ses auteurs. François de Chalvet cependant en parle dans ses Mémoires; d'après lui, Gorda, selon toutes les probabilités, appartenait à l'illustre maison de l'Isle. C'est le seul membre de cette noble famille qui ait gouverné ce monastère [2].

1. Archives du château.
2. *Ibid.*

XVII. — Bernard de Dojal (1460-1483).

ARMES DE BERNARD DE DOJAL [1]

Bernard de Dojal, après Bernard 1ᵉʳ, fut l'abbé le plus remarquable de La Capelle. Il se recommanda par sa haute sagesse, qui le fit choisir par le

---

1. Dessin de M. de Marien.

Souverain Pontife comme juge arbitral dans une affaire délicate au sujet d'un certain curé de la Daurade dont on contestait la nomination. Sa sentence arbitrale, datée de Merville, porte la date du 14 août 1481. (Archives de la Haute-Garonne; travée 170, sans numéro.)

Administrateur habile autant que saint religieux, il mit un grand ordre dans les affaires temporelles de l'abbaye. Il commença par transiger avec l'abbé du monastère de Mas-Grenier et s'obligea à lui faire tous les ans, le jour de la Nativité de la Très Sainte Vierge, une pension de trois cartons de blé et autant d'avoine [1].

Comme les feudataires de l'abbaye n'étaient pas fidèles à payer les redevances, il mit une plus grande régularité dans la perception des censives. Alors l'abbaye possédait dix arpents à Fourclens, *las Julianas*, les terres voisines de Quints, un champ dit *de la Pénitencerie sous Cazevielle*, les champs de Pandère, Laguillou, les terres qu'arrose le ruisseau de Lawela, le lieu dit *de la Blandine*, voisin des roches de la Garonne, le Pélecap, de nombreux vacants à Mayras. Villas était encore sa propriété. Dans ce dernier fief, situé sur le versant d'un étroit vallon plein de fraîcheur et de verdure, les Prémontrés possédaient une chapelle appelée Notre-Dame de Villas. Des cierges et des lampes brûlaient constamment dans ce sanctuaire. Un riche laboureur avait même laissé dans

---

1. Archives du château.

ce but une terre importante en 1343[1]. Tous ces fiefs payaient des redevances selon leur importance et leur valeur. Les feudataires acquittaient les censives tantôt en nature, tantôt en argent, selon les conventions.

Non content d'avoir renouvelé les actes de reconnaissances, Bernard Dojal passa une transaction avec le premier président du Parlement de Toulouse, Bernard Lauret, au sujet des possessions de l'abbaye. Voici le titre de cet acte :

« Transaction passée entre vénérable Bernard Dojali, abbé du monastère de Notre-Dame de La Capelle, de l'ordre des Prémontrés, leur syndic et religieux dudit monastère, et messire Bernard de Laureti, premier président au Parlement de Tholose, et dame Isabeau de Saint-Félix, seigneur et dame de Merville, touchant certains territoires et oblies et plantement de bornes ou clotes, pour et par le moyen d'icelles savoir les portions en droits et espaces desdites parties comme venues ci-après[2]. »

Bientôt après, Bernard de Dojal signait un autre compromis avec les consuls au sujet des ramiers. Dans l'inventaire des titres de dame Marthe de Comminges, l'acte est signalé sous cette rubrique :

« Transaction passée entre vénérable Bernard de Dojal, abbé du monastère de Notre-Dame de La Capelle, de l'ordre des Prémontrés, les prieur, syndic dudit monastère d'une part, et messieurs les consuls, syndic et habitants du lieu de Merville d'autre

---

1. Archives du château.
2. *Ibid.*

part touchant le ramier. Ladite transaction mise en liasse, cotée Merville au nombre 5, avec laquelle transaction est attachée la montre oculaire dudit ramier [1]. »

Deux héritages vinrent arrondir les biens de La Capelle si habilement administrés. Un laboureur, El Garric, laissa à La Capelle, par testament, la terre qui encore aujourd'hui porte son nom ; c'était le 23 janvier 1482. Un autre propriétaire, dans le courant de mai de la même année, lui cédait les terres voisines de Pelecap. Plus tard, les moines affermeront la terre d'El Garric au seigneur de Merville [2].

Les notes de l'*Histoire du Languedoc*, tome IV, page 170 (Ed. Privat), disent que Bernard de Dojal résigna sa charge d'abbé avant sa mort, qui eut lieu le 7 juillet 1483.

Le *Gallia* est moins affirmatif et dit qu'il avait peut-être abdiqué quelques années avant sa mort. D'après les chartes de la Case-Dieu, en effet, Bernard V de Nolendinis, que le *Gallia Christiana* croit être le même que Bernard de La Tour, fut élu en 1478. Les chartes de la Case-Dieu disent vrai : Bernard de La Tour était abbé de La Capelle en 1478. Nous en trouvons la preuve irrécusable dans un acte de reconnaissance consenti à Bernard de La Tour, abbé de La Capelle, par un certain Cossinos, le 21 novembre 1480 [3]. On pourra objecter

---

1. Archives du château.
2. *Ibid.*
3. *Ibid.*

que la sentence arbitrale portée par Bernard de Dojal, au sujet du curé de la Daurade, est datée de l'année 1481. Cette date et la démission du saint abbé peuvent s'accorder, car rien n'empêche d'admettre qu'après son abdication, Bernard de Dojal resta dans le monastère ; ou bien il s'y trouvait lorsque le Souverain Pontife le choisit comme juge dans cette affaire. Qu'il soit mort d'ailleurs abbé ou simple moine, Bernard de Dojal ne laissa pas moins une trace profonde et assura pour longtemps la prospérité de l'abbaye.

XVIII. — Bernard V de Latour (1478-1503).

A nous en tenir au sentiment fondé que nous venons d'émettre, Bernard de Latour fut élu abbé de La Capelle en 1478. Il trouva le monastère dans un état de prospérité. Des actes de reconnaissance, entre autres d'un certain Andrieu, nous ont découvert dans le successeur de Bernard de Dojal le même esprit d'ordre et de sagesse ; il lui fut d'autant plus facile d'entrer dans ses voies qu'il prit possession de l'abbaye du vivant de son prédécesseur [1].

1. Archives du château.

XIX. — Jean III de Sénac (1503-1539).

Comme l'impartialité est la première qualité de l'historien, nous ne cacherons pas les désordres du second successeur de Bernard de Dojal. Si la prospérité de l'abbaye n'avait pas été solide, certainement le monastère aurait sombré dans cette épreuve. Jean de Sénac fut une pierre de scandale. Dans ces temps, on trouve parfois à la tête des monastères des hommes de désordre jetés dans les cloîtres souvent par force, par conséquent sans vocation. Jean de Sénac fut un de ceux-là. Sa conduite scandaleuse et son gouvernement le rendirent odieux et indigne de sa charge; il fut traduit en jugement pour répondre de ses actes criminels; c'était en 1539. Nous n'avons pu retrouver la copie de ce curieux procès que, dans son inventaire, François de Chalvet signale par ces paroles :

« Livre contenant la copie des auditions de témoins concernant la vie dissolue de Jean de Sénac, abbé de La Capelle, faite en 1539. Ce malheureux, ajoute M. de Chalvet, était accusé de plusieurs crimes. Il avait aliéné plusieurs biens de l'abbaye en faveur de ses parents et de ses enfants naturels. Il est dit dans ce cahier que l'abbaye possédait dans le fort de Homerville une maison qui lui servait d'étable, un pressoir, une dépendance qui contenait les caves [1]. »

XX. — Jean VI de Capeyrin (1539-1542).

Jean de Capeyrin, pendant son administration, hélas! trop courte, s'efforça de réparer le mal accompli par son indigne prédécesseur. Il fut le dernier religieux de l'ordre des Prémontrés qui gouverna le monastère en qualité d'abbé. Après lui viennent les abbés commendataires, que nous verrons en possession de l'abbaye jusqu'en 1793. Nous voici arrivé à une époque néfaste qui, par l'organisation de la commende, entraînera la ruine des communautés religieuses. Jusqu'ici les communautés avaient possédé le droit si rationnel et si légitime d'élire leurs supérieurs; maintenant elles ne l'auront plus. Le concordat de 1516, conclu entre le Pape Léon X et François Ier, signé le 18 août et approuvé le 19 décembre de la même année par le Concile de Latran, avait aboli ce droit, et forçait tous les monastères et les évêchés à recevoir un chef nommé par le roi et approuvé par le Pape.

Cette concession faite par le Souverain Pontife donna au roi de France une puissance considérable

1. Archives du château.

en lui permettant de disposer des revenus du clergé et du choix de ses maîtres ; par contre, elle attacha à l'Eglise nos rois au moment où l'Angleterre, l'Allemagne et les pays du Nord s'en détachaient. Par ce concordat, l'Eglise n'en fut pas moins dépouillée du droit de désigner et de nommer les titulaires des abbayes.

Ces nouveaux titulaires, choisis presque toujours en dehors des monastères et des chapitres, prirent le nom d'abbés commendataires.

Bien que le concordat prescrivît au roi de ne confier le bénéfice qu'à des religieux, cette condition fut toujours éludée. L'abbé commendataire prenait pour lui les revenus et laissait sans contrôle l'administration spirituelle du couvent à un prieur claustral, dont l'autorité était amoindrie.

La conséquence de ces nominations fut de livrer le titre d'abbé, avec la plus grande partie des revenus, à des ecclésiastiques étrangers à la vie religieuse, quelquefois à de simples laïques, pourvu qu'ils ne fussent pas mariés. La décadence des monastères était proche ; on ne pouvait y introduire nul élément plus efficace de désordre et de ruine.

Dans ces conditions, le titre d'abbé, honoré par tant de saints et tant de docteurs, allait devenir une sinécure lucrative, un instrument de politique entre les mains du roi et de ses ministres. La charge d'abbé n'entraînait désormais aucun devoir, aucune responsabilité. Pris en dehors du monastère, l'abbé n'était pas obligé à la résidence, il n'obéissait pas aux règles, il était libre de tout devoir de religion.

Uniquement préoccupé des revenus et des richesses de son abbaye, l'abbé commendataire restait indifférent sur la ferveur et la conduite des religieux : ses mains étaient liées de tout pouvoir spirituel ; il ne pouvait ni avertir, ni punir, ni excommunier ; seul, le prieur claustral, qui le représentait, avait cette puissance. C'était la voie ouverte à tous les abus, à tous les relâchements, à toute indiscipline.

Les biens de l'abbaye étaient divisés en trois parties : l'abbé avait la première, les religieux la deuxième, la troisième part était consacrée aux réparations de la maison déclarées urgentes par l'abbé. La part des religieux de La Capelle était de quatre-vingt-douze arpents.

Les prieurs étaient élus aux chapitres de leurs congrégations ; l'abbé commendataire n'avait aucun droit sur cette nomination. Telle fut la loi imposée par Innocent IX en faveur des religieux de Cluny ; par Clément VIII en faveur des Bénédictins, en 1530 ; de Paul V, de Grégoire XV et d'Urbain VIII, en faveur des Prémontrés.

XXI. — Jacques de Bernuy, premier abbé commendataire (1542-1572).

Jacques de Bernuy ouvre la liste des abbés commendataires. Sa triste administration ne prouva que trop la vérité des considérations qui précèdent. Le *Gallia Christiana* fait suivre le nom de Bernuy de ces paroles : « Il fut néfaste à l'abbaye. » Jacques de Bernuy n'est pas un inconnu pour nous. Nous avons déjà traité trop longuement de lui pour revenir sur ses charges et ses qualités. Homme d'église, c'est vrai, mais étranger à toutes les règles des chanoines dont il était l'abbé, il ne se préoccupa que de l'administration temporelle du monastère, qui fut loin d'être heureuse. Il commença par établir sur la Garonne des moulins à nef[1]. Il adressa dans ce but une requête au roi de France, qui renvoya l'affaire aux trésoriers de France ; ceux-ci chargèrent le sénéchal de Toulouse, alors noble Jean de Saint-Julien, de faire l'enquête ; l'autorisation fut accordée.

L'abbaye eut de grandes secousses à subir sous l'administration de Jacques de Bernuy, ce qui nous explique les paroles sévères dont les auteurs du *Gallia Christiana* font suivre son nom. Les ramiers furent d'abord enlevés au monastère et réunis à la couronne. Le domaine convoitait depuis longtemps lesdits ramiers, ce qui était pour l'abbaye une source constante de tracasseries et de procès. Dans le courant de février 1560, le roi Charles IX porta un édit qui inféoda et réunit à la Couronne les îles et les terrains vagues situés sur les bords des rivières. En conséquence, toutes les îles, tous les ramiers qui se trouvaient dans la juridiction de Merville furent saisis le 14 juillet de la même année. Un édit du 4 juillet les avait réunis à la Cou-

---

1. Archives du château.

ronne. Jacques de Bernuy protesta ; mais, soit impuissance, soit tiédeur, son opposition resta sans effet. Pour faire acte de propriétaire, le roi inféoda une partie des ramiers, le 3 août 1566, à Jeanne de Bernuy, sous l'albergue de 26 tolsats et de 90 tolsats d'entrée, qui devaient être payés annuellement et doublés à chaque mutation. Faut-il voir dans l'inféodation de ces ramiers à Jeanne de Bernuy la cause première de l'inutilité de l'opposition faite par l'abbé commendataire ? Cela pourrait être, et, sans trop de témérité, il est permis de supposer que, pour favoriser les intentions de sa nièce, Jacques de Bernuy n'ait pas fait prévaloir les droits du monastère sur les ramiers. Peu lui importait, d'ailleurs, la prospérité de l'abbaye, si sa famille devait profiter de l'édit royal. Il arriva ici ce que l'histoire constate depuis le concordat de 1516; étrangers au monastère, les abbés commendataires se désintéressaient de leur avenir et prenaient peu de soin de leurs affaires, surtout lorsqu'ils avaient des raisons d'entrer dans cette voie.

C'était le commencement de la ruine; les protestants se chargèrent de la compléter. Les huguenots, en 1570, vinrent promener le feu et la flamme dans le monastère et mettre tout à feu et à sang. Une partie des biens de l'abbaye fut aliénée, le monastère rasé et les religieux massacrés ou dispersés. Jacques de Bernuy mourut deux ans après ce grand désastre, emportant dans la tombe l'ancienne prospérité de l'abbaye.

XXII. — Vacance de l'Abbaye (1572-1587).

Les guerres religieuses jetèrent un trouble profond dans le monastère. De longs jours lui furent nécessaires pour se relever du désastre de 1570. Au milieu de cette perturbation les chanoines réguliers restèrent sans abbé. Le *Gallia Christiana* passe complètement sous silence cet état de choses ; la vacance de l'abbaye est cependant certaine. Pendant ce temps, Jacques des Cars, baron de Merville et sénéchal de Guyenne, jouit des biens qui n'avaient pas été aliénés. Les religieux, dispersés par la persécution et la guerre civile, vinrent cependant rejoindre ceux qui n'avaient pas abandonné l'abbaye ; ils reconstruisirent le monastère ; mais la nouvelle construction n'avait ni l'ampleur ni l'importance de l'ancienne. Enfin, après une vacance de quinze ans, on nomma un abbé commendataire, Bertrand des Cars. Nous n'affirmons pas que Bertrand des Cars fût homme d'église comme Jacques de Bernuy, qui était protonotaire apostolique ; nulle part nous n'avons lu qu'il ait appartenu, sous aucun titre, au clergé.

XXIII. — Bertrand des Cars (1587-1616).

Bertrand des Cars appartenait à la maison des barons de Merville. Il prit possession de l'abbaye le 15 avril 1587. Il ne put empêcher le baron de

Thémines, qui vint assiéger Merville en 1594, de laisser dans le monastère, à peine relevé de ses ruines, une garnison sous les ordres de Puiminet.

Il s'engagea, sous l'administration de Bertrand des Cars, un procès curieux. Hélie Buisson, apothicaire de Toulouse, avait aliéné les biens de l'abbaye dans les circonstances suivantes. Il avait prêté une somme importante aux religieux de La Capelle pour leur permettre de payer une taxe que devait le monastère. Plus tard, il voulut être remboursé; Vital Charbonnier, alors économe du couvent, embarrassé, transigea avec lui. Il fut convenu qu'Hélie Buisson jouirait de tous les droits seigneuriaux appartenant à l'abbaye, à charge pour l'apothicaire de recouvrer, contre remboursement des frais, les titres dont l'économe n'était pas le détenteur. Mais Hélie Buisson ne put recouvrer tous les titres, ce qui le porta à produire de fausses pièces. Mal lui en prit, car ayant mis en même M. de Chalvet de lui reconnaître plusieurs terres qui, d'après lui, dépendaient du monastère, faute de pièces authentiques, il basa ses prétentions sur des faux. M. de Chalvet naturellement fit opposition à sa demande; jugée d'abord à Toulouse, l'affaire fut plus tard renvoyée devant le Parlement d'Aix; ce dernier, le 16 mai 1614, donna raison à M. de Chalvet et débouta Hélie Buisson de sa demande[1].

---

1. Archives du château.

XXIV-XXV. — Louis et François de Berthier (1617-1703).

ARMES DE LA MAISON DE BERTHIER

Après la mort de Bernard des Cars, Notre-Dame de La Capelle passa sous le gouvernement des évêques de Rieux, Louis de Berthier, 1617-1662, et François de Berthier, 1662-1703. Ces deux prélats appartenaient à la famille de Berthier, bien connue dans le pays de Toulouse. Plusieurs membres de cette famille s'illustrèrent par leur intelligence et leur savoir, soit dans la magistrature, soit dans l'Eglise. Nous renvoyons, pour le détail, à l'*Histoire du Parlement de Toulouse*, par M. Dubédat.

L'auteur a écrit des pages très intéressantes sur cette maison, à laquelle les deux abbés de La Capelle, Louis de Berthier et son neveu François de Berthier, firent honneur. Tous les deux relevèrent, dans la mesure du possible, le monastère. Ils mirent de l'ordre dans ses affaires temporelles, et il faut croire que, sans entrer dans la direction spirituelle, ils mirent un terme aux abus. Lorsque Louis de Berthier prit possession de l'abbaye, celle-ci possédait 277 arpents de terre. Les moines, en petit nombre, vivaient en communauté, sous la direction d'un prieur claustral. Ils avaient, pour leur subsistance, 92 arpents en propre.

Antoine François de Berthier, encouragé par la conduite de son oncle, Louis de Berthier, dont l'administration salutaire avait relevé les affaires du monastère, résolut de faire renouveler toutes les reconnaissances. Par Bastaing, prieur du monastère, et Dordet, notaire, il demanda aux feudataires de l'abbaye de nouveaux contrats. Ces reconnaissances, au nombre de trois cents, forment un registre manuscrit en papier, couvert en parchemin, de 25 centimètres de hauteur sur 16 de largeur. Le registre, composé de 339 feuillets, se termine par une table :

« Table alphabétique des emphythéotes contenus dans ce registre [1]. »

Nous relevons parmi les feudataires, les Pénitents Blancs de Grenade, les religieuses de la même ville, l'hospice de Toulouse, et toutes les Confréries de Merville, même les Tables du Purgatoire et de Saint-Sernin de Merville [2].

---

1. Archives du château.
2. Voir *Pièces justificatives*, VII.

L'acte de reconnaissance signé par les religieuses est d'une forme très originale; nous le donnons aux *Pièces justificatives* [1].

L'hôpital de Toulouse jouissait, depuis l'année 1510, de plusieurs fiefs dans la juridiction de Merville. Ces terres, que d'ailleurs il possède encore aujourd'hui, lui venaient de la générosité de plusieurs habitants; la plupart étaient situées aux environs de Coïnes; elles comprenaient des arpents de bois, de vignes et de terres labourables, dont il payait la censive à l'abbé de La Capelle [2].

La bonne administration inaugurée par Louis de Berthier et continuée par son neveu François de Berthier, sauva d'une ruine entière les possessions qui avaient échappé aux désastres accumulés par les guerres religieuses. M. de Montlezun-Saint-Lary, qui succéda aux évêques de Rieux, marcha sur leurs traces, et ce fut sagesse.

---

1. Voir *Pièces justificatives*, VIII.
2. *Ibid.*, IX.

XXVI. — De Montlezun-Saint-Lary (1705-1741).

ARMES DE LA MAISON DE MONTLEZUN-SAINT-LARY

De Montlezun-Saint-Lary appartenait à la noblesse du Languedoc. Ses armes, sauvées du naufrage, peuvent se voir dans le jardin du presbytère comme un des rares souvenirs de La Capelle ; elles sont surmontées d'une couronne de marquis, et portent la mitre avec la crosse. Malgré toutes les mesures prises par Louis et Antoine de Berthier, les feudataires n'étaient pas empressés à payer la dîme ; les religieux s'en plaignirent à M. de Montlezun-Saint-Lary. L'abbé commendataire adressa une requête au roi, afin de presser les retardataires. Un édit royal chargea la Cour de Toulouse de prendre en main l'affaire. Celle-ci, après examen, ordonna aux propriétaires de payer la dîme et de ne cueillir les grains soumis à la dîme qu'après le payement de cette dernière, sous peine de payement de 500 livres d'amende et même de confiscation[1].

Faute d'une direction efficace de la part des abbés commendataires, la plupart du temps choisis en dehors de l'état religieux, la religion en était fortement affaiblie. Voilà pourquoi, dans les chapitres, composés à l'ordinaire des supérieurs ou des principaux membres de chaque monastère, ceux qui avaient souci de l'avenir de l'ordre revenaient sans cesse, et sur l'observation de la règle et sur la nécessité de réprimer les abus. Ces décisions, prises en assemblée générale et portées par les supérieurs dans les couvents, imprimaient une vie nouvelle aux monastères et arrêtaient, pour quelques années, les progrès d'une décadence visible, souvent une chute prochaine.

C'est à la suite d'un de ces chapitres généraux tenu par les Prémontrés, que furent prises les règles suivantes, dont nous avons trouvé une copie

---

1. Archives du château.

dans les Archives départementales. Le document n'a aucune date, mais tout nous porte à croire qu'il ne remonte pas plus haut que le dix-huitième siècle. Nous y remarquons, dans ses tristes conséquences, la création néfaste des abbés commendataires, qui, impuissants ou indifférents, n'avaient aucune action spirituelle sur les religieux :

« Abbaye de Notre-Dame de La Capelle-lès-Merville.

« Les abbés, prieurs et autres membres de l'ordre des Prémontrés, présentement assemblés en chapitre, animés du désir de maintenir et réparer la discipline régulière dans ledit ordre, estimant que pour parvenir à ce but il est nécessaire de porter des règlements qui tendent à ranimer un chacun à l'observance des contributions.

« Voici les points essentiels dont le présent chapitre ordonne et veut que les supérieurs fassent faire la lecture aussitôt leur retour, leur prescrivant de veiller à leur entière exécution.

« 1° On chantera, tous les jours, dans chaque maison, la Messe et les Vêpres, et autres offices seront aussi chantés, à moins qu'ils n'en aient obtenu dispense de Monsieur le Général ou son vicaire.

« 2° Le chant et la psalmodie ne seront pas précipités. On y observera les pauses et les inclinations prescrites par les statuts, on sera assidu aux offices, on y viendra en habit complet, et on n'entrera pas dans l'église ou dans le chapitre avec la soutane retroussée, avec des fleurs ou autres choses qui puissent distraire. Personne ne s'y exemptera de chanter et de psalmodier, et on ne joindra pas le chant des Complies à celui des Vêpres.

« 3° On mangera au réfectoire, on y fera la lecture pendant le repas, on y dira le *Benedicite* et les Grâces, comme il est ordonné dans les statuts.

« 4° On ne sortira pas de la maison sans la permission des supérieurs, et ceux à qui cette permission sera accordée reviendront exactement au jour et à l'heure indiqués ; on fermera à clef les portes du dortoir à l'heure marquée par le supérieur.

« 5° Aucun religieux de l'ordre ne portera de frac, ni d'habit gris, ni chapeau d'une forme ou d'une couleur inusitée dans l'ordre, ni manchettes, ni aucun habillement de soie, comme vestes ni autres choses proscrites par le dernier chapitre général.

« 6° Tous les religieux de l'ordre porteront la tonsure cléricale et les cheveux d'une manière modeste, et non mondaine.

« 7° Il ne sera permis à aucun religieux, demeurant au dortoir, d'avoir des chiens ou autres animaux inutiles, ni instruments.

« 8° Les religieux éviteront de se familiariser avec les domestiques, ne pourront les commander, ni aller dans les lieux prohibés par les statuts, tels que cuisines, offices.

« 9° On ne laissera entrer aucune femme dans les lieux réguliers, et le silence sera constamment observé.

« 10° On mettra en vigueur les études ecclésiastiques ; on s'appliquera à celle de l'Ecriture sainte, de la théologie morale, de la prédication.

« Les visiteurs s'informeront si tous les articles déjà prescrits par les statuts et renouvelés par la sanction du chapitre s'observent exactement dans toutes les maisons, et sont priés d'examiner si la paix et l'union règnent dans toutes les maisons ; s'il n'y a point de dissipation de grains, de vins et autres provisions ; s'il n'y a point d'abus contraires à une bonne administration ; si le supérieur, au retour du dernier chapitre, a fait faire, par les religieux de la maison, des habits ; si on a reçu des religieux de l'ordre, soit curés ou autres, qui n'auraient pas été habillés conformément aux statuts. Le chapitre espère que, par ces moyens, et la vigilance des visiteurs et des supérieurs locaux, la régularité et les bonnes mœurs se perpétueront dans l'ordre des Prémontrés.

« Frère Liceu, abbé des Prémontrés. — Plus bas : De Mandato : F. Legrand, secrétaire du chapitre[1]. »

XXVII. — De Sainte-Hermine. — Eutrope de Galois de la Tour (1741-1753.)

De Sainte-Hermine et Alexis-Eutrope de Galois de La Tour furent les successeurs immédiats de Jean de Montlezun Saint-Lary. De Sainte-Hermine ne fit que passer ; il n'était plus abbé dans l'année 1736. Alexis-Eutrope de Galois de La Tour était du diocèse de Poitiers et vicaire général de l'évêque d'Alais. Il eut plusieurs procès à soutenir contre le marquis de Chalvet, sénéchal de Toulouse, seigneur de Merville, et contre le comte de Bioulles,

---

1. Archives départementales, fonds H.

seigneur de Saint-Jory, toujours à l'occasion des ramiers. Il perdit le procès engagé contre le seigneur de Merville, qui réclamait, comme sa propriété, le ramier situé entre la *Muraillasse* [1] et le couvent ; c'était en 1748. En 1746, un autre différend s'était élevé entre le monastère et le comte de Bioulles, au sujet d'un îlot qui s'était formé au milieu de la Garonne. Comme la Garonne minait la rive escarpée sur laquelle était construit le monastère, les religieux avaient demandé au seigneur de Saint-Jory, Dufaur de Saint-Jory, l'autorisation de se défendre contre les flots par la construction d'une chaussée. Dufaur de Saint-Jory donna l'autorisation ; les religieux durent dépasser les intentions du seigneur de Saint-Jory, car ils établirent si bien leur ouvrage qu'ils rejetèrent le courant de l'autre côté du rivage. Il se forma bientôt un îlot, au milieu de la Garonne, dont les religieux s'emparèrent en le reliant par des piquets à la rive. Ils coupèrent les arbres qui avaient poussé dans l'îlot et en chassèrent les hommes qui, au nom du comte de Bioulles, héritier de Dufaur de Saint-Jory, étaient venus y prendre des cailloux. Tel était l'état des choses, en 1707, lorsque le comte de Bioulles intenta un procès à La Capelle. L'affaire traîna en longueur jusqu'en 1746, où elle reprit de plus belle. On entassa dossier sur dossier ; nous les avons parcourus sans toutefois trouver nulle part la sentence, ni savoir qui eut raison [2].

1. Nom d'une métairie de Merville située sur les bords de la Garonne.
2. Archives du château.

XXVIII. — François-Tristan de Cambon (1753-1790).

François-Tristan de Cambon, le dernier abbé commendataire de La Capelle, était né en 1716, d'une famille distinguée de la magistrature. Successivement archidiacre et conseiller-clerc au Parlement de Toulouse, il devint évêque de Mirepoix et abbé commendataire de La Capelle. Il succéda sur le siège de Mirepoix à Mgr de Chamflour, l'un des plus pieux et des plus charitables prélats de France ; il marcha sur ses traces et termina dignement la série des évêques de Mirepoix et des abbés de Notre-Dame de La Capelle. La paix, l'harmonie, la charité parfaite qu'il fit régner dans son clergé, l'hôpital de la ville rebâti à ses frais, les secours abondants envoyés périodiquement dans chaque presbytère pour le soulagement des pauvres, de grandes routes tracées, sous son impulsion, dans tout le pays, lui avaient gagné l'amour et la reconnaissance de ses diocésains. Il n'eut garde d'oublier Merville dans sa générosité, et, quelques jours à peine avant la Révolution, il donnait au Bureau des pauvres dix mille livres.

Dépossédé de son siège et de l'abbaye, Tristan de Cambon vint chercher un asile à Toulouse pendant les orages de la révolution ; il y mourut.

« Sur le bruit que sa famille avait fait mettre un mannequin dans son cercueil, dit M. Salvan dans son *Histoire générale de l'Eglise de Toulouse*,

Sermet, nommé évêque constitutionnel de Toulouse, après le refus du cardinal de Loménie, le fit ouvrir et s'écria : « Oui, c'est bien là le corps de mon « confrère. »

Mgr de Cambon possédait une magnifique bibliothèque composée d'ouvrages rares et de belles éditions.

Sans rapporter ici dans leurs détails les décrets du 21 septembre, du 28 octobre et du 2 novembre 1789, ce dernier mettant à la disposition de l'Assemblée constituante tous les biens mobiliers et immobiliers des monastères, disons que le 13 février 1790 elle prohiba les vœux monastiques. C'était l'abolition rigoureuse de tout ce qui était moine ou religieux ; ordre fut, à cet effet, adressé aux religieux de sortir des couvents.

En s'emparant ainsi violemment des biens appartenant aux sociétés monastiques, la Constituante commit un acte de spoliation, un attentat aux droits sacrés de la propriété, contre lequel cependant personne ne protesta dans cette Assemblée française.

« Aucune voix, dit Viollet le Duc, que certes on n'accusera pas de fanatisme, ne s'éleva à la fin du siècle dernier pour dire que ces vastes et riches propriétés possédées par les moines avaient été des déserts arides, des forêts sauvages ou des marais insalubres qu'ils avaient su fertiliser. »

Les possessions de La Capelle subirent le sort commun. Les membres du Directoire de Grenade commencèrent par ordonner à M. Pouvillon, procureur fondé des moines, de faire un état des revenus et des dépenses de l'abbaye.

M. Pouvillon remit la pièce demandée aux membres du Directoire, qui l'approuvèrent en ces termes :

« Vu le compte de la gestion faite par M. de Cambon, ci-devant évêque de Mirepoix et ci-devant abbé de La Capelle, l'année 1790, présenté par le sieur Pouvillon, son procureur fondé, les pièces dépendantes y jointes, sauf la quittance de M. Tristan, l'arrêté du Directoire du 30 avril dernier, et la réponse de la municipalité contenant les explications par elles fournies dudit compte, ensemble les observations du sieur procureur fondé ;

« Ouï M. le procureur syndic :
« La recette se porte à... 10,000 livres 15 sols ;
« La dépense à.......... 4,472 livres ;
« M. de Cambon est créancier de............. 8,538 livres 15 sols.

« Le Directoire observe que, d'après les renseignements pris sur la conduite du régisseur, foi doit être ajoutée au compte rendu et que, nonobstant les remontrances de la municipalité, il doit être arrêté en la forme qu'il en prescrit. »

C'était un prélude ; l'attentat fut consommé à la fin de l'année. Le 15 décembre on procéda, en effet, à l'estimation des biens de l'abbaye ; Jean Blanc, dit Cadet, muni des pouvoirs de la Convention, donna mission à Joseph Monestié, Louis Capmartin, Raymond Picard et Jean Barral, de faire l'expertise des bâtiments de l'antique abbaye et de ses domaines. Le devis estimatif de la fondation de Bernard Jourdain de l'Isle porte la valeur de l'église et des constructions à 5,000 livres ; la métairie du Rouget, 15,000 livres ; le domaine de la Bourdette, 21,000 livres ; le domaine des Ruchets, 4,000 livres; le domaine de l'Aguilhou, avec les bois de La Capelle, 51,000 livres; les champs situés auprès de Casevielle, 14,000 livres; le ramier contigu au fleuve, 120,000 livres; c'était une riche propriété de 272 arpents. Celui qui connaît les évaluations dérisoires des biens de l'église par la Convention, trouvera que le monastère de La Capelle avait une valeur supérieure à 200,000 livres.

Le 30 avril 1791, le Directoire de Grenade, composé des citoyens Teulade, Dussaut, Porté, Arias, allumèrent les feux de l'adjudication à deux heures de relevée. Si nous en croyons un religieux prémontré, auquel nous empruntons ces dernières lignes, vingt-neuf individus avaient pris soin d'envoyer leur soumission; tous arrivèrent pour se jeter sur la proie. Huit fois les feux furent allumés; la dispute fut acharnée. La Capelle, mise à prix au premier feu à 80,000 livres, s'éleva au second à 100,000; au troisième, à 102,000; au quatrième, à 103,000; au cinquième, à 106,000; au sixième, à 108,000; au septième, à 108,200 livres.

Alors le Directoire : « Ouï M. le procureur syndic, adjuge la mense abbatiale et conventuelle de La Capelle pour 108,200 livres, et ont signé. »

L'abbaye de Notre-Dame de La Capelle n'était plus; elle disparaissait après une période de 630 ans et des luttes pour la religion, qui ne furent pas sans gloire. Aujourd'hui il ne reste plus rien de l'antique monastère des Prémontrés. Des ruines, des chapiteaux, des colonnes à moitié brisées, quelques chambres étroites, un puits, des tombes, des ossements que le laboureur soulève avec la charrue, le nom de La Capelette laissé à la maison qui s'élève à sa place, ces faibles vestiges indiquent qu'autrefois, dans ce lieu solitaire et ravissant, sur cette rive escarpée de la Garonne, s'éleva un monastère et vécurent des hommes consacrés à Dieu, à la prière et au travail[1]. Les anciens de la paroisse se rappellent encore avoir vu les piliers de la chapelle; ils disparurent eux aussi dans les premières années de la Restauration. C'est donc vrai, rien ne résiste au temps et aux révolutions qu'il entraîne; ce qui semble le plus solidement établi, est destiné à disparaître. Je me trompe, au milieu de ces ruines quelque chose reste : c'est la foi chrétienne, qui est toujours profonde dans les âmes, ce sont les grandes traditions qui survivent aux tempêtes. Les hommes et les choses peuvent changer, la foi chrétienne est immortelle.

1. Voir dessins hors texte, nos 16 *bis* et 16 *ter*.

Hors texte, n° 16 *bis*. — RUINES DU PUITS DE LA CAPELLE

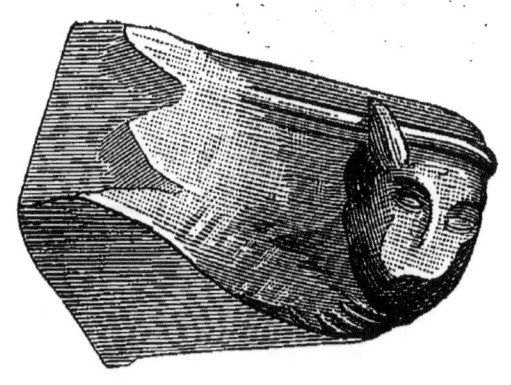

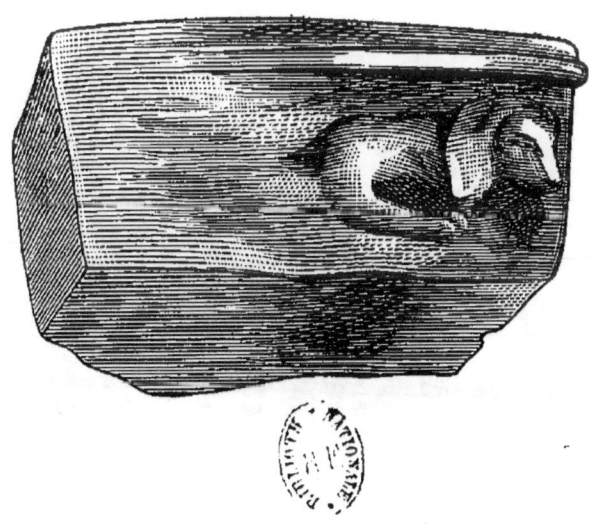

Hors texte, n° 16 *ter*. — RUINES DE L'ABBAYE DE LA CAPELLE :
CHAPITEAUX

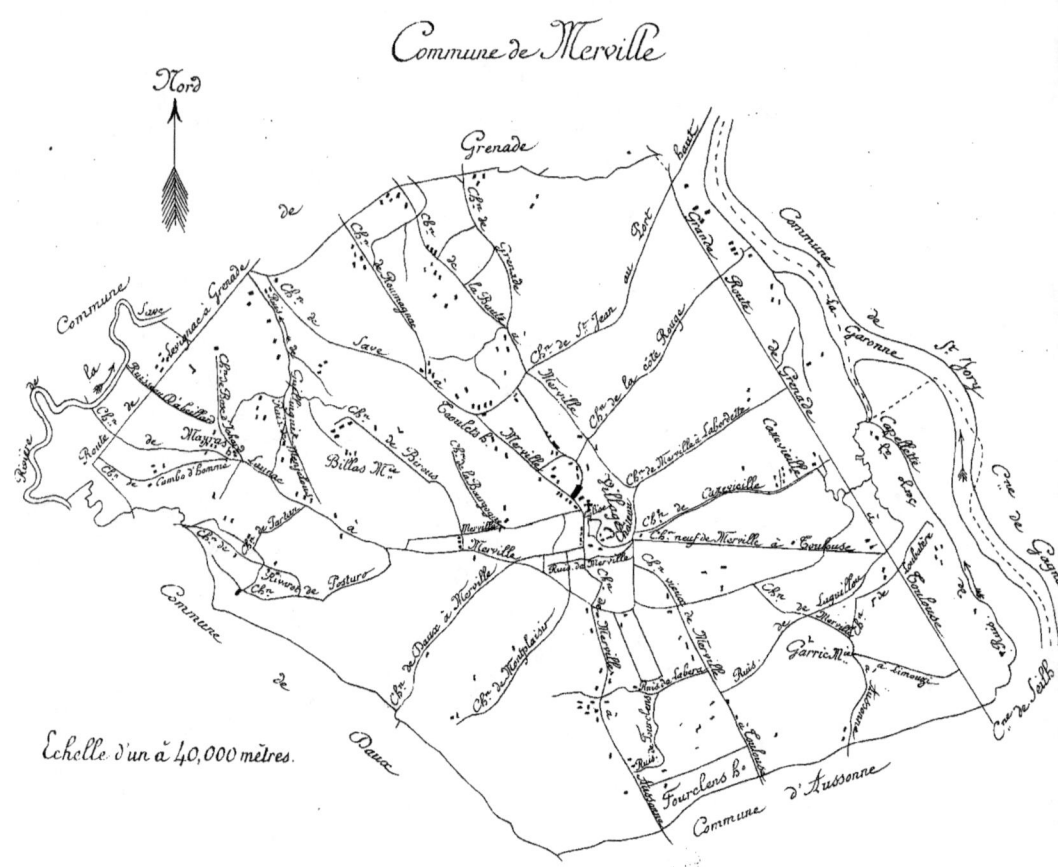

N° 17 _ Plan Topographique de Merville

APPENDICE

MERVILLE PENDANT LA RÉVOLUTION [1]

Notre étude nous paraîtrait incomplète, si elle passait sous silence les troubles de Merville dans les premières années de la révolution. Il y a dans cette phase de son histoire des faits dignes de nous arrêter. Nous n'avons pu malheureusement suivre ces faits que jusqu'en 1794. Depuis cette heure jusqu'à l'établissement du Consulat et de l'Empire, le registre des délibérations du Conseil municipal reste muet. Alors fut emprisonné à son tour Joseph Monestié, sous l'inspiration et la dictée duquel écrivait le secrétaire de la municipalité ; cette arrestation explique cette interruption regrettable dans les procès-verbaux ; ce que nous avons eu

---

1. Voir dessin hors texte, n° 17.

l'heureuse fortune de recueillir, complètera cependant notre modeste travail.

Les privilèges et les coutumes tombèrent en désuétude dans les dernières années du dix-huitième siècle. A la veille de la révolution, elles n'avaient même plus force de loi dans certaines communautés. Merville, qui, en 1734, réclamait encore contre les prétentions du seigneur, au sujet de ses franchises, ne semble plus jouir de ses privilèges à la fin du siècle. Ce fait ressort d'une délibération du 27 octobre 1787. Comme la communauté avait montré peu d'empressement pour rendre foi et hommage à Louis XVI, à l'occasion de son avènement au trône, le procureur général du roi au bureau des finances d'Auch ordonna une saisie féodale. Les habitants se réunirent aussitôt en assemblée générale, le 27 octobre 1787, à l'issue de la messe de paroisse ; on délibéra sur l'acte du procureur général :

« Le sieur Albert, premier consul, dit que la communauté avait négligé de rendre foi et hommage et prêté le serment de fidélité qu'elle doit à Sa Majesté, à cause de son joyeux avènement à la couronne, et ensuite de fournir son dénombrement à raison des biens, droits et privilèges et facultés qu'elle peut jouir dans la mouvance de Sa Majesté, à cause de son comté de Rivière-Verdun. M. le procureur du roi au bureau des finances d'Auch aurait fait procéder à une saisie féodale au préjudice de ladite communauté. Sur quoi il prie l'assemblée sur les moyens à prendre pour éviter ces frais.

« L'assemblée décide qu'elle rendra foi et hommage au roi, et délègue au bureau des finances d'Auch, comme son procureur, Antoine Davet, avec pouvoir : 1° de rendre, en son nom, foi et hommage et serment de fidélité ; 2° de déclarer que la communauté ne possède aucun bien patrimonial et particulier ; 3° qu'elle ne jouit d'aucun bien et privilège ; 4° qu'elle possède, conjointement avec le seigneur, le droit de boucherie, qui ne lui rapporte rien ; 5° qu'elle n'a aucune espèce de revenus ; 6° que, malgré ce, elle est tenue à l'albergue qu'elle paie annuellement au receveur du domaine du roi à Grenade. Elle décide enfin qu'il sera levé une somme de cent livres pour parer aux frais dudit hommage[1]. »

On tendait évidemment vers un nouvel état de choses. Déjà, même avant la révolution, une nouvelle organisation, établie par un règlement du 27 juin 1789, avait modifié les assemblées dans les pays d'élection, en leur réservant la nomination d'un conseil presque identique à nos conseils municipaux. Ce conseil, dit bureau de la municipalité, se composait de trois, six ou neuf membres, selon le nombre de feux. Le seigneur et le curé en étaient membres de droit. A Merville, le bureau de la municipalité comprenait six membres ; le cahier de ses délibérations se trouve encore dans les archives de la commune. Le marquis André de Chalvet, Albert, curé de la paroisse, Pouvillon, maître en chirurgie, Albert, premier consul, Raguenaud et Antoine Marqués, en étaient les membres. Pour faire partie de cette assemblée, il fallait payer au moins dix livres d'impôt foncier.

1. Archives de la mairie de Merville.

Nous sommes en 1789. La France entre dans la période révolutionnaire ; que sera Merville au milieu de cette tempête? Un homme se rencontrera qui sera le propagateur ardent des idées nouvelles, c'est Jean-Joseph Monestié, lieutenant du juge dans la commune au moment où la révolution éclate. Esprit remuant et ambitieux, membre de tous les comités révolutionnaires de la contrée, il tiendra Merville dans une perpétuelle agitation. Malheur à qui se posera devant lui en ami de l'ordre, de la religion et de la liberté : celui-là, il le poursuivra de ses vexations.

Louis XVI, par une lettre donnée à Versailles, convoqua les Etats-Généraux le 19 février 1789. Le curé fit la lecture de la lettre royale du haut de la chaire, au prône de la messe de paroisse ; puis on afficha ce décret sur la principale porte de l'église.

Les habitants tinrent une réunion plénière, après les vêpres. Ils s'assemblèrent au son des cloches, dans la maison commune, sous la présidence de Jean-Joseph Monestié, lieutenant du juge, assisté de Jean Marqués, Jean Bedel et Bernard Taillefer, consuls; c'était le 5 avril :

« Ont été assemblés, au son de la cloche, tous les habitants de cette communauté, nés Français, âgés de 25 ans, compris dans les rôles des impositions de cette communauté, composée de 225 feux, lesquels, pour obéir aux ordres de Sa Majesté, portés, par les lettres données à Versailles, le 24 janvier et le 19 février 1789, pour la convocation des Etats-Généraux du royaume et satisfaire aux dispositions des règlements, ainsi qu'à l'ordonnance de M. le marquis de Chalvet, faisant les fonctions de sénéchal dans le pays et jugerie de Rivière-Verdun.

« Et de suite, les habitants, après avoir réfléchi mûrement sur le choix des députés qu'ils sont tenus de nommer... les voix ayant été par nous recueillies de la manière accoutumée, la pluralité des suffrages s'est réunie en faveur du sieur Jean-Joseph Monestié, avocat au Parlement de Toulouse, lieutenant du juge François Pouvillon, maître en chirurgie, et Jean-Barthélemy Pradalé, lesquels ont accepté ladite commission et promis de s'acquitter de ladite nomination des députés aux Etats-Généraux.

« Lesdits habitants nous ont remis le cahier, afin de le remettre à l'assemblée qui se tiendra le 16 du mois courant, devant M. le marquis de Chalvet ou son lieutenant, et nous ont donné tout pouvoir requis et nécessaire, à l'effet de les représenter dans ladite assemblée pour toutes les opérations prescrites par l'ordonnance, comme aussi de proposer avis et remontrance pour tout ce qui peut concerner le bien de l'Etat, la réforme des abus, l'établissement d'un ordre fixe et durable dans toutes les parties de l'administration, à la prospérité générale du royaume et le bien de tous et de chacun des sujets de Sa Majesté.

« Délibération du 5 avril 1789[1]. »

Les habitants tinrent une nouvelle assemblée générale dans la maison commune, le dimanche suivant :

« Et il leur est demandé par le sieur Monestié,

---

1. Archives de la mairie de Merville.

Pouvillon et Pradalé, députés de cette communauté, qu'ayant à craindre quelques dépenses considérables qu'ils sont tenus de faire à Verdun, à cause de la cherté des vivres, ils demandent qu'il leur soit fait une certaine avance pour parer aux frais et payer la taxe qu'il leur sera faite par M. le marquis de Chalvet, faisant les fonctions de sénéchal en cette partie. » (Délibération du 22 avril [1].)

L'assemblée générale agréa la proposition de ses trois délégués et vota 200 livres de subvention. Elle se réserva, toutefois, de reprendre une partie de la somme et même la somme entière, si M. le marquis de Chalvet n'imposait aucune taxe. Elle déclare, de plus, François Pouvillon, maître en chirurgie, dépositaire responsable de l'argent. Ne soyons pas surpris d'entendre ici le marquis de Chalvet appelé du titre de sénéchal. Depuis quelques années, il est vrai, il avait résigné ces hautes fonctions; en cette qualité, cependant, comme ancien sénéchal du pays de Toulouse, il présida, au nom du roi, l'assemblée de Rivière-Verdun, qui nomma les députés de cette élection aux Etats-Généraux.

A partir de ce jour, les assemblées générales sont nombreuses; presque tous les dimanches, les habitants seront convoqués. Nous entendrons, dans ces réunions plénières, un écho des entraînements de l'Assemblée constituante, qui, affolée de réformes, porta coup sur coup toutes sortes de décrets. Le 5 novembre, la communauté, réunie en assem-

---

1. Archives de la mairie de Merville.

blée générale, prend connaissance de la loi martiale décrétée par les députés, qui ordonne d'établir dans chaque village une milice patriotique, en d'autres termes la garde nationale. Les habitants reçurent la loi sans grand enthousiasme. Ils crurent voir dans la milice un instrument de désordre et de tyrannie, et ne craignirent pas de formuler des réserves sur son opportunité :

« Il a été dit enfin que la loi martiale, décrétée par l'Assemblée nationale, la rendant en quelque sorte garante et responsable des troubles, désordres, qui pourront arriver dans cette communauté, autorisant chaque communauté de former une milice patriotique et nationale, les proposants demandent que l'assemblée procède à la formation de ladite milice et qu'elle réunisse les fonds nécessaires pour acheter les drapeaux : un drapeau blanc en signe de paix et un drapeau rouge en signe de trouble et de désordre. Il est enfin décidé de former un régiment ou milice nationale, et, pour l'achat des drapeaux, il sera tiré un mandement sur le collecteur de l'année dernière et de la présente. » (Délibération du 20 novembre 1789[1].)

Les consuls avaient déjà signé la délibération lorsque l'assemblée revint sur sa première décision et différa jusqu'à nouvel ordre la formation de la milice :

« Après les signatures de la délibération, il a été de nouveau représenté par messieurs les habitants de cette communauté qu'ils croient pouvoir se dis-

---

1. Archives de la mairie de Merville.

penser de former un régiment, nonobstant la décision ci-dessus, voulant toutefois et entendant se soumettre à la loi nationale et aux ordres du roi. Jusqu'à de nouveaux ordres du roi, la communauté délibère de ne pas former de régiment, ni faire de drapeaux. »

François Pouvillon, maître en chirurgie, qui n'avait pas signé la première délibération, signe celle-ci en ces termes :

« Pouvillon, syndic, lequel déclare, devant toute la communauté, qu'il est prêt à perdre la vie pour obéir aux ordres de Sa Majesté et de la Nation, et a signé son dire [1]. »

Cette réunion plénière eut cela de remarquable, que deux partis s'y dessinèrent : le parti Pouvillon, qui s'opposera de toutes ses forces au torrent révolutionnaire, et le parti Monestié, qui prendra tous les moyens pour le favoriser.

Les habitants furent de nouveau convoqués en assemblée générale, le 6 janvier 1790 ; il s'agissait d'entendre la lecture d'un décret de l'Assemblée nationale, sanctionnée par le roi, le 9 octobre 1789, touchant la contribution patriotique. A l'issue de la dernière messe, les habitants se réunirent en présence des quatre consuls : Jean Noyes, Saloy Fauresse, Jean-Barthélemy Pradalé, François Pujol. Plus de cent vingt habitants répondirent à l'appel de l'Assemblée nationale et apportèrent leur contribution, qui dix sols, qui vingt, qui deux livres, selon les ressources de chacun. La

---

1. Archives de la mairie de Merville.

liste resta ouverte pour permettre aux autres de se joindre aux premiers.

L'Assemblée nationale préparait la loi qui devait remplacer par les départements l'ancienne division territoriale de la France en provinces. Voilà pourquoi, sur une invitation du receveur des domaines de Grenade, la communauté délibéra si elle devait dépendre du district de Grenade ou de celui de Beaumont ; elle opta naturellement pour le district de Grenade :

« L'Assemblée a unanimement délibéré de supplier Nosseigneurs à l'Assemblée nationale de vouloir fixer le siège du district à former dans la partie du département de Toulouse, dans la ville de Grenade, de préférence à celle de Beaumont, puisque cette communauté n'est qu'à trois quarts de lieue de la ville de Grenade ; et au lieu que pour aller à Beaumont, il y a une distance de six lieues, et dans laquelle ville on n'a aucune connaissance, au lieu que la ville de Grenade ne peut pas être mieux placée pour siège du district du département de Toulouse. » (Délibération du 20 janvier 1790[1].)

Dans l'année 1790 disparaît le gouvernement des consuls. Emportée par la fièvre des réformes, l'Assemblée nationale s'applique à détruire toutes les institutions du passé ; l'ancien régime fait place au nouveau. Déjà les ordres de la nation sont supprimés ; plus de noblesse ni de tiers-état, tous sont égaux devant la loi ; les anciennes provinces ne sont plus, les justices ont disparu, toutes les admi-

1. Archives de la mairie de Merville.

nistrations ont croulé ; les communautés avec les institutions qui leur sont propres seront détruites comme tout le reste. Et, en effet, le 14 décembre 1789, l'Assemblée avait porté un décret qui abolit les anciennes communautés. Le décret supprime les échevinats, les consulats, les mairies anciennes, pour les remplacer par les municipalités modernes. Les municipalités seront désormais élues. Le chef de la municipalité portera le nom de maire; dans les bourgs de six cents à trois mille âmes, il y aura six officiers municipaux. Le conseil municipal aura pour organe un procureur, le procureur de la commune; il prendra la défense de ses intérêts. Un conseil général, composé du double des officiers municipaux, renforcera le conseil municipal. Le procureur de la commune et le conseil général seront nommés, comme le conseil municipal, à la pluralité des suffrages.

On procéda, le 24 janvier 1790, à l'élection de la municipalité nouvelle dans le presbytère, comme le lieu le plus commode :

« L'an mil sept cent quatre-vingt-dix et le vingt-quatrième jour du mois de janvier, dans une des salles de la maison curiale du présent lieu de Merville, par-devant Messieurs les consuls du lieu, s'étant assemblés un très grand nombre d'habitants, auxquels il aurait été dit que pour se conformer aux dispositions du décret de l'Assemblé nationale du 14 décembre dernier, concernant la constitution des municipalités, il était donc préalable de procéder à la nomination d'un président et d'un secrétaire, et, pour le faire, il fallait que le scrutin fût dépouillé et recueilli par les trois plus anciens d'âge.

En conséquence, ayant procédé à la nomination susdite, le scrutin ayant été recueilli et dépouillé par les sieurs Albert, Barthélemy Loubeau et Jean Donat, tous trois plus anciens d'âge et réunissant sur leurs têtes les qualités requises, le choix serait tombé sur le sieur Monestié, avocat au Parlement et notaire royal de Merville, pour président, et Jacques Nouguiès aîné pour secrétaire :

« En conséquence, ledit Monestié ayant pris sa place, auraient été assemblés les habitants présents... en présence desquels ayant procédé à la nomination des trois nouveaux scrutateurs en conformité de l'article II, le scrutin ouvert et dépouillé par les trois plus anciens d'âge, le choix est tombé sur Barthélemy Pradalé, Antoine Monicole et Louis Alga.

« Cette nomination faite, il aurait été procédé à la nomination du maire. Le scrutin ouvert et dépouillé par les trois scrutateurs ci-dessus nommés, le choix serait tombé sur ledit maître Monestié, qui aurait recueilli le suffrage de 104 voix, en telle sorte qu'il aurait été de suite proclamé pour remplir la place de maire.

« Puis, ayant procédé à la nomination de cinq autres membres qui doivent composer le corps municipal de cette communauté, attendu que la population d'icelle ne se porte pas au nombre de trois mille habitants, le choix est tombé sur le sieur Jean Nouguiès, par le nombre de 90 voix ; Barthélemy Pradalé, 80 voix ; Louis Alga, 42 voix ; Raymond Pujol, 33 voix ; Antoine Andrau, 32 voix ; en sorte que les scrutateurs ont proclamé ceux-ci membres du conseil.

« Et attendu l'heure retardée, la continuation des sujets à nommer, tant du procureur de la commune, des notables et secrétaire-greffier, a été renvoyée à dimanche prochain, 31 du courant. Le tout fait et arrêté par ledit Monestié, qui a signé avec les sachants[1]. »

Les habitants se réunirent, le dimanche suivant, pour procéder aux autres nominations. Comme on avait manqué, dans la séance précédente, à la formalité du serment, on n'eut garde de l'omettre dans cette dernière assemblée. La formule du serment est encore celle que, de tous les temps, nous avons entendu sortir des lèvres des consuls et du seigneur dans les circonstances solennelles :

« L'an mil sept cent quatre-vingt-dix et le trente-unième du mois de janvier, dans une des salles du presbytère du présent lieu de Merville, comme le plus commode pour la réunion de l'assemblée, ont été rassemblés lesdits habitants par-devant maître Monestié, président d'icelle...; auxquels il a été dit que, n'ayant pu, lors de la dernière assemblée, concernant la nomination des officiers municipaux, se conformer aux dispositions de l'article du décret de l'Assemblée nationale, du 29 et 30 septembre dernier, comme n'étant parvenu à cette communauté que dans le courant de la semaine dernière, il reste une formalité de serment à remplir avant de procéder à la nomination du procureur de la commune. En conséquence, le sieur président et son secrétaire, soussigné, les mains mises sur la Passion

---

1. Archives de la mairie de Merville.

figurée de Notre-Seigneur Jésus-Christ, et en l'assemblée entière, avons juré de maintenir, de tout notre pouvoir, la Constitution du royaume, d'être fidèle à la nation, à la loi, au roi, de choisir en notre âme et conscience les plus dignes de la confiance publique et de remplir avec zèle et courage les fonctions publiques qui pourront leur être confiées.

« Le serment prêté, il aurait été de suite procédé à un nouveau scrutin pour la nomination du procureur de la commune. En conséquence, le scrutin ouvert et dépouillé par les sieurs Pradalé, Alga et Monicole, scrutateurs déjà nommés, Arnaud Séguret aurait obtenu cinquante-quatre sur soixante-neuf qui composent l'assemblée. En telle sorte qu'il a été proclamé procureur de la commune.

« Cette dernière nomination faite et le renvoi à ce jour destiné dans sa séance dernière pour la prestation du serment du maire et des officiers municipaux, ces derniers, en présence de l'assemblée entière et les mains mises séparément sur la Passion figurée de Notre-Seigneur Jésus-Christ, ont promis et juré de maintenir, de tout leur pouvoir, la Constitution du royaume, d'être fidèle à la nation, à la loi, au roi et de bien remplir leurs fonctions.

« Il aurait été ensuite procédé à la nomination, par liste double, des notables, pour former le conseil général de la commune, au nombre de douze : le scrutin ouvert et dépouillé, la pluralité des suffrages s'est réunie sur Jean Blanc, cordier à Canibas, qui a réuni 30 voix; Jacques Monestié, 29;

Raymond Cabal, 27; Fort Campadieu, 26; Antoine Campadieu, 26; Antoine Monicole, 25; Jean Pierrefitte, 24; Jeanneton Nouguiès, 23; Bernard Bousquet, 23; Bernard Soulé, 22; Dominique Mourlanes, 21; François Cortin, 21. » (Délibération du 31 janvier 1790[1].)

Ces élections ne découvrent pas dans les habitants un grand amour pour l'ordre nouveau; les abstentionnistes évidemment sont la majorité. La seconde assemblée est loin d'être aussi nombreuse que la première, et cependant la première ne représentait pas la majorité des gens de la commune. Le parti Pouvillon n'avait pas voulu prendre part à ces divers scrutins. Nous ne relevons dans aucun procès-verbal ni son nom ni celui de ses parents. Représentant le parti antirévolutionnaire, la famille Pouvillon préféra se désintéresser des élections et se retirer pour le moment présent.

Le conseil municipal tint sa première séance le 7 février. On nomma un secrétaire, pour se conformer à la loi. Le choix du conseil se porta sur Jacques Nouguiès.

Un des premiers actes de Monestié fut de chasser du Bureau de charité, autrement dit Bureau de bienfaisance, François Pouvillon et ses amis. Sous son inspiration, le conseil municipal changea les membres du Bureau de bienfaisance; on demanda compte à François Pouvillon, qui en était le trésorier, de son administration, puis on nomma les membres nouveaux.

1. Archives de la mairie de Merville.

Il ne faut pas croire que, dans l'année 1790, toute pratique religieuse fût interdite. La déesse Raison n'avait pas encore pris la place de Jésus-Christ sur les autels de nos églises; ce dernier et sacrilège outrage n'avait pas encore été infligé à la religion catholique, à laquelle la France devait sa grandeur et son esprit généreux. Monestié, qui connaissait les sentiments profondément religieux de ses concitoyens, se gardait de les heurter, comme il le fera plus tard; il proposa même, en plein conseil municipal, de rétablir le pèlerinage de la paroisse à Notre-Dame d'Alet, interrompu depuis quelques années. Les officiers municipaux et le conseil général adhérèrent à la proposition du maire; on adressa, en conséquence, une requête à l'archevêque de Toulouse et à ses vicaires généraux :

« Pour obtenir la permission d'aller à Notre-Dame d'Alet, afin d'exécuter le vœu de pèlerinage que ladite communauté avait fait déjà depuis longtemps et qui a été interrompu par des ordres arbitraires, qui sont détruits par la loi constitutionnelle de l'Etat, que tant que l'assemblée le pouvait ainsi, il fallait, d'ores et déjà, imposer la somme de 12 livres, qui était le montant de l'offrande que l'on faisait à ladite chapelle de Notre-Dame d'Alet lorsqu'il était permis de faire cet acte de religion. » (Délibération du 5 avril 1790 [1].)

Mgr l'archevêque de Toulouse accorda l'autorisation demandée. Le placet épiscopal donna lieu à

---

1. Archives de la mairie de Merville.

un curieux arrêté du maire que nous ne pouvons nous empêcher de reproduire :

« Le maire et les conseillers municipaux de Merville, considérant qu'un des moyens les plus efficaces pour maintenir le bon ordre qui doit régner dans le cours de la procession qu'un vœu unanime nous a portés à solliciter de Monseigneur l'archevêque et de Messieurs les vicaires généraux, afin d'obtenir de la Reine des anges et des hommes que, par son intercession, sa religion sainte soit la seule observée; que, d'ores et déjà, étant unis par ces liens, nous ne fassions qu'un cœur et qu'une âme, et que, quand accomplissant le vœu de nos auteurs, nous ayons part à ses grâces ; pour éviter enfin tout reproche, si par l'avis de quelques malintentionnés il venait y avoir quelque scandale, c'est celui de fixer le rang et la marche des enfants, jeunes et vieux, de l'un et de l'autre sexe, de charger les personnes dont la conduite l'a méritée, qui puissent, en rappelant à l'ordre un chacun de ces individus, nous rendre un témoignage assuré contre ceux qui, ennemis du bien public, seraient assez hardis que de ne pas se tenir dans un acte de religion aussi consolant qu'il est solennel, pour que, sur leur rapport, les réfractaires soient punis par des aumônes proportionnées au délit.

« Sur ce, ouï le procureur de la commune,

« Nous, maire et officiers municipaux, avons fixé et arrangé la marche de la procession en la forme suivante :

« En premier lieu, ceux ou celles qui assisteront à ladite procession seront tenus de marcher sur deux lignes, à droite et à gauche du chemin, et autant que possible le long des fossés d'icelui. En tête de la procession sera placé le porte-cloche, dans le milieu du chemin le porte-bannière, puis viendra la croix, bannière et pavillon des filles, s'il y en a, dans la même ligne du milieu, bordés et accompagnés par les filles, qui seront vêtues de blanc, puis icelles vêtues de différentes couleurs. Puis viendra le porte-croix d'argent et pavillons, qui seront portés dans le milieu, bordés et accompagnés par les garçons; seulement, ils marcheront dans le même ordre ci-dessus fixé. A la suite des garçons viendront deux porte-flambeaux, puis le clergé, les hommes mariés, puis enfin les femmes. Auquel effet, pour que le même ordre soit observé, nous prions, nommons et déléguons, pour veiller à la conduite et arranger, les enfants, les filles de devant, les garçons de devant, du devant des hommes, du devant les femmes, faisant en sorte que chaque individu, marchant sur les deux lignes, observe une honnête distance. Chaque réfractaire demeurera condamné à une somme de 100 sols, si toutefois, après un avertissement pathétique, il venait à ne pas adhérer aux avis des susnommés. Ordonnons ensuite à ceux qui porteront les croix, bannières et pavillons d'avoir à suivre, avec la plus grande soumission, les avis qui leur seront donnés par les susdits notables. En défaut de ce, ils seront condamnés à une somme de 100 livres, pour être employées aux pauvres du lieu, et jusqu'au paiement de laquelle ils tiendront prison close; ce faisant, notre ordonnance sera provisoirement exécutée. Suivent les signatures du

maire, du procureur et des membres du conseil. »
(13 mai 1790[1].)

Ce faux zèle pour la religion, affecté par Monestié, ne trompa personne ; il ne lui gagna aucun de ses ennemis, qui cherchaient toutes les occasions de lui manifester toute leur hostilité. Il est facile de s'en convaincre par l'enlèvement du banc de l'église réservé au maire et aux conseillers, qui eut lieu le vingt-trois du mois où fut porté l'arrêté sur le pèlerinage à Notre-Dame d'Alet. Le récit de ce coup d'audace se trouve dans le procès-verbal du registre des délibérations du conseil. On fit naturellement une enquête, mais elle échoua devant le silence obstiné des coupables et de leurs complices :

« L'an mil sept cent quatre-vingt-dix, et le vingt-trois du mois de mai, par-devant nous Jean-Joseph Monestié, avocat au Parlement, maire dudit lieu, a comparu le sieur Arnaud Séguret, procureur de la commune, qui aurait dit avoir appris que, la nuit dernière, on aurait enlevé le banc réservé à l'usage des officiers municipaux, le prie-Dieu, comme aussi l'accoudoir du banc servant à l'usage des notables, et d'autant qu'il est du dernier nécessaire de constater l'enlèvement susdit, requiert qu'il soit de notre bon plaisir de nous transporter dans l'église et dans l'endroit où ledit banc était établi, ainsi que sur le chemin dit *de Toulouse*, formant embranchement d'icelui où il paraît que ledit banc a été brûlé.

« Nous, maire, sur les dires du sieur Séguret,

---

1. Archives de la mairie de Merville.

accompagné des officiers municipaux et des notables, nous nous serions transportés dans l'église du présent lieu, et aurions reconnu que le banc dont il s'agit aurait été enlevé et transporté en grande partie sur le chemin susdit, où il avait été brûlé et réduit en cendres ; l'autre partie aurait été jetée dans un puits qui est sur la terrasse du château. Et ayant interpellé le sieur Jean Laffont, carillonneur, chargé des clés de l'église, et dit s'il ne s'était pas aperçu où avaient pénétré les malfaiteurs, le sieur Laffont aurait répondu avoir trouvé la porte de l'église dans le même état où il l'avait laissée la veille, n'ayant su l'enlèvement et la destruction du banc susdit que par la voix de Jean Toulouse, qui était venu le lui dire chez lui. D'autres ayant été interrogés sans dire le vrai mot... de ce que nous avons dressé procès-verbal, nous étant soussignés avec les sachants [1]. »

Ce fait, peu important par lui-même, prouve que le parti contraire à Monestié était puissant, qu'il n'entendait pas se soumettre ni se laisser désarmer. L'hostilité s'accentua lorsque le maire tenta d'organiser la garde nationale. Monestié communiqua, en effet, le 20 juin 1790, aux conseillers municipaux et aux notables, une lettre de convocation de la municipalité de Toulouse. Par cette lettre, la municipalité de Toulouse invitait la commune de Merville à se faire représenter par ses gardes nationaux à la fête de la fédération qui devait se célébrer le 4 du mois suivant dans cette ville.

---

1. Archives de la mairie de Merville.

« Ouï le sieur Séguret, procureur de la commune,

« Il a été unanimement délibéré qu'il serait formé un régiment ou légion patriotique. Ce faisant, MM. le maire et les officiers municipaux sont priés de relever les noms de ceux qui voudraient s'associer à la légion patriotique. On fera de nouveau publier ladite invitation à l'issue de la messe seconde. Cette première formalité remplie, faisons savoir aux personnes qui continueront de vouloir être réfractaires au décret de l'Assemblée nationale, qu'il sera pris contre elles ce que la légion toulousaine avisera[1]. »

Sur cette convocation comminatoire, les habitants tinrent une réunion plénière, sous la présidence de Monestié, maire, assisté de Raymond Pujol et d'Antoine Cendrau, conseillers municipaux. Le maire donna aussitôt lecture du décret du 29 janvier, qui ordonnait à chaque commune d'envoyer au chef-lieu du district six sujets par cent, afin de nommer des députés pour assister, à Paris, à la fédération de toutes les gardes nationales du royaume, qui devait avoir lieu le 14 juillet. A Merville, la garde nationale n'avait pu encore être formée. Comme, cependant, elle était censée se composer de 229 membres, il s'agissait de nommer treize délégués. C'était pour Monestié le moment opportun d'organiser cette milice, qui déplaisait tant aux habitants. L'organisation allait se faire; on allait procéder à l'élection. Jean-Jac-

---

1. Archives de la mairie de Merville.

ques Pouvillon, l'ancien syndic de la communauté avant 1789, souleva une discussion qui jeta le désordre dans l'assemblée ; la plupart se retirèrent, et 38 membres sur 229 votèrent. C'était évidemment un échec pour Monestié, et une victoire pour le parti Pouvillon. Avec Jean-Jacques Pouvillon agissaient encore François Pouvillon, maître en chirurgie, Pierre Pouvillon, notaire, ex-procureur fondé du monastère de La Capelle, et André Pouvillon, frère de ce dernier. Hommes d'énergie, ils engagèrent contre Monestié, malgré les difficultés du temps, une lutte acharnée qui tourna parfois en leur faveur.

Enfin Monestié trouva l'occasion de manifester ses idées révolutionnaires le 14 juillet 1790, jour de la fête de la fédération qui se célébra à Merville, comme dans toutes les communes, à l'instar de celle de Paris. Il prononça, dans cette solennité civique, un discours pompeux, dans le goût du temps. Lui-même l'a transcrit de sa main dans le registre des délibérations :

« L'an mil sept cent quatre-vingt-dix et le quatorze du mois de juillet, à l'heure de midi, dans l'église paroissiale de Merville, par-devant M. Jean-Joseph Monestié, maire, assisté des officiers municipaux et du procureur de la commune, ont été assemblés suivant les noms des habitants, au nombre de deux cents...

« Auxquels a été dit par le sieur Monestié, maire, étant sur le marchepied de l'autel de ladite église : Messieurs, toujours attentif à notre secours, l'Etre suprême, après avoir envoyé son fils bien-aimé pour nous délivrer de l'esclavage du démon...

« Aujourd'hui fait un an que, du haut de son

trône, il aurait montré aux habitants de la capitale que la démolition de la Bastille, monument infernal des despotes et des tyrans, serait le gage assuré de leur défaite[1]. »

Le discours se ressent des circonstances et du lieu où il est prononcé; c'est un mélange de mysticisme et de révolte qui met bien à découvert la confusion profonde qu'avaient fait naître dans les esprits les événements aussi précipités que terribles de l'Espagne. Il se termine par ces paroles :

« Périsse à jamais celui qui, par un serment hypocrite, lèvera la main, car cet acte de religion ne saurait suffire; il faut que le cœur parle[2]. »

Sur l'ordre du procureur de la commune, tous les membres de l'assemblée prêtèrent le serment de fidélité à la Constitution, à la nation, à la loi, au roi. Ceux qui voulurent signèrent le procès-verbal.

Le 8 août, le maire reçut commission du conseil municipal de demander au sieur de Chalvet et au sieur de Cambon, abbé de La Capelle, les registres, les cadastres et tous les papiers qui pouvaient intéresser la commune, ceux-là mêmes qui ont si malheureusement péri depuis cette époque.

Monestié communiqua à la municipalité, le 19 septembre, une lettre des officiers municipaux du district de Grenade, réclamant un vote de confiance :

« Sur ce, il a été unanimement délibéré que ce serait s'alarmer mal à propos que de craindre le

---

1. Archives de la mairie de Merville.
2. *Ibid.*

plus petit changement dans les lois fondamentales de la Constitution française, retarder en quelque sorte l'instant fortuné qui doit mettre le sceau à notre bonheur, que de ne pas rendre aux administrateurs de ce district les témoignages d'estime et de confiance que leur patriotisme et leur amour du bien leur a si justement prodigués[1]. »

Le 14 novembre eurent lieu de nouvelles élections. En effet, l'article 45 du décret de l'Assemblée nationale ordonnait, tous les ans, le renouvellement par moitié des membres du conseil municipal et du conseil général. Les habitants s'assemblèrent sous la présidence du sieur Albert, assisté de Nouguiès, greffier ; les conseillers sortants furent réélus sans opposition. Ils prêtèrent aussitôt le serment exigé dans la circonstance.

Un mois après cette élection, le 17 décembre, sur l'inspiration de Monestié, le conseil municipal adressa aux administrateurs du département un réquisitoire des plus violents contre François Pouvillon, maître en chirurgie. François Pouvillon y est accusé de faire une opposition acharnée aux idées nouvelles.

« L'assemblée, y est-il dit, atteste que si le sieur Monestié faisait la lecture de la publication des décrets de l'Assemblée nationale, à l'issue de la première messe, le peuple sortant d'icelle, ledit sieur Pouvillon, le plus souvent avec un manuscrit à la main, contrariait ce qui avait été annoncé à la messe, faisait plus, renouvelait la motion à

---

1. Archives de la mairie de Merville.

l'issue des vêpres, pour finir de jeter le discrédit sur ce que les officiers municipaux avaient publié[1]. »

Chaque commune était comme un écho des événements qui se passaient à Paris. On y constatait les mêmes bouleversements et les mêmes idées de réforme. Voilà pourquoi, le 6 février 1791, pour se conformer au décret de l'Assemblée nationale concernant l'imposition foncière, la municipalité divisa le territoire en sept sections, auxquelles elle donna les noms les plus bizarres. Chaque section eut ses limites relevées avec le plus grand soin dans le procès-verbal. Alors il y eut dans Merville les sections de la Réunion, de la Concorde, de la Parenté, de la Prudence, de la Liberté, du Venez-y-Voir, de la Réforme. On afficha le nouveau sectionnement, avec les noms de chaque section, sur la porte de la maison de ville et sur celle de l'église[2].

A l'occasion de la fuite de Louis XVI, qui échoua, comme on le sait, malheureusement, le maire, le 21 juin, convoqua le conseil et les notables, auxquels « il est dit par Monestié, maire, que la fermeté, le patriotisme et le courage de nos concitoyens, au premier signal de l'enlèvement de notre auguste monarque, sont trop sensibles pour ne pas faire tout ce qui est en nous pour affirmer leur courage et leur prouver les ressources qu'ils ont lieu d'attendre de nous. Pour les considérations ci-

---

1. Archives de la mairie de Merville.
2. *Ibid.*

dessus, on propose une imposition extraordinaire de 500 livres pour fournir à l'achat d'un drapeau national, un second drapeau à couleur rouge pour contenir et arrêter en même temps les ennemis du bien public..., un troisième drapeau à couleur blanche, qui leur prouve que, si nous sommes forcés de répandre le sang de leurs complices, nous savons aussi pardonner ceux qui reviennent et qui reconnaissent leurs fautes. Il faut encore fournir à l'achat d'un tambour, haches, casque, cocardes et autres menues dépenses militaires[1]. »

Le 14 juillet, le serment civique est à nouveau demandé à tous les habitants convoqués en assemblée générale dans l'église.

Vers la fin de l'année 1791 eurent lieu de nouvelles élections. Le parti violent fut renversé, et les royalistes revinrent à la mairie avec le citoyen Pouvillon comme maire, les citoyens Taillefer, Fieuzet, Castillon, comme officiers municipaux. Le citoyen Albert remplaça Séguret comme procureur de la commune ; les notables et les autres officiers municipaux nouvellement élus avaient les mêmes idées. Ce coup d'État prouvait le peu d'influence de Monestié et des principes violents dont il était le représentant, car les Pouvillon n'avaient eu qu'à se mettre sur les rangs pour remporter la victoire. Aussi Grenade, le chef-lieu du district, s'émut à cette nouvelle. Le procureur syndic de cette ville ne voulut pas reconnaître les nouveaux élus, « lesdits élus étant reconnus imbus des principes

---

1. Archives de la mairie de Merville.

antirévolutionnaires ». C'est ainsi que ces prétendus partisans de la liberté entendaient la liberté du vote : « Vu le réquisitoire du procureur syndic du district, 11 mai dernier, dans lequel les officiers municipaux et procureur de la commune de Merville, et en particulier le citoyen Pouvillon, maire; Fieuzet, Taillefer, officiers municipaux ; Albert, procureur de la commune; Jean Pradalé, Jean Nouguiès, Jean Castillon, notables, sont désignés pour professer les principes les plus contraires à la révolution ;

« Vu notre arrêté du 28 juin suivant, portant que les maires, officiers municipaux, procureur de la commune et notables, désignés par le procureur syndic et dénoncés par les citoyens patriotes de Merville, sont provisoirement suspendus de leurs fonctions par des commissaires nommés par l'administration ;

« Les administrateurs composant le directoire du district de Grenade, convaincus plus que jamais de la nécessité de suspendre de leurs fonctions municipales les membres de la municipalité de Merville désignés dans le réquisitoire du procureur syndic et de notre arrêté susdit, qui est au département depuis le dix-huit juin dernier, estiment que, provisoirement, sous le bon plaisir et l'autorité du département, le maire, officiers municipaux, le procureur de la commune, les notables, tous inciviques, seront suspendus de leurs fonctions et remplacés par la commission dont les noms suivent...

« Le directoire estime encore que la convocation de l'assemblée doit être ajournée, vu les dangers qu'il y aurait à laisser procéder à une nouvelle élection d'officiers municipaux, les officiers d'une commune qui, pour la plus grande partie, est entachée d'incivisme[1]. » (Extrait du directoire du district de Grenade, du dix octobre, l'an 1792, année de la République.)

Le 4 novembre on procéda, dans l'église, aux élections nouvelles. Jean-François Pouvillon, le maire révoqué par le directoire de Grenade, et ses amis s'abstinrent de voter ; 117 habitants seulement déposèrent leur vote, et sur ce nombre encore, Monestié n'eut que 92 voix et Séguret, son séide, 65. Maître de la situation, Monestié ne garda plus de mesure. Pour se venger de son échec, il exerça toutes sortes de vexations contre ses adversaires. Il établit le règne de l'arbitraire, sans toutefois intimider la famille Pouvillon ni ses amis. Le 14 avril 1793, devant les membres de son conseil, il déclara :

« Que la loi du 29 août 1792, relative aux visites domiciliaires, n'ayant pas le fruit qu'on devait en attendre, puisqu'un grand nombre d'aristocrates de cette paroisse se sont refusés à remettre les armes ; qu'en outre, les patriotes de la paroisse en sont dépourvus, il est besoin de recourir à l'autorité supérieure pour obtenir d'elle un nombre suffisant d'hommes armés pour procéder soit au désarmement des hommes suspects, soit aux visites domiciliaires, pour constater que leurs maisons ne sont pas des repaires aux prêtres insermentés et aux émigrés. Sur cette motion, le conseil munici-

---

1. Archives de la mairie.

pal adresse aux administrateurs du district de Grenade une requête pour obtenir d'eux un arrêté propre à faire taire les ennemis des lois établies[1]. »

On constitua de nouveau, le 2 avril, la garde nationale. Furent nommés à la pluralité des suffrages : capitaine, Basile Pauthié; lieutenant, Jean-Barthélemy Pradalé; sous-lieutenants, Pierre Montés et Pierre Dupré; sergents, Michel Fargues, Raymond Mandrette; caporaux, Antoine Capeyron, Antoine Cendrau, Raymond Fauresse, Jean Taverne.

Monestié établit, le 27 mai, un véritable tribunal révolutionnaire devant lequel il fit comparaître Jean-François Pouvillon, le maire révoqué, et ses amis. La minute de l'interrogatoire est consignée tout au long dans les registres des délibérations de l'époque. L'interrogatoire de Jean-François Pouvillon commence par ces paroles : « Interpellé en premier lieu de son âge, qualité et demeure, a répondu s'appeler Jean-François Pouvillon[2], âgé de 46 ans, notaire et habitant de cette commune. »

L'accusation portée contre lui se résume à ces trois chefs : « 1º De n'avoir pas rempli ses fonctions de maire avec le civisme qu'elles exigeaient;

---

1. Archives de la mairie de Merville.

2. Jean-François Pouvillon adhéra plus tard à la République, si nous en jugeons par les registres de l'état civil, dans lesquels nous lisons, au bas des actes, son nom suivi de ces titres : « Officier public et Agent municipal », dans les années 1794-95-96, etc. Nous nous sommes laissé dire qu'il aurait prononcé un discours, à l'occasion de la plantation de l'arbre de la liberté. Mais nous n'avons pas retrouvé cette pièce.

2° d'avoir refusé d'installer le nommé Dufaut comme curé constitutionnel ; 3° de n'avoir pas entouré du respect nécessaire l'arbre de la liberté. »

Jean-François Pouvillon se défendit avec une grande dignité et soutint qu'il était aussi bon et aussi fidèle patriote que tout autre. Puis il signa le procès-verbal de son interrogatoire avec le maire Monestié et les officiers municipaux qui assistaient le maire.

Après l'interrogatoire de Jean-François Pouvillon vient celui de ses amis :

« Ledit jour et an que dessus, et par-devant que dessus, s'est rendu Jean Fieuzet ; lequel, interrogé de son nom, qualité et demeure, a dit s'appeler Jean Fieuzet, âgé de 36 ans, cultivateur, domicilié dans cette commune. Interrogé si point n'est vrai qu'étant conseiller municipal l'année dernière, son incivisme donna lieu à un arrêté du directoire du distric de Grenade, par lequel il fut supendu de sa place, a répondu que l'arrêté ne lui avait jamais été connu et qu'il n'a été changé que lors de la nouvelle nomination, — puis a signé.

« S'est rendu Jean Magne, lequel, interrogé de son âge, qualité et domicile, a dit s'appeler Jean Magne, âgé de 50 ans, cultivateur, domicilié dans la commune. Interrogé s'il a été remplacé comme notable à cause de son incivisme, a répondu se soumettre à tout et que c'est la vérité.

« S'est rendu Jean-Innocent Pouvillon, lequel interrogé de ses nom, qualité et domicile, a répondu s'appeler Jean-Innocent Pouvillon, âgé de 46 ans, domicilié dans cette commune. Interpellé si dans plusieurs circonstances il a professé des principes contraires à la révolution, a répondu qu'il s'est toujours conformé aux lois lorsqu'il y a eu lieu.

« S'est ensuite rendu Joseph Crouzaté, lequel, interrogé de ses nom, qualité et domicile, a répondu s'appeler Joseph Crouzaté, âgé de 40 ans, cultivateur et domicilié dans cette commune. Interrogé si dans les circonstances il a professé des principes contraires à la révolution, il a répondu qu'il niait l'interrogatoire.

« S'est rendu Guillaume Lapeyre... a répondu s'appeler Guillaume Lapeyre, âgé de 76 ans, bourgeois, domicilié dans la commune. Interrogé s'il n'a pas professé des principes contraires à la révolution, a nié l'interrogatoire et déclaré que parfois s'étant rendu dans la maison de Marguerite Pouvillon, située dans l'enceinte de la commune, il y a trouvé un certain nombre de femmes et de filles, savoir : la femme d'Innocent Pouvillon, Marguerite Alga, et d'autres dont il ne se rappelle pas le nom, qui étaient à faire des prières à haute voix [1]. »

Après l'interrogatoire des inculpés, la municipalité décida leur arrestation et porta contre eux l'arrêté suivant :

« Le maire et les officiers municipaux de Merville qui ont vu les auditions ci-dessus ainsi que les refus faits par Pierre-François Pouvillon, Bernard Taillefer, Jean Castillon, Lapeyre fils de se rendre à la réquisition par eux faite; considérant que, par l'extrait des délibérations du département de la Haute-Garonne, les aristocrates suspects et dange-

---

[1]. Archives de la mairie de Merville.

reux se trouvent mis hors de la loi par les décrets de l'Assemblée nationale ; que plusieurs des sus-nommés ont été déjà nommés comme tels par arrêté du directoire du district de Grenade, en date du 10 octobre 1792 ; que, depuis cette époque, leur conduite a été toujours la même ; qu'il serait trop dangereux de les laisser en liberté ; estimons que les susdits seront conduits dans la maison d'arrêt du chef-lieu du district, auquel effet requérons les commandants et légionnaires de notre commune de mettre en exécution le présent délibéré[1]. »

Malgré sa tyrannie ou plutôt à cause de sa tyrannie, Monestié voyait ses amis devenir plus rares : ses enfants et lui croyaient même rencontrer des ennemis partout. C'est ainsi que la fille du maire passant, vers les neuf heures du soir, devant un groupe de personnes où se trouvaient Jean-Pierre Pouvillon, sa domestique, une nommée Louise Pradalé, et d'autres personnes, la fille Monestié crut entendre une insulte qu'elle prit pour elle. Elle rapporta le fait à son père, qui, furieux, fit comparaître devant les conseillers municipaux transformés en juges la fille Pradalé, comme l'auteur de l'insulte :

« L'an 1793 et le 14 mai, par-devant nous et aux fins susdites, s'est rendue Louise Pradalé, laquelle, interpellée de ses nom, qualité et demeure ;

« A répondu s'appeler Louise Pradalé, que sa qualité est de faire des bas et qu'elle est résidente à Merville. Interpellée si, se trouvant avec plu-

---

1. Archives de la mairie de Merville.

sieurs personnes dans le chemin dit *de Laffont,* elle avait vu passer quelques personnes et le nom d'icelles,

« A répondu qu'elle avait vu passer la fille aînée de Monestié, maire, un de ses frères, sans savoir lequel, et après le citoyen Monestié, maire.

« Interpellée si elle n'a rien dit à la fille dudit Monestié,

« A répondu qu'elle n'avait rien dit, sinon qu'elle avait salué ladite fille, qui avait salué la première ; que le père de ladite fille vint après, un bâton à la main, accompagné de sa fille aînée, d'Antoine Taverne, appariteur de la municipalité, et d'autres personnes ; qu'en arrivant, il demanda quels étaient ceux qui avaient insulté sa fille, que tous niant la chose, la fille Monestié prétendit que c'était elle, Louise Pradalé, qui l'avait insultée ; qu'alors son père, ledit Monestié, lui dit : « C'est toi, coquine, « boug..., qui as insulté ma fille ». Qu'à cette occasion elle avait répondu que non, mais que ledit Caussat lui reprochant de parler au garçon du boucher de Merville, elle, Louise Pradalé, lui aurait répondu : « Et toi, que dis-tu de ta f... bergère » ; ce que la fille Monestié aurait pris pour son compte[1]. »

Aucun arrêt ne suit cet interrogatoire, et le registre des délibérations ne dit pas si les officiers municipaux acceptèrent les dires de Louise Pradalé. On dressa le procès-verbal, dont nous avons donné quelques extraits, pour montrer à quel point de surexcitation et d'ombrageuse haine en étaient arrivés les cœurs.

---

1. Archives de la mairie de Merville.

Monestié, plutôt par crainte d'un revirement que par un reste d'amour pour le roi, ne montra pas un grand enthousiasme à l'occasion de la proclamation de la République. Autre fut sa conduite après la condamnation à mort de l'infortuné Louis XVI, et son exécution, le 21 janvier 1793. La Convention vote la Constitution de 93, établissant sur des bases plus larges le parti républicain et attribuant tous les pouvoirs aux assemblées primaires. Monestié convoque aussitôt tous les habitants dans l'église, et, avant de leur faire prêter serment à la nouvelle Constitution, il prononce un discours dont voici quelques extraits :

« Citoyens, depuis quatre ans, nous n'entendons parler que de liberté et d'égalité, comme des bases qui nous assurent tous les avantages dont, après la chute d'Adam, notre premier père, l'homme puisse jouir dans ce bas monde, et, cependant, on est assez insensé pour en méconnaître l'étendue et sacrifier aux passions la destinée des fils et des arrière-neveux. Qu'il me soit permis, aujourd'hui, de vous entretenir de l'étendue et des bases de ces principes d'égalité et de liberté, et de l'aveuglement de ceux qui les contredisent.

« Et d'abord, l'Être suprême, après avoir créé le ciel et la terre : « Il faut, dit-il, créer l'homme à mon image et à ma ressemblance », et l'homme fut créé. Comme il est impossible de contrarier cette première vérité, quel est celui qui peut s'élever au-dessus de ses semblables et en faire des esclaves ? Quel est celui qui peut se croire plus que tout autre, lorsque nous sommes tous sujets aux mêmes infirmités et aux mêmes vicissitudes et à la mort, le terme fatal qui détruit toutes les grandeurs mensongères, ce qui doit nous convaincre de la vanité de tout ce qu'il serait trop long de retracer.

« La liberté s'étend davantage, si nous considérons qu'elle est fondée sur ce principe : « Ne fais pas aux autres ce que tu ne veux pas qu'on te fasse. » Et comme il n'est personne qui ne veuille du mal en lui-même, que de sang-froid vit sa récolte, sa fortune, son travail, son industrie, se confondre dans ceux du voisin, il est incontestable que la liberté est un autre avantage qu'il était indispensable d'avoir pour prévenir les déprédations des malveillants ; de même que l'Être suprême, en donnant à l'homme la liberté de manger les fruits des arbres du paradis, se réserva le seul arbre de vie, fallait-il aussi que les représentants du peuple, en décrétant la liberté, ne l'accordassent qu'à leurs véritables partisans réunis sous leur bannière.

« Aussi, nous tous, qui avons été assez heureux pour résister à toutes les excitations et à tous les stratagèmes, rallions-nous, félicitons-nous que c'est aujourd'hui le jour de notre triomphe ; que c'est aujourd'hui que l'acte constitutionnel va être inscrit sur les tables d'airain ; que c'est aujourd'hui, enfin, que l'homme va reconnaître ses droits, que, quels que soient les efforts des tyrans coalisés, ils ne sauront nous ébranler, si nous savons persévérer, si, à notre exemple, ceux qui ont cru se séparer de nous, reconnaissant leur aveuglement, veulent former désormais une même famille, et jurer ensemble que nous acceptons la Constitution qui vient d'être décrétée, faisant maintenir la liberté, l'égalité et la République une et indivisible.

« Sur ce, les voix réunies, chaque membre de l'assemblée a prêté le serment à la Constitution[1]. »

Si, après la mort de Louis XVI, Monestié se rangea ouvertement du côté de l'ordre nouveau, il n'en fut pas de même de Pouvillon et de ses amis, qui restèrent fidèles à la royauté. Monestié les dénonça à nouveau :

« La municipalité estime que Jean-François Pouvillon, Jean Fieuzet, Jean Castillon, Jean Maynet, Pierre Castillon, Joseph Donat, Innocent Pouvillon, Joseph Crouzalé, agents secondaires d'André Chalvet, seront dénoncés aux commissaires civils de l'armée révolutionnaire, à l'effet d'être invités à les mettre en état d'arrestation, en exécution de la loi prononcée contre les aristocrates, afin de contenir par cet exemple ceux de leurs consorts qui se permettront de nouveau quelque entreprise sur la liberté[2]. »

Par un décret de la Convention, Grenade cessa d'être chef-lieu de district; Merville devint alors commune du canton de Grenade, district de Beaumont. La Terreur était dans toute sa force et glaçait d'épouvante tout le pays. Les révolutionnaires s'efforçaient, par la terreur, d'entraîner tous les habitants dans leurs idées, même ceux des lieux les plus inconnus et les plus petits. On nomma, dans ce but, dans tous les districts, des commissaires chargés d'écarter des municipalités et des administrations tous ceux qui étaient suspects de royalisme

---

1. Archives de la mairie de Merville.
2. *Ibid.*

et de modération. Le district de Beaumont nomma commissaires : Couzeran, président du district, et Sagausan, maire d'Aucanville. Ceux-ci reçurent pour mission d'épurer les corps constitués, pour parler le langage du temps :

« Leur mission sera de poursuivre le fanatisme dans les campagnes, de rassurer le peuple contre les craintes ridicules qui lui seront suggérées par des agitations intéressées et détruire la dangereuse influence qu'ils opposent à l'accroissement de l'esprit public. »

Les commissaires arrivèrent à Merville le 9 ventôse an II de la république. Ils convoquèrent aussitôt la municipalité, le conseil général et tous les habitants. Couzeran ouvrit la séance par la lecture de l'arrêté du représentant du peuple Dartigaille, du 8 pluviôse, qui donnait aux commissaires les pouvoirs les plus larges.

« Le Conseil de l'administration du district arrête :

« ARTICLE PREMIER. — L'épuration des autorités constituées sera faite dans chaque canton par deux commissaires, lesquels se transporteront dans le chef-lieu du canton et partout ailleurs où besoin sera.

« ART. II. — Les commissaires prendront des renseignements sur le civisme, la probité et le caractère révolutionnaire des municipaux, juges de paix, assesseurs et greffiers. Ils mettront les bons et loyaux républicains à la place de ceux qui sont indignes de la place publique.

« ART. III. — Les commissaires sont autorisés à

se faire accompagner de la force armée au nombre de vingt-cinq hommes.

« ART. IV. — Les commissaires sont autorisés à mettre en état d'arrestation les individus suspects, les agitateurs, les fanatiques et les oppresseurs du peuple.

« ART. V. — Sont nommés pour le canton de Beaumont : Capelle, juge de paix, et Julia, agent national; pour le canton de Cox : Saint-Laurens, juge de paix de Beaumont, et Agis, administrateur; pour le canton de Verdun : Lambert, agent national de la commune de Verdun, et Barrié, administrateur; pour le canton de Grenade : Couzeran, président du district, et Sagausan, d'Aucanville [1].

Après la lecture de l'arrêté, les commissaires firent l'enquête sur les membres de la municipalité de Merville contre le civisme desquels il n'y eut rien à dire : « Nous, dits commissaires, après nous être
« concertés avec le Conseil général de la commune
« de Merville, sur le civisme, la probité et carac-
« tère révolutionnaire des municipaux et greffiers
« dudit lieu, avons procédé à l'épuration dudit corps
« constitué à l'assemblée générale, mandé à cet
« effet. Ayant appelé le maire, officiers municipaux,
« agent national et les notables, et les ayant fait
« monter à la tribune l'un après l'autre, et ayant
« interpellé l'assemblée de nous déclarer les princi-
« pes civiques, probité et caractère révolutionnaire
« d'un chacun, ont déclaré qu'ils n'ont aucun repro-

---

1. Archives de la mairie.

« che à faire aux membres susdits. De ce dessus,
« avons dressé procès-verbal [1]. »

Le 15 ventôse, Monestié convoque le conseil municipal et les notables pour leur donner connaissance d'une dénonciation adressée contre eux à l'agent national du district de Beaumont, pour avoir conservé deux cloches qui servaient, l'une de tocsin, l'autre pour la sonnerie de l'horloge. Les membres de l'assemblée délibèrent sur cette dénonciation qui les étonne. Elle soutient qu'elle a obéi à la loi en livrant toutes les cloches au chef du bureau militaire, et que si elle a gardé les deux dernières, c'est pour des raisons majeures [2]. »

En ce moment cesse l'exercice du culte catholique dans la commune. Un décret, enlevé par la commune de Paris, institua le culte de la Raison dont l'église, à Merville, devint le temple, et Monestié, libre désormais de toute entrave, le grand prêtre. Pour l'inauguration de ce culte ridicule et insensé, Monestié prononça un discours; mais sa prétendue éloquence ne put convaincre nos pères, qui, malgré tous les décrets et tous les discours, ne voulaient ni de la décade ni de la déesse Raison. Profondément catholiques, ils préférèrent, jusqu'à une heure plus favorable, supporter les vexations plutôt que de manquer à leur conscience.

La violence était trop grande pour durer; elle prit fin avec la chute de Robespierre. Partisan acharné du parti jacobin et du tyran qui en était

---

[1]. Archives de la mairie de Merville.
[2]. *Ibid.*

le chef, Monestié tomba avec Robespierre, le 9 thermidor. Sur un ordre des représentants du peuple réunis à Toulouse, Monestié fut jeté en prison le 23 frimaire (année 1794). Une délibération de la municipalité nous apprend cette arrestation, qu'elle se contente de signaler sans en donner les circonstances :

« Du quatre ventôse, troisième année républicaine une et indivisible, dans la maison commune de Merville, district de Grenade, avant provisoirement de Beaumont, du parlement de la Haute-Garonne, ont été assemblés en conseil général les notables et officiers municipaux, auxquels il a été dit par le citoyen Gaubert : Que, considérant que depuis quelque temps cette commune est désorganisée par le défaut de quatre membres qui manquent dont les charges se trouvent vacantes, savoir : celle de maire qu'occupait le sieur Monestié, mis en réclusion le 23 frimaire dernier, par arrêté des représentants du peuple, alors en séance à Toulouse; du 22 dudit mois; celle d'officier municipal par le décès de Béatrix Donat; celles de deux notables qui ont quitté la commune...

« En conséquence, l'assemblée donne plein pouvoir aux citoyens Gaubert, officier municipal, et Séguret, agent national, de se retirer devers les citoyens représentants du peuple en séance à Toulouse, pour les supplier de vouloir incessamment réorganiser cette commune par tel commissaire qu'il leur plaira de nommer [1]. »

Depuis l'arrestation de Monestié, le grand agi-

---

1. Archives de la mairie.

tateur de la commune, le cahier des délibérations se tait pour quelques années. On comprend que celui qui dirigeait la main du secrétaire de la municipalité a disparu ou n'est plus au pouvoir. D'ailleurs, de la journée de thermidor date une période nouvelle dans l'histoire de la révolution. Les esprits, fatigués de tant de violence et de tyrannie, aspirent après la paix et la liberté. Les jacobins se cachent, les prisons rendent leurs victimes, la loi des suspects est abolie, en un mot toute cette législation exceptionnelle qui s'attaquait à la fois aux droits les plus sacrés et les plus jaloux de la société, à la sécurité des personnes et à celle des propriétés, s'écroule au grand plaisir de tous. L'Etre suprême de Robespierre alla de même rejoindre la déesse Raison, et la religion catholique, réduite à cacher dans les métairies, les bois et les grottes, ses cérémonies proscrites, reparaît à ciel ouvert. Nous sommes sur le seuil de l'ère contemporaine; il est donc temps de nous arrêter.

Nous ne voulons pas taire, cependant, un fait dont peu de communes, comme Merville, peuvent se glorifier, celui d'avoir donné à l'Eglise et au pays, depuis le commencement du siècle, deux évêques, tous les deux recommandables par leur piété et l'amabilité du caractère : Mgr Sarrebeyrouse, né en 1796, à la Bayssière, métairie de notre commune, située sur les bords de la Garonne, mort chanoine-évêque de Saint-Denis, et Mgr Jean-Pierre Castillon, né dans le village, le 8 juillet 1828, mort, le 9 novembre 1883, évêque de Dijon. Toulouse et Dijon pleurent encore le dernier prélat, qui réunissait, dans sa personne, un ensemble peu commun de vertus que son humilité ne parvenait pas à cacher [1]. Fière, avec juste raison, de ces deux enfants qui l'honorent, Merville a fait retracer leurs portraits, et les a placés dans la sacristie de son église.

Que ce précieux souvenir termine l'humble travail que nous offrons à notre paroisse comme témoignage d'affection.

---

1. Notice sur Mgr Castillon, évêque de Dijon, par M. l'abbé Durand, chanoine, son secrétaire particulier, actuellement vicaire de la Métropole.

PIÈCES JUSTIFICATIVES

I

Copie du contrat, traduit en langue française, de la construction de Merville en l'an 1363, premier aout.

Sachent, tous présents et futurs, que l'accord suivant a été passé entre noble et puissant seigneur Jean Jourdain de l'Isle, chevalier, seigneur du lieu de Homerville et d'Aucanville, pour lui et ses successeurs, et messires Arnaud Calvet, Jean de Cerroni, Jean de Villariis, Guillaume Laporte, consuls, au nom de leur consulat et de la communauté du lieu de Homerville, assistés d'Armand de Vignes, Jean de Saint-Victor, Jean de Montagut et des autres au nombre de cinquante, tous nommés dans l'acte, tous présents comme particuliers habitants de Homerville, touchant la clôture et la forteresse dudit lieu de Homerville, qui était à faire, pour raison de quoi transigèrent et s'accordèrent, conformément à certaine cédule écrite en langue vulgaire, écrite de la main de Suau, notaire, habitant de Grenade, ainsi que lesdites parties, en leur nom, ont dit être véritable; de laquelle cédule on a fait lecture en présence des notaires et des témoins, ci-après scellée du sceau de cire rouge dudit seigneur et du sceau authentique desdits consuls, lesquels sceaux ils servent en toutes causes.

S'ensuivent les conventions passées entre messire Jean Jourdain de l'Isle, chevalier, seigneur du lieu, et les consuls du lieu de Homerville, communauté et particuliers.

Premièrement. Il est convenu que ledit lieu de Homerville sera fermé de fossés, de murailles, selon la discrétion dudit seigneur et des consuls.

Item. Les consuls seront maîtres de la garde du lieu; ils pourront faire arrêter, mettre ou faire mettre en prison, relaxer, avec sergent ou sans sergent, les défaillants à la garde dudit lieu, nuit et jour; imposer de même une amende, qui sera employée à la clôture dudit lieu, à leur discrétion.

Item. Les consuls seront juges de tous les défaillants en la garde; ils pourront se faire obéir avec sergent ou sans sergent, punir et corriger iceux sans attendre un autre ordre, à leur discrétion, comme ceux qui déroberaient des planches et des matériaux servant à ladite clôture, excepté ce qui sera crime, auquel cas le seigneur en sera juge ou ses officiers.

Item. Les consuls et la communauté pourront aviser entre eux et s'assister, touchant le fait de l'ouvrage de ladite clôture, avec tous ceux qu'ils entendront, à leur discrétion, en présence des officiers ou agents du seigneur, s'ils voulaient y être.

Item. Le baile et son lieutenant, à la première réquisition des consuls, feront estimer les bois, tuiles et autres matériaux nécessaires à la clôture, œuvre et réparation d'icelle. L'estimation en sera faite par un prud'homme.

La communauté s'en tiendra à ladite estimation faite par lesdits baile et prud'homme, députés par lui.

Item. Ledit seigneur ne pourra mettre aucune garnison audit lieu, s'il n'a été requis par les consuls; sinon il le fera à ses dépens.

Item. La clôture sera telle qu'il y ait en icelle une allée entre la ville et ladite clôture, conformément à la discrétion des consuls.

Item. Les consuls et les habitants ne pourront imposer aucune amende à ceux qui seront pris et occupés au fait de ladite clôture. Cependant lesdits seigneurs, consuls et habitants empêcheront tout dommage.

Item. Lesdits consuls pourront imposer, élever la taille, tailler à leur discrétion pour le fait de ladite clôture.

Item. Si dans les fossés dudit lieu il y avait de l'eau en telle manière que le poisson y pût être nourri, personne n'osera y pêcher, ni le jour ni la nuit, sans la volonté dudit seigneur ou de ses gens, sous peine de cinq sols tournois[1] petits, si le délinquant est majeur de quatorze ans et plus; s'il n'est pas majeur de quatorze ans il n'encourra aucune peine.

Item. Ledit seigneur donne aux consuls et aux habitants dudit lieu un emplacement pour faire une chapelle ou une église, de crainte qu'en temps de guerre les habitants ne puissent se rendre en sûreté dans l'église où présentement se célèbre l'office divin.

Item. Ledit seigneur peut donner des places dans la clôture dudit lieu à ceux qui n'ont pas de maison, d'après l'estimation et la volonté de ceux qui seront députés à cet effet par les consuls.

Item. Ledit seigneur sera tenu de demander aux officiers du roi l'autorisation de faire ladite fermure et clôture.

Item. Les consuls et les habitants garderont et tiendront

---

1. *Sols tournois,* sou de douze deniers.

les clés dudit lieu; ils les donneront à garder aux habitants dudit lieu. Ils les donneront à autre ou autre dudit lieu, ou les reprendront suivant les circonstances.

Item. Ledit seigneur ne pourra contraindre lesdits consuls et habitants à faire bientôt et vite ladite clôture, d'autant que lesdits consuls le feront diligemment.

Item. Lesdits consuls, pour faire diligemment ladite clôture, s'empresseront de prendre les bois et autres matériaux sans les officiers dudit seigneur. En raison de ce, ledit seigneur ne pourra faire aucune enquête, ni défendre leur manière de procéder.

Lesdites parties, noble seigneur Jean Jourdain de l'Isle, chevalier, et les consuls présents, au nom de leur consulat et de la communauté du lieu de Homerville, et autres habitants et particuliers dudit lieu, ont promis réciproquement de tenir et d'observer ce dessus de point en point.

Fait audit lieu de Homerville, le premier jour du mois d'août mil treize cent soixante-trois. Etaient présents : Geoffroy, de Toulouse; Jean de Lomagnes, du lieu de Homerville; Guillaume de Biefat, notaire dudit lieu de Grenade; Pierre-Bernard de Ceco, habitant de Saint-Cezert; Philippe Besian, habitant de Grenade, notaire de Toulouse.

Bernard de Ceco, au nom du seigneur Jean Jourdain de l'Isle; Besian, au nom desdits consuls, ont retenu ladite convention en foi et témoignage.

Pierre-Bernard de Ceco, habitant de Saint-Cezert, et Philippe Besian, habitant de Grenade, notaire de Toulouse, ont reçu ledit accord, duquel il en a été fait un extrait par Pierre Assergerii, notaire de Toulouse; Pierre Duranti le vieux; Jean Duranti et un autre Duranti le jeune. (Archives du château de Merville.)

II

Acte de réquisition des consuls de Merville a messire Jean Jourdain de l'Isle, au sujet de l'Hopital.

Pour l'Hospital et l'Hostel-Dieu du lieu de Merville : Acte de réquisition fait par MM. les consuls de Merville à messire Jean Jourdain de l'Isle, seigneur de Merville et d'Auquenville, par laquelle ils le requièrent très humblement leur vouloir oster et lever le ban qu'il avait opposé, ou ses officiers sur son mandement, en faveur de l'Hospital et l'Hostel-Dieu dudit lieu de Merville, touchant certaine vigne qui avait été donnée aux pauvres dudit Hospital, comme sera dit cy-après, ainsi qu'il est porté par certaine cédule, la teneur de laquelle s'ensuit sommairement. Lesquels consuls, nommés en icelle, étant venus par-devant ledit seigneur, de leur part et de la communauté, lui ont dit et proposé que maistre Vital, prestre, avait une maison dans le lieu de Merville, et Pierre Glatens avait aussi une autre maison dans ledit lieu, lesquelles maisons étaient tenues à fief d'un nommé Garrigia ou de Lagarrigue, bourgeois de Toulouse, et de Ayceline, veuve de Raymond Pagani, de Tholose, lequel Vital, prestre, par dévotion, aurait donné à la ville et communauté de Merville sadite maison, pour servir d'Hospital et d'Hostel-Dieu appelés du Saint-Esprit et de Saint-Jean, aux pauvres de Jésus-Christ qui y viendront ; lequel de Glatens ou ses héritiers avaient vendu auxdits consuls et communauté de Merville sadite maison pour faire ledist Hospital ; et ledit de Garrigue, pour soy et pour ladite Ayceline et Pagani, son mary, en qualité de leur procureur, aurait donné auxdits consuls, étant meus de dévotion, le droit qu'ils avaient sur ledit Hospital, afin que, par ce moyen, il feust d'autant plus et utilement construit avec plus de solidité; comme aussi Bernard Gérardi aurait donné auxdits consuls et communauté, luy aussi meu de dévotion, une sienne vigne sise dans les appartenances dudit lieu de Merville pour la sustentation des pauvres dudist Hospital, laquelle était tenue en fief dudit seigneur et de M. l'abbé de La Capelle. Et comme ledit seigneur aurait négligé son droit de fief et emphythéote, lesdits consuls en auraient obtenu l'amortissement du roy ou de ses officiers en faveur desdits pauvres, moyennant certaines finances pu'ils payeront.

Et nonobstant ce dessus, ledit seigneur faisait en sorte que lesdittes choses feussent de sa jurisdiction sans qu'il le fit voir par nul acte, et afin d'éviter le péril de commis à luy applicables, lesdits consuls le supplièrent vouloir, de sa grâce, sans procéder par aucune sentence, ni ordre, ni droit, rétracter ledit commis. Requérant aussi, lesdits consuls, ledit seigneur, avec toute la révérence deue et requise, leur bailler prompte main-levée de ce dessus et en oster le ban, afin de n'avoir pas recours à autre supérieur, et que de ce-dessus en fût passé contrat; lequel seigneur leur respondit, qu'il estait prêt à faire sa responce sur le contenu de ce dessus, sur le point de droit et conseil de Monsieur le Sénéchal de Tholose et de l'advocat desdits consuls ou leurs assesseurs et de son advocat, comme il sera veu à faire par la délibération du conseil, ce que ledit seigneur voulent être inséré à la fin du présent contrat (1351, 28 may)[1].

---

1. Archives du château. — Inventaire des titres de dame de Comminges.

III

Statuts de la Confrérie du très précieux Corps de Jésus-Christ.

Statuts de la Confrérie du très précieux Corps de Jésus-Christ, laquelle les manans et habitants du lieu de Merville veulent et entendent être érigée en l'église dudit lieu, sous l'autorité de Mgr le Révérendissime cardinal de Châtillon, archevêque de Toulouse, ou de son vicaire général ou official, en la forme qui s'ensuit :

Et, premièrement, en reconnaissance des bienfaits de Dieu et pour lui en rendre grâces, et aussi pour l'état des confrères, tant hommes que femmes, qui seront reçus en ladite Confrérie, aux suffrages et bienfaits d'icelle, et pour les confrères trépassés, est ordonné que le jour de la solennité du Très Saint Sacrement sera chantée une messe haute, avec diacre et sous-diacre, au grand autel de ladite paroisse, selon la coutume faite. Et la procession sera faite par les rues dudit lieu avec flambeaux et autres luminaires que chacun pourra faire en son endroit.

Item. Seront dites vêpres audit jour à haute voix, comme est de coutume d'être fait. Ensemble, la veille dudit jour, et à minuit, seront dites matines à haute voix par lesdits recteur et prêtres, sans en recevoir, pour ce que dessus est dit, aucun denier, comme est coutume d'être fait ; et chaque confrère, tant hommes que femmes, qui se trouveront à ladite messe, matines et vêpres, gagneront deux cents jours de vrai pardon à chacun office de solennité, y compris les cent jours donnés par le pape Urbain en la Clémentine : *Si dominum in sanctis,* etc. Et le recteur ou vicaire de ladite église fera sonner les cloches pour appeler les confrères et paroissiens, pour entendre ledit office au jour de la fête et solennité d'icelui, comme est la coutume.

Item. A chaque jeudi, chaque an et semaine sera dite et célébrée messe haute, avec diacre et sous-diacre, du Saint-Sacrement de ladite église.

Et semblablement les messes qui seront fondées au temps à venir seront dites et célébrées selon leur fondation. A la célébration desdites messes seront tenus les prêtres qui seront reçus à ladite Confrérie s'y trouver et y assister, chantant et faisant ledit service divin, ou autrement seront privés de la distribution des deniers qui se fera auxdits prêtres pour ledit service, et feront sonner les cloches avant que se dise ladite messe pour appeler ceux qui la voudraient ouïr, ainsi qu'il est de coutume.

Item. Et que aucun prêtre qui aura récusé par son tour de dire et célébrer ladite messe haute, chaque jeudi, comme il est dit, ne sera reçu aucunement en ladite Confrérie, ni distribution desdits deniers, s'il n'a excuse légitime.

Item. Et pendant que lesdites messes et autres services institués à présent ou qui seront institués au temps à venir, seront célébrées et chantées avec honnêteté, les prêtres assis ou à genoux en leur lieu et place de ladite église, et nul d'iceux présumera de cheminer ou se promener et sortir du chœur de ladite église, pendant que le divin service se fera, et leur est défendu de confabuler durant le temps dudit divin service ; il leur sera imposé silence, et s'ils ne se veulent taire ou font tumulte, aucuns par le recteur de ladite église et bailes de ladite Confrérie seront punis pour chaque fois d'un sou à appliquer au bassin de ladite Confrérie.

Item. Que chacun qui voudra être reçu en ladite Confrérie payera, pour entrée, deux sols six deniers tournois, tant hommes que femmes, et chaque année, au jour de la solennité dudit Saint Sacrement, payeront aux bailes de ladite Confrérie six deniers tournois pour être employés en bienfaits et service du Saint Sacrement.

Item. Et sans préjudice du droit commun concernant le luminaire du Saint Sacrement, du précieux corps de Jésus-Christ, par ce qui doit être fait tant de nuit que de jour en ladite église, le bassin du corps précieux de Dieu courra parmi ladite église, et les deniers qui en proviendront dudit bassin seront employés à ladite luminaire tant que souffrir pourront.

Item. Et le prêtre qui dira chaque jeudi, durant l'an, comme il est dit, la messe haute du Saint Sacrement avec diacre et sous-diacre, comme il est dit pour le présent, après avoir satisfait à ladite luminaire aura deux sols tournois des deniers dudit bassin de la Confrérie ; et semblablement chaque prêtre, par son tour, sera tenu de dire s'il n'a légitime empêchement, duquel sera tenu averti celui du tour qui viendra après lui pour s'en préparer, à peine de cinq sols tournois.

Item. Que, après avoir satisfait à ladite luminaire et payé lesdits deux sols pour messe, comme il est dit, après l'an révolu, s'il y a de l'argent de reste sera employé en accoutrements et ornements pour faire dire et célébrer la messe du Saint Sacrement, à laquelle les bailes de ladite Confrérie pourvoieront de luminaire, comme ils verront être à faire selon l'argent qu'ils auront recueilli en ladite Confrérie et bassin d'icelle.

Item. Que, s'il y a assez d'argent, après avoir fait tout ce que dessus en ladite Confrérie, sera dite chaque semaine et mardi d'icelle, chaque an, une messe haute de *Requiem*, avec diacre et sous-diacre, sonnant les cloches comme dessus est dit, en ladite église et luminaire susdit pour les âmes des confrères trépassés et bienfaiteurs de ladite Confrérie. Pour laquelle messe sera baillé à chaque prêtre, qui la dira pour son tour, deux sols tournois, hormis les récusans de dire la messe dudit Saint Sacrement, auxquels ne sera rien distribué comme il est dit, et pour cette fois perdra son tour, s'il n'a eu légitime ou nécessaire excuse, comme il est dit dessus.

Item. Est statué et ordonné que les prêtres confrères se trouveront aux services ci-dessus ordonnés, aux processions, messes et vêpres avec leurs surplis et chapperons, et leur sera donné : au diacre, un sol ; sous-diacre, deux liards; et à chaque prêtre confrère, un liard de parade (s'il y a argent pour le faire). Ils seront tenus de dire, après la messe, une absolution pour les trépassés, car n'auront ladite parade que pour la messe, et ceux qui ne seront trouvés aux vêpres précédentes et procession seront privés de la parade pour cette fois.

Item. Et pour recevoir les deniers de ladite Confrérie et bassin d'icelle, seront institués, chaque an, le jour de la solennité du Saint Sacrement, deux personnages pour être bailes et ouvriers de ladite Confrérie, par le recteur et consuls dudit lieu ; lesquels, sur leurs consciences, seront tenus d'élire deux gens de bien, prud'homes, bien famés et renommés, sans aucun vice ni tache, pour régir et gouverner, durant leur année, ladite Confrérie et bassin d'icelles et l'employer et distribuer, comme il est dit, et de tout en rendront compte et prêteront le reliqua aux autres bailes et ouvriers qui seront mis en leur lieu, présens ledit recteur et consul dudit lieu, entre les mains desquels jureront et promettront bien et déclareront faire leur devoir selon leur Dieu et conscience, et garder lesdits statuts et les faire observer en leur endroit et pouvoir. Et l'argent qui y sera de reste sera employé et distribué comme dessus est dit aux affaires de ladite Confrérie et du divin service d'icelle.

Item. Que lesdits bailes, ouvriers achèteront un livre blanc pour y faire inscrire tant la prinse que la mise des deniers de ladite Confrérie et bassin d'icelle, chaque dimanche après la messe paroissiale dite, ce que chacun des prêtres de ladite Confrérie, requis par lesdits bailes ou ouvriers, seront tenus d'écrire en deux parties dudit livre : en la première la prinse, en la seconde partie la mise, à ce que aisément lesdits comptes chacun en soient rendus comme il est dit.

Item. Et ladite Confrérie est érigée sans préjudice des droits du recteur, qui sera en tout le premier et ses vicaires consécutivement.

Item. Et les présents articles faits à l'honneur du corps précieux de Jésus-Christ et augmentation du divin service et commémoration des trépassés, ont été par nous autorisés et approuvés sans préjudice des statuts synodaux, et tant qu'il sera le bon plaisir de Monseigneur le Révérendissime cardinal de Chastillon, archevêque de Tholose, sauf d'iceux corriger ou amander et de l'autorité de mondit seigneur. Et à ce que chacun soit enclin à ladite Confrérie, avons donné à chaque confrère et confréresse qui se fera incorporer à ladite Confrérie cent jours de vrai pardon le jour de sa réception, et à chaque année après, cent jours à ceux qui se trouveront, le premier mardi, après la Fête-Dieu, au service de ladite Confrérie. En témoins de ce avons signé les présents articles et fait sceller du sceau de mondit seigneur. — A Tholose, le pénultième jour du mois d'octobre, l'an mil cinq cent quarante-sept.

Signé : Darlas, vic.

De mandement de mondit seigneur le vicaire général et official de Clausa (archives de l'église de Merville).

Fosse.

IV

Délibération de la Communauté au sujet du nouveau cimetière.

L'an mil sept cent vingt et le dix-septième jour du mois de novembre, à Merville, à l'issue de la première messe de paroisse, sur la place publique dudit lieu, ont comparu : Guillaume Marceillac, Antoine Brunet, Jean Barrat, Raymond Pujol, consuls modernes; lesquels ont représenté à la communauté les prud'hommes d'icelle et autres bas-nommés, M. Jean Rozier, présent; auquel a été dit par ledit Marceillac, un des proposants, de se retirer et de s'abstenir de ladite assemblée, attendu qu'on devait délibérer sur l'incommodité et changement du cimetière nouveau, et qu'entendu par ledit M. Rozier il aurait abstenu et sorti de ladite assemblée. Après quoy lesdits consuls ont dit qu'il est venu à leur connaissance que le terrain du nouveau cimetière est si sec et si aride qu'on ne peut faire les fosses pour ensevelir les morts que de deux à trois pans, tandis qu'elles doivent être, suivant le règlement, de six à sept pans, ce qui a donné lieu à des chiens de dévorer les cadavres. Les fosses n'étant pas assez profondes, on ne peut passer, lorsqu'il fait un peu chaud, devant le cimetière, à cause de la puanteur, ni rester dans les maisons et champs voisins, ce qui provient de ce que les fosses ne sont pas assez creusées et par conséquent assez couvertes, laquelle puanteur pourrait causer des contagions et des maladies dans la communauté; à quoy il est nécessaire de remédier s'agissant d'un intérêt public... Ce qui oblige lesdits consuls de prier l'assemblée de nommer un syndic pour lui donner pouvoir de faire les diligences nécessaires pour demander à changer ledit nouveau cimetière ou rétablir l'ancien, ou en choisir un autre plus propre et plus convenable. Lesdits habitants, lesquels d'une commune voix ont dit être de l'avis de MM. les consuls, proposent et nomment pour syndic le sieur Guillaume Marceillac, premier consul, et lui donnent pouvoir de faire les diligences nécessaires pour ce changement du nouveau cimetière, faire procéder à la vérification d'icelui, au rétablissement de l'ancien ou autre endroit qui sera trouvé plus propre et plus convenable. (Archives départementales.)

V

Requête du Syndic de la communauté de Merville a l'Archevêque de Toulouse au sujet du nouveau cimetière.

A Messieurs les vicaires généraux de l'Archevêque de Toulouse :

Supplie humblement Guillaume Marceillac, bourgeois, premier consul et syndic de la communauté de Merville, que messire Roziés, prêtre et curé dudit Merville, ayant, par surprise, fait changer l'ancien cimetière de Merville et fait placer, de son mouvement et sans la participation de la communauté dans un champ de Monicolle ce nouveau cimetière, ce nouveau cimetière ne peut pas absolument servir. Le terrain est si sec et si aride qu'on ne peut faire les fosses, pour ensevelir les morts, que de deux à trois pans, en sorte que les chiens, entrant dans le cimetière, dévorent les cadavres et causent une puanteur, laquelle, infailliblement, causerait dans la suite des maladies. Ces justes motifs ont obligé la communauté de Merville de délibérer unanimement, le dix-septième de ce mois de novembre, que le suppliant avait été nommé syndic pour faire les diligences nécessaires pour le changement du nouveau cimetière ou autre endroit qui sera trouvé le plus propre et le plus convenable... C'est pourquoi il plaira à Vos Grâces, Messieurs les vicaires généraux, que par tel commissaire nommé par vous il sera procédé à la vérification de l'incommodité du nouveau cimetière, lequel rapportera, dans son verbal, la nature du terrain, etc. (Archives départementales.)

VI

Rapport du curé de Castelnau au sujet du nouveau cimetière.

Nous, Jean-Jacques Lasserre, bachelier de théologie, prêtre et curé du lieu de Castelnau-d'Estrétefonds, commissaire député par ordonnance de MM. les vicaires généraux de l'archevêque de Toulouse, du troisième du présent mois de décembre mil sept cent vingt, portant qu'il serait par nous procédé à l'estat du nouveau cimetière du lieu de Merville.

Nous, lesdits commissaires, ayant l'égard aux réquisitions desdites parties, avons procédé au canage dudit cimetière, et trouvé qu'il y a en longueur cinquante-trois canes deux pans, et douze canes cinq pans en largeur.

Et après avoir examiné avec toute l'attention possible le terrain dudit cimetière, ensemble les dires et réquisitions des parties, contenus dans notre procès-verbal des 9, 10, 11 de ce mois, disons que ledit terrain n'est pas égal dans toute sa longueur, qu'une partie de la terre n'est pas bonne, qu'on en trouve mêlée avec du caillou que les paysans appellent grep, lequel terrain diminue et se perd à mesure que l'on avance vers la croix qui est placée dans ledit cimetière, à vingt-deux canes de distance, dans lequel espace de vingt-deux canes nous estimons qu'il peut être fait trois cent soixante-dix fosses de la largeur et de la longueur requises, laissant un intervalle entre les fosses. Nous avons trouvé que ledit cimetière est très bien fermé par de bonnes paroits, de la hauteur environ d'une cane. Et au fond d'icelui les paroits sont plus élevées, à cause que le terrain du chemin est plus profond que celuy dudit cimetière... Au moyen de quoy il nous a paru impossible que les chiens et aultres animaux y puissent y entrer, ne nous ayant pas, au surplus, paru que les fosses où sont les cadavres ayant été du tout altérées, les ayant, au contraire, trouvées en bon estat et aussy bien couvertes que si l'enterrement venait d'estre fait, n'ayant pas, d'ailleurs, senty que les cadavres exallassent aucune mauvaise odeur, quoyque pendant les trois jours de notre procédure le temps fût chaud et le soleil fût ardent.

Lequel présent rapport a été dressé à Merville, ce jour-d'hui, 13 décembre 1720. Après quoy nous serions partis avec notre greffier environ dès quatre heures après mydi, pour nous rendre audit lieu de Castelnau-d'Estrétefonds, et ledit greffier à Toulouse. En foy de quoy nous avons signé avec nostre greffier les jour et an susdit, 13 décembre 1720.   LASSERRE, curé.

Taxé au commissaire pour quatre jours, à raison de douze livres par jour, quarante-huit livres et trente-huit livres, qui est un tiers de moins pour le greffier. A Toulouse, le 20 décembre 1720. — De Maniban, vicaire général. (Archives départementales.)

VII

ACTES DE RECONNAISSANCE DES PÉNITENTS-BLANCS ET DES DAMES-RELIGIEUSES DE GRENADE ET DES ADMINISTRATEURS DE L'HOPITAL DE TOULOUSE, EN FAVEUR DE ANTOINE-FRANÇOIS DE BERTHIER, ABBÉ COMMENDATAIRE DE LA CAPELLE.

Reconnaissance des Pénitents-Blancs de Grenade, Jean Lataste, prêtre et prieur de la Confrérie de MM. les Pénitents-Blancs de ladite ville de Grenade, les sieurs François Montané et Guillaume Perville, bourgeois, marchands, syndics ancien et moderne de la Confrérie, lesquels, en vertu du pouvoir à eux donné par la délibération tenue dans leur chapelle, en corps de communauté, le huitième du courant, devant moi, notaire, ont reconnu et confessé tenir sous la directe et domination féodale de Monseigneur l'Illustrissime et Révérendissime Père en Dieu, messire Antoine-François de Berthier, conseiller du roi en ses conseils, évêque de Rieux, abbé de La Capelle-lès-Merville, seul seigneur direct des fiefs dessous écrits : au terroir des Quints, d'une pièce de terre contenant trois arpents, reconnue à Jean-Louis Berthier, oncle dudit seigneur, par Etienne Marccillac, sous la censive de quatre sols six deniers, plus un autre arpent... Ont signé : Lataste, prêtre; Perville, syndic; Casting, prieur; Dordet, notaire. (Archives du château).

L'an mil six cent quatre-vingt-dix et le second jour du mois de septembre, après midi, dans la ville de Grenade et dans le parloir du monastère, les dames religieuses de la ville, par-devant moi ont été présentées révérendes dames : Anne de Berot, dite de Saint-Antoine, procuratrice ; Françoise de Boulot, prieure ; dame Françoise Lalleguan, dite Saint-Simplicien, faisant tant pour elles que pour les autres dames religieuses du monastère, lesquelles ont reconnu et confessé tenir sous la directe de Mgr l'Illustrissime et Révérend Père en Dieu, M. Ant.-Fran. de Berthier, évêque de Rieux et abbé de Notre-Dame de La Capelle-lès-Merville, absent, Philippe Castaing, chanoine régulier et prieur claustral de ladite abbaye, agissant et stipulant en son nom, d'une pièce de terre, située au terroir de l'Aguillou, plus à Las Places une petite terre... sous la censive de trois deniers, le tout payable et porté à l'abbaye annuellement, le jour de la fête de la Toussaint. Ont signé : Sœur de Saint-Nicolas de Boulot, prieure indigne ; Sœur de Saint-Simplicien de Lalleguan, sous-prieure indigne ; Sœur Saint-Antoine de Berot, procuratrice indigne. Ont signé : Castaing, prieur ; Dordet, notaire ; de Castellus, conseiller et advocat du roy en la judicature de Rivière-Verdun, au siège de Grenade. (Archives du château).

L'Hôpital de Toulouse payait une censive à l'abbé de La Capelle, pour immeubles suivants :

« Une grande maison à deux étages, une borde, un bois contenant six arpents ; trois casaux, six places ; sept arpents, un casal, trois places ; quatorze arpents, reconnus jadis à messire Jean de Sénac, abbé de La Capelle, par Arnaud Barrat (article premier de la reconnaissance reçue par Denys Grysiolles, notaire de Castelnau, juillet 1510) ; censive : six deniers toulousains par arpent, deux gélines ; plus dix-huit arpents, reconnus jadis à Bernard de Latour par Bernard Cosmos, le 20 novembre 1480, sous la censive de six deniers toulousains par arpent, une paire géline... Au bas de l'acte de reconnaissance, on lit les signatures de messire Damblos, syndic des pauvres du grand hôpital Saint-Jacques, fondé de pouvoir des administrateurs de l'hospice ; de Castaing, prieur ; de Dordet, notaire. L'acte est daté de l'abbaye. » (Archives du château.)

INDEX ALPHABÉTIQUE

A

ALAHON (Guillaume), abbé de de Mas-Grenier, 7.
ARTEVELLE, brasseur de Gand, 26
ANIBALDI (cardinal), 26.
ANNE D'AUTRICHE (reine), 49.
ALBRECTH (Rose de), 144.
ALLAIN, archiviste de l'archevêché de Bordeaux, 119.
ARIAC (de), conseiller à la Cour, 124.
ANSELME (Père), auteur de l'*Histoire généalogique*, 181
ACASSE, professeur célèbre, 215
ARENE (Jacques), professeur célèbre, 215.

AUFERY, président aux enquêtes, 115.
ALCIAT, de Milan, 216.
AUDIGIER, auteur de l'*Histoire d'Auvergne*, 238.
ASSEZAT (Bernard d'), 245, 345
AIGUEPERSE, historien, 213.
ARPAJON (duc d'), 346.
ANDRIEU, curé, 413.
ALBERT, curé, 414.
ARNAULT Ier, abbé de La Capelle, 439.
ARNAULT II de CALBERT, abbé de La Capelle, 448.
ARNAULT III, abbé de La Capelle, 450.

B

BABEAU, 1.
BEAUMARCHAIS, sénéchal de Toulouse, 20.
BEL (Charles LE), 25.
BEL (Philippe LE), 25, 135.
BOURBON (Antoine), 38.

BOURG (capitaine du), 43.
BERTY (Jean-Jacques de), 77.
BOISSE (marquis DESCODECA de), 87, 189.
BERNUY (Jacques de), 124, 171, 202, 462.

Banglan (Guillaume), 148.
Beraut (Catherine de), 175.
Bourbon (Magdeleine de), 179.
Boisse (Henri Descodeca de), 185, 267.
Borassière (Jeanne de), 194.
Bernuy (Jean de), 198, 346.
Bachelier, 199.
Bernuy (Aldonce de), 207.
Bellièvre (de), grand chancelier, 232.
Bosc (Antoinette de), sénéchale, 268, 347.
Belle-Isle (maréchal de), 268.
Bonrepos (Riquet de), 292.
Breteuil (de), évêque de Montauban, 297.

Blanchard (Jacobin), 301.
Bernuy (Guillaume de), 346.
Bosc (Laurent de), 347.
Bertrand (Nicolas), 353.
Bras (Pierre), curé, 398.
Ballard, curé, 427.
Bernard, abbé de La Chaise-Dieu, 435.
Bos, abbé de La Capelle, 438.
Bernard Ier, abbé de La Capelle, 438.
Bonhomme, abbé de La Capelle, 439.
Bernard de Porta, abbé de La Capelle, 452.
Berthier (Louis et François), abbés commendataires, 467.

C

Cars (Jacques des), 14, 28, 43, 168.
Cars (Catherine des), 16, 181.
Cohardon (sénéchal de), 18, 132
Clermont (cardinal de), 26.
Chalvet-Rochemonteix (Henri Auguste de), sénéchal, 30, 87, 263.
Condé, 37, 38.
Cars (Jacques Perusse des), 162.
Conti (prince), 50.
Chalvet (Mathieu), président aux enquêtes, 81, 86, 213.
Chalvet (François), président aux enquêtes, 85, 236.
Cars (François des), 167.
Clauzet (François), procureur de la Cour, 90.
Comminges (Saint-Bertrand de), 134.
Crillon (Mgr), 368.
Capmartin-Cornac, 126.
Cambon (Tristan de), abbé de La Capelle, 126, 296, 476.
Cars (Arnault des), 162.

Cars (duchesse des), 163.
Cars (Charles des), 165.
Cars (Anne des), cardinal de Givry, 166.
Charles IX, 169, 170.
Cars (François II des), 177.
Cars (Jacques III des), 180.
Caylus (Jean de Mourlon, comte de), 180.
Comminges (Roger de), 181.
Comminges (Marthe de), 184.
Clermont-Lodève, 207, 209.
Chabrol, historien, 213.
Calmels (de), conseiller à la Cour, 230.
Chalvet (François de), 253, 346.
Chalvet (Diane de), 253, 347.
Chalvet (Valentin de), 256, 347
Chalvet (P. Hyacinthe), dominicain, 257.
Créquy (colonel de), 257.
Créquy (maréchal de), 257.
Chalvet (François-Auguste de), 259, 347.
Chalvet (Marie de), 260.

Calages (Mlle de), 260.
Chalvet (Pierre-Louis-François de), sénéchal, 263, 348.
Carignan (princesse de), 268.
Courtois de Viçose, 275.
Chalvet (André-Antoine), sénéchal, 291, 348.
Comte (Le), avocat général, 292.
Cazalés, député aux Etats-Généraux, 297.
Chalvet (Jean-François de), 302, 347.
Chalvet (Henriette-Louise de), 305.
Caulet (Rose de), 344.

Colbert (Mgr de), 367.
Carbonel, curé, 371.
Castagner (Louis), curé, 398.
Cabié, curé, 403.
Carbonel, curé, 404.
Cars (Bertrand des), abbé commendataire, 465.
Cordoue (Arnaud-Guillaume de), abbé de La Capelle, 448.
Capeyrin (Jean VI de), abbé de La Capelle, 460.
Clément VIII, pape, 462.
Champflour (Mgr de), 476.
Castillon (dernière page).

D

Duranty, président, 221, 223, 347.
Daffis, avocat général, 40-237.
Douais (abbé), professeur à l'Institut catholique, 60-358.
Dubédat, ancien conseiller à la Cour 203, 206, 210, 150, 169, 215, 218, 260.
Dojal, abbé de La Capelle, 152, 454.
Desmaret, chef de la police impériale, 163.

Dougat, conseiller à la Cour, 230.
Dufaur de Saint-Jory, président, 233.
Druillet, président, 260.
Druille (Pierre), secrétaire du roi, 260.
Dubois (cardinal), 268.
Delong de Beaumont, député aux Etats-Généraux, 277.
Dupuy (Raymond), conseiller au Parlement, 348.

E

Edouard III, roi d'Angleterre, 25, 26.
Eugendo (dame de Sainte-), 137.

Eustace (Guillaume), 355.
Esparbié, curé, 430.

F

Freppel (Mgr), 35.
François II, roi, 38.
François Ier, roi, 199, 200, 203.

Feller, biographe, 213.
Fite-Pelleport (Tristan-Jean-Bernard comte de La), 304.

FITE (Charles-Joseph, comte de LA), 305.
FITE-PELLEPORT (Louise-Marie-Renée de), 313.

FOULQUES, évêque de Toulouse, 442.
FAUGA (Raymond de), évêque de Toulouse, 444.

G

GUISE (duc de), 38, 39.
GARGAS (Jean de), 82.
GUIZOT, 119.
GRAY (Guillaume), 148.
GUY de CASTELNAU, 211.
GAGE (de), capitoul, 264.
GARY (abbé), 310.
GÉLAS (Firmin de), curé, 404.

GUILLAUME, abbé de La Capelle, 436.
GUILLAUME II, abbé de La Capelle, 443.
GARCIAS (RAYMOND II), abbé de La Capelle, 447.
GORDA (Guillaume), abbé de La Capelle, 453.
GRÉGOIRE XV, pape, 462.

H

HAUTEFORT de SAINT-CHAMANS, 179.
HENRI II, roi, 217.

HENRI IV, roi, 228-232.
HARDOUIN (Germain), libraire, 356.

I

ISSALGUIER (Algaloys-François), seigneur de Clermont, 75, 141.

INNOCENT IV, pape, 462.

J

JOURDAIN de L'ISLE (Bernard), 7, 9, 147.
JOURDAIN de L'ISLE (Bertrand), 24, 54, 56, 61, 133.
JOURDAIN de L'ISLE (Jean), 26, 27, 28, 29.
JOYEUSE (Antoine-Scipion de), 41.

JOURDAIN de L'ISLE (Marguerite de), 72, 73, 144.
JOURDAIN de L'ISLE (Anne), 76, 159.
JOURDAIN de L'ISLE (JEAN I), 140.
JAYO (Barthélemy de), 141.
JOURDAIN de L'ISLE (JEAN II), 142.

INDEX ALPHABÉTIQUE 545

JOURDAIN de L'ISLE (Gaspard), 147.
JOURDAIN de L'ISLE (Jean), curé, 156.
JOYEUSE (maréchal de), 221.
JOYEUSE (Henri de), 221.

JOSSE (de), évêque de Castres, 123.
JEAN Ier, abbé de La Capelle, 441
JEAN II, abbé de La Capelle, 444
JEAN III de SÉNAC, abbé de La Capelle, 459.

L

LOUIS VI, dit *le Pieux*, 10, 52.
LOUIS XI, 14.
LAGARRIGUE (Aymeric et François de), 129-191.
LONGUEVILLE (duchesse de), 50.
LOUIS VII, 52.
LIBENTON (de), 75.
LAGOS (Jean de), 82.
LARROCHE, 94.
LAURENS-ENGLIS, 147.
LAURET (Bernard), président, 149.
LÉON (Gaston de), 151.
LOUIS XIV, 153, 231, 250.
LASSERRE D'HAUMONT, 189, 267
LAHONDÈS (de), 200.

LOMBARD (Père), auteur de l'*Histoire du Parlement de Toulouse*, 204, 206, 210, 213, 222, 224.
LISET (Pierre), 214, 219.
L'ANGELIER (Albert), 223.
LESTANG (de), 230.
LOUIS XIII, 245.
LOUIS XV, 274.
LION (du), archevêque, 389.
LAMARQUE (Pierre de), curé, 397
LAFFITAU, curé, 426.
LATOUR (Bernard V de), abbé de La Capelle, 458.
LÉON X, pape, 460.
LOUIS XVI, 407.

M

MONTUÈSE (de), 16.
MONTFORT (comte de), 26.
MÉDICIS (Catherine de), 37, 38.
MONTMORENCY (connétable de), 38.
MIREPOIX (comte de), 46.
MAZARIN (cardinal de), 49.
MARCEILLAC (de), consul, 75, 78
MONTESQUIEU (Rose de), 159.
MONTLUC, évêque de Valence, 171.
MONTAL (Rose de). 176.
MONTLEZUN (Bernard de), 180.

MESME (Henri de), 215.
MIREPOIX (marquis de), 230.
MANSESCAL, 245.
MANSART, 245.
MÉDICIS (Marie de), 246.
MAUSSAC (Gabrielle de MADERON de), 250.
MONTLAUR (Elisabeth de), 260.
MONTAGUT (Mme de), 260.
MONTSERRAT (Magdeleine de), 294.
MAC-CARTY (comte de), 285.
MONESTIÉ, 298.

MOIRA (milord), 304.
MIOLAND (Mgr), archevêque de Toulouse, 327.
MAULÉON (Savary et Roger), 333
MAULÉON (Jean de), évêque de Saint-Bertrand, 334.
MANDERON, architecte, 339.
MERLIN, 352.
MONTCHAL (Mgr de), 367.
MORET, vicaire général, 369.
MEILHON (Dominique de), 452.
MONLEZUN-SAINT-LARY, abbé de La Capelle, 470.
MONESTIÉ. 484.

N

NECKER, 35.
NARBONNE (vicomte de), 143.
NÔTRE (LE), 338.
NEUVILLE (Louis RIOULT, vicomte de), 333.
NORBERT (saint), 433.

O

OTTO de VICO, 443.

P

PHILIPPE LE HARDI, 17, 21, 22, 52, 265.
POITIERS (Alphonse, comte de), 17.
PODIO (Barthélemy de), 17, 18.
PRÉMARIO (Pierre de), 19.
PHILIPPE VI, 25.
PHILIPPE-AUGUSTE, 51.
POSOLET (Jean), 114.
POUVILLON, 117, 123, 126.
PAGEZA (Guillaume de), 195.
PAGEZA (Roger de), 195.
PENNA (Lucas de), 215.
PAULO (Jean de), conseiller à la Cour, 231, 245.
PIEDRA (Mathurin), 239.
PARAZA (Mlle de), 267, 343, 348.
PINTO, grand maître de Malte, 276, 277.
PINS, peintre, 281.
PORTES (marquis de), 295.
PANON-DESBASSYNS (Barbe-Ombeline-Mélanie de), 309.
PINS, 342.
PIE VII, 427.
PÉDOYA, peintre, 431.
POUVILLON (François), 488.

INDEX ALPHABÉTIQUE

R

Rochach, 4.
Rochemore (de). 46.
Richelieu (cardinal de), 49.
Retz (cardinal de), 50.
Renouard (Eliot), 143.
Roux, seigneur de Ségreville, 195.
Rochemoire, 230.
Reynier (Jacqueline de), 250.
Reich-Pennautier (Anne de), 258.
Reich-Pennautier (Pierre de), 345.
Reich-Pennautier (Pierre-Louis de), 345.
Reich-Pennautier (Henri de), 345.
Reich-Pennautier (Marguerite de), 345.
Reich-Pennautier (Marie de), 345.
Rivals, peintre, 348.
Rosier, curé, 392.
Rives (Arnaud de), curé, 387.
Robert, curé, 401.
Raymond Ier, abbé de la Capelle, 443.
Raymond III, abbé de la Capelle, 453.

S

Saint-Pierre (Eustache de), 26
Saint-Charles, 33.
Sainte-Eugendo (de), 55.
Siméon (Luce), 118.
Savarry, chef de la police impériale, 163.
Sabonde, 215.
Socin (Fauste), 216.
Socin (Louis), 216.
Sénèque, 222.
Scévola (de Sainte-Marthe) 235
Souffron, 246.
Sofolani (Grinda de), architecte, 370.
Sorèze, archiviste de l'archevêché, 396, 434.
Surino (Bernard de), curé, 397.
Salsème (Arnaud), curé, 398.
Solier (Jean de), curé, 399.
Soulié (Jean), curé, 400.
Sainte-Hermine (de), abbé de La Capelle, 474.
Salvan (abbé), 476.
Sermet, évêque constitutionnel, 477.
Sarrebeyrouse (Mgr) dernière page.

T

Turgot, 35.
Thémines (de), 42, 43, 44, 45.
Tosolt (noble), 77.
Tour (Jean-Guillaume de La), 115.
Théodulphe, évêque d'Orléans, 118.
Toulouse-Lautrec (Antoine de), 177.
Tarnèbe (Adrien), 216.

TERLON (Gabriel de), conseiller à la Cour, 231.
TERRIDES (de), 238.
TORRE (ROCAMIR de LA), 343.

THIELMA-KERNER, éditeur, 357
TOUR (Eutrope de GALOIS de LA), abbé de La Capelle, 474.

V

VARAGNES (Geoffroy de), 19.
VALETTE (Jean de), 77.
VALOIS (Marguerite, duchesse de), 85.
VOLTA (Raymond), 144.
VARAGNES (Bernard de), 191.
VARAGNES (marquise de), 193.
VARAGNES (Charles de), 193.
VIC (de), 225.
VERDUN (Nicolas), 245.
VALETTE (A. de LA), 255.
VILLÈLE (Louis-Henri, comte de), 306.

VILLÈLE (comte de), ministre de la Restauration, 307.
VILLÈLE (Mélanie-Caroline de), 333.
VILLÈLE (Louis-Marie-Joseph de), 333, 334.
VILLÈLE (Henriette-Geneviève, comtesse de), 333.
VILLÈLE (Henri de), 335.
VILLÈLE (Xavier de), 335.
VILLÈLE (Donatienne de), 335.
VILLÈLE (Louise de), 335.

Z

ZONDEIDENI, grand maître de l'Ordre de Malte, 260, 261.

TABLE DES MATIÈRES

	Pages.
Dédicace....................................	V
Avant-Propos...............................	VII

CHAPITRE PRÉLIMINAIRE

MERVILLE DANS LES TEMPS RECULÉS

Ce qu'est une communauté. — Différence de la commune avec la communauté. — Belle situation du territoire de Merville. — Etymologie de Merville. — Mayras. — Fourclens. — Traditions diverses sur ces deux communautés... 1

CHAPITRE PREMIER

COMMUNAUTÉ DE MERVILLE

§ 1er. *Village de Merville.*

Situation de Merville. — Ses différents noms. — Serment de fidélité fait au roi en 1271 par les consuls et notables de Merville. — Acte d'arbitrage au sujet des limites des possessions du roi et des biens de Notre-Dame de La Capelle. — Discussion semblable entre le roi et le Père abbé de Grandselve. — Sac et destruction de Merville par les Anglais. — Reconstruction du village. — Siège de Merville (1594). — Destruction de l'enceinte fortifiée (1734)...................... 12

§ 2. *Privilèges et Coutumes de Merville.*

Signes de la liberté communale. — Cartulaire de Merville. — Personnel de la communauté. — Pouvoir des consuls. — Justice et prison. — Punitions et amendes. — Impôts et redevances. — Taxes. — Transaction des affaires. — Franchises particulières................ 51

§ 3. *Luttes intestines dont les Coutumes sont la source.*

Transaction de 1416. — Transaction de 1603. — Transaction de 1605. — Transaction de 1609. — Transaction de 1734................................... 71

§ 4. *Administration de Merville.*

Le seigneur. — Coseigneurs. — Consuls. — Conseil général. — Syndic. — Assemblées publiques. — Juge seigneurial. — Lieutenant juridictionnel. — Baile, greffier, sergents. — Notaire. — Régent ou instituteur. — Hôpital, bureau de charité et bouillon des pauvres.. 96

CHAPITRE II

SEIGNEURS DE MERVILLE

§ 1er. *Maison Jourdain de l'Isle.*

Pages.

Bertrand Jourdain de l'Isle. — Dame de Sainte-Eugendo. — Jean I Jourdain de l'Isle. — Jean II Jourdain de l'Isle. — Marguerite Jourdain de l'Isle. — Bernard Jourdain de l'Isle. — Bernard Lauret. — Anne Jourdain de l'Isle...................................... 131

§ 2. *Maison Pérusse des Cars.*

Jacques de Pérusse des Cars. — François I de Pérusse des Cars. — Jacques II de Pérusse des Cars. — François II de Pérusse des Cars. — Jacques III de Pérusse des Cars. — Catherine des Cars, femme de Roger de Comminges. — Marthe de Comminges, épouse de Jean-Henri Descodeca de Boisse. — Gilbert-Bonaventure Descodeca de Boisse........................ 159

§ 3. *Maison de Chalvet-Rochemonteix.*

Aymeric et François de Lagarrigue. — Dame marquise de Varagnes. — Charles de Varagnes. — Jean de Bernuy. — Jacques de Bernuy. — Mathieu de Chalvet-Rochemonteix. — François I de Chalvet-Rochemonteix. — Jacques de Chalvet-Rochemonteix. — François II de Chalvet-Rochemonteix. — François-Auguste de Chalvet-Rochemonteix. — Henri-Auguste de Chalvet-Rochemonteix. — André-Antoine de Chalvet-Rochemonteix. — Jean-François de Chalvet-Rochemonteix. 190

§ 4. *Maison de La Fite-Pelleport.*

Pages.

Charles de La Fite-Pelleport........................ 303

§ 5. *Maison de Villèle.*

Louis-Henri, comte de Villèle. — Henriette-Geneviève comtesse de Villèle............................ 306

§ 6. *Château de Merville.* — *Ses curiosités.*

Château de Merville, ses curiosités. — Tapisseries. — Peintures. — Galerie des tableaux. — Bibliothèque. Incunables. — Livres d'heures. — Manuscrits....... 336

CHAPITRE III

PAROISSE DE MERVILLE

§ 1er. *L'Eglise*...........................	363
§ 2. *Les Sépultures*........................	377
§ 3. *Les Confréries*........................	380
§ 4. *Le Cimetière*.........................	391
§ 5. *Les Curés de Merville*..................	393
§ 6. *Abbaye de Notre-Dame de la Capelle*......	433

APPENDICE. — MERVILLE PENDANT LA RÉVOLUTION... 481

PIÈCES JUSTIFICATIVES............................. 523
INDEX ALPHABÉTIQUE............................. 541

Toulouse. — Imp. Saint-Cyprien, allées de Garonne, 27.

ERRATA

Page 78, ligne 3 : Jean des Cars, *lisez* Jacques des Cars.
— 91, — 14 : des habitants et lieutenant, *lisez* des habitants et bientenants.
— 111, — 28 : lieutenants, *lisez* bientenants.
— 139, — 17 : la seigneurie, *lisez* la seigneuresse.
— 235, — 1 : *effacez* en effet.
— 292, — 27 : de Parazo, *lisez* de Paraza.
— 315, — 17 : part meilleure, *lisez* la part meilleure.
— 327, — 16 : avec sa candeur bien connue, *lisez* avec sa rondeur bien connue.
— 337, — 12 : *Remplacez* le point par une virgule après ces mots : *enceinte fortifiée*.
— 350, — 3 : *Remplacez* le point par une virgule après ces mots : *Mémoires archéologiques du Midi de la France* (tome XIV, xxi).
— 502, — 10 : de l'Espagne, *lisez* de la révolution.

ERRATA

Page 78, ligne 3 : Jean des Cars, *lisez* Jacques des Cars.
— 91, — 14 : des habitants et lieutenant, *lisez* des habitants et bientenants.
— 111, — 28 : lieutenants, *lisez* bientenants.
— 139, — 17 : la seigneurie, *lisez* la seigneuresse.
— 235, — 1 : *effacez* en effet.
— 292, — 27 : de Parazo, *lisez* de Paraza.
— 315, — 17 : part meilleure, *lisez* la part meilleure.
— 327, — 16 : avec sa candeur bien connue, *lisez* avec sa rondeur bien connue.
— 337, — 12 : *Remplacez* le point par une virgule après ces mots : *enceinte fortifiée*.
— 359, — 3 : *Remplacez* le point par une virgule après ces mots : *Mémoires archéologiques du Midi de la France* (tome XIV, xxi).
— 502, — 10 : de l'Espagne, *lisez* de la révolution.

TOULOUSE. — IMPRIMERIE SAINT-CYPRIEN, ALLÉES DE GARONNE, 27.